展書圖

消夏圖

《朱瞻基

如意圖

觀雪圖

⋯行樂圖》卷，明，絹本，設色，縱36.7厘米，橫690厘米（因頁面所限，遂將全圖分作上下排列）

故宮六百年

閻崇年

自序

閻崇年

一

六百年前，在北京、在中國、在世界，發生了一件具有政治、文化意義的大事：明永樂十八年（1420）十一月初四日，永樂皇帝朱棣在北京皇宮奉天殿（今太和殿）暨殿前廣場舉行盛典，向臣民、向天下，莊嚴宣告：北京宮殿"爰自營建以來，天下軍民，樂於趨事，天人協贊，景貺駢臻，今已告成"（《明太宗實錄》卷二三一）。以北京皇宮壇廟告成，接受朝賀，大宴群臣。這就表明，明朝北京宮殿於永樂十八年十一月初四日，已經建成。

同年十二月二十九日，再次表明：

> 初營建北京，凡廟社、郊祀、壇場、宮殿、門闕，規制悉如南京，而高敞壯麗過之。復於皇城東南建皇太孫宮，東安門外東南建十王邸，通為屋八千三百五十楹。自永樂十五年六月興工，至是成。（《明太宗實錄》卷二三二）

北京故宮博物院在 1987 年被列入世界文化遺產。因此，故宮既是中國的，也是世界的。北京故宮有過輝煌、有過凱歌，也有過滄桑、有過悲泣。這是在中華民族歷史演進中，一座巍巍高山的歷史見證，一段滾滾江河的歷史實錄。

2020 年恰逢北京故宮建成六百年，筆者繼在中央電視台《百家講壇》講"大故宮"之後，應喜馬拉雅之邀約，在網絡音頻平台講故宮，分作 100 講，每週播出兩講，共計 50 周，幾乎佔一年的時間。在整整一年的準備過程中，經過草稿、一稿、書稿、錄音稿和定稿，五易其稿，雖不免有瑕疵，卻是盡了心力。

二

北京故宮，文化元素紛繁燦爛，琳琅滿目，但其核心因素，主要有以下三個：

其一，是建築。故宮佔地面積 72 萬平方米，建築佔其最多的空間。這些中華古典建築，殿堂台閣，宮院亭榭，壯麗輝煌，豐富多彩。

其二，是藏品。今北京故宮博物院珍藏 180 多萬件文物，其器物、書畫、典籍、檔案、珍玩、瓷器、絲綢、珠寶、家具、陳設等，物華天寶，珠玉華翠，天祿琳琅，美輪美奐。

其三，是人物。這裏的人物指的是宮廷建築的設計者、建造者、使用者、守護者，從帝王將相到太監宮女，從文化精英到外域使臣，從各色工匠到宮廷帝后，都離不開故宮建築的舞台、場景。這裏的人物還指的是故宮藏品的製造者、使用者、欣賞者、收藏者。可以說，自北京故宮建成六百年來，中國幾乎所有的名人，都同北京、同故宮有著直接或間接的關係。

所以，故宮的建築、藏品、人物三者以及其他元素的互動、演繹，成為故宮六百年的歷史。

三

此前，我在中央電視台《百家講壇》講過"大故宮"第一、二、三、四共四部，83 講。所講的文字稿《大故宮》第一、二、三卷，先由長江文藝出版社出版，近由故宮出版社出版其修訂本。

《大故宮》與《故宮六百年》的相同點是，系統簡述故宮的歷史、文化、建築、人物、事件、文物等。其不同點是，《大故宮》主要特點是橫向，以故宮空間為經線，以故宮建築為場景，時空交叉，講述故宮六百年的歷史故事；而《故宮六百年》

主要特點是縱向，以故宮時間為經線，以故宮歷史為場景，時空交叉，講述故宮六百年的歷史故事。

今人看故宮，可縱觀，可橫覽，縱橫交叉，互相切換，對故宮六百年的建築、藏品、人物等故事，會更豐富、更系統、更全面、更立體地了解，從而，熱愛故宮、關心故宮、學習故宮、守護故宮。

《大故宮》是用電視視頻的形式，《故宮六百年》是用網絡音頻的形式，還分別用圖書的形式，總之用視頻、音頻、網絡、圖書四種媒體形式，來再現六百年的北京故宮。

故宮是個歷史大劇場，也是個歷史小舞台。在這座劇場裏，在這個舞台上，帝王將相、后妃女侍，百官眾卿、御史諫臣，文化精英、書畫名家，能工巧匠、太監宮女，佛道僧侶、域外使臣，悉數登場。其人物之精彩，事件之離奇，故事之生動，器物之精美，正邪之相搏，學人之才華，小人之奸詐，後宮之玄秘，英雄之豪氣，庶民之苦難，精彩紛呈，再現了那個時代的江河波瀾與涓溪暗流。我力求從六百年歷史長河中，沙裏淘金，金中剔沙，加以展現，進行表述。

《故宮六百年》講述明代故宮、清代故宮、民國故宮和新中國故宮四個時期的歷史，從明永樂十八年（1420），到當下 2020 年，整六百年。本書按時間分作耄耋者說一、二、三、四、五、六，共計六個部分。為了閱讀方便，將 100 講的文稿，分上下兩篇。

本書的籌劃出版，全國政協文化文史和學習委員會副主任、中國版權協會閻曉宏理事長，中國出版集團有限公司譚躍董事長，中國出版集團有限公司黨組成員、中國出版傳媒股份有限公司李岩副總經理，華文出版社宋志軍社長、余佐贊總編輯，張超琪、方昊飛責編，喜馬拉雅陳小雨聯合創始人、宋楠主任、覃方可和葉康編輯，以及左遠波、王磊、胡正娟先生等給予的關心、支持和辛勞，謹此敬謝。

請看書吧！請聽課吧！

是為序。

目錄

上篇

耄耋者說一　肇始與興盛

005 ……… 第 01 講　血色皇宮

鮮血染成　·　北京故宮　·　多面皇宮

011 ……… 第 02 講　大明建立

雄才大略　·　濟濟文臣　·　熙熙武將

017 ……… 第 03 講　故宮藍本

草創宮殿　·　洪武三都　·　劉基卜地

023 ……… 第 04 講　建文下落

神秘盒子　·　逃亡卅年　·　老僧進宮

028 ……… 第 05 講　永樂遷都

定都北京　·　龍興之地　·　雄才偉略

032 ……… 第 06 講　國家心臟

營建北京　·　寶座故事　·　有趣現象

038 ……… 第 07 講　皇宮氣象

壯美秩序　·　宮前三凸　·　宮後三靠

044 ……… 第 08 講　國門莊嚴

大明國門　·　國士解縉　·　解縉之死

050 .... 第 09 講　三殿天火

神奇預言　·　三大貢獻　·　三點經驗

055 .... 第 10 講　永樂使者

七下西洋　·　八赴廟街　·　奉使絕域

060 .... 第 11 講　永樂宮案

賢惠徐后　·　二呂之案　·　殉葬慘案

066 .... 第 12 講　永樂三子

爭奪世子　·　爭奪太子　·　爭奪天子

071 .... 第 13 講　立斬國師

洪熙遺言　·　立斬時勉　·　善有善報

077 .... 第 14 講　五全皇后

世子之妃　·　皇后太后　·　太皇太后

084 .... 第 15 講　宣德廢后

景仁廢后　·　后妃之爭　·　福禍無常

090 .... 第 16 講　永宣國寶

宣德寶爐　·　永宣名瓷　·　掐絲琺瑯

097 .... 第 17 講　四朝重臣

為人德善　·　為官盡責　·　為臣恭慎

102 .... 第 18 講　孩童皇帝

五全太后　·　四朝老臣　·　精神依賴

108 .... 第 19 講　英宗被俘

皇帝被俘　·　黃金籌碼　·　返回南宮

114 .... 第 20 講　于謙定亂

清官于謙　·　反對遷都　·　慘遭殺害

耄耋者說二　穩定與繁榮

123 .... 第 21 講　南宮復辟

機不可失 · 復辟經過 · 後人思考

129 .... 第 22 講　英宗皇后

錢后命苦 · 周后狹隘 · 外戚周家

135 .... 第 23 講　林氏四代

正派之家 · 三位祭酒 · 五位尚書

139 .... 第 24 講　獨寵萬妃

兩次婚禮 · 彗星多現 · 相隨崩逝

145 .... 第 25 講　冷宮得子

紀妃其人 · 喜見皇子 · 連環疑案

150 .... 第 26 講　連中三元

三元連中 · 反對遷都 · 智鬥汪直

156 .... 第 27 講　成化御窯

喜好藝術 · 鬥彩雙杯 · 何瓛督陶

161 .... 第 28 講　張后擅寵

張氏皇后 · 張氏兄弟 · 惡有惡報

167 .... 第 29 講　宗室之害

惡貫滿盈 · 橫霸一方 · 宗藩之弊

172 .... 第 30 講　荒唐正德

迷戀樂舞 · 荒淫酒色 · 癡迷遊玩

179 .... 第 31 講　忠奸相搏

太監專權 · 忠臣諍諫 · 凌遲處死

184 ········ 第 32 講　西巡南征

　　　　　天子西巡　·　御駕南征　·　豹房暴死

190 ········ 第 33 講　陽明先生

　　　　　午門廷杖　·　龍場悟道　·　此心光明

196 ········ 第 34 講　三十八天

　　　　　兄終弟及　·　總理朝政　·　功在社稷

202 ········ 第 35 講　大禮之議

　　　　　兩個故事　·　三個事件　·　強化皇權

208 ········ 第 36 講　大江東去

　　　　　高中狀元　·　蒙受廷杖　·　不朽之作

214 ········ 第 37 講　嘉靖宮變

　　　　　三后早死　·　生母去世　·　壬寅宮變

220 ········ 第 38 講　沉迷方術

　　　　　寵信道士　·　西苑青詞　·　嘉靖西宮

225 ········ 第 39 講　海瑞上疏

　　　　　海瑞上疏　·　怒而省思　·　臨終思鄉

230 ········ 第 40 講　窩囊裕王

　　　　　皇父不見　·　儲位不定　·　做好皇子

234 ········ 第 41 講　隆慶登極

　　　　　隆慶新政　·　又懶又貪　·　內閣三輔

240 ········ 第 42 講　父子帝師

　　　　　裕王之師　·　幼帝之師　·　何以帝師

245 ········ 第 43 講　說三娘子

　　　　　嫁俺達汗　·　嫁黃台吉　·　三嫁四嫁

毛蔯者說三　衰落與更替

253 ……… 第 44 講　少年天子

嚴母太后 · 大伴馮保 · 師相居正

260 ……… 第 45 講　酒色財氣（上）

一代諍臣 · 萬曆辯解 · 萬曆貪杯

267 ……… 第 46 講　酒色財氣（下）

迷戀女色 · 勤於斂財 · 萬曆變卦

274 ……… 第 47 講　立儲風波

鄭氏貴妃 · 福王就藩 · 梃擊之案

280 ……… 第 48 講　定陵之謎

五次前往 · 入葬波折 · 青花龍缸

286 ……… 第 49 講　後金崛起

努爾哈赤 · 建立後金 · 遼東大戰

292 ……… 第 50 講　紅丸疑案

禍起女寵 · 兩粒紅丸 · 留下難題

下 篇

299 ········ 第 51 講 慌亂繼位

無知頑童 · 儲皇移宮 · 西李移宮

306 ········ 第 52 講 客、魏當道

狼狽為奸 · 戕害忠良 · 擾亂後宮

312 ········ 第 53 講 遼河三戰

瀋陽大戰 · 遼陽大戰 · 廣寧大戰

317 ········ 第 54 講 寧錦大捷

寧遠大捷 · 寧錦大捷 · 歷史啟示

322 ········ 第 55 講 天啟張后

皇后挑選 · 端莊皇后 · 懿安皇后

327 ········ 第 56 講 九次落榜

名門之後 · 九挫不餒 · 高中狀元

333 ········ 第 57 講 崇禎之悲

童年喪母 · 剛愎獨斷 · 錯殺良臣

339 ········ 第 58 講 末日輓歌

慷慨請命 · 攻破定興 · 躲進保定

343 ········ 第 59 講 煤山自縊

崇禎末日 · 太子下落 · 外戚劉家

349 ········ 第 60 講 士人殉國

忠節張銓 · 忠心承宗 · 忠誠可法

355 ········ 第 61 講 改號大清

少年勵志 · 謀略制勝 · 南面獨坐

361 ········ 第 62 講 清朝入主

改朝換代 · 皇位之爭 · 定都異議

366 .... 第 63 講　董妃之謎
　　　　　任性廢后　·　身份之謎　·　紅顏薄命

373 .... 第 64 講　順治出家
　　　　　因苦結佛　·　出家之說　·　患痘而死

379 .... 第 65 講　太后下嫁
　　　　　孝莊太后　·　皇叔攝政　·　並未下嫁

毛鬃者說四　開創與鼎盛

389 .... 第 66 講　童年玄燁
　　　　　三種血緣　·　生活磨煉　·　自強律己

395 .... 第 67 講　終身讀書
　　　　　融入人生　·　康熙書房　·　讀書四要

402 .... 第 68 講　孝愛祖母
　　　　　平時孝順　·　病時孝愛　·　死後孝哀

408 .... 第 69 講　六下江南
　　　　　化文化結　·　化君臣結　·　化官民結

413 .... 第 70 講　三帝國師
　　　　　品學醇正　·　堅韌忠謹　·　澤被五代

417 .... 第 71 講　康熙治河
　　　　　親理河務　·　重用靳輔　·　慎待爭議

424 .... 第 72 講　御史彈相
　　　　　樹大招風　·　鐵面御史　·　言官難當

429 .... 第 73 講　立廢太子（上）
　　　　　三十五子　·　早立太子　·　精心教育

433 .... 第 74 講　立廢太子（下）

廢斥太子 · 諸子爭儲 · 再立再廢

439 .... 第 75 講　雍正奪位

突然繼位 · 雍正其人 · 韜光養晦

446 .... 第 76 講　繼位疑案（上）

謀父逼母 · 弒兄屠弟 · 殺掉寵臣

452 .... 第 77 講　繼位疑案（下）

遺詔版本 · 真假之爭 · 還有疑點

458 .... 第 78 講　雍正年窯

審美高雅 · 琺瑯彩瓷 · 年窯盛名

465 .... 第 79 講　生母之謎

海寧陳家 · 山莊草房 · 疑案難解

472 .... 第 80 講　乾隆膳單

吃遍天下 · 中年膳單 · 老年膳單

478 .... 第 81 講　痛懲貪官

皇親貪案 · 群體貪案 · 冒死彈劾

483 .... 第 82 講　有福之人

健康高壽 · 聖壽慶典 · 珍貴遺產

490 .... 第 83 講　和珅兒媳

和孝公主 · 公主婆家 · 劫後餘生

496 .... 第 84 講　御製唐窯

唐英家世 · 唐英督陶 · 唐英心語

502 .... 第 85 講　宮中三寶

保和石雕 · 大禹治水 · 琺瑯佛塔

毛澤東者說五　屈辱與覆亡

511 .... 第 86 講　馬戛爾尼

盛世危機 · 禮節之爭 · 錯失良機

517 .... 第 87 講　得寵秘訣

宮廷侍衛 · 兩面人物 · 投上所好

522 .... 第 88 講　大內遇刺

入宮行刺 · 箭扎隆宗 · 心有餘悸

531 .... 第 89 講　道光繼位

有福皇子 · 鐍匣風波 · 喪權辱國

537 .... 第 90 講　梅妻鶴子

真實故事 · 乾隆傾慕 · 千年相通

543 .... 第 91 講　愛國英雄

銷煙壯舉 · 遣戍新疆 · 良師益友

549 .... 第 92 講　辛酉政變

三股勢力 · 發動政變 · 機智果敢

555 .... 第 93 講　同治新政

辦理洋務 · 學習西方 · 痛失機遇

561 .... 第 94 講　道光四子

老六奕訢 · 老五奕誴 · 老七奕譞

569 .... 第 95 講　國師懿榮

三任祭酒 · 甲骨文字 · 以身殉國

574 .... 第 96 講　皇帝稱謂

皇帝名字 · 皇帝三號 · 皇帝名諱

579 .... **第 97 講 皇位繼承**

　　演變軌跡 · 輔政大臣 · 國際競爭

584 .... **第 98 講 皇帝之壽**

　　得壽不長 · 冬夏兩季 · 心理因素

588 .... **第 99 講 海洋之殤**

　　文化短板 · 歷史之辱 · 新的良機

　　　　耄耋者說六　君享與民享

595 .... **第 100 講 故宮新生**

　　從宮到院 · 百川歸海 · 走向世界

602 .... **附錄**

　　明朝皇帝簡表

　　清朝皇帝簡表

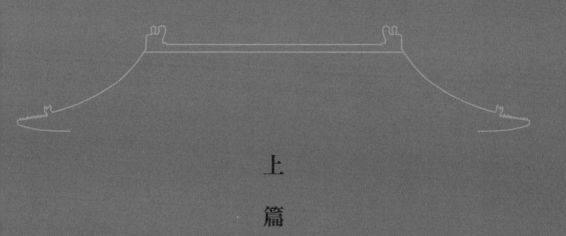

上

篇

耄耋者說一

肇始與興盛　　皇宮的主人是明太祖朱元璋洪武帝（在位三十一年）、明惠帝朱允炆建文帝（在位四年）、明成祖朱棣永樂帝（在位二十二年）、明仁宗朱高熾洪熙帝（在位一年）、明宣宗朱瞻基宣德帝（在位十年）、明英宗朱祁鎮正統帝（在位十四年）六朝，共八十一年（洪武元年至正統十四年），這段時期，從皇宮視角看，明朝主要解決——定都、建宮和穩定、開拓兩大主題。

其前者，都城定在哪裏？宮殿建成什麼樣？一直困擾著明初六位皇帝。首都是建在南京、鳳陽、開封、西安，還是北京？皇宮建築風格是簡約，還是壯麗？朱元璋文化水平低、宏觀見識少，不肯聽取高見，並且優柔寡斷，猶疑搖擺，舉棋不定。建文帝時確定下來，卻遇上"靖難之變"。永樂帝果斷遷都北京，卻遭遇天火焚毀皇宮三大殿。洪熙帝要遷回南京，自己又短命死了。宣德帝想定都北京，還未落到實處而身先死。到正統帝繼位，在太皇太后和內閣"三楊"等輔佐下，利用七十年積累的財力、物力、技藝和經驗，重建被焚毀的皇宮三大殿，建築京城九門城樓，城牆內面包磚，疏浚護城河，用石砌堤岸，設九橋九閘，才出現了京城"煥然金湯鞏固、以聳萬年之瞻"，皇宮"日月光三殿、乾坤闢兩宮"的煌煌局面。到正統六年（1441），正式宣告：北京為首都，南京為陪都。

其後者，著力解決穩定皇權、開拓局面的大難題。先後經三次藩王叛亂，皇權終於穩定下來。宮廷派出使臣，東西南北，四向開拓，特別是鄭和七下西洋，亦失哈八下奴兒干，侯顯五使西藏，陳誠五使中亞，不僅創中華文明史上之偉業，而且創人類文明史上之壯舉。

本部分為1～20講，主要講述明代前期，皇宮規模確定，典章制度制定，國家統一，經濟恢復，社會安定，宮殿壯麗，睦鄰友好，萬國來朝，都城由南京遷到北京，北京宮殿壇廟建成，並最終確立定都北京。繼秦、漢、唐、元之後，一個強大的明帝國，屹立於亞洲東方。它的政治中心和文化中心，就在北京。它的核心就是後來被定為世界文化遺產的北京故宮。

北京故宮平面圖

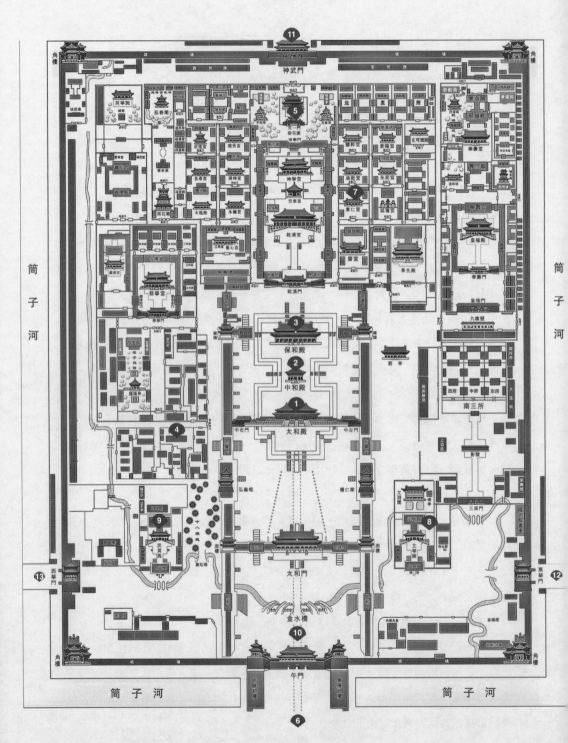

① 太和殿　③ 保和殿　⑤ 欽安殿　⑦ 景仁宮　⑨ 武英殿　⑪ 神武門　⑬ 西華門
② 中和殿　④ 仁智殿　⑥ 端門　⑧ 文華殿　⑩ 午門　⑫ 東華門

血色皇宮

開篇第一講"血色皇宮"，分為三個小部分：鮮血染成、北京故宮和多面皇宮。

鮮 血 染 成

皇宮裏不是講仁愛、重仁義、施仁政嗎？哪裏來的血色皇宮？古今中外，所有皇宮，哪一座不是血染的？讓我們把歷史的鏡頭拉得遠一點，從中國帝制時代的周朝王宮說起。

周朝是中國歷史上第一個建立起全面禮法、完整制度的王朝。著名的"五經"——《詩》、《書》、《易》、《禮》、《春秋》，是在周朝形成的。周朝興起於鎬京（今陝西省西安市長安區）。周族首領姓姬，名昌，就是周文王，原是商朝的臣民，"敬老慈少，禮下賢者"，善待賢能之士。如殷朝有個人叫鬻子，給紂王上書"七十五諫"紂王都不聽，便投奔周文王。姬昌對於紂王來說，是一個"不同政見者"，也是一個"危險人物"。紂王下令把他抓起來，關押在羑里（今在河南省安陽市湯陰縣一帶）。一個有理想、有抱負的人，決不會在困難面前屈服。周文王被拘禁在羑里，做什麼呢？有的書說他"蓋益《易》之八卦為六十四卦"，就是在伏羲《易》的基礎上，將八卦演繹為六十四卦。所以，周文王應是《易經》的創始人之一。可見，有作為的人，在患難之時，更有所作為。文王死後，他的兒子姬發繼

［清］袁江《阿房宮圖》

位，就是周武王。周武王請姜太公為師父，周公旦為輔政，重德修文，改善民生，經多年準備，向殷紂王發起問罪之師。武王自覺兵力不足，便在盟津（今在河南省洛陽市孟津縣一帶）大會"八百諸侯"，組成聯軍。周武王統帥大軍，威威武武，浩浩蕩蕩，進到殷都朝歌（今河南省鶴壁市淇縣）郊外的牧野。紂王發兵七十萬抵抗。兩軍展開了著名的"牧野之戰"。這場戰役，打得激烈、殘酷，屍橫遍野，"血流漂杵"。"酒池肉林"、"貪色亂政"的紂王，兵敗無奈，登上鹿台，自焚身死。周武王凱旋，大肆營建鎬京王宮。後成王又營建東都雒（洛）陽宮殿。周朝尚紅，就是以紅顏色為貴。歷史表明，周朝王宮是用血染成的。

秦朝的阿房宮殿，也是用血染成的。秦國興起後，南征北戰，東伐西討。我僅舉秦國大將白起為例。據《史記·白起列傳》記載，白起統率秦軍，"攻韓、魏大戰於伊闕，斬首二十四萬"；又攻魏國，"斬首十三萬"；繼與趙國作戰，"沉其卒二萬人於河中"；還攻韓國陘城，"拔五城，斬首五萬"；再攻趙國，長平之戰"前後斬首虜四十五萬人"。僅以上五戰，共斬殺八十九萬人。白起最後因功遭忌，秦王聽信讒言，賜劍令白起自殺。白起仰天歎曰："我固當死。長平之戰，趙卒降者數十萬人，我詐而盡坑之，是足以死！"（《史記·白起列傳》）秦國名將，何其多也。

　　白起一人，斬殺、坑殺、沉殺等近百萬人。這個數字，可能誇大，但秦始皇在統一六國的過程中，"伏屍百萬，流血漂鹵。"（《史記‧秦始皇本紀》）這足以說明：秦始皇的阿房宮殿、秦皇陵寢，是用屍骨堆砌起來的，是用鮮血染成的。

　　而後，兩漢隋唐，略而不論。最後明清的皇宮，何嘗不是屍骨堆砌的、鮮血染成的！

　　明太祖朱元璋，二十五歲從軍，征戰十六年，在位三十一年，建立大明，營造宮殿。朱元璋本是皇覺寺的一個和尚，投奔義軍。二十八歲時，率領水陸大軍，攻佔集慶（今江蘇省南京市），改名應天府，設官建政。而後，朱元璋以應天為基地，逐鹿群雄，生死搏鬥。三十五歲時，朱元璋與陳友諒大戰鄱陽湖。時陳友諒率領號稱六十萬軍隊，"樓船數百艘，皆高數丈，飾以丹漆，每船三重，置走馬棚，上下人語，聲不相聞，艫箱皆裹以鐵"（《明史‧陳友諒傳》）。旗艦高十餘丈，聯結巨艦為陣，船隊長數十里。朱元璋軍二十萬，處於劣勢。朱元璋親自督陣，兵士不前，雖斬退縮者，餘眾仍畏縮不進。朱元璋手下一個叫郭興的進諫："火攻！"被採納。命敢死隊，乘小船，載蘆葦，裝火藥，到上風頭，靠近敵艦，燃炮縱火。火燃風急，剎那之間，數百敵艦，一片火海，敵兵落水，湖水盡赤。陳友諒被箭頭貫穿眼睛和腦袋而亡。經過三十六天激戰，朱元璋取得鄱陽湖大捷。第二年，朱元璋即吳王位；四年後，在應天（今江蘇省南京市）稱帝，建立大明，營建皇宮。

清朝建立，也是如此。努爾哈赤起兵，征戰四十四年，其中最殘酷的是薩爾滸大戰。明軍出動號稱四十七萬大軍，後金軍也號稱二十萬，集中在今遼寧省撫順市薩爾滸地方，雙方軍隊，血戰廝殺，殺得血流成河，森林染成紅色。前後經過撫順、清河、開原、鐵嶺、瀋陽、遼陽、廣寧、寧遠八場激戰，哪一戰不是屍骨遍野，血流成渠！到他兒子多爾袞時，率領清軍進關，"揚州十日"、"嘉定三屠"，"留頭不留髮、留髮不留頭"，孫承宗闔門二十四人同難，僅《欽定勝朝殉節諸臣錄》，就收錄明末殉節之士四千零二十三人。這說明清朝皇宮也是血色的。

我們還是回到正題 —— 北京故宮。

北 京 故 宮

故宮六百年，這六百年是怎麼算出來的？

明初皇宮在南京，明太祖朱元璋死後其嫡長孫建文帝繼位。燕王朱棣發動戰爭，取而代之，年號永樂。永樂元年（1403），朱棣下詔以北平為北京；永樂四年（1406），朱棣詔建北京宮殿；永樂十八年（1420），北京宮殿建成，朱棣下詔：明年正月初一日，以北京為京師，正式遷都北京，舉行慶賀大典。從這一天開始，大明皇宮正式登上歷史文化舞台！

所以，北京皇宮在永樂十八年建成，到 2020 年，正好是六百年！大家喜歡故宮、關注故宮，很想了解故宮、參觀故宮，希望我講故宮六百年。

中國海峽兩岸現在有兩宮三院：北京故宮、瀋陽故宮，北京故宮博物院、瀋陽故宮博物院、台北故宮博物院。故宮六百年主要講北京故宮在六百年間的往事，也兼及其他。

我以前在央視《百家講壇》講過"大故宮"一、二、三、四部，共八十三講。這一次我講《故宮六百年》共一百講。有人問：《故宮六百年》與《大故宮》有什麼不同？

故宮西北角樓

　　第一，《大故宮》以故宮建築空間為順序來講述，如講到天安門，就講發生在天安門的人物和故事；講到午門，就講發生在午門的人物和故事等。許多人把它作為參觀故宮博物院的詳細導遊詞來學習。而《故宮六百年》是以歷史時間為順序來講述，在明清時期，皇宮的主人就是皇帝，先後有二十四位明朝和清朝的皇帝，充當了故宮的主人。《故宮六百年》按照這二十四帝的順序，講發生在故宮，或與故宮相關的歷史，這段歷史大約五百年。故宮後一百年的歷史，是故宮變為故宮和故宮博物院，由君到民的歷史。

　　第二，歷史人物和歷史事件重新組合，特別是增加許多新人物、新事件、新故事，過去沒有講過卻又非常有意思的人物和故事。我們今天可以穿越六百年的時間，看故宮在六百年間發生的有意思、有意義的大故事和小故事。

　　大家看《故宮六百年》，可以從多方面了解故宮。

多 面 皇 宮

　　"歷史是勝利者的記錄"，"歷史是勝利者與失敗者共同推動發展的"。世界上，沒有敗哪有勝，沒有陰哪有陽？勝敗、陰陽的演化，共同推動歷史前進。俗話說：

"一將功成萬骨枯。"但是，在古代，成名的將軍自以為才能出眾、戰功顯赫，卻往往忘記死難戰友。於是，驕傲狂妄，終致因福得禍而身敗名裂。歷史事例，多不勝舉。

　　因此，皇宮的存在，要從多側面觀、多角度看。譬如：從建築感受壯麗輝煌，從文化感受豐富多彩，從哲學感受天人合一，從歷史感受興盛衰亡，從服飾感受美輪美奐，從文物感受到真善美，從人物感受立德立業，從宮室學到佈置裝潢，從園林學到天然情趣，從教育感受成才培養，從警衛感到安全重要，從禮制感受日常學養。

大明建立

明清皇宮從明朝開始，明朝皇宮又從明太祖朱元璋開始。朱元璋與明初皇宮的關係，本講分作三個題目：雄才大略、濟濟文臣和熙熙武將。

雄 才 大 略

元朝末年，宮廷腐朽，大臣內訌，瘟疫旱災，民不聊生，屍骨遍野，民變四起，天下大亂，結束這場亂局的是朱元璋。

朱元璋（1328～1398 年），字國瑞，在位三十一年，壽齡七十一歲。廟號明太祖，謚號高皇帝。他生於濠州（今安徽省滁州市鳳陽縣）鐘離東鄉一個貧苦農家。十七歲，連遭父親、母親、長兄三大喪事。又逢災荒，便投皇覺寺為僧。僅五十天，寺裏也沒有飯吃，被遣散托鉢遊食三年。後地方大亂，郭子興起兵，朱元璋投其部下，時年二十五歲，成為他人生旅途的轉折點。

元末，豪傑四起，群雄逐鹿，朱元璋為什麼能獨佔鼇頭？因為他有雄才大略。他提出政治綱領："驅逐胡虜，恢復中華，立綱陳紀，救濟斯民。"（《明太祖實錄》）這四句話，包含三項主要內容：一是，推翻蒙元統治，建立朱明皇朝；二是，恢復唐宋禮法，重建社會秩序；三是，實現社會穩定，改善民眾生活。朱元璋征戰了十六年，先稱王，後稱帝，擊敗群雄，登上皇位，推翻元朝，開拓了明朝

明太祖朱元璋像

二百七十六年的江山。

朱元璋取勝的根本原因 —— 不僅有正確的政治綱領，而且有眾多的文武人才。

濟 濟 文 臣

"濟濟多士，文王以寧。"一個民族，一個國家，要取得發展、成功，必有一批優秀人才、俊傑之士。朱元璋身邊聚集了一批名士。這裏介紹的兩位：劉基和李善長。

劉基（1311～1375 年），字伯溫，浙江青田人，元末進士。他鬍子很長，挺拔俊秀，為人慷慨，有大氣節。史書說他"博通經史，於書無不窺"，又說他是明初的"諸葛孔明"。朱元璋知道劉基大名，派人用厚金請他，劉基不答應；再以禮邀請，才出山。於是建禮賢館安置他。劉基上言《十八策》，朱元璋很欣賞。某年正月初一，朱元璋在中書省設御座，向韓林兒行禮，只有劉基不拜，說："牧豎耳，奉之何為！"意思是這麼個小子，敬奉他有什麼用！他建議朱元璋另立旗號，建元稱帝。後朱元璋派將迎接小明王韓林兒，途中船翻人亡，朱元璋便自立為吳王，後來就稱帝了。鑒於朱元璋夾在方國珍和陳友諒兩雄之間，腹背受敵，劉基建言方略：其一，先聚力對付陳友諒，陳氏既滅，方氏勢孤，一舉可定；其二，"然後北向中原，王業可成也！"果然，明太祖就是按照這條路徑擊敗群雄、推翻元朝、完成一統的。

劉基善於計算、觀察、謀略、決斷。在鄱陽湖大戰時，"太祖坐胡床督戰，基侍側"。一日，劉基忽然躍起大呼，請朱元璋換船。剛倉促移到別的船上，尚未坐定，飛炮就擊中原乘坐的御舟，立碎下沉。陳友諒乘高望見，大喜。實朱元璋安全無恙。又如，劉基善於觀察人品，一日，明太祖問：楊憲可以做宰相嗎？劉基答："憲，有相才無相器。夫宰相者，持心如水，以義理為權衡，而己無與者也，憲則不然。"又問：胡惟庸呢？答："譬之駕，懼其僨轅也。"好比馬拉車，怕馬"僨轅"，就是怕馬把車拉翻了。後來洪武帝命胡惟庸為宰相，劉基說："使吾言不驗，蒼生福也。"後胡惟庸事發被殺，株連三萬餘人。書評說劉基："帷幄奇謀，中原

劉基像

大計，往往屬基，故在軍有子房（張良）之稱，剖符發諸葛之喻。"（《明史·劉璉傳》）意思是劉基於軍事，好比張良；於政治，好比諸葛亮。劉基對明太祖執意要在鳳陽建中都，敢於直言："鳳陽雖帝鄉，非建都地。" 劉基不得意，又身體有病，獲准還鄉，隱逸山中，飲酒下棋，口不言功。後劉基死，一說被胡惟庸下藥中毒而死，年六十五。

李善長（1314～1390 年），字百室，安徽定遠人。朱元璋起兵初，善長就投附，並得到重用，從一個掌管書記的小官，做到左柱國、太師、左丞相，封韓國公。朱元璋稱帝，冊封功勳之臣，列爵公、侯、伯、子、男五等，封公的只有六人：徐達、常遇春（死）子常茂、李文忠、馮勝、鄧愈及李善長，而善長位列第一。李善長的功勞主要有：

第一，負責糧餉、供給軍食，立下大功。

第二，制定稅收政策，又定錢法，開鐵冶，徵魚稅，國用益饒，而民不困。

第三，負責文書詔令，筆頭快，辭章美，得到朱元璋的讚許。

第四，主持編纂典籍，奉命監修《元史》，編《祖訓錄》、《大明集禮》等開國文獻。

第五，負責建中都宮殿。移江南富民十四萬充實中都人口和經濟，中都宮殿成為南京宮殿範本。

富極而奢，貴極而驕。李善長既驕又奢，連遭舉報，被牽連到胡惟庸案。最後，"遂並其妻女弟姪家口七十餘人誅之"（《明史·李善長傳》）。

熙 熙 武 將

朱元璋不僅有濟濟文士，而且有熙熙武將。

明朝開國武將，有"六王"：中山王徐達、開平王常遇春、岐陽王李文忠、寧河王鄧愈、東甌王湯和、黔寧王沐英。其中四十來歲死的有四位——沐英（四十八歲）、李文忠（四十六歲）、鄧愈（四十一歲）、常遇春（四十歲）。徐達死時才五十四歲。我這裏介紹兩位：徐達和花雲。

徐達（1332～1385年），安徽鳳陽人，出身農家，二十二歲跟隨朱元璋。率軍攻安慶，斬首萬人，擒三千人，獲大勝。率二十萬軍攻蘇州，大敗張士誠，獲二十五萬人。定軍紀："掠民財者死，毀民居者死，離營二十里者死"，軍紀嚴肅，秋毫無犯。洪武元年（1368），率軍攻克大都（今北京）。派兵千人守宮殿門，使太監護視諸宮人、妃嬪、公主，禁士卒，毋所侵暴。官吏民安居，市場營業。徐達功績顯赫："平大都二，省會三，郡邑百數，閭井宴然，民不苦兵。"

徐達為什麼出師所向披靡、戰無不勝呢？因為他與兵士同甘苦，兵士無不感恩效死。徐達的可貴之處在於，越是取得大的勝利，越加謙虛謹慎。當他獲得重大勝利之時，部隊凱旋到南京，軍民夾道歡迎，他沒有騎著高頭大馬，卻"單車就舍，延禮儒生，談議終日，雍雍如也"。他官居右丞相、魏國公，卻住房簡陋。朱元璋給新府，他就是不搬。一天，朱元璋請他喝酒，灌醉，令人把他抬到原朱元璋居住的吳王府床上。他醒來之後，一看不對，就到朱元璋面前跪著請罪，朱元璋大笑。之後徐達還是居住舊府。明太祖嘗稱讚徐達說："受命而出，成功而旋，不矜不伐，婦女無所愛，財寶無所取，中正無疵，昭明乎日月，大將軍一人而已。"（《明史·徐達傳》）

徐達像

花雲（1321～1360年），安徽懷遠人。體貌雄偉，膚色黝黑，為人忠厚，驍勇絕倫。早年投奔朱元璋，受到重用。他領兵作戰，攻城必克。一次，敵兵數千，圍攻朱元璋，花雲舉起兵器保護朱元璋，並拔劍躍馬，衝陣而進。敵驚道："此黑將軍勇甚，不可當其鋒。"退散，得勝。一次戰鬥，連戰三天三夜，獲勝。受命急趨寧國，兵陷山澤中八日，花雲操矛，鼓噪出入，斬首千百計，身不中一矢。一次作戰，兵敗被俘。花雲奮身大呼，縛繩裂斷，奪守者刀，殺五六人，終因寡不敵眾，頭顱被敲碎，綁在桅杆上，叢箭射之，但仍罵聲不已，壯烈而死。時年三十九。他的妻子郜氏，赴水而死。死前，將三歲兒子交給姓孫的侍從。孫氏抱著小兒，逃到九江，夜投漁家。後乘船渡江，遇敵軍奪舟把他們拋棄江中。孫氏靠斷木浮游蘆葦中，採蓮餵哺小兒，七日不死。夜半，有一老翁，帶著他們二人，一年後才找到朱元璋住所。這時，"孫氏抱兒拜泣，太祖亦泣，置兒於膝上，曰：'將種也！'"（《明史·花雲傳》）

以上故事，可以知道：一個事業的成功，有多麼艱難。克服艱難，需要優秀領袖，需要濟濟文士，需要熙熙武將。上下文武，團結一心，拚力奮鬥，就沒有戰勝不了的困難，就沒有逾越不了的障礙！

故宮藍本

相傳，永樂帝派劉伯溫和姚廣孝二人到北京，進行北京城宮殿設計。到第十天，他們同時拿出自己畫的設計圖，不由得哈哈大笑：所畫兩張城圖，竟然都是八臂哪吒圖！然而，劉伯溫在朱棣決定遷都北京時，已經死了二十八年，他不可能參與北京城池皇宮的設計，但是這個傳說也不是空穴來風。

北京故宮，建成於明永樂十八年。在此之前，明朝已經建立五十二年，都城定在南京。南京皇宮是朱元璋時建造的，後來成為朱棣在北京建造城池宮殿的模本。

洪武元年（1368），朱元璋在應天稱帝，開啟了大明二百七十六年的基業。他雖然在應天建造了吳王宮殿，但對建都在哪裏，卻是十年之間，三變主意。開始想在南京，又想在北京（今河南省開封市），再想建都鳳陽，最終定都南京。

草 創 宮 殿

元末農民起義爆發的第六年，即元至正十六年（1356）三月，紅巾軍元帥朱元璋率軍攻佔集慶（今江蘇省南京市），改集慶路為應天府。七月，朱元璋自稱吳國公，在原元朝江南行御史台的舊址上，建立江南行中書省。

1366 年，拓展建康城。建康舊城，地方狹窄，距鐘山又遠。朱元璋命劉基等重新選址，定在舊城之東、鐘山之陽，周長五十餘里，規制廣闊雄壯，盡據山川

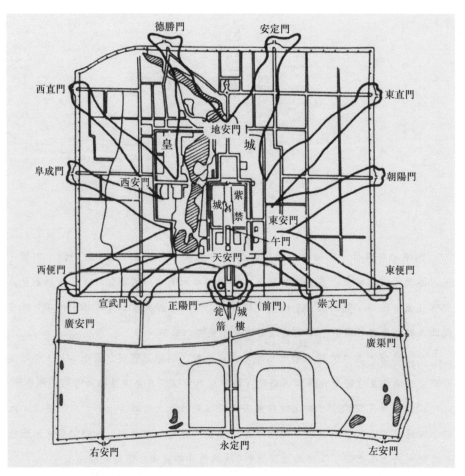

關於北京是"八臂哪吒城"的傳說流傳至今

之勝。同年，營建廟社，建築宮殿。朱元璋親自祭祀山川之神後，宮室建造破土動工。

隨之，營建工程負責人呈上宮殿圖。朱元璋看了之後，對建築奇麗、工藝雕琢很不滿意。他說：宮殿只求完善、堅固就可以，何必過分雕琢！古代帝堯宮室，以黃土為階，茅草為屋，房椽畫色，不加雕琢，極其簡陋啊！千年之後，盛德榜樣，都以堯為首。但是，後世競相奢侈，極宮室苑囿之娛，窮輿馬珠玉之玩，欲心一縱，不可收拾，亂由此起。只要上面崇尚節儉，下面就沒有奢靡。珠玉非寶，節儉是寶。所有宮殿，一以樸素，何必窮極雕巧，浪費天下之力！朱元璋畢竟是貧苦出身，尚不忘初心。

元至正二十七年（1367）正月，建國號為吳，稱吳元年。九月，新宮殿落成。只花了九個月時間，規模不太大，“制皆樸素，不為雕飾”（《明太祖實錄》）。

吳王新宮規制：前為奉天門，門內正殿為奉天殿，中為華蓋殿，後為謹身殿。這就是三大殿。奉天殿左右各建一樓，左為文樓，右為武樓。謹身殿之後為宮，前為乾清宮，後為坤寧宮，再後依次排列六宮。外面圍以皇城，四門：南為午門，東為東華門，西為西華門，北為玄武門。

吳王新宮給朱元璋帶來了好運，僅一年，他就稱帝建立明朝。

洪武元年（1368）正月初四日，朱元璋祀天地於南郊，即皇帝位，定國號為“大明”，年號“洪武”。正月初七日，明太祖朱元璋從舊吳王宮，遷到新宮。（《明太祖實錄》卷二十九）

這時的新宮，還比較簡樸。歷史記載：有一天，朱元璋下朝還宮，見到皇太子朱標和其他皇子，朱元璋指著宮中空地對皇子們說，這裏不是不可以蓋亭館台榭，做你們遊觀的地方。如今我讓太監種上蔬菜，是因為不忍傷民之財、勞民之力啊（這說明當時宮裏的空地種著蔬菜）。古代商紂王，崇飾宮室，不恤人民，天下怨之，身死國亡。漢文帝想建露台，因惜百金之費，而沒有建。你們要記住我說的話：“常存儆戒。”（《明太祖實錄》卷三十七）

但是，建立明朝首都還是刻不容緩的。

洪武三都

明朝的都城設在何處 —— 南京、開封、西安、鳳陽、北京？洪武初年，頗有一番周折。

朱元璋雖然在應天府稱帝，但對在南京建都並未下定決心。他說：“君天下非都中原不可。今中原既平，必躬親至彼，仰觀俯察，擇地以居之。”（《中都告祭天地祝文》）洪武元年（1368）四月，他曾率大軍北去汴梁（今河南省開封市）視察，想就北宋汴梁都城之舊。視察後，改汴梁路為開封府，準備在那裏營建都城。後來，又詔以金陵為南京，大梁（今河南省開封市）為北京。可是，就在下詔後的第二天，徐達率軍攻佔了大都（今北京），元順帝逃奔塞北。於是“會議群臣”，並再次親去開封察看。經過一年的反覆斟酌和考慮，最後決定以他的家鄉臨濠（濠州於 1367 年改為臨濠府，今安徽省滁州市鳳陽縣）為中都。

朱元璋在修建吳王宮殿時，天下尚未大定，所以力崇節儉。到修建臨濠中都時，則表現了帝王都城宮殿的氣派。洪武二年（1369），以新王朝之威勢，集中人力物力，派李善長等督建臨濠中都。到洪武八年（1375）四月，朱元璋“親至中都驗功賞勞”，回應天當日，竟突然改變初衷，以“勞費”為理由，下令把“功將完成”的明中都營建工程停下來。後來將臨濠已建成的部分宮殿拆毀，移建大龍興寺，以紀念龍興之地。

明中都罷建以後，以新吳王府為基礎，“詔改建大內宮殿”。兩年後，到洪武十年（1377）十月，改作大內宮殿成，制度皆如舊，而稍加增益，規模益宏壯矣。同時改建的還有圜丘、社稷壇。洪武十一年（1378），南京改稱京師；同時，罷北京，仍稱開封府。開封（汴梁）從洪武元年到十一年稱了十年“北京”，但未曾在那裏建都。

朱元璋晚年，曾想遷都關中。洪武二十四年（1391）八月，派皇太子朱標巡撫陝西，圖關洛形勢，經略建都的事情。由於朱標從陝西歸來，一病不起，次年四月就死了，遷都關中的事也就作罷了。同年九月開始，又大規模擴建南京宮殿。

明中都午門遺址

劉 基 卜 地

前面說過，朱元璋在吳王宮殿籌備之初，即命劉基卜地。這裏有個傳說故事。吳王宮殿正殿基址選好後，洪武帝嫌前方地勢不夠開闊，便將橛櫬向後稍做移動，並問劉基："使得嗎？"劉基無可奈何地一笑，說道："也好，只是不免遷都。"城牆修好後，劉基陪朱元璋巡視，朱元璋見工程堅固，很是高興，說："這牆誰能越過。"劉基隨口答道："除非燕子飛過。"（《九朝談纂》卷一，引《冶城客論》）結果，劉基一語成讖，沒過幾年，燕王朱棣攻破京師南京，又遷都北京。

當朱元璋決定在鳳陽建都時，正巧劉基妻子死了，遂請假還鄉。時帝方營中都，又銳意消滅故元勢力。劉基臨行時奏道："鳳陽雖帝鄉，非建都地。"果然，中都半途而廢。

劉基善於從戰略上把握全局。朱元璋在營建自己的第一座宮殿城池時，命劉基卜地，規劃建設。吳王宮殿雖簡，但奠定了格局，確定了名稱，為明清兩代五百多年的宮殿奠定了基礎。比如，前殿後宮，左文右武，圍以宮牆，四面開設宮門。特別是三大殿的名稱，一直沿用到明嘉靖年間；乾清宮和坤寧宮的宮名，一直沿用至今；四個宮門的名稱，也沿用至今。

後來，臨濠明中都的宮殿建造參考了吳王宮殿、宋都汴梁和元大都的經驗；明京師南京宮殿，更是在吳王宮殿的基礎上擴建並提高的。

明永樂帝在營造北京城池宮殿時，又以南京宮殿和中都宮殿為模本。北京故宮宮殿佈局，如午門，紫禁城四個角樓，三大殿，東西六宮，左祖右社，內外金水河，都比擬中都。中都鳳陽宮殿在萬歲山之南，北京則在宮殿之後築一土山以為紫禁城屏障，也取名萬歲山。鳳陽宮殿左右有日精峰、月華峰，北京紫禁城左右雖無日精峰、月華峰，但在宮殿中則有日精門、月華門作為象徵。

故宮建築六百年的歷史，要追溯到劉基為朱元璋建造的吳王宮殿，以及後來的明中都和明南京宮殿。這應當是北京故宮的模本。民間傳說劉伯溫參與北京城的設計，看來不是一點影子也沒有的。

總之，明北京皇宮的第一個模本是明南京吳王府新宮殿。明北京皇宮的第二個模本是中都宮殿。明北京皇宮的第三個模本是明朝南京皇宮。最後，北京皇宮，就是我們今天看到的北京故宮。

建文下落

建文四年（1402）六月，朱棣率軍打進南京皇宮後，建文帝朱允炆活不見人、死不見屍，下落如何？這就成為明宮六百年來，一樁歷史疑案。這要從一個神秘的"盒子"說起。

神 秘 盒 子

朱棣進入南京皇宮後，第一件大事就是尋找建文帝的下落。他派兵四處搜查，又派人找太監詢問，卻找不到建文帝的蹤影。有人從灰燼裏找到一具燒焦的屍體，朱棣立即上前大聲說："小子無知，乃至此乎！"（《奉天靖難記》卷四）也就是認定建文帝已經燒死了。當時，沒有 DNA 檢測，怎麼知道並證明這就是建文帝的遺體呢？清官修《明史·恭閔帝本紀》，對這件事的記載，卻是含含糊糊：

> 都城陷，宮中火起，帝不知所終。燕王遣中使出帝后屍於火中，越八日壬申葬之。或云：帝由地道出亡。

這位二十六歲的建文帝，是死於皇宮火中，還是逃出皇宮了呢？如逃出皇宮，他出去以後幹了什麼呢？最後歸宿在哪裏？

當時就有傳言說建文帝沒有燒死，而是出逃了。後來有人把傳言寫成兩本書：《從亡隨筆》和《致身錄》。清初學者谷應泰集其大成，在《明史紀事本末》中做了詳細敘述。

建文帝得知金川門失守，慌了手腳，長吁短歎，在宮裏來回亂走，還打算自殺。這時，翰林院編修程濟出主意："不如出亡"，逃出宮去。怎麼逃呢？少監王鉞跪進說："昔高帝升遐時，有遺篋，曰：'臨大難，當發。' 謹收藏奉先殿之左。"群臣齊言："急出之！"不久，一紅色鐵皮盒取來，兩把鎖，灌了鐵。"帝見而大慟，急命舉火焚大內。"

程濟砸碎鐵盒，發現三張度牒，也就是和尚身份證：一名應文，一名應能，一名應賢。袈裟、帽鞋、剃刀俱備，白金十錠。還有朱書一紙："應文從鬼門出，餘從水關御溝而行，薄暮，會於神樂觀之西房。"度牒的"文"指建文。帝曰："數也！"程濟即為帝祝（剃）髮；吳王教授楊應能（即應能）亦願剃髮隨亡；監察御史葉希賢毅然說："臣名賢，應賢無疑"，也剃髮。各穿袈裟，分別出逃。

南京明故宮玉帶橋

他們逃出皇宮後，見道士王升。王升叩頭稱萬歲，說：「臣固知陛下之來也！」乃乘船到太平門恭候。登船划槳，到達道觀，已經天黑。

上面說的這段朱元璋留下神秘盒子的故事，真是有些像神話裏的故事。

逃 亡 卅 年

跟隨建文帝逃出宮的官員共有二十二人。逃亡的方向，建文帝曰：「吾今往滇南，依西平侯。」有一位名叫史彬的說：「往來名勝，東西南北，皆吾家也……有何不可？」帝曰：「良是。」建文帝四處奔波，既不是遊山玩水、賞心悅目，也不是遊覽名勝、抒懷懷古，而是東躲西藏、南奔北逃，過著非常艱難、朝不保夕的生活。

建文帝一行，先後奔波於雲貴高山野嶺，兩粵峽谷江河，川西高原叢林，江蘇偏僻寺廟，浙江荒野道觀，還有陝西等地。他們穿著袈裟，捧著陶鉢，晝不得食，夜不得宿，但最大的享受就是偶爾到原屬下家裏暫避。如一次到蘇州吳江史彬家，全家既恭敬又驚嚇，接待逃亡的建文帝一行。建文帝把他住的小院，改名為水月觀，還親筆篆文。剛住幾天，禮部行文州縣，嚴查建文下落。他們又倉促星散，另行逃亡。第二次到史彬家，建文帝衣舊鞋破，瘦弱憔悴，不堪入目，駐留三日，匆匆而去。一次，工部尚書嚴震直奉使安南，與建文帝相遇於雲南道中，兩人相對而泣。帝曰：「何以處我？」對曰：「上從便，臣自有處。」嚴震直「悲愴，吞金死。」（《明史·張紞傳》）又有書說他「夜縊於驛亭中」。建文帝在雲南白龍山搭個草庵，面色憔悴，形容枯槁，非常狼狽。一次舊臣來訪，隨問曰：「汝等攜有方物否？」各自獻上。因史彬當年職居禁近，知帝所好，所獻頗豐，帝遍嚐之，說：「不食此，已三年矣！」彬等叩首而去。建文帝在逃亡中，也寫寫詩，學點《易經》，給自己算卦。（《明史紀事本末》卷十七）

永樂二十二年（1424），建文帝東行，與史彬相遇於旅驛，言及朱棣死於榆木川，稍有喜色。史彬問其道路起居，回答：「近來強飯，精爽倍常。」即同史彬下江南，到史彬家。史彬具酒餚於所居的重慶堂，帝上座，程濟東列，史彬西列。宣德九年（1434）五月，建文帝第四次到吳江史彬家，時史彬已死，帝悲悼久之。

老 僧 進 宮

　　建文帝的歸宿，谷應泰寫道：到正統五年（1440），建文帝已在外顛沛流離三十八年，戰戰兢兢，四處流亡，饑饉於晝夜之時，周旋於險阻之間，從二十六歲的青年成為六十四歲的老人。當年搶奪他皇位的叔叔永樂帝，及其兒子洪熙帝、孫子宣德帝都已去世，當時在位皇帝已是建文帝的姪孫正統皇帝了。所以他下定決心，要回到宮裏。

　　這年三月十三日，建文帝對侍從說：“我決意東行。”於是，作詩曰：

> 牢落西南四十秋，蕭蕭白髮已盈頭。
> 乾坤有恨家何在？江漢無情水自流。
> 長樂宮中雲氣散，朝元閣上雨聲收。
> 新蒲細柳年年綠，野老吞聲哭未休。

　　建文帝有北歸之意，御史秘密報告正統皇帝。太監吳亮曾侍奉建文，令密探之。建文帝見亮就說：“汝非吳亮耶？”亮答：“非也。”建文帝曰：“吾昔御便殿，汝尚食，食子鵝，棄片肉於地，汝手執壺，據地狗舔之，乃云非是耶？”亮伏地哭。建文帝左趾有黑子，摩視之，持其踵，復哭不能仰視，退而自縊。於是迎建文帝入西內（今北海公園西南處）。宮中人皆呼為老佛，以壽終；葬西山，不封不樹。

　　老僧進宮的事，《明史》也有記載：“正統五年，有僧自雲南至廣西，詭稱建文皇帝。思恩知府岑瑛聞於朝。按問，乃鈞州人楊行祥，年已九十餘，下獄，閱四月死。同謀僧十二人，皆戍遼東。”但是老僧就是建文帝，《明史》沒有記載。

　　朱棣在位期間，竭力找尋建文帝的下落。他派鄭和下西洋的一個目的，便是尋找建文帝。《明史》說：“傳言建文帝蹈海去，帝分遣內臣鄭和數輩，浮海下西洋。”後戶科給事中胡濙密訪仙人張三豐，又“遍行天下州郡鄉邑，隱察建文帝安在"。後派胡濙出巡各地，主要去了江浙、湖廣，在外九年。後又出巡七年，到永樂二十一年（1423）才回京。時永樂帝北征，胡濙一直追到宣府（今河北省張家口市宣化區），朱棣已就寢，聽說胡濙來到，急忙起身召見，"漏下四鼓乃出"（《明史‧胡濙傳》）。朱棣北征回來後，就不再追查建文帝的下落。八個月後，朱棣去世。朱棣在位二十二年，也找了建文帝朱允炆二十二年。

史學家說，很可能胡濙找到了朱允炆的下落，說他已經死了，或者不會給朱棣帶來威脅。而朱棣如此執著地暗中尋訪建文帝的下落，也從側面證明了建文帝當年可能沒有燒死在宮中。

永樂遷都

前面講過，明太祖朱元璋在開創明朝基業的過程中，確定以金陵（今江蘇省南京市）為明朝京師。燕王朱棣作為朱元璋的第四子，八歲隨父入住皇宮，十一歲封王，十七歲結婚，十九歲移住鳳陽，直到二十一歲才就藩北平。因為北平的燕王府利用了元朝舊宮，所以朱棣出了鳳陽（中都），又住進了元朝舊宮。在北平，朱棣奉旨多次北征，為明初鞏固安定北邊立下戰功，也多遭磨難，歷練成熟。靖難之役之後，四十四歲的朱棣重回南京，登上皇位。

定 都 北 京

從朱棣決意遷都北平，到北京宮殿壇廟建成，先後經過了十八年。登極伊始，朱棣即改北平為北京。（《明太宗實錄》卷十六）隨即開始北京城池宮殿的籌備和建設。一年半以後，即永樂四年（1406）閏七月，朱棣詔建北京宮殿。永樂七年（1409）以後，朱棣多次北巡，長期住在北京，而以太子朱高熾在南京監國，十八年（1420），北京宮殿建成。朱棣下詔：明年正月初一日，以北京為京師，正式遷都北京，舉行慶賀大典。十九年（1421）正月初一，永樂皇帝身著龍袍，端坐在奉天殿（太和殿）的寶座上，接受百官朝賀，慶祝新年的到來，也慶祝新落成的皇宮——紫禁城宮殿正式啟用。從這一天開始，北京正式升格為明朝的都城，南京則成為陪都。也從這一天開始，北京的大明皇宮正式登上歷史文化的舞台！

　　永樂帝遷都北京，既是驚天動地的壯舉，更是影響千秋的決策。定都，對於一個政權、一個民族、一個君王、一個國家來說，是頭等大事。當年明太祖朱元璋成了氣候，要建立都城，在鳳陽、金陵、開封、洛陽、西安、北平（今北京）之間猶豫不決。一天，他讓群臣寫詩表示自己的意見。儒士鄧伯言獻詩說："鼇足立四極，鐘山蟠一龍。"（《七修類稿》卷十二）這首詩契合了朱元璋定都金陵的意向。朱元璋在金鑾殿上拍案高聲朗讀這首詩，鄧伯言誤認為皇帝震怒，自己小命完了，當時嚇得昏死，被抬出東華門時才甦醒過來。

　　遷都，也同樣是驚心動魄的。北魏孝文帝以戰爭為名，脅迫貴族從大同遷都洛陽；金海陵王完顏亮逼迫貴族遷到中都（今北京），並先後毀掉上京（今黑龍江省哈爾濱市阿城區）宮殿、貴族府邸；努爾哈赤為了從遼陽遷都瀋陽，不顧八大貝勒反對，獨自前行。

太和殿

龍興之地

朱棣遷都北京（永樂元年，改北平為北京）理由為，這裏是"龍興之地"。其實如此重大決策，必有更為複雜的考量：

第一，北京是"龍興之地"，根基穩固。永樂帝認為，北京風水好，圓了他的皇帝夢，而南京有鬼魂犯駕，風水對自己不利。朱棣在北京經營二十多年，基礎深厚，而南京則遍佈前朝遺臣，人心不穩，所以，還是回大本營北京為好。

第二，北京是形勝之區，位置重要。北京"北枕居庸，西峙太行，東連山海，南俯中原。沃壤千里，山川形勝，足以控四夷、制天下，誠帝王萬世之都也"（《明太宗實錄》卷一八二）。當時的故元勢力，"控弦之士，不下百萬"，嚴重威脅明朝北方的安全。都城設在北京，"天子守國門"，利於北邊防務。

第三，北京是居中之地，交通便利。古代交通不便，四方入貢，道里均勻，為聯通九州八方，都城位置宜居天下之中。盛明疆土，北到黑龍江入海口的奴兒干和庫頁島（今薩哈林島），南達曾母暗沙，北京的地理位置，約略南北居中。那時候沒有汽車、飛機、高鐵、輪船，交通主要靠陸運和水運——京杭大運河貫通海河、黃河、淮河、長江、錢塘江五條大江河，北京則為這條大運河的起點和終點。

第四，北京是帝王之都，積澱豐厚。北京自遼南京、金中都，到元大都，作為帝都，已延續四百多年。北京歷史文化積澱豐厚，有大氣象，有帝王氣。

第五，北京位於華北大平原北端，平原開闊，沃土千里，四季分明，氣候宜人。北京既不像南國夏天溽熱，也不像北疆冬天嚴寒，而是比較溫和，適於人居。

第六，北京是五種文化的中心。即中原農耕文化、西北草原文化、東北森林文化、西部高原文化、沿海暨島嶼海洋文化的中心。從永樂十九年（1421）正月初一開始，北京繼元大都之後，又成了全中國的政治中心、文化中心，而今又是中華人民共和國的首都、全國政治中心和文化中心。總之，永樂帝遷都北京，既是驚天動地的壯舉，更是影響千秋的決策！

明成祖朱棣像

雄才偉略

在這裏，我順便說一下對永樂皇帝的評價：永樂帝是一位有著雄才大略的君主。為什麼這樣說？因為他對中國歷史的發展做出了重大貢獻：

第一，維護國家統一，鞏固北方邊境。

第二，派遣鄭和下西洋，完成人類航海史上的壯舉。

第三，派亦失哈赴奴兒干，設立奴兒干都指揮使司，實現了對黑龍江女真和東海女真等族群的招撫和地域管轄。

第四，派太監侯顯五使烏斯藏（今西藏自治區），西藏歸於大明版圖。

第五，編修《永樂大典》，為中華文化史上的盛事。

第六，營建都城北京，為人類增添了一份世界文化遺產。

朱棣和他的皇父朱元璋一樣，雖都有歷史大功績，但也有歷史大罪過 —— 他們都漠視生命，特別是漠視士人生命，對於異己者，濫施淫威，殘暴屠殺。

而北京明清故宮，則是中華文明的精粹，是人類文明的瑰寶，是世界現存最大的宮殿建築群，也是世界著名的文化遺產。

國家心臟

國家定都，是件大事；國家遷都，更是大事；營造首都，還是大事。北京城池宮殿的營建，從永樂元年到十八年整整十八年。明朝南京和中都的營建，為北京的營建提供了翔實的藍本。除此之外，元大都也成為明朝營建北京的基礎。

營 建 北 京

關於都城的規劃建造，中國有悠久的文化傳統。早在兩千年前，儒家經典《周禮·考工記》就論道：

> 匠人營國，方九里，旁三門。國中九經九緯，經塗九軌。左祖右社，面朝後市。

就是說，都城呈方形，每邊牆長九里，四面各開三門。城中的道路，縱九條、橫九條，路寬可以九輛車並行。宮殿左面是祭祀皇帝祖先的太廟，右面是祭祀土地和五穀之神的社稷壇。前面為皇帝治居的宮殿，後面為人們交易的市場。

在這個都城規劃佈局的基礎上，營建北京的法寶，是一個"中"字。正如《呂氏春秋·慎勢》說："擇天下之中而立國，擇國之中而立宮。"這個"中"字，特別體現為兩個載體：第一，北京城的脊樑是中軸線，中軸線的心臟是皇宮。第二，北京城的心臟是皇宮。

怎麼體現皇宮是北京城的心臟呢？住家戶的住宅，包括豪門貴族的住宅，都是外面一道圍牆，而北京城的皇宮是用四道城牆來層層拱衛的。哪四道城牆呢？

第一道城牆，圍起紫禁城，也叫宮城。宮城裏就是皇宮，也稱大內，是皇帝理政和居住的地方，也是北京的心臟，國家的心臟。按照中國古代對天象的認識，紫微星垣（北極星）高居中天，永恆不移，眾星環繞，是天帝居住的地方，所以叫作紫宮。皇帝是天帝之子，便用紫宮來象徵世間皇帝的居所。而皇帝居住的宮城，宮禁森嚴，如規定：擅入宮城者"杖六十、徒一年"，"持寸刃入宮殿門內者，絞"（萬曆《大明會典》）！因此明清宮城就有了"紫禁城"這個名稱，這就給皇宮抹上了神秘的色彩。宮城四面有城門，南面為正門，有三道門 —— 第一道是承天門（天安門），第二道是端門，第三道是午門，東面為東華門，西面為西華門，北面為玄武門（今神武門）。城牆四隅，建有角樓。外面有護城河和金水河環繞。

第二道城牆，在宮城之外，圍起來叫作皇城。皇城圍繞宮城，設置朝廷辦事機構，是為皇家服務的地方。皇城周圍約十八里，四面開七座城門 —— 南面為正門，有兩道門，第一道為大明門，其東轉有一座長安左門，向西轉有一座長安右門；第二道為承天門（天安門），東為東安門，西為西安門，北為北安門。皇城的城牆用磚包砌，塗以紫紅色，上面蓋著黃色琉璃瓦。我們今天看到的天安門兩側的紅牆就是皇城的南城牆。皇城同樣被列為禁地，民間百姓，擅自闖入，杖責一百（萬曆《大明會典》）。皇家園林西苑在皇城之內。

第三道城牆，在皇城之外，圍起的是為內城。內城圍繞著皇城。城牆四隅，建有角樓。城牆的外面，環繞護城河。內城共設有九座城門：南面麗正門（正陽門）、左為崇文門、右為宣武門，東面南為朝陽門、北為東直門，西面南為阜成門、北為西直門，北面東為安定門、西為德勝門。今北京 2 號線地鐵是在原內城城牆和護城河的位置修建的，這些城門的名稱，大多是今天地鐵的站名。

第四道城牆，後來在嘉靖年間，在內城之外，又圍起一道城牆，叫作外城。外城圍繞著內城。但是這道城牆只修了南面一段，開七座城門：南面為中永定門、東

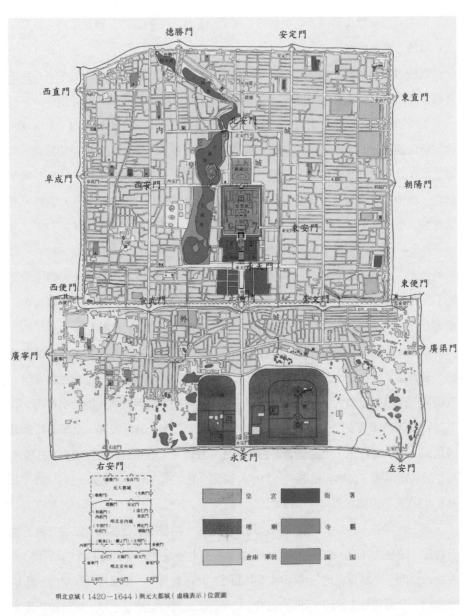

明代北京城圖（選自侯仁之、金濤《古都北京》）

為左安門、西為右安門；東面南為廣渠門、北為東便門；西面南為廣寧門（今廣安門）、北為西便門。最外面有一條護城河環護。

這樣，外城護衛內城，內城護衛皇城，皇城護衛宮城。那麼，宮城又護衛著什麼呢？我說，護衛著皇帝的寶座。皇帝的寶座，是皇權的象徵，它才是中國、也是北京的政治心臟。

皇帝的寶座在奉天殿（今太和殿），俗稱金鑾殿。皇帝的寶座，在金鑾殿的正中，俗稱"金鑾寶座"——有須彌座式木基座，明代稱為金台，故宮博物院為它命名為"楠木髹金漆雲龍紋寶座"。基座正面和左右兩側各有三道丹陛（台階），外有圍欄。基座上安設鏤雕金漆寶座。寶座後設雕龍髹金屏風，寶座前設寶象、甪端、仙鶴、香亭各一對。寶座兩側，六根金柱矗立，六條巨龍盤旋而上，龍頭伸向寶座。而面積達二千三百七十七平方米的奉天殿，金磚地面，滿鋪黃絨地毯，下襯棕薦簟席（《青珣雜記》）。所有這些，都烘托皇帝和皇權的至尊、至高、至上、至聖。

寶 座 故 事

1915 年，袁世凱復辟帝制，要在太和殿舉行登極大典，特地趕製高背大椅，替換原來的寶座。後來故宮博物院決定，撤下袁世凱的"龍椅"，換回原來的寶座，但原來的那張寶座竟不知去向。1959 年，朱家溍先生對照一張清末太和殿內景老照片，在庫房裏發現了這張寶座。寶座髹金漆歷經數百年，仍然金光燦燦，現已復歸原位。

北京城池宮殿建成後，明朝官方評論說："初，營建北京，凡廟社、郊祀、壇場、宮殿、門闕，規制悉如南京，而高敞壯麗過之。"（《明太宗實錄》卷二三二）也就是說，明北京城的宮殿壇廟之輝煌壯麗，超過了南京，具有天子之都輝煌壯麗、雄偉博大的氣概。

太和殿（奉天殿）寶座

有 趣 現 象

在結束本講之前，我想再介紹一個有趣的歷史現象。

元大都宮殿佈局是以太液池（今中南海、北海）為中心，大內、隆福宮、興聖宮三組宮殿呈"品"字形，夾太液池，形成"太液為主，宮殿為客"的佈局。而明北京則將宮城集中在太液池東岸，形成"宮殿為主，太液為客"的佈局。為什麼會有如此主客佈局的轉換呢？

這有文化上的原因。元朝的遊牧民族的部民"逐水草而居"，以牛羊為衣食之源，牛羊以食草而生，草又依水而生，所以水是元朝草原文化的生命。以武力篡奪姪子皇位，遷都北京的明成祖朱棣，生長於農耕文化環境，在北京最缺乏的是安全感，所以把高築紫禁城的城牆放在首位，太液池則是消閒遊憩之地。因此，元大都與明北京的佈局之別，是草原文化與農耕文化在城市規劃和宮殿佈局上的映現。

總之，以紫禁城為中心的北京城的建成，反映出 15 世紀初的中國，國家強大統一，財力豐實雄厚，人民聰明勤勞，建築水平高超。這是中國古代都城史上最輝煌的傑作，也是世界都城史上最宏麗的篇章。

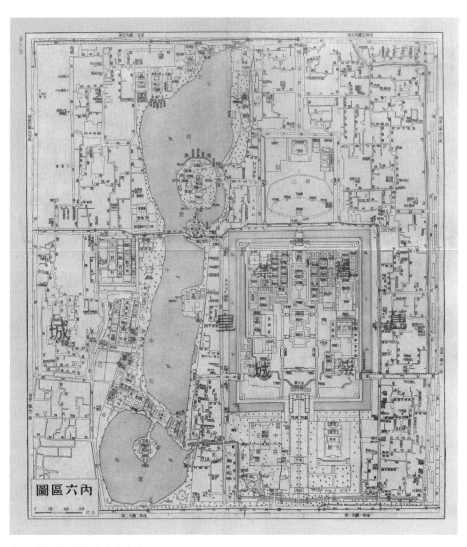

北京《內六區圖》中的太液池

皇宮氣象

前面講過，皇宮作為北京城的心臟，被宮城、皇城、內城、外城層層包裹，而皇宮的心臟，則是奉天殿（今太和殿）皇帝寶座。跟世界上其他城市的首都相比，北京在規劃上還有一個重要特色，就是以皇宮為中心，有一條中軸線從南到北貫穿北京城，作為全城的脊樑。全城的建築都以中軸線為基線，對稱展開。皇宮在這條中軸線上，前有出，後有靠，使這條中軸線形成一個又一個高潮。

壯美秩序

北京城池宮殿的壯美秩序，始終圍繞著一條子午線，即中軸線。它是繞地球南北的經線，確定之後，整個城市、宮殿、府邸、壇廟等重要建築和主要街道，依次佈局。人體也有一條軸線，即脊骨。可以說，人體、自然、社會、天體、哲學、藝術，其中軸線是普遍的。

明永樂朝營建北京，借鑒了元大都城的中軸線，這條中軸線是規劃設計中最先確定下來的核心要素。也就是先定中軸線，後建北京城。正如著名建築學家梁思成先生所言：北京獨有的壯美秩序就是由這條中軸線的建立而產生的。

在這條中軸線上，皇宮仍然佔據著中間的一段，從南到北矗立著太和殿（奉天殿、皇極殿）、中和殿（華蓋殿、中極殿）、保和殿（謹身殿、建極殿）、乾清宮、

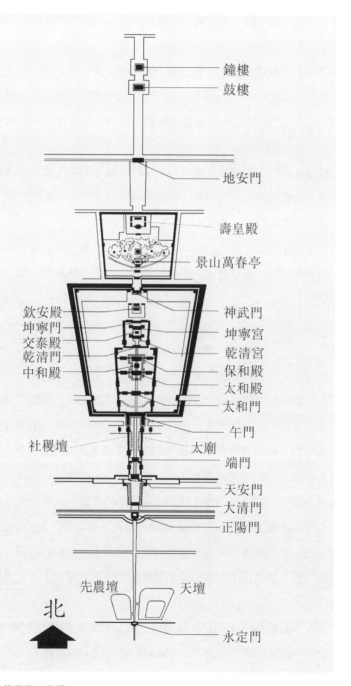

鐘樓
鼓樓
地安門
壽皇殿
景山萬春亭
神武門
欽安殿　　坤寧宮
坤寧門　　乾清宮
交泰殿　　保和殿
乾清門　　太和殿
中和殿　　太和門
　　　　　午門
社稷壇　　太廟
　　　　　端門
　　　　　天安門
　　　　　大清門
　　　　　正陽門

先農壇　　天壇
北
　　　　　永定門

北京城中軸線建築示意圖

交泰殿、坤寧宮，以及欽安殿、壽皇殿等雄偉的宮殿。而皇帝的寶座，就安設在中軸線上的太和殿之中，同時也形成北京中軸線的高潮。

除了宮殿以外，這條中軸線上，從南到北排列著正陽門、大明門（大清門）、天安門（承天門）、端門、午門、太和門（奉天門、皇極門）、乾清門、神武門（玄武門）、地安門（北安門）等九座最重要的城門，縱貫宮城、皇城、內城和外城。後在嘉靖朝添造一座永定門。

這條中軸線自永定門到鐘樓長七點八公里。中軸線上的這些偉大的建築，形制體量，平衡對稱，結構整肅，壯美諧和，高低錯落，井然有序，陰陽之間，不激不隨，構成了一幅世間獨具的雋美畫卷。

除了皇宮建築在中軸線上形成的高潮，在皇宮之南，還有三個坐北朝南、平面呈"凸"字形的建築佈局，層層遞進，在中軸線上又形成三個高潮，顯示出向前宏偉大展的磅礴氣勢。

宮 前 三 凸

第一個"凸"字形的佈局，依託宮城向南凸出。北依午門，經端門，南望雄偉壯麗的承天門（天安門），東西兩側，各有一道紅牆或廊廡圍合。兩翼分別佈置一組對稱的壯麗建築群：左邊是祭祀皇帝祖先的太廟（今勞動人民文化宮），右邊是祭祀社（土地）和稷（五穀）的社稷壇（今中山公園）。前者，是生命的延續，感恩祖先，因為沒有祖先，就沒有子孫；後者，是生活的維繫，感恩土地及其生長的莊稼，因為沒有土地和糧食，就沒有兆民生命，也就沒有皇帝、皇后的生命。"左祖右社"這個"凸"字形的佈局，從社會倫理看，體現了對生命的敬畏、對自然的敬畏；從建築格局看，既突出了宮城的雄偉氣勢和帝王的至尊至上，又表現出天之驕子的社會責任。

第二個"凸"字形的佈局，依託皇城向南凸出。北依承天門（天安門），中經大明門（大清門），南望正陽門（前門），東有長安左門，西有長安右門，中間為寬闊的御道，兩旁有東西向的千步廊，以紅牆封圍。紅牆外面，又對稱地佈列著中

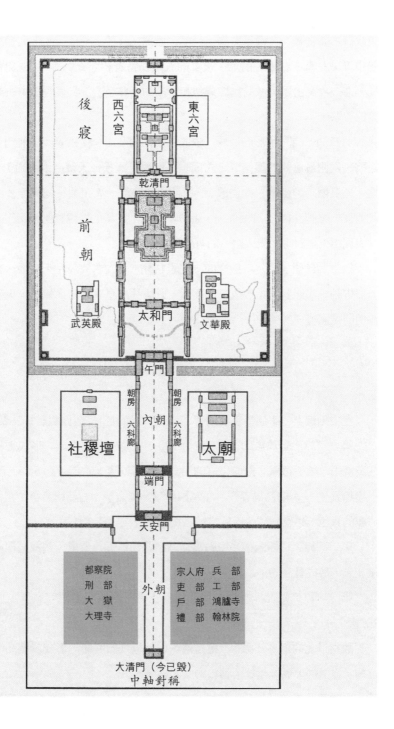

故宮建築形制

央政府主要官署：左邊是吏部、戶部、禮部、兵部、刑部、工部和翰林院等，右邊是中軍、左軍、右軍、前軍、後軍的五軍都督府和錦衣衛等。"左文右武"這個佈局，進一步突出了宮城的雄偉氣勢和帝王的至尊至上，又表現出中央政務區集中辦公的特點。

第三個"凸"字形的佈局，依託內城向南凸出。從正陽門（前門）往南，到永定門，兩側最重要的建築群，左面是天地壇（圜丘、天壇、大祀殿），右面是山川壇（先農壇、神祇壇、太歲殿）。這兩組建築群，天與地、乾與坤，相互對應，彼此對稱。"左天右地"這個佈局，進一步突出了宮城的雄偉氣勢和帝王的至尊至上，又表現出天地對應、天人合一的哲學理念。

以上這三個"凸"字形空間，左祖右社、左文右武、左天右地，在皇宮以南，沿著中軸線節節展開，形成三個高潮，既烘托出皇宮的宏偉氣勢，更延展了城市軸線的開闊氣魄。

宮 後 三 靠

在中軸線上，不僅皇宮前面有"三凸"，而且皇宮後面還有"三靠"：

第一"靠"是萬歲山（煤山、景山）。在皇宮北側堆土，形成主峰高四十三米的萬歲山，收住宮氣，形成皇宮的第一靠。清乾隆十六年（1751），又在景山五峰上建起五亭——中為萬春亭，左為觀妙亭、周賞亭，右為輯芳亭、富覽亭，增添了秀麗的景色，也為我們今天欣賞故宮提供了登高望遠之佳境。

第二"靠"是鐘鼓樓。中軸線從南到北綿延近八公里，到鐘鼓樓就此打住，收攏城氣，形成皇宮的第二靠。

第三"靠"是北城牆。內城北城牆正中不開城門，再守城氣，形成皇宮的第三靠。

故宮以北的這"三靠"，還是沿著中軸線恢宏展開，形成三個高潮。既收住皇宮的宏偉氣勢，更挺起城市軸線的空間高度。

中軸線及其前"三凸"和後"三靠"啟示人們：做人做事，為官為民，要持中

紫禁城鳥瞰圖

守正，統觀全局；前面，有望有路，行進通達，左右平衡，互相關照；後面，權守後衛，進退有據，後方堅固，穩定牢靠。

綜上，在中軸線上：南有"三凸"，意境深邃，是起興之筆；中有宮城，宏偉壯麗，是高潮之筆；北有"三靠"，平實厚重，是收束之筆。坐落在這條中軸線上的明清皇宮，在帝制時代看來，既是北京的中心，也是中華的中心，還是天下的中心。

國門莊嚴

明朝時北京建了那麼多城門，哪一座堪稱國門呢？大明門。

大 明 國 門

在明朝只有大明門是唯一用國號命名的門，門匾題曰"大明門"。清朝定都北京後，將大明門的匾額換為"大清門"。民國初年改大清門為中華門。據說當時本想把門匾翻過來接著用，摘下一看才知已經被清朝翻刻過了，只好另找一塊門匾，刻上"中華門"三個大字。

大明門的重要性，還可以從其門聯看出。這副門聯是明代著名學者解縉題寫的。

　　日月光天德；
　　山河壯帝居。

這副對聯自然是歌頌皇帝、皇宮、皇權和皇朝的，但就文學層面來說，它有四大特色：

第一，氣勢磅礴。仰望天空的太陽與月亮，俯視大地的山巒與江河，立地頂天，氣貫寰宇。

第二，石破天驚。在此之前，及此之後，還沒有人能用十個字，將大明門的地位、作用、價值、影響，表述得如此精確、深刻、透徹、簡明。

第三，語言通俗。日月對山河，天德對帝居，蒼天對大地，自然對社會；上下聯，五雙字，對仗和諧，語言樸實，婦孺皆知。

第四，意境高遠。日月之明光，山河之壯美，都為襯托大明而存在，將"天德"與"帝居"，擴充到天日之崇高，川流之長遠。

《孟子·盡心下》說："民為貴，社稷次之，君為輕。"這副對聯將皇帝、皇宮、皇權和皇朝推高到了極致。

大明門舊影

逛 一 逛

大明門
明代北京皇城正南第一座門。建於明永樂十八年，位於正陽門內北京城中軸線上。清代改稱大清門。

明末清初大學者顧炎武有一首《京師作》："巍峨大明門，如翬峙南向。其陽肇圜丘，列聖凝靈盼。其內廓乾清，至尊儼旒纊。繚以皇城垣，靚深擬天上。其旁列兩街，省寺鬱相望。"

進入大明門，就進入了皇城。中間御道直通皇宮的正門承天門（天安門），御道兩邊是紅牆、廊道和圍房，中央各部衙署按照"左文右武"分列其兩旁。

大明門作為國門，也是天子五門之一。皇帝到南郊祭祀天地、行耕藉禮，或御駕親征，都要出太和門、午門、端門、承天門和大明門。皇帝的家眷，只有正宮皇后大婚時，才可以乘喜轎從大明門中門進宮。

大明門雖然重要，但規制並不高。沒有城台，沒有重簷。因為大明門雖為國門，但國家也是在皇權的掌控之下，自然不能與宮城的城門相比。

能為國門撰寫楹聯的，一定不是等閒之輩。解縉確是明初一位具有傳奇色彩的大名士。

國 士 解 縉

解縉（1369～1415 年），江西吉水人，是個大才子、大學問家。他十九歲就中進士、點翰林，才華橫溢，勇敢直率，"甚見愛重，常侍帝前"。朱元璋比解縉大四十多歲，一天他對解縉說："朕與爾，義則君臣，恩猶父子，當知無不言。"意思是朕與你，雖說是君臣，卻如同父子，你有話可要知無不言啊！率真的解縉當天就給朱元璋上了萬言書。這封萬言書，對朱元璋大到用人、刑名等國務，小到皇帝讀什麼書，都批評一通，特別是嚴肅地指出了朱元璋殺人過多等弊政。奏上後，朱元璋僅稱讚他有才華，對奏書內容未置可否。解縉年少得志，不諳世事，不僅沒有收斂，反而再度直言上書——又上了《太平十策》。朱元璋這次根本就沒搭理他。一次，解縉到兵部索要差役，語多傲慢不恭，就被告到朝廷。朱元璋說："縉以冗散自恣耶。"命改為御史。意思是解縉散漫放肆，就讓他離開皇帝身邊，去做御史。解縉並沒有從中吸取教訓，又繼續秉筆直書，或為人申冤，或彈劾官員。後來解縉的父親覲見，朱元璋對他說："大器晚成，若以而子歸，益令進學，後十年來，

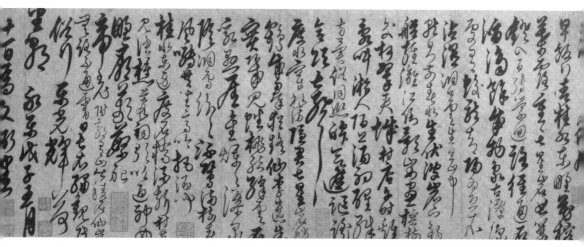

［明］解縉草書《遊七星岩詩》

大用未晚也！”就這樣客氣地把解縉趕走，沒動怒，沒貶官，也沒殺頭。

永樂帝登極，解縉受到重用，擢侍讀。命與黃淮、楊士奇、胡廣、金幼孜、楊榮、胡儼等，並值文淵閣，參預國家機務。明朝內閣參預機務，從此開始。

不久，解縉晉升為侍讀學士，奉命總裁《明太祖實錄》。書成，受到獎賞。永樂二年（1404），永樂帝立皇長子朱高熾為皇太子，封解縉為翰林學士兼右春坊大學士，就是皇太子的老師。短短兩年，解縉一路春風，節節高升，位極人臣，前途無量。

《永樂大典》是永樂帝下令編纂的一部規模空前的類書。就是將許多圖書裏的內容打散，按照不同類別，分類編纂，再按照字韻重新排列起來，便於檢索查閱。清朝的《四庫全書》則屬於“叢書”，就是將整本書直接歸類，再編排起來。

永樂元年（1403），永樂帝令解縉等主持修書並下達了修書敕令：“天下古今事物，散載諸事，篇帙浩穰，不易檢閱。朕欲悉採各書所載事物，類聚之而統之以韻，庶幾考察之便，如探囊取物。……爾等其如朕意，凡書契以來，經史子集，百家之書，至於天文、地志、陰陽、醫卜、僧道、技藝之言，備輯為一書，毋厭浩繁。”（《明太宗實錄》卷二十一）永樂帝修書要求就是兩個字：“全”與“便”。

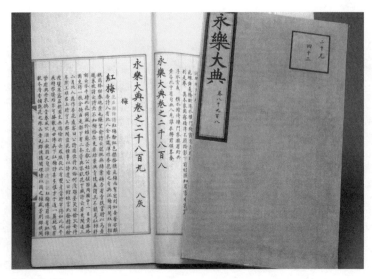

《永樂大典》

彙集要齊全，使用要方便。解縉顯然沒有理解這個"全"字。他組織了一百多人的編輯部，只花了一年多時間，就編好了一部《文獻大成》，向永樂帝交差。朱棣一看不滿意，加派姚廣孝等為總負責，重新修撰。姚廣孝揣摩帝意，將編修一百多人擴大到兩千一百六十九人，加上輔助人員達三千餘人。能請到的先生盡量請，能找到的圖書盡量找。到永樂五年（1407）冬，編成一部收書七八千種，共兩萬兩千八百七十七卷、一萬一千零九十五冊、三點七億多字的大書《永樂大典》。永樂帝為這部新書賜名《永樂大典》，並作序說："惟有大混一之時，必有一統之製作，所以齊政治而同風俗。序百王之傳，總歷代之典。"（《明太宗實錄》卷七十三）只有大一統國家的盛世，才有鴻篇巨製的問世。《永樂大典》被《大英百科全書》譽為"世界有史以來最大的百科全書"。

解 縉 之 死

《永樂大典》開館之際，解縉仕途達到頂峰。內閣七人各賜五品服，命七人命婦朝皇后於柔儀殿，後勞賜備至。帝曰："代言之司，機密所繫，且旦夕侍朕，裨益不在尚書下也。"帝嘗召縉等曰:"慎初易,保終難,願共勉焉。"解縉未理解這個"慎"字。他少年登朝,才華過人,鋒芒畢露,言無遮攔,終招來口禍。

一是,陷入太子之爭。永樂帝有三個兒子。朱棣立儲時,在嫡長子朱高熾與次子朱高煦間猶疑,密問解縉。解縉答:"皇長子仁孝,天下歸心。"帝不應。縉又頓首曰:"好聖孫。"他說的是朱高熾的兒子,後來的明宣宗朱瞻基。太子遂定。老二朱高煦由是深恨解縉。太子既立,又失帝意,朱高煦受寵。縉又諫言:"是啟爭也,不可。"永樂帝大怒,說他離間骨肉。永樂八年(1410),解縉進京奏事,順便去看太子。當時朱棣北征,朱高煦就說:"縉伺上出,私覲太子。"朱棣聽後震怒,下解縉詔獄。

二是,諫阻永樂征安南。永樂帝發兵征安南,縉諫。不聽。卒平之,置郡縣。後借茌將解縉貶到交阯。

永樂十三年(1415),朱棣閱看在押犯名單,見到解縉名字,對錦衣衛頭目紀綱說:"縉猶在耶?"——解縉還沒有死啊!這句話可有三種解釋:一是怎麼還不死;二是哦,還沒有死;三是沒死還可用啊。紀綱做了第一種理解,在寒冬深夜,把解縉灌醉,立在雪中,活活凍死。並籍其家,妻子宗族徙遼東。一代才俊,四十六歲悲劇謝幕,發人深思。

三殿天火

明永樂十九年（1421）正月初一日，在新落成的北京皇宮奉天殿（太和殿），舉行了盛大朝會，慶祝北京宮殿正式啟用。朱棣將宮廷及百官遷到北京，下詔大赦天下。

"福兮禍之所伏"——老子這句名言，飽含哲理，百試百應。正當永樂皇帝興高采烈、躊躇滿志的時候，一位高人講了一句神奇的預言。

神 奇 預 言

事情是這樣的：永樂帝召見欽天監管時間的漏刻博士胡奫，讓他占卜三大殿吉祥。胡奫受命占卜後，跪奏道：永樂十九年四月初八日午時，奉天殿、華蓋殿、謹身殿三大殿會遭火焚毀。午時，是指十一點到十三點，午正是十二點。永樂帝聽後勃然大怒，下令把這位胡博士下獄。為什麼沒有立刻殺他呢？永樂帝的意思是：到時候若三大殿安然無恙，再殺也不遲。過了正月、二月、三月，三大殿都平安無事。到四月初八這一天，永樂帝靜心地等待正午的時刻。報時官員奏報：現在是午正時刻！永樂帝既高興又憤怒 ——高興的是三大殿太平無事，憤怒的是胡奫胡言亂

清代復建的三大殿

逛 一 逛

華蓋殿（中和殿）

故宮外朝三大殿之一。中和殿始建於明永樂十八年，明初稱 "華蓋殿"。嘉靖時遭遇火災，重修後改稱 "中極殿"，現其天花內構件上仍遺留有明代 "中極殿" 墨跡。清順治元年（1644），清皇室入主紫禁城，清順治二年（1645）改中極殿為中和殿。

奉天殿（太和殿）

俗稱 "金鑾殿"，為故宮外朝三大殿之正殿，規格最高，體量最大，是紫禁城重大典禮的活動場所。建於明永樂十八年，清順治二年（1645）改稱太和殿。經四次（雷）火，八次重建、重修。是紫禁城中建築規模最大的單體木建築。

謹身殿（保和殿）

故宮外朝三大殿之一。明永樂十八年建成，幾經焚毀、重建。現存主體樑架仍為明代建築。明初名為謹身殿，明嘉靖四十一年（1562）改稱建極殿，清順治二年改名保和殿。

語，擾亂朕心、官心、軍心和民心。這時，獄卒報：見正午無火，胡㶇在獄中服毒自殺！但正午剛過三刻，皇宮三大殿遭雷擊都著火了！（朱國楨《湧幢小品》）

三殿初成，天下初定，忽罹火災，朱棣大懼，下詔求直言（《明史·鄒緝傳》）。一些官員上疏反對遷都。永樂帝怒，殺主事蕭儀，並說：「方遷都時，與大臣密議，久而後定，非輕舉也。」命所有非議遷都官員，跪在午門外質辯。

這時有一位大臣奏曰：言官「應詔無罪。臣等備員大臣，不能協贊大計，罪在臣等」（《明史·夏原吉傳》）。這位大臣就是戶部尚書夏原吉。他把責任攬到自己這些皇帝身邊的大臣身上，給朱棣解了圍，「帝意解，兩宥之」。有些同僚不理解，埋怨他。他說：在皇帝焦躁之時，應先寬慰其心，再言治國良策。眾始歎服。在夏原吉的擔當和調解下，這場由三大殿被燒毀引起的遷都之爭才漸漸平息。

這位尚書夏原吉並非等閒之輩。原吉早年喪父，努力學習，孝養母親。以鄉薦，入太學，選入禁中書制誥。時有諸生喧笑，原吉危坐儼然。朱元璋見了，升他為戶部主事。戶部事務非常繁忙，他都能從容處理。尚書郁新器重他，朱元璋也保護過他。建文初，夏原吉升為戶部右侍郎。

永樂帝即位，有人認為夏原吉屬建文高官，將他逮捕來獻。永樂帝不僅釋放了他，還調他任戶部左侍郎。有人說夏原吉是建文舊臣，不可信。永樂帝不聽，又升夏原吉為戶部尚書。夏原吉為什麼不抓反用、不降反升呢？因為他做了三件大事。

三 大 貢 獻

第一件，用三年時間，治理蘇浙水利。浙江西部，連年水患。夏原吉奏請，巡查大禹三江入海故道，疏浚吳淞下流，上接太湖，設立閘壩，按時蓄泄。永樂帝從之，組織十餘萬民夫施工。夏原吉穿布衣，徒步指揮，日夜經劃，盛暑炎熱，不張傘蓋。他說：民夫勞苦，我能獨自舒適嗎？工程告竣，回到京師，奏報：河水雖由故道入海，而其支流未盡疏泄，非長久之計，請再施工。永樂帝批准。第二年，夏原吉浚白茆塘、劉家河、大黃浦，工竣水泄，蘇松農田大利。

第二件，作為戶部尚書，為永樂帝持家管家。凡中外戶口、府庫、田賦盈虧數

夏原吉像

據，用小簡書（卡片），揣在懷裏，隨時檢閱。一日，永樂帝問："天下錢穀幾何？"夏元吉對答詳細具體，帝更加重視。當時，"靖難"初定，功臣封賞、分封藩王、增設官署，又發大兵定安南、造巨艦下西洋，建北京城池宮殿。供應運輸，以萬萬計，都取自戶部。夏原吉悉心籌劃，設計應付，各得所需，國用不絀。他履職九年，任期已滿，永樂帝在便殿舉行宴會，款待吏部尚書蹇義和戶部尚書夏原吉。永樂帝指著二人，跟諸大臣說："高皇帝培養賢臣給我，像古代賢臣，只此二人。

第三件，建議暫緩北征。永樂十九年（1421）冬，剛遷都北京，又遭遇天火，永樂帝正要大舉北征沙漠。夏原吉等說"兵不當出"。朱棣召原吉問詢，奏對："比年師出無功，軍馬儲蓄十喪八九，災眚迭作，內外俱疲。況聖躬少安，尚須調護，乞遣將往征，勿勞車駕。"帝怒，命夏原吉去開平，又抄其家，但見"自賜鈔外，惟布衣瓦器"。結果，不到三年之後，永樂帝在北征途中病死榆木川（今內蒙古自治區多倫縣地域）。朱棣在病危時，顧左右曰："夏原吉愛我。"消息秘傳到北京，留守的太子朱高熾急忙到監獄，哭著告訴夏原吉，令夏原吉出獄，參與喪禮，並問敕詔事宜。夏原吉提出：急賑饑、省賦役、罷造下西洋寶船，停止在雲南、交阯採辦等，都得到朱高熾批准。朱棣在生命的最後時刻，將太子交給了夏原吉。

朱高熾繼位，是為明仁宗，重新起用夏原吉。夏原吉官復原職，建第於兩京，享受少保、兼太子少傅、尚書三份薪水。因原吉固辭，乃聽辭太子少傅祿。賜"繩愆糾謬"銀章，諭以協心贊務，凡有闕失當言者，用印密封以聞。

宣宗即位，以原吉為舊輔，更加親重。宣德三年（1428），夏原吉隨從北巡。再受賜銀印。宣德帝雅善繪事，嘗親畫《壽星圖》及其他圖畫、服食、器用、銀幣、玩好賜給夏原吉，歲無虛日。宣德五年（1430）正月，《明太宗實錄》《明仁宗實錄》修成，復賜金幣、鞍馬。早上入朝謝恩，晚上回家而卒，年六十五。贈太師，諡忠靖。

伴君如伴虎，我前面講過慘死的大才子解縉就是明證。但是，同樣歷事太祖、建文、永樂、洪熙、宣德五朝，夏原吉卻能得以善終，就個人品性而言，他究竟有什麼過人之處呢？

三 點 經 驗

第一，心胸開闊，善於包容。夏原吉有雅量，同列有善，即採納之；或有小過，必為之掩覆。官吏弄污所穿的皇帝所賜的金織衣服，原吉說："勿怖，污可浣也。"又有污精微文書者，吏叩頭請死。夏原吉並不問罪，而是自入朝引咎，帝命易之。呂震嘗傾原吉。震為子乞官，原吉以震在"靖難"時有守城功，為之請。平江伯陳瑄初亦惡原吉，原吉則時時稱瑄之才。有人問原吉："量可學乎？"回答："吾幼時，有犯未嘗不怒。始忍於色，中忍於心，久則無可忍矣。"（《明史·夏原吉傳》）

第二，謹而慎之，多思少語。嘗夜閱爰書（案宗），撫案而歎，筆欲下輒止。妻問，回答："此歲終大闢奏也。"又一次，與同列飲他所，夜歸值雪，過禁門，有欲不下者，原吉曰："君子不以冥冥墮行。"其慎如此。夏原吉"雖居戶部，國家大事輒令詳議。帝每御便殿闕門，召語移時，左右莫得聞。退則恂恂若無預者"。

第三，勤勉做事，清廉做官。夏原吉身歷洪武、建文、永樂、洪熙、宣德五朝，掌管戶部二十七年，仁、宣兩朝，外兼台省，內參館閣，與三楊（楊士奇、楊榮和楊溥）同心輔政。夏原吉管理天下錢糧、稅收，家裏沒有錢財、珍玩，惟有布衣、瓦器而已。夏原吉識大體，重團結，勤職守，能清廉，有古大臣之風烈。

永樂使者

　　明朝永樂年間，有一個重大文化現象，就是欽派使臣東南西北四處交流，為版圖一統，也為重開海上和陸上 "絲綢之路"，做出新的貢獻。

七 下 西 洋

　　宦官，不一定都是壞人，其中有壞人，也有好人，特別是有對歷史做出重大貢獻的人。本講的鄭和、亦失哈、侯顯，都是太監中對歷史有貢獻的人。

　　明朝三寶太監鄭和，回族，今雲南晉寧人。小時候隨父親去過麥加，後到宮裏做了太監，受到永樂帝的信任。從永樂三年（1405）開始先後七下西洋。第一次，鄭和將士卒二萬七千八百餘人，乘寶船六十二艘，最大的長四十四丈、廣十八丈，從今蘇州太倉東瀏河鎮出發，經過占城（今越南）、爪哇、蘇門答臘、錫蘭（今斯里蘭卡），通使西洋（《明史·鄭和傳》）。第二次為永樂七年（1409），下西洋之前，鄭和在南京用中文、泰米爾文和波斯文鐫刻石碑，即《布施錫蘭山佛寺碑》，隨船帶到錫蘭，碑現藏該國科倫坡國家博物館，成為中斯文化友誼的象徵。其後又有四次。宣德五年（1430），鄭和第七次下西洋。鄭和七下西洋，前後二十八年，經歷三十餘個國家、地域、部落，最遠到地中海、非洲東海岸。這比哥倫布、達·

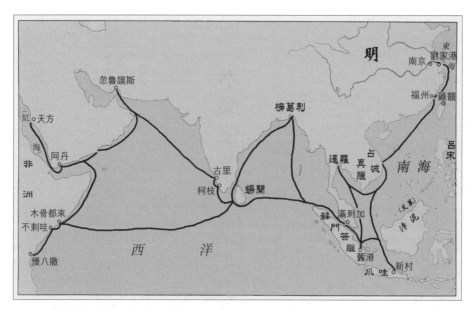

鄭和下西洋路線示意圖

伽馬的大航行早半個多世紀。不僅壯大明朝國威、加強文化交流，而且是人類航海史上空前的壯舉。鄭和下西洋是明代"海上絲綢之路"的一個高潮。

八　赴　廟　街

在東北，明朝經過洪武、建文、永樂、洪熙、宣德四代五朝的艱苦經營，把秦始皇、漢武帝、隋煬帝、唐太宗等所沒有解決的高麗之事，完全解決。時高麗權知國事李成桂，在取得政權後，要改國號，派遣使臣，到達明朝，請求賜名。明太祖朱元璋說："東夷之號，惟朝鮮之稱最美，且其來遠矣！宜更其國號曰朝鮮。"（《明太祖實錄》卷二二三）從此，高麗不僅改國號為朝鮮，而且開啟朝鮮國王受明清皇帝冊封的禮制，直至清季。

永樂帝於開拓東北版圖，邁越元朝，功勳尤嘉。明朝在永樂七年（1409），設"奴兒干都指揮使司"（《明太宗實錄》卷九十一），並設置官員，統屬其眾，歲貢海東青、毛皮、人參、鹿茸、珍珠等物，仍設站赤傳遞。而後奴兒干都司都指揮同知康旺等來朝，"貢貂鼠皮等物，賜齎有差"（《明太宗實錄》卷一五五）。明初派太監亦失哈到奴兒干，永樂五次，宣德三次，共有八次。船由今吉林市起航，順松花江而下，到其與黑龍江匯流處（今同江），再轉順黑龍江而下，直至黑龍江入海口附近的特林（中國傳統名稱為廟街，今尼古拉耶夫斯克），全程約五千里。在奴兒干豎立兩塊石碑，碑文寫道："永樂九年春，特遣內官亦失哈等，率官軍一千餘人、巨船二十五艘，復至其國，開設奴兒干都司。"（羅福頤《滿洲金石志》）這表明：整個奴兒干都司轄境內滿——通古斯語族的族群，均歸明朝管轄。明朝實現了對外興安嶺以南，包括庫頁島（今薩哈林島）的管轄。

亦失哈八下奴兒干的壯舉，同鄭和七下西洋的壯舉，相互媲美，彼此輝映。

奉 使 絕 域

在西南，永樂帝派太監侯顯，前往烏思藏。永樂元年（1403）四月，侯顯奉使，陸行數萬里，至四年（1406）十二月，始與其僧哈立麻偕來南京。後在南京靈谷寺舉行大法會。敕封哈立麻領天下釋教，給印誥制。史載："顯有才辨，強力敢任，五使絕域，勞績與鄭和亞"（《明史·侯顯傳》）。侯顯先後五次受派遣，前往西藏等地，為國家一統、文化交流，做出了與鄭和、亦失哈不相上下的貢獻。

在明洪武、永樂年間，朝廷多次派遣使臣通西域。如洪武二十八年（1395），派兵部給事中傅安出使哈烈（今阿富汗赫拉特），留在撒馬爾罕（今烏茲別克斯坦的第二大城市）十三年。當地頭目聽說永樂皇帝即位，就遣使臣同傅安等一起回到南京，並進貢方物（《明太宗實錄》卷六十八）。此後，明廷派吏部員外郎陳誠等先後五次出使西域。

洪武二十九年（1396）三月，遣行人陳誠往西域撒里畏兀兒為安定衛指揮使司。是為第一次。

永樂十一年（1413），遣太監李達、吏部員外郎陳誠等往哈烈。是為第二次。此行，途經西域哈烈、撒馬爾罕、八答商、迭里迷、沙鹿海牙、塞藍、渴石、火州、吐魯番、失剌思、俺都淮等國（部），各遣使貢文豹、西馬、方物。回朝後，

明人繪《大明混一圖》

看一看

哈烈

又譯稱黑魯，今阿富汗城市赫拉特，離嘉峪關一萬一千九百里。據《明史·地理志》統計：北京距西安兩千六百五十里，西安距甘州兩千六百四十五里，甘州距肅州五百一十里。合計約五千八百零五里，再加嘉峪關到哈烈一萬一千九百里，從北京到哈烈總計約一萬七千七百零五里，往返一次約三萬五千四百一十里。

陳誠"上《使西域記》，所歷凡十七國，山川、風俗、物產悉備焉"。此書流傳至今。

翌年，遣中官魯安、郎中陳誠等齎敕，隨撒馬爾罕等朝貢史臣偕行。是為第三次。翌年隨哈烈、撒馬爾罕的貢使回到北京。陳誠因西行之勞，受封為廣東布政司右參議。

永樂十八年（1420），命廣東布政司右參政陳誠同中官郭敬等，往哈烈諸國敕所賞彩幣等物。是為第四次。

永樂十九年（1421），再遣中官魯安、郎中陳誠等齎敕偕行，往哈烈、撒馬爾罕等處頭目賜文綺等。是為第五次。

陳誠先後五使西域、一使安南（越南），不遠萬里，經歷千辛萬苦，不受友邦黃金白銀饋贈，清廉儉素，品格高貴。

綜上，在《明史》記載中，鄭和八百餘字，侯顯四百餘字，亦失哈只見附傳裏七十五字（只記其過而不書其功），陳誠官從五品的員外郎升為從四品的布政使右參議，二十年間僅升一品，且《明史》無傳。為此，明朝沈德符發出不平的感慨。重言輕行、重用輕褒是廿四史的一個通病。

永樂宮案

皇宮後宮深深，留下許多疑案。永樂帝朱棣在位二十二年，發生多起宮案。我先從徐皇后說起。

賢 惠 徐 后

徐皇后是明朝開國元勳徐達的長女，自幼貞靜，喜好讀書，稱女諸生。朱元璋聽說此女賢慧淑靜，召她父親徐達說："朕與卿，布衣交也。古君臣相契者，率為婚姻。卿有令女，其以朕子棣配焉。"徐達頓首謝。

洪武九年（1376），冊為燕王妃。她頗得婆母馬皇后喜歡，跟隨燕王到北平後，馬皇后死，守喪吃素三年，恪守禮節。馬皇后遺言，全能背誦。

燕王兵起，率軍往攻大寧，朝廷派李景隆乘虛圍北平。這時世子朱高熾居守，要事多稟命於母親。景隆攻城急，城中兵少，燕王妃激勸將校士民妻，都授鎧甲，登陴拒守，城得以保全。

燕王即位，冊為皇后。徐后說："南北每年戰鬥，兵民疲敝，宜與休息。"又說："當世賢才都是高皇帝遺留的，陛下不宜分新臣舊臣。"還說："帝堯施仁，自親開始。"永樂帝都採納。徐皇后姪兒徐增壽曾以內情密報燕王，為建文帝所殺。皇帝要贈爵位，徐后力言不可。帝不聽，竟封定國公，命其子景昌襲，告訴皇后。

明成祖徐皇后像

徐后說：「非妾志也。」終不謝。徐后曾說：漢、趙二王性不順，身邊的官員應選朝臣兼任。一天，后問：「陛下，誰與您治國？」帝答：「六卿理政務，翰林職論思。」徐后便請召見他們的夫人，賜冠服鈔幣。並說：「婦之事夫，豈止飲食衣服，必有助焉。朋友之言，有從有違。夫婦之言，婉言勸說，容易接受。我且夕侍上，惟以生民為念，你們共勉之。」曾採《女憲》、《女誡》作《內訓》二十篇，又選編古人嘉言善行，作《勸善書》，頒行天下。

永樂五年（1407）七月，徐后病危，惟勸永樂帝 —— 愛惜百姓，廣求賢才，恩禮宗室，毋驕畜外家。又告皇太子：「過去北平將校妻為我荷戈城守，不要忘記賞賜體恤。」不久崩，年四十五。永樂帝悲慟，營建陵寢，埋葬皇后於長陵，後來不再立皇后。

永樂帝的后妃，《明史·后妃傳》僅記載三人，實際上卻是妻妾成群，到底有多少，誰也說不清。他最喜愛的徐皇后、王貴妃、權妃三位，都先他而死。永樂帝有四子、五女，都出生在他奪取帝位之前。

朱棣後宮裏有不少從朝鮮選來的妃子。永樂六年（1408），太監黃儼奉旨到朝鮮，向其國王宣諭皇帝請國王選擇"生得好的女子"進獻。於是朝鮮召"進獻色"機構，專管採進良家十三歲到二十五歲童女，怨聲盈庭，哭聲載路。有知州事權文毅，他的女兒頗具姿色，黃儼知道後要速見，權文毅推託說女兒有病。黃儼發怒，訴於國王。於是文毅獲罪入獄。最後，黃儼等在近百名佳麗中選出五人。

被選中的五名朝鮮童女為：工曹典書權執中之女，十八歲；仁寧府左司尹任添年之女，十七歲；恭安府判官李文命之女，十七歲；護軍呂貴真之女，十六歲；中軍副司正崔得霏之女，十四歲。她們與從者使女十二名、火者（太監）十二名，一同被送往北京。上路之日，她們的父母哭聲載道，與女兒道別。她們進宮後分別被冊封，權氏為賢妃，任氏為順妃，李氏為昭儀，呂氏為婕妤，崔氏為美人。她們的父兄也都被授予了官職。

永樂帝最寵愛的權妃，不僅長相好看，還善於吹簫。朱棣見到她，問她有何所長。她拿出隨身攜帶的玉簫吹奏，窈渺多遠音，朱棣大為高興，立刻把她選拔在眾妃中。宮中的女官王司彩（司彩是掌管儲藏緞匹的官），朱棣曾命她與權妃同輦而行，她很熟悉權妃，曾寫宮詞歌詠道："瓊花移入大明宮，旖旎濃香韻晚風。贏得君王留步輦，玉簫嘹亮月明中。"在進宮之初，權妃以玉簫和容顏吸引朱棣；之後更善於伺候朱棣用膳進酒。權妃伺候的酒飯很對朱棣的口味，所以就連出征北邊也帶權妃同行。朱棣說她"凡進膳之物，惟意所適"。朱棣喜歡吃朝鮮出產的蘇魚、紫蝦、文魚，但好景不長。永樂十年（1412），在永樂帝北征凱旋途中，權妃竟死於臨城（今在山東省棗莊市一帶）。朱棣將她葬在嶧縣，打算將來把她遷葬在徐皇后陵中。在對權妃哥哥授升餉時，朱棣不禁含淚傷歎，悲痛得說不出話來。

永樂帝晚年，身體欠佳，脾氣暴躁，發作起來，後宮遭殃，如著名的"二呂案"。

永樂帝的長陵明樓

看 一 看

長陵

位於北京市昌平區天壽山中峰之下，為明十三陵的第一陵，也是主陵。陵內安葬明成祖朱棣和徐皇后。長陵於永樂七年（1409）開始修建，永樂十一年（1413）初步建成。長陵的享殿是陵中主要建築，坐落在高三米的三層台基上，為九五之尊大殿，形制與太和殿相仿。

二 呂 之 案

權妃為什麼突然死去？事情揭露於四年之後。一天權妃宮女與呂美人吵架時揭短說：呂美人因爭風吃醋，串通宦官，從銀匠家裏買了砒霜，放在權妃的胡桃茶裏，將她毒死。永樂帝得知此情，頓時暴怒，將有關宮女、宦官、銀匠等處死。呂美人，則命用烙鐵烙她，折磨一個月後，才將她殺死。這起案件，株連廣泛，被殺者數百人，還命朝鮮王廷將呂美人的母親抓來殺了。

其實，這是一椿冤案。原來宮裏有兩位姓呂的美人。兩位呂美人之間，也互相爭風吃醋。權妃猝死，呂美人甲便乘機誣告呂美人乙毒死了權妃，鑄成了這椿慘案。

這件宮案之後，朱棣的後宮又發生一個案子。

呂美人甲和宮人魚氏行為不檢點，與宦官私通。呂、魚二人知道隱秘泄露，竟然懼罪自縊。永樂帝認為壞事都因呂氏所起，便把呂美人甲的侍婢都拘來審訊。這些侍婢不勝拷問，便胡說八道，說是要謀殺永樂皇帝。於是一場刑殺大禍，鋪天蓋地而來。永樂帝愈是濫殺，愈覺得問題嚴重。宮內宮外，上上下下，彼此揭發，互相牽連，女子連娘家，親戚連友人，被連坐殺者竟達兩千八百人！這時朝鮮諸女大都被殺，只有崔氏因在南京得以倖免。慘殺開始時，韓氏被幽閉在空室，好幾天不給飲食。守門宦官可憐她，有時在門口放些吃的，因而沒有餓死。但她的從婢全部被殺了。韓氏的乳母金黑也被囚於獄中，事後才得赦免。

朱棣寵愛的權貴妃死，這讓他更加肆無忌憚，喪心病狂，成為一個虐待狂、殺人魔王。他讓畫工把呂美人甲與小宦官相抱的情景畫下來。每次處死宮人時，他都要"親臨剮之"。

在永樂帝瘋狂殺人時，一場天火將奉天（太和）、華蓋（中和）、謹身（保和）三大殿燒毀。永樂帝對外發佈詔書，表示自責，但對內的殺戮沒有停止。

後來，又發生了"殉葬案"。

殉葬慘案

歷史上部落酋長、帝王死後的生人殉葬，事例之多，不勝枚舉。但到了明朝，已經進入 15 世紀，竟然在皇宮還有黑暗的殉葬制。明清皇帝死後妃嬪殉葬，最為殘酷的是永樂帝。據史書記載：

> 及帝之崩，宮人殉葬者三十餘人。當死之日，皆餉之於庭。餉輟，俱引升堂，哭聲震殿閣。堂上置木小床，使立其上，掛繩圍於其上，以頭納其中，遂去其床，皆雉經而死。韓氏臨死，顧謂金黑（麗紀韓氏乳母）曰：「娘，吾去！娘，吾去！」語未竟，旁有宦者去床，乃與崔氏俱死。（《李朝世宗大王實錄》六年十月戊午）

這是一幅慘絕人寰的生人殉葬的黑暗圖畫。三十多位妃嬪、宮女等，臨死之前，被集合在乾清門內庭院的案桌前，已擺好了送行宴席，被賞一頓酒飯；而後，被引向停放大行皇帝朱棣梓宮（棺槨）的乾清宮內，立在案旁啜泣。這時大堂已安設許多小木床，殉葬的妃嬪在床上立著，放聲大哭，聲震殿堂（查繼佐《罪惟錄·皇后傳》）。她們被迫把頭伸進吊好的繩套裏，站在旁邊的宦官將床一撤，這些宮人便「升天了」！就連最受寵愛的韓氏和崔氏也在其中。韓氏臨死前，呼喊著自己的乳母說：「娘，我去了！娘，我去了！」喊聲未絕，床已撤去。殉葬者家屬被稱為「天女戶」，受到優恤，父兄升官，輩輩世襲。

明朝太祖、成祖、仁宗、宣宗四朝都殉葬。景帝以郕王死，也有殉葬，各藩王都是如此，直到英宗遺詔，始罷除宮妃殉葬。

永樂三子

永樂帝朱棣有四個兒子，徐皇后生長子朱高熾，洪武十一年（1378）生於中都鳳陽，次子朱高煦，生於洪武十三年（1380），三子朱高燧，生於洪武十五年（1382），次子和三子都生於北平燕王府，三個兒子都相差兩歲。另一子早死，生母不詳。他們同胞三人，一起長大，又一起從燕王府中都、南京到北京。朱棣起兵奪位，為明朝藩王軍事政變開了先例。他的三個兒子的"世子"、"太子"、"天子"之位爭奪，上演了骨肉相殘、魚死網破的家國悲劇。

爭奪世子

長子朱高熾自小端重沉靜，言動有序。稍長習射，發無不中，又好學問，深受爺爺朱元璋的喜愛。次子朱高煦性兇悍，言行輕佻，不肯讀書，為爺爺厭惡。洪武二十八年（1395），朱元璋冊封朱高熾為燕王世子，這一年，他十七歲。

兄弟三人都經歷過一場生死煉獄。洪武三十一年（1398）朱元璋去世。各地藩王們得知皇父駕崩，都趕往京師奔喪。燕王朱棣到達淮安時，受到朝廷使臣的阻攔，遂派三個兒子趕赴京師。朱棣回到北平後，暗自準備起兵奪位，但三個兒子還留在京師。直到將近一年之後，這三個兒子才回到燕王府。二子高煦暗盜舅父徐輝祖的良馬，奔馳趕回。

靖難師起，朱高熾奉命以世子居守北平。在朱棣起兵的四年中，他曾經和母親徐皇后、道衍（姚廣孝）等一起，以萬人頂住李景隆五十萬眾攻城，北平賴以全城。

老二朱高煦則跟從朱棣，護侍左右，爭當先鋒。一戰白溝河，朱棣被包圍，危在旦夕。高煦率精騎數千，直前衝突，救出朱棣。二戰東昌，朱棣隻身敗走，高煦引師突至，擊退南軍，解救朱棣。三戰舅父徐輝祖，時朱棣兵大敗，高煦驅騎奔來，朱棣大喜曰：「吾力疲矣，兒當鼓勇再戰！」高煦麾騎力戰，打敗南軍等。朱棣屢臨險境，轉敗為勝，高煦功多。高煦以此自負，恃功驕傲，心懷異志，多為不法。

朱高熾還曾受到建文帝的離間。建文帝派人到北平賜世子書，世子高熾不啟封，立馬馳報朱棣。而太監黃儼先潛報燕王曰：「世子與朝廷通，使者至矣。」很快世子所遣使到，燕王朱棣開啟呈書，歎道：「差點兒殺了我的世子！」

爭 奪 太 子

燕王朱棣稱帝，命長子朱高熾居守北京，但沒有立太子。太監和朝臣形成兩股力量，煽風點火，互不相讓。特別是高煦、高燧，都有寵於朱棣。本來高煦就自恃從軍有功，朱棣也暗許他做太子；而太監黃儼又同老三高燧結黨，陰謀奪嫡——兩面都說世子的壞話。世子朱高熾是怎樣對待兩個弟弟及其黨羽的陰謀呢？有人問朱高熾：「亦知有讒人乎？」曰：「不知也，吾知盡子職而已。」高熾就是四個字：不為所動。他以「誠敬」獲得最後勝利。自然，他也得到朝中大臣的支持，如解縉就曾力挺他。

經過短暫的猶豫，朱棣於永樂二年（1404），召長子朱高熾從北京到南京，立為皇太子。這一年，朱高熾二十六歲。並封二十四歲高煦為漢王，二十二歲高燧為趙王。從此，皇父六次北征，都由太子監國。四方水旱災荒，太子處置得當，仁聲傳佈四方。

朱棣立朱高熾為太子的同時，安排朱高煦封藩於雲南。朱高煦曰：「我何罪！斥萬里。」不肯行並力請到南京。朱棣不得已，應允。

永樂三年（1405），太子高熾京師監國，次子高煦隨父出征，三子高燧據守北京。高燧恃寵，多行不法，又與漢王高煦謀奪嫡，時時譖太子。永樂七年，帝聞其不法事，大怒，誅其長史顧晟，褫高燧冠服，以太子力解，得免。另選擇兩位老師教育，高燧稍有收斂。

但是，永樂帝聽到讒言多了，有時也有猜疑。而且朱高熾成年後，體態很胖，無法弓馬，令朱棣很不滿意。而高煦長七尺餘，輕趫善騎射，兩腋若龍鱗者數片。既負其雄武，又每從北征，在朱棣左右，到永樂十年（1412）北征還，朱棣便以太子遣使後期，且書奏失辭為由，悉懲太子宮官黃淮等下獄。

永樂十三年（1415）五月，朱棣將高煦改封青州，其又不欲行。祖始疑之，賜敕曰：“既受藩封，豈可常居京邸！前以雲南遠憚行，今封青州，又託故欲留侍，前後殆非實意，茲命更不可辭。”然高煦遷延自如。私選各衛健士，又募兵三千人，不隸籍兵部，縱使劫掠。兵馬指揮徐野驢擒治之。高煦怒，手執鐵瓜撾殺野驢，眾莫敢言。遂僭用乘輿器物。朱棣聞之大怒。永樂十四年（1416），朱棣還南京，盡得其不法數十事，切責之，褫冠服，囚繫西華門內，將高煦廢為庶人。高熾涕泣力救，乃削兩護衛，誅其左右狎昵諸人。明年三月徙封樂安州（樂安州，今在山東省東營市廣饒縣一帶。永樂十五年，漢王府遷於此。宣德元年廢。西南距府城二百四十里），趣即日行。高煦至樂安，怨望，異謀益急。高熾數次寫信勸誡。

永樂十六年（1418），黃儼等復譖高熾擅赦罪人，宮僚多坐死者。侍郎胡濙奉命察之，密疏高熾誠敬孝謹七事以聞，朱棣才算了事。

二十一年（1423）五月，朱棣有疾。護衛指揮孟賢等結欽天監官王射成及內侍楊慶養子造偽詔，謀進毒於帝，俟晏駕，詔從中下，廢太子，立趙王高燧。總旗王瑜姻家高以正，為孟賢等謀劃，謀定告王瑜。王瑜將此事告訴朱棣，朱棣說：“豈應有此！”於是立捕孟賢，得為偽詔。孟賢等皆伏誅，提拔王瑜為遼海衛千戶。朱棣回頭問高燧：“是你幹的不？”高燧大懼，不能言。高熾力為之解曰：“這肯定是手下人幹的，高燧一定不知情。”自此，高燧有所收斂。

爭奪天子

永樂二十二年（1424）七月，朱棣崩於榆木川。遺體送回皇宮的仁智殿。四十七歲的太子朱高熾繼位，是為仁宗洪熙皇帝。

仁宗繼位後，對弟弟高煦顧益厚遇。遺書召至，增歲祿，賜賚萬計，仍命歸藩。封其長子為世子，餘皆郡王。朱高煦和他的兒子朱瞻圻素來不和。朱瞻圻怨父殺其母，屢次揭發其父過惡。而高煦入朝，也悉數將其子瞻圻在朱棣去世後，在北京前後覘報中朝事。仁宗藉此機會命瞻圻守鳳陽皇陵。這就削弱了高煦的力量。

仁宗在位不到一年，崩於欽安殿，年四十八。太子朱瞻基繼位，是為宣宗。高煦、高燧覬覦皇位並沒有因此而結束。

宣德元年（1426）八月，高煦反叛。在山東立五軍、命官員、放兵器、備馬匹。又遣親信枚青等潛至京師，約舊功臣為內應。御史李濬偷偷到京師報告。

宣德帝遣中官侯泰賜高煦書。侯泰至，高煦盛兵見侯泰，南面坐，大言曰："永樂中信讒，削我護衛，徙我樂安。仁宗徒以金帛餌我，我豈能鬱鬱居此！汝歸報，急縛奸臣夏原吉等來，徐議我所欲。" 接著，高煦遣百戶陳剛進疏，更為書與公侯大臣，多所指斥。

宣德帝歎曰："漢王果反。" 於是，御駕親征，直搗漢王大本營樂安，圍城，勸降。朱高煦本來對他這個姪子就有些發怵，聽說新帝親征，非常害怕。"乃密遣人詣行幄，願假今夕訣妻子，即出歸罪。帝許之。是夜，高煦盡焚兵器及通逆謀書。" 第二天，高煦潛從間道出見宣德帝，頓首言："臣罪萬萬死，惟陛下命。" 廢高煦父子為庶人，築室西安門內加以禁錮。後高煦及諸子相繼死。事後，宣德帝殺了此案牽連的兩千八百餘人。

逛一逛

仁智殿

明代永樂年間建紫禁城時所建宮殿，俗稱白虎殿。明代時是皇帝駕崩後停放靈柩的地方，也是宮廷畫士作畫的地方。清代改為內務府署所在地及造辦處各作坊。

第二年，朱瞻基派妹夫袁容將有關事項通知高燧。高燧大懼。四年之後就死了。

永樂帝兩個兒子漢王與趙王反叛朝廷，有兩點值得借鑒：

其一，永樂帝立太子，寵溺其餘兩子，教育不嚴，猶猶豫豫，患得患失，導致身後皇權動搖。

其二，"打鐵還要自身硬"。朱高熾面臨危境，孝敬父皇母后，禮待兩弟，王妃誠篤，兒子優秀為"好聖孫"，善待大臣，仁愛施政，博得上下好評。特別是培養了一位好兒子繼位。如永樂帝曾命朱高熾同朱高煦謁孝陵，朱高熾身體肥重，且有足疾，兩太監扶掖行走，失足，差點摔倒。高煦在後面說："前人蹉跌，後人知警。"這時皇太孫朱瞻基在後，隨即應聲道："更有後人知警也。"高煦回頭一看大驚失色。後來，也正是這位"皇太孫"朱瞻基解決了漢王、趙王叛亂的難題。

看 一 看

明朝皇家給男孩起名字，很有講究。朱元璋為其兒孫們起名，希望朱明代代相傳，子子孫孫，無窮無盡。因此，給每個兒子後代選了二十個字，每代用一個字。如太子朱標後用"允文遵祖訓，欽武大君勝，順道宜逢吉，師良善用晟"；燕王朱棣後代用"高瞻祁見祐，厚載翊常由，慈和怡伯仲，簡靖迪先猷"。

名字第二個字，按木、火、土、金、水五行排序選字。朱元璋兒子的名字都從木，為木字旁；因木生火，孫子名字都從火，為火字旁；而火生土，曾孫一代名字從土，為土字旁；然後土生金，再下一代名字從金；金生水，後面一代從水；然後再從木，又開始一輪，周而復始。

這只是朱元璋的美好願望，實際上明朝傳了十三代十六帝。明朝延續二百七十六年，最終滅亡。這"木、火、土、金、水"，也只轉了兩圈。比如，明末崇禎帝朱由檢，他的"由"字，在朱棣後代起名字的二十個字中才排到第十個字，"檢"字從木字旁，以"木、火、土、金、水"起名轉了兩圈，又轉到以木字旁來起名。這些規定在《大明會典》中有記載。

立斬國師

永樂帝於永樂二十二年（1424）七月十八日病死榆木川，因六師在外，秘不發喪。每日三餐，照常進膳。龍轝日夜兼行，路上二十二天，八月初十日，永樂帝遺體運到北京，安放在皇宮仁智殿，入殮蓋棺。皇太子朱高熾繼位，年四十七歲，改年號為洪熙，這就是洪熙帝。洪熙元年（1425）五月，朱高熾在位不到十個月，就病死在皇宮欽安殿。這時，皇太子朱瞻基在南京，急忙趕回北京，繼承皇位，年二十八歲，年號宣德，這就是宣德皇帝。宣德帝登極不久，就要立斬御史李時勉。

這是為什麼呢？話要從洪熙帝遺言和宣德帝繼位說起。

洪 熙 遺 言

宣德帝剛繼承皇位，就在朝廷會議上，要立斬御史李時勉。這是為什麼呢？李時勉是個什麼樣的人呢？

李時勉（1374～1450 年），江西省安福縣人。家境非常貧寒，童年讀書時，天氣陰濕寒冷，他在身上裹著被子，兩腳放在熱水桶裏取暖，堅持讀書，吟誦不已。永樂二年（1404）中進士，年三十歲，選庶吉士，後官翰林侍讀、御史。

李時勉身任御史，為人正直，敢說真話，因言獲罪，遭到四大磨難。

永樂第一難。永樂十九年（1421），北京皇宮的奉天殿（今太和殿）、華蓋殿

欽安殿

逛一逛

欽安殿

位於故宮御花園正中，南北中軸線上。始建於明代，嘉靖十四年（1535）開始修建城垣，自成格局。殿內供奉玄天上帝，清朝每年元旦，皇帝在此拈香行禮。

李時勉像

（今中和殿）、謹身殿（今保和殿）發生大火。三殿全毀，永樂帝下詔，徵求直言。知道永樂帝心情不好，非常鬱悶，諸位大臣都很謹慎，不敢吭聲，但李時勉上疏，列出十五件事，指陳弊端，諫議糾正。其中一條是說，不該營建北京宮殿；另一條說，遠方來進貢的人不應成群結夥居住在京師。這兩條，觸犯了永樂帝的神經，他臉色陰沉，很不高興，就把這份奏章扔在地上。過一會兒，永樂帝冷靜了些，說再看看其他幾條說了些什麼，讓太監從地上撿起奏章給他接著看，覺得有些說得對，也有道理，採納許多。不久，李時勉因被誣告，打入監獄。關了一年多，才獲釋出獄，官復御史原職。李時勉一難剛完，另一難又起。

洪熙第二難。永樂帝死後，兒子朱高熾繼位，改年號為洪熙。洪熙元年（1425），李時勉再次上疏。洪熙帝看了之後暴怒，滿臉紅漲。把李時勉招到便殿，批評他，指責他，但李時勉不屈，並進行辯論。洪熙帝命武士們，將李時勉撲倒在地，用"金瓜"——金色瓜形擊打兵器，痛打李時勉，打斷了三根肋骨，拽出殿外，幾乎死掉。第二天，命李時勉為交阯道御史，並懲罰他：每一天必須審理一名囚犯，每天必須奏一件重要事情。到第三天，李時勉上第三封奏章時，又被下錦衣衛監獄。這時，同僚們都認為李時勉是死定了，出不了監獄。但是，李時勉曾對錦衣千戶某人有恩，這位千戶恰好到監獄得知此事，就秘密召來醫生，精心治療，使他得以不死。是為李時勉第二難。

但是，洪熙帝臨終前，留下一句話，成為我在開頭說的要立斬李時勉的原因。洪熙帝臨終前說了什麼，怎麼會引起宣德帝發那麼大的火，要立斬時勉呢？

立 斬 時 勉

上面講到，洪熙帝繼位後，李時勉遭遇人生第二次大難。洪熙帝病危，跟戶部尚書夏原吉說："時勉廷辱我。"李時勉在朝廷上羞辱我。說完，大怒，當晚駕崩。這句"遺言"，造成了李時勉的第二難。

宣德第三難。宣德帝聽說李時勉得罪先帝皇父的事，大為震怒，立命使者："縛以來，朕親鞫，必殺之。"意思是把李時勉抓著綑綁帶來，我要親自審訊，一定要殺了他！命令下達後，宣德帝氣不僅未消，反而更加暴躁——又令錦衣衛王指揮，立即去綑綁李時勉，押到西市（刑場）斬首，不必來見。

事情也巧。王指揮出的是端門的西旁門，而前使者已綑綁李時勉從端門東旁門入，兩個人一個從西門出，一個從東門進，一進一出，沒有碰見。這時，前使者押著李時勉走來。宣德帝迫不及待，高聲罵道："爾小臣，敢觸先帝！疏何語？趣言之。"你小子，膽敢觸犯先帝，都說了些什麼，快說給我聽。李時勉叩頭說："臣言諒暗中不宜近妃嬪，皇太子不宜遠左右。"宣德帝聽後，氣消了些，讓他全說了。李時勉回答道："臣惶懼不能悉記。"又問："草安在？"（草稿在哪裏？）李時勉曰："焚之矣。"（我給燒了！）宣德帝歎息，稱讚李時勉忠心，立命赦免，官復侍讀原職。等王指揮回來，見李時勉已冠帶整齊地站在殿前。是為李時勉第三難。

說到這裏，我插個故事。李時勉參與修纂《明成祖實錄》告成，遷侍讀學士。宣德帝到史館，撒金錢賞賜諸學士。諸學士都俯身拾取，唯獨李時勉正立不屈。宣德帝便取出餘下的錢賜給他。後他參與修《明宣宗實錄》成，升內閣學士，兼經筵

端門

位於天安門內、午門之前的一道城門。明初期所建，下面有五個門，上面建有城樓，重簷
歇山頂，面闊九間，進深五間。端門朝房以北，東邊是太廟右門，西邊是社稷左門。
龍脈口四門分別為中華門、端門、長安左門和長安右門。

講官。

宣德帝死了之後，兒子朱祁鎮繼位，改年號為正統，這就是正統帝。李時勉在
正統朝遇到第四次災難。

正統第四難。正統六年（1441）李時勉為國子監祭酒，就是國家唯一一所大
學的校長。這個職務，級別不算高（局級），品級也不高（從四品），但社會地位、
學術地位、政治影響都非同一般。正統帝九歲登極，他奶奶 —— 老太皇太后健在，
管教嚴，他也算聽話。正統七年（1442），太皇太后崩駕後，幾位輔政大臣年老退
休，這時大太監王振掌握大權，任意擺佈十六歲的小皇帝。這時李時勉又倒黴了。

李時勉為官正直、清廉，從不向王振奉承、行賄。王振記恨在心，借機找茬，
進行打擊。一件小事被王振利用：國子監彝倫堂前，古松柏樹旁枝下垂，妨礙師生
走路，祭酒李時勉下令修剪。一天，王振到國子監知道此事，借題發揮，上綱上
線，誣奏：李時勉擅伐官樹入家。王振假借聖旨派錦衣衛到國子監，當時時勉正在
閱生員考卷，立即被押到院裏，在師生前，戴枷示眾。時值酷暑，天氣炎熱，戴枷
三日，苦不堪言。千餘生員跪在皇宮前請願 ——「諸生圜集朝門，呼聲震徹殿庭。」
助教李繼感於李時勉舊恩，請於太后的父親孫忠 —— 正好孫忠過生日，太后派人到
娘家賀壽。孫忠將這件事附奏太后，太后跟皇帝說了。原來皇帝根本不知此事，命
立刻釋放李時勉。是為李時勉第四難。

善 有 善 報

俗話說："善有善報。"正統九年（1444），正統帝到國子監視學。李時勉進講《尚書》，辭旨清朗，氣宇軒昂，皇帝大悅。

李時勉在國子監受到敬重——英國公張輔及諸侯、伯奏請，到國子監聽祭酒李時勉講課。李時勉升師席，諸生以次立，講"五經"各一章。講畢，設宴，諸侯、伯謝讓道："受教之地，當就諸生列坐。"他以學生身份入座。諸生歌《鹿鳴》之詩，賓主雍雍，盡暮散去。

李時勉過了年齡，請求退休，連疏三年，方才允准。朝臣及國子監師生三千人，在都城門外為之祭酒餞行。還有的遠送登舟，船啟航後，師影漸遠，方才離去。

景泰元年（1450），李時勉病故，年七十七。李時勉一生，蒙四難，歷五朝，為祭酒六年，訓勵嚴格，學風醇正，督令讀書，燈火達旦，吟誦聲不絕。他教育學生：重誠正，崇廉恥，抑奔競（跑關係），別賢否，培養出一批傑出人才。貧窮生員，不能婚葬，他節省餐錢，給予補助。

李時勉的一生，屢屢渡過難關，每每逢凶化吉，為什麼？《明史》史官評價李時勉說："方廉清鯁，表範卓然。"又說："以直節重望，為士類所依歸者，莫如時勉。"（《明史·李時勉傳》）以正直和氣節獲得很高威望，成為士人的楷模，沒有比得上李時勉的。

五全皇后

在明清五百多年宮廷史上，作為一名宮中女子，一步步從世子妃、太子妃、皇后、皇太后直到太皇太后的只有一人，這就是洪熙帝的張皇后。她是朱元璋的孫媳婦、朱棣的兒媳婦、洪熙帝朱高熾的皇后、宣德帝朱瞻基的生母、英宗朱祁鎮的祖母。我給她起個代稱，叫作"五全皇后"。

張氏，出生於河南永城的一戶普通人家。父張麒，因女兒被封為燕王世子妃，授兵馬副指揮，死後追封彭城伯。

張氏嫁給燕王長子朱高熾後，因為朱高熾為世子，即被皇爺爺朱元璋封為燕王世子妃；後朱高熾為太子，即被皇父朱棣封為太子妃；朱高熾為皇帝時，被冊為皇后。長子朱瞻基繼位做皇帝時，她被尊為皇太后；後長孫朱祁鎮繼位做了皇帝，她又被尊為太皇太后。可以看出，張氏的"五全"，是依賴做皇帝的爺爺、公公、丈夫、兒子、孫子五代敕封得來的。這樣的福氣，需要天合、地合、人合、己合（自身的修煉）。先從世子妃說起。

世 子 之 妃

洪武二十八年（**1395**），明太祖朱元璋封燕王長子朱高熾為燕世子，其妻張氏被封為世子妃。身為世子妃，張氏的最大貢獻是生了三個兒子：長子朱瞻基、三子越王朱瞻墉、五子襄王朱瞻墡。連續幾位孫子的出生，使燕王對世子和世子妃非常滿意。特別是在長孫出生前夕，燕王朱棣夢見明太祖授他大圭（寶玉）並說："傳之子孫，永世其昌。" 剛滿月，祖父燕王見了小瞻基，說："兒，英氣溢面，符吾夢矣。" 意思是孫子瞻基英氣滿面，符合我做的夢。

在燕王起兵的戰爭歲月，世子妃張氏陪伴世子朱高熾、婆母徐妃等，堅守北平。在守北平的陣列裏，為公公奪得皇位做出重要貢獻。

永樂二年（1404），朱棣封長子高熾為皇太子、張氏為太子妃。身為太子妃，她首先是操婦道賢惠，博得公婆喜歡。丈夫多次被小叔子漢、趙二王所離間，他們揚言"太子身體肥碩，不能騎射"。一天，朱棣與徐后在內苑小宴，太子高熾隨侍。朱棣見到他後，臉上變了顏色，又唾又罵，直指張妃對高熾說："此佳婦，他日當承我家，脫微此，廢爾久矣。" 張氏連忙起身叩頭謝恩。過了一會兒，張氏就從宮廷廚房裏端出親手做的湯餅，呈奉給公婆。朱棣和徐皇后又歡喜又感動，就招呼高熾與張氏同飲，盡歡而散，太子因此得以不廢（程嗣章《明宮詞》）。

既然太子因肥胖惹怒了皇父，張氏遂精心幫助太子減肥：一是控制飲食，二是督促騎馬射箭（《明史·后妃傳》）。這就是民間常說的"管住嘴，邁開腿"。無論監國，還是伴駕，張氏始終陪伴朱高熾，朱高熾以"后故，得不廢"，驚險保住了太子之位。

張氏還精心養育兒子。永樂九年（1411）長子瞻基剛成年，便被封為皇太孫。永樂十一年（1413）端午，朱棣率諸王大臣在東苑射柳，文武群臣、各國使臣、京城耆老都來觀看。皇太孫朱瞻基連連射中，讓朱棣感到臉上有光。據說還故意當眾給朱瞻基出題道："萬方玉帛風雲會。" 朱瞻基叩頭對道："一統山河日月明。"（沈德符《萬曆野獲編補遺·宣宗擊射》）這更足以使朱棣炫耀了。皇太孫朱瞻基既有祖父朱棣的英武，又有父親高熾的睿智。逐漸地，他在朱棣的心目中完全取代了覬覦太子之位的漢王和趙王。

明仁宗張皇后像

皇后太后

朱高熾繼承皇位僅一年，便病死於皇宮欽安殿，才四十八歲。所以張氏作為皇后，也僅僅一年。她在這一年中，中外政事，莫不周知，協助洪熙帝調整治策和治理朝政。

在不到一年的時間裏，兩任皇帝先後去世，長子朱瞻基繼承皇位，正當二十八歲年華。張氏為皇太后，她留用了永樂、洪熙時期老臣，形成可靠的內閣，軍國大議多稟聽裁決，輔佐年輕的皇帝穩定政局。閣臣英國公張輔，尚書蹇義、夏原吉，大學士楊士奇、楊榮、金幼孜、楊溥請見行殿。太后慰勞之，且曰："爾等先朝舊人，勉輔嗣君。"後來宣德帝對楊士奇說："皇太后謁陵還，道汝輩行事甚習。言輔，武臣也，達大義。義，重厚小心，第寡斷。汝克正，言無避忤，先帝或數不樂，然終從汝，以不敗事。又有三事，時悔不從也。"（《明史‧后妃傳》）表達對閣臣的信任。

這時，明朝自朱元璋奠定基業，已經六十多年，海內寧泰，國力充裕，政治穩定，史稱"永宣之治"。年輕英武的宣德帝，史稱"太平天子"，能文能武，對皇太后張氏非常孝順，入奉起居，出奉遊宴，四方貢獻，雖微物必先上皇太后。兩宮慈孝聞天下。

張太后遊西苑，皇后皇妃侍，帝親掖輿登萬歲山，奉觴上壽，獻詩頌德。謁長、獻二陵，帝親鞬騎引導。到河橋，下馬扶輦。畿民夾道拜觀，陵旁老稚，山呼拜迎。太后顧曰："百姓戴君，以能安之耳，皇帝宜重念。"返程時，過農家，召老婦問生業，賜鈔幣。有獻蔬食酒漿者，取以賜帝，曰："此田家味也。"（《明史‧后妃傳》）

鮮為人知的是，外表孝順能幹的宣宗朱瞻基，為人風流倜儻，愛好聲色禽獸，縱情遊獵雜戲，讓張太后操碎了心。《菽園雜記》說："宣德年間，朝廷起取花木鳥獸，及諸珍異之好，內官接跡道路，騷擾甚矣。"《皇明紀略》則記："宣廟好促織（鬥蟋蟀）之戲，遣取之江南，其價騰貴至十數金。"沈德符《萬曆野獲編》又載："我朝宣宗最嫻此（鬥蟋蟀）戲，曾密詔蘇州知府況鐘進千個。一時語云：'促織瞿

明仁宗朱高熾像

瞿叫，宣德皇帝要。'"

　　宣宗最為人詬病者是為以天子之尊，從朝鮮藩國徵召處女為後宮，選擇善於烹飪的婦女入侍以飽口福，又不時求索"海東青"，以供遊獵娛樂。這些事件詳載於朝鮮《李朝實錄》。

　　宣宗在皇位十年，僅三十八歲就病逝了。張太后萬分悲痛，她命人將景德鎮御窯燒製的蟋蟀罐全部砸碎掩埋，以致故宮舊藏很難看到宣德時完整的蟋蟀罐，而在景德鎮御窯遺址發現了大量蟋蟀罐碎片。《萬曆野獲編》記英宗即位後，曾遣返朝鮮婦女自宣德初年來者凡五十三人，減廚役六千四百餘名，減牲口料糧四萬石。

　　張氏為太后時，特別重視對皇孫的培養和教育。她命戶部尚書夏原吉受命陪侍皇太孫朱祁鎮，在鄉村行走，觀民間疾苦。原吉取齏黍請皇太孫吃並說："願殿下食此，知民艱。"（《明史·夏原吉傳》）張皇后很注意從幼小起培養皇孫的知識和品德，了解民間疾苦，不要忘記庶民。

太 皇 太 后

　　宣德帝崩，長孫祁鎮，繼承皇位，年方九歲。大臣請太后垂簾聽政，她說："毋壞祖宗法。第悉罷一切不急務。"（《明史·后妃傳》）她委任股肱大臣，督促幼帝用功讀書，雖太監王振受寵於帝，但太后在世時其不敢專政。在二十年間，她親眼看到永樂十九年（1421），皇宮三大殿被焚毀的悲慘狀況；又親眼看到正統六年（1441），明宮三大殿重建告成的輝煌情景。有詩云："日月光三殿，乾坤闢兩宮。"（陳政《東井集》，見《日下舊聞考》）在正統四年（1439），修造京城九門城樓、城壕、橋閘完工：正陽門正樓一座、月城中左、右樓各一，崇文門、宣武門、朝陽門、東直門、阜成門、西直門、安定門、德勝門八座門正樓各一、月城樓各一，各門外樹立牌樓，城四隅建築角樓。又深挖城壕，兩岸砌以石。九門原有木橋，全部換成石橋。兩橋之間，各設水閘。護城河水，自西北流入，環城而過，穿流九橋九閘，從東南流入通惠河，經通州進入北運河，匯入渤海。這項偉大工程，是在張太皇太后臨朝期間，君臣一心，萬眾協力，動用軍夫工匠數萬人完成的。工程完竣，價值重大："煥然金湯鞏固，足以聳萬年之瞻矣。"（《明英宗實錄》卷五十四）而後，京師城牆，原來外牆已經包磚，內牆仍為黃土，遇雨頹塌。此期，內牆包磚。特別是承天門（天安門）城樓，也是這時修建的，瑰麗輝煌，光耀天下。

正統七年（1442）十月，張太皇太后去世。張氏身歷洪武、建文、永樂、洪熙、宣德、正統六朝，從世子妃、太子妃，到皇后、皇太后、太皇太后，作為一名宮中女子，可謂達到了人生頂峰。就她個人而言，有什麼值得借鑒的呢？對公婆尊敬孝順，對小叔子寬容大度，對丈夫體貼勸慰，對後宮統攝安寧，對兒子教育勖勉，對孫子撐腰輔佐，對大臣信任鼓勵，對娘家規矩嚴格，對百姓愛戴親民，對自己心地良善。

紫禁城城牆與角樓

宣德廢后

北京故宮的景仁宮，同其他十一座後宮一樣，建成於明永樂十八年（1420）。它初名長安宮，嘉靖十四年（1535）更名為景仁宮。明朝宣德帝的皇后胡氏，就曾經住在景仁宮裏。皇后不是應該住在坤寧宮嗎？她怎麼住在景仁宮呢？請讓我往下講。

景 仁 廢 后

"景" 字，《說文解字》曰："景，日光也，從日，京聲。""景" 字本意是日光。南朝江淹《別賦》云："日出天而耀景，露下地而騰文。"引申意為 "大"，為 "慕"。

"仁" 字，主要意思是仁愛、慈善、溫淑、賢惠。皇帝希望居住在景仁宮裏的后妃，能仰慕和修養大仁、大愛、大慈、大善的精神和品格。景仁宮的名稱，清沿明舊，沒再改動。

景仁宮基本保持了明永樂初建的格局，是一座獨立的四合宮院，前有宮門，用圍牆和建築圍合成前後兩進的四合院。第一進，前院，正殿五間，東西配殿各為三間，整齊莊重；第二進，後院，後殿五間，殿的兩側各有耳房，東西配殿也各三間。

景仁宮與其他宮院不同的是，在景仁門內，豎立有一座以大理石為材質的屏

景仁宫院内石影壁

逛 一 逛

景仁宮

內廷東六宮之一。明永樂十八年（1420）建成，起初名為長安宮，嘉靖十四年（1535）更名景仁宮。清代沿用明朝舊稱。

風，屏風的基座和邊框，均為漢白玉石雕，屏風主心為天然大理石，約有兩厘米厚，兩面圖案卻不同，一面雲霧繚繞，一面山川溝壑。這座石屏，風格古樸，相傳為元代皇宮的遺物，自然天成，極為難得。

下面我來講一講宣德帝的皇后胡氏住在景仁宮的原因：

胡皇后，名善祥，山東濟寧人。一個山東姑娘，怎麼進到皇宮呢？永樂十五年（1417），她被選為皇太孫朱瞻基妃。後朱瞻基被立為皇太子，她也就成為了太子妃。宣德帝朱瞻基繼位，她則順理成章地被冊封為皇后。

這時，宣德帝身邊有個孫貴妃，和胡皇后爭寵。胡皇后為陽，孫貴妃為陰。陰陽相爭，是陽克陰，還是陰克陽？這就要看兩個人怎麼辦了。

胡皇后，為人寬厚，但身體多病，未生子，這就給孫貴妃以陰克陽提供了機會。

孫貴妃，山東鄒平人，幼有美色，又機敏聰慧。她的父親在永城（今河南省永城市）做主簿，和洪熙帝張皇后是老鄉。經張皇后娘家人介紹，孫氏十餘歲就入宮，由張皇后養育。後來，張皇后的兒子朱瞻基成婚，詔選濟寧胡氏為妃，鄒平孫氏為嬪。

洪熙帝死，宣德帝（朱瞻基）立，冊立胡氏為皇后，孫氏為貴妃。這時，胡皇后居於主位，可怎麼輸給孫貴妃了呢？與胡皇后相比，孫貴妃頗工於心計，她接連施出五條計謀。

后 妃 之 爭

第一計：求寵。孫貴妃利用自己的美色和嬌媚，博得宣德帝的寵愛。第一計得手，便施第二計。

第二計：求寶。明朝制度：皇后既有金冊，又有金寶（璽印）；貴妃則只有金冊，沒有金寶。宣德元年（1426）五月，孫貴妃既已受寵，便慫恿宣德帝出面向皇太后請示：賜給孫貴妃金寶。皇太后雖覺得違制，但為照顧兒子的顏面，還是勉強答應了。明朝貴妃有金寶就是從孫貴妃開始。第二計得手，又施第三計。

明宣宗朱瞻基像

第三計：求子。孫貴妃自己沒生兒子，經過長期精心策劃，於宣德二年（1427）十一月十一日，在心腹宦官、宮女的參與下，暗裏取了宮女生的兒子，做成是自己生的兒子，這就是後來的明英宗朱祁鎮。然而，朱祁鎮的生母是誰？《明史·后妃傳》說：「人卒無知之者。」就是沒有人知道朱祁鎮的親生母親到底是誰。因為有了兒子，孫貴妃就更加受到宣德帝的眷寵。連著三計，頻頻得手，便施四計，最為關鍵，是什麼呢？

　　第四計：求封太子。朱祁鎮出生後名義上是四個月，實際上是八十四天，就被冊封為皇太子。在明朝，皇子出生實際不足三個月就被立為皇太子，這是僅有的。最後一計，便是求后。

　　第五計：求后。胡皇后請早定朱祁鎮為太子，主動表示退位。孫貴妃雖心裏暗喜，卻假意謙辭說：「后病痊自有子，吾子敢先后子耶？」（《明史·后妃傳》）就是說，皇后您的病好了以後，自然會懷孕生兒子的，我的兒子哪敢排在您兒子的前面呢！因為明朝家法，皇后生的兒子為嫡子，妃嬪生的兒子為庶子。嫡庶分明，不能違反。宣德三年（1428）三月，宣德帝命胡皇后上表辭去皇后，就是寫辭職報告。胡皇后被迫「辭去皇后」，從坤寧宮退居到長安宮（景仁宮）。宣德帝為安撫辭位的胡皇后，賜號靜慈仙師，而冊立孫貴妃為皇后。這一上一下，雖然詔書說是皇后力辭，貴妃謙讓，最後貴妃迫不得已才就位皇后的，但宮內外許多人都知道，皇后辭位並非自願，而是被迫的。史書記載：「后無過被廢，天下聞而憐之。」（《明史·后妃傳》）

　　宣德帝的母親張太后，憐憫「退位」的胡皇后，常召她到自己住的清寧宮來居住。在後宮的宴會上，張太后命胡「皇后」位居孫皇后之上。孫皇后常為此怏怏不樂，但也毫無辦法。後來宣德帝為廢后而後悔，嘗自我解嘲說：「此朕少年事。」但潑出去的水，已無法收回。

福 禍 無 常

　　「禍兮，福之所倚；福兮，禍之所伏。」這胡皇后跟孫皇后比起來，雖是倒黴的，但也有幸運的時候。宣德帝去世後，她躲過妃嬪殉葬一劫。事情是這樣的：宣德帝在位十年，過於淫樂，三十八歲（虛歲）就離開了人世。怎麼知道他過度淫樂呢？宣德帝死後兩個月，新帝命"放教坊司樂工三千八百餘人"（《明史‧英宗前紀》）。宮廷音樂、歌舞的人，僅裁掉的竟高達三千八百餘人！宣德帝死後，殉葬妃嬪有一個長長的名單："正統元年八月，追贈皇庶母惠妃何氏為貴妃，諡端靜；趙氏為賢妃，諡純靜；吳氏為惠妃，諡貞順；焦氏為淑妃，諡莊靜；曹氏為敬妃，諡莊順；徐氏為順妃，諡貞惠；袁氏為麗妃，諡恭定；諸氏為淑妃，諡貞靜；李氏為充妃，諡恭順；何氏為成妃，諡肅僖。冊文曰：'茲委身而蹈義，隨龍馭以上賓，宜薦徽稱，用彰節行。'蓋宣宗殉葬宮妃也。"（《明史‧后妃傳》）這十個美麗年輕的生命，被繪入殘暴黑暗的圖畫中。殉葬者中有一位郭嬪，鳳陽人，善文辭，入宮二旬而殉葬。入宮二十天就殉葬，青春美麗，聰明伶俐，遭逢死的劫難，自然淚流滿面，泣不成聲。傳謂她"自知死期"，曾書楚聲自哀，其辭曰：

修短有數兮，不足較也。
生而如夢兮，死則覺也。
先吾親而歸兮，慚予之失孝也。
心悽悽而不能已兮，是則可悼也。

胡皇后雖躲過殉葬之劫，但七年之後，張太皇太后病死，她痛哭不已，翌年也哀病而死，以嬪禮葬於金山（西山）。

至於孫皇后，兒子朱祁鎮登極，她做了太后。她在經歷了英宗即位、被俘、南宮復辟等大喜大悲之後，於天順六年（1462）病死，諡孝恭皇后，合葬景陵。

到英宗朱祁鎮病危時，其后錢氏泣訴："皇上非孫太后所生，實宮人之子，死於非命，久無稱號。胡皇后賢而無罪，廢為仙姑。其死也，人畏孫太后，殮葬皆不如禮，胡后位未復，惟皇上念之。"（王錡《寓圃雜記》卷一）英宗遂復胡后號位，追諡為恭讓皇后。

永
宣
國
寶

　　明朝在永樂、宣德期間，中原之區社會穩定，經濟恢復，版圖一統，睦鄰友好，萬國來朝，恢復唐宋禮法，文化再現繁榮，繼漢 "文景之治"、唐 "貞觀之治" 之後，出現了一個 "永宣之治" 的局面。這一時期的皇宮寶庫，增加了宣德爐、鑲嵌掐絲琺瑯等名聲遠播的名器寶物。而《永樂大典》則是這一時期的一個文化標誌。

宣　德　寶　爐

　　宣德爐，就是明宣德朝生產的銅香爐，以質量優、造型美而流傳於世，成為那個時代具有代表性的文化象徵。宣德爐的出現不是偶然的。明朝經過從洪武到宣德五朝，近七十年的開創和經營，成就了 "永宣之治"，而且在文化上出現了一種嶄新的氣象。

　　一是，"驅逐韃虜，恢復中華"。在文化上著重於唐宋文化傳統的恢復與傳承，帶著創業的勃勃生機和宏大氣象，這正是 "治隆唐宋"、"遠邁漢唐" 的文化表現。

　　二是，四面睦鄰，文化交流。從其他國家汲取多種文化營養，開拓了文化視野，也豐富了中華文化寶庫。

　　三是，朝廷重視，皇帝文采。這對國家文化建設產生了巨大推動力。

　　十年前，2010 年，我在故宮博物院看到一個非常好的展覽，就是 "明永樂宣

宣德爐

德文物特展"，當時是為紀念紫禁城落成五百九十周年。轉眼十年過去了，在紀念
紫禁城落成六百周年的時候，我依然對那次看到的永宣時代的文物念念不忘。因
為，包括宣德爐在內的精粹文物，是那個時代的文化奇葩，我們可以從這些瑰寶看
出永宣時期的文化氣勢，領略永宣時期的文化精髓。

永 宣 名 瓷

在永樂、宣德年間，鄭和率領龐大艦隊七下西洋，開通海上絲綢之路；又多次
派使臣到西域，陸上絲綢之路也已開通 —— 這就給永宣瓷器，注入了新的生機。

同時，明代設立"御用監"，專門製作精美的家具、琺瑯器、玉器、漆器等，
不僅為當時宮廷所用，而且傳承有序，成為故宮博物院的珍貴藏品。其中，最為大

明宣德
紅釉描金雲龍紋盤

家所熟悉的，恐怕就是瓷器。洪武二年（1369），明朝在景德鎮元朝浮梁磁（瓷）局舊址的基礎上，加以擴大，設御器廠，為宮廷燒造瓷器。御窯燒造瓷器，全部屬於宮廷。遵照皇帝旨意，宮廷發放官樣，御窯照樣生產，產品嚴格驗收，入選瓷器運送皇宮，落選瓷器打碎掩埋。總之，御窯的瓷器，從官樣、燒製、使用、保管以及落選瓷器處理，都由皇宮嚴格掌控。

御器廠實行"匠籍制"，集中了全國優秀的陶瓷工匠，有朝廷特設的畫局，負責設計燒製瓷器紋飾，又壟斷優質原料，幾乎不計成本，生產出了大批精美的御製瓷器。

永宣時期燒造了大量精美的瓷器。"宣窯"就是當時最精美瓷器的代名詞。給人留下最深刻印象的是紅、白、青三個字：紅 —— 紅釉為貴，白 —— 甜白為美，青 —— 青花大氣。

紅釉為貴。朱元璋以紅為貴，以紅為吉。紅巾、紅塔、紅官服，以及宮裏盛行紅瓷器。還有明朝的"明"，左為"日"，右為"月"，都屬火，都尚紅。《明史》記載："洪武元年命製公服、朝服，以賜百官。"官服的顏色，命禮部議奏。洪武三年（1370），禮部奏：

"歷代異尚。夏黑，商白，周赤，秦黑，漢赤，唐服飾黃、旗幟赤，今國家承元之後，取法周、漢、唐、宋，服飾所尚，於赤為宜。" 從之。(《明史·輿服志三》)

所以，明朝宮廷用瓷也一度以紅為貴。紅釉瓷器，非常難燒，有時一窯、甚至數窯，才能燒成一件。所以，明初宮廷紅釉瓷器，數量特少，極為罕見。

甜白為美。永樂帝偏愛甜白釉瓷器。永樂時由景德鎮御器廠創製一種白色瓷器，因釉色甜潤而潔白，故稱甜白釉。這種甜白釉瓷器，受到了永樂帝的青睞。《明太宗實錄》記載了一個故事：西域部落首領，向他進貢用和田玉做的 "玉枕"，可以說是萬分珍貴，但他說："朕朝夕所用中國瓷器，潔素瑩然，甚適於心，不必此也。" 永樂帝日常使用的瓷器，大多是御器廠燒製的白瓷，潔白晶瑩，潤澤素雅，合於心意，即使枕頭，也用瓷枕。在他的心目中，這玉枕比不上中國瓷器，自然不必接受來自西域的玉枕。甜白釉瓷器，瓷胎細膩，造型秀美，白釉潔淨，色澤柔潤，精美如玉。

青花大氣。如青花纏枝蓮紋壓手杯，高五點四厘米，口徑九點一厘米，足徑三點九厘米。因杯子從口沿到杯底，胎體越來越厚，放在手上感覺杯子壓手，俗稱 "壓手杯"。這隻杯子內底，有青花篆體四個字："永樂年製"，底款有所不同。這是至今所知唯一署有永樂年款的青花瓷器。這種壓手杯，兩岸故宮博物院都有收藏。谷泰撰《博物要覽》記載：若我永樂年造壓手杯，坦口折腰，砂足滑底，中心畫有雙獅滾球，球內篆書 "大明永樂年製" 六字或 "永樂年製" 四字，細若粒米，此為上品。

永宣御窯進入明代高峰期。不僅質量精美，而且數量大得驚人。如宣德八年（1433），尚膳監題准燒造各樣瓷器，一次達四十四萬三千五百件。而一次賞賜朝鮮國王李裪的瓷器，足夠十套餐桌使用。

青花纏枝蓮紋壓手杯

掐 絲 琺 瑯

明永樂、宣德時期另一項文化瑰寶，就是掐絲琺瑯。

掐絲琺瑯，通常是銅胎（也有瓷胎、鐵胎、錫胎、木胎等），用銅絲（也有金絲）按照胎上已繪的紋飾，如荷花，每個花瓣、每個葉片，都沿其邊緣掐焊銅絲，然後點上不同釉彩，再入爐窯，約八百攝氏度溫度，火中燒造，出爐後，打磨拋光。據傳，一件琺瑯器約需一百零八道工序，方能完成。

琺瑯技藝，傳自外域。融合中華文化，經過藝師工匠之手，精彩奪目，巧奪天工，成為中國工藝品中一朵絢麗的鮮花。

琺瑯器自元代傳入中國以來，到了明永樂、宣德年間，達到一個高峰。因為當時掐絲琺瑯，多無年款，傳到後來，竟不知為何朝所作。景泰年間，製品精細，多有年款，所以一般人認為景泰藍是琺瑯器的輝煌，但從故宮收藏看，宣德時期不乏其他琺瑯器精品。

永宣文化，更有書畫。永宣時期，朝廷致力於營造"以能納其心於規矩之中"的政治情懷和文化氛圍，最具有時代風格的書法形式，就是"台閣體"，也

明宣德掐絲琺琅番蓮紋僧帽壺

就是嚴謹的楷書，書風端莊典雅，運筆自然流暢，極具功力，美不勝收。兩萬兩千八百七十七卷、總字數三點七億的《永樂大典》，就是以台閣體謄寫的，當時組織了一千三百多人參與謄寫。抄完以後裝訂成書，存放在文淵閣裏。

《永樂大典》修成一百多年以後，嘉靖帝組織人員再抄寫一部。一百八十人抄，每人每天抄三頁，每頁三十行，每行二十八個字，一直抄了六年，直到隆慶元年（1567），嘉靖帝崩駕之後，才告完成。這樣，除了文淵閣收藏一部外，在皇史宬也保存一部。這個文淵閣不是現在故宮裏的那座文淵閣，北京故宮文淵閣是清朝乾隆時期修建的，用來保存《四庫全書》和《古今圖書集成》。而存放《永樂大典》的文淵閣，現在已經看不到了。皇史宬現今還在，位於天安門東邊南池子大街路東，是明清兩代皇家檔案館。《永樂大典》現在還能看到副本殘存三百七十卷，已經影印出版。

無論是永宣青花、宣德寶爐，還是掐絲垵埌、書法繪畫，或是玉器、漆器等，在帝制時代，只能是君享──只有皇帝和家人等少數人可以享受。如今早已變為民享，成為中華民族、甚至人類文化的寶貴遺產。

皇史宬

四朝重臣

　　明朝有一位著名四朝 —— 永樂、洪熙、宣德、正統的重臣楊士奇，他連續做了四十三年內閣輔臣，其中二十一年為首輔，在明史中為孤例。楊士奇是個什麼樣的人呢？他的為官之道又是什麼呢？

為 人 德 善

　　楊士奇（1366～1444 年），名寓，泰和（今江西省吉安市泰和縣）人。早孤，隨母改嫁羅姓而姓羅，不久歸宗仍姓楊。家特貧，學勤勉，教書自給。建文初，纂修《明太祖實錄》，被召入翰林，充編纂官。永樂帝即位，改編修。不久入閣，典理機務。後進侍講。永樂二年（1404），選士奇做了皇太子朱高熾的老師。

　　楊士奇為人：德善器廣。人有小過，多為掩飾。廣東布政使徐奇帶著嶺南土產饋送廷臣，有人把所謂受賄名單報給朱棣。朱棣看名單上沒有楊士奇的名字，就召他來問，他回答說：徐奇赴廣時，群臣作詩文贈行，臣適得病沒有參加，所以沒有我。接著勸慰道：徐奇送點土特產答謝詩文贈行的人，應該沒有其他意思，況且是否收了也不一定，也沒什麼值錢的，一點土特產而已。"帝遽命毀籍"。一場風波就這樣平息了。

　　朱高熾在做太子監國時，不滿意御史舒仲成，當了皇帝後就想加罪於他。楊士

楊士奇像

奇說：陛下即位，詔向忤旨者皆得宥。要是懲治仲成，則言而不信，會有更多人害怕。朱高熾遂作罷。大理少卿弋謙以言事得罪朱高熾。士奇說："謙應詔陳言，若加之罪，則群臣自此結舌矣。"於是洪熙帝升弋謙為副都御史。

宣德時，閣中惟楊士奇、楊榮、楊溥三楊。楊榮疏闊堅毅，遇事敢為。在永樂朝曾為內閣首輔，多次隨從永樂帝北征，能知邊將優劣、厄塞險易遠近、敵情順逆，但他曾接受邊將饋送的良馬。明宣宗朱瞻基知道後問楊士奇。楊士奇力言："榮曉暢邊務，臣等不及，不宜以小過眚介意。"朱瞻基笑著說："楊榮嘗說你及原吉的壞話，你不報復他？"楊士奇說："願陛下以曲容臣者容榮。"意思是希望陛下能像寬容我一樣寬容楊榮。這件事後來傳到楊榮的耳朵裏，楊榮覺得過去愧對楊士奇，於是二人相處融洽。

楊士奇還雅善知人，好推轂寒士，所舉薦的有人從未謀面。像于謙、周忱、況鍾等都是楊士奇推薦的，都居官一二十年，廉能冠天下，為當世名臣。

為官盡責

楊士奇為官：盡職盡責。永樂六年（1408），永樂帝北巡，命楊士奇等留輔太子高熾。太子喜文辭，贊善王汝玉以詩法進。楊士奇說：殿下當留意《六經》，暇則觀兩漢詔令。詩詞小技，不足為也。太子稱善。

洪熙帝即位，升楊士奇為禮部侍郎兼華蓋殿大學士。帝御便殿，蹇義、夏原吉奏事未退。帝望見士奇，謂二人曰："新華蓋學士來，必有正直之言，咱們一塊兒聽聽。"楊士奇入言："恩詔減歲供，剛下二日，惜薪司傳旨徵棗八十萬斤，這與前詔相違。"帝立命減其半。

時藩司守令來朝，尚書李慶建議，發軍伍餘馬給有司，讓他們按年繳納馬駒。士奇說："朝廷選賢授官，乃使牧馬，是貴畜而賤士也，何以示天下後世！"楊士奇復力言。又不報。過了一段時間，洪熙帝御思善門，召士奇說：朕怎麼能真忘了你的諫言呢！聽聞呂震、李慶等都不喜歡你，朕念卿孤立，恐為所傷，不便因你的諫言而取消，今有借辭了。說完，手裏拿出陝西按察使陳智言養馬不便疏，命人起草諭旨，立即執行。楊士奇頓首拜謝。這可以看出：楊士奇盡職盡責，洪熙帝極力維護，君臣關係良好。

宣德帝以四方屢有水旱災害，召楊士奇議商舉措。楊士奇請：蠲逋賦薪芻錢，減官田額，梳理冤案，裁汰工役，以廣德意。結果，百姓大悅。兩年後，帝問楊士奇說："恤民詔下已久，今更有可恤者乎？"楊士奇說："前詔減官田租，戶部徵收如故。"帝怫然曰："從今天開始，不執行者，以法處之。"楊士奇再請撫恤逃民，嚴察貪官，興舉文學，鼓勵勇士，並令受極刑家的子孫也可以參加科舉考試。又請廷臣大員，各舉賢能之人，以備郡守官員。宣德帝皆批准同意。

這個時期，宣德帝勵精圖治，楊士奇等同心輔佐，"海內號為治平"。

為 臣 恭 慎

楊士奇為臣：舉止恭慎。永樂年間，朱棣為立太子一事，猶豫不決。永樂九年（1411）永樂帝還南京，召楊士奇問太子朱高熾監國的情況。楊士奇以"孝敬"對，說："殿下天資高，即有過必知，知必改，存心愛人，決不負陛下託。"永樂帝很高興。

第二年，永樂帝北征，楊士奇仍輔太子居守。永樂帝還，因為迎駕遲緩，東宮官黃淮等下獄。楊士奇後至，卻寬宥了。召問太子事，楊士奇頓首言："太子孝敬如初。凡所稽遲，皆臣等罪。"帝意稍解。行在諸大臣竟相彈劾楊士奇不應該單獨被寬宥，永樂八年（1410）將其打入錦衣衛獄，但後來就被釋放出獄了。

永樂十四年（1416），帝還京師，微聞漢王奪嫡密謀及其不軌情狀，便問蹇義。蹇義不答，又問楊士奇。楊士奇說："臣與義俱侍東宮，外人無敢為臣兩人言漢王事者。然漢王兩遣就藩，皆不肯行，今知陛下將徙都，輒請留守南京。惟陛下熟察其意。"永樂帝不說話，便回宮了。

在這場奪嫡風波中，才華橫溢的解縉丟了性命，而沉著老成的楊士奇卻擁立太子成功。

當時有上書頌揚太平者，永樂帝出示給諸大臣看，大家都深以為然。楊士奇獨說："陛下雖澤被天下，但是，流徙尚未歸，瘡痍尚未復，民食尚艱難。如果再休息數年，天下太平可期。"帝曰："然。"因對蹇義等曰："朕待卿等以至誠，望匡弼。惟士奇曾五上章，卿等皆無一言。豈果朝無闕政，天下太平耶？"諸臣慚愧謝罪。

宣德元年（1426），漢王朱高煦謀反。宣德帝親征，平息之。師還，途經獻縣單家橋，侍郎陳山迎謁，言漢、趙二王實同心，請乘勢襲擊彰德擒趙王。楊榮極力贊成。楊士奇說："事當有實，天地鬼神可欺乎？"楊榮厲聲道："你要阻撓大計嗎！今逆黨言趙王實際與其共謀，何謂無辭？"楊士奇說："太宗皇帝三子，今上惟兩叔父。有罪者不可赦，其無罪者宜厚待之，疑則防之，使無虞而已。何遽加兵，傷皇祖在天意乎？"這時惟楊溥與楊士奇合。將入諫，榮先入，士奇繼之，閽者不納。尋召義、原吉入。二人以士奇言於帝。帝初無罪趙意，出兵事不再提了。直到還京，帝思楊士奇言，謂曰："今議者多言趙王事，奈何？"士奇說："趙王最親，陛下當保全之，毋惑群言。"帝曰："吾欲封群臣奏章示王，令自處何如？"士奇說："善，更得一璽書幸甚。"於是發使奉書至趙。趙王得書大喜。哭泣地說："吾生矣！"即上表謝，且獻護衛，言者始息。宣德帝對楊士奇說："趙王之所以得到保全，都是你的功勞啊"，然後賜給他金幣。

宣德五年（1430）春，宣德帝奉皇太后謁陵，召英國公張輔、尚書蹇義及楊

［明］謝環《杏園雅集圖》（局部）
左起：少詹事王直、少傅楊士奇、大學士楊榮

士奇、楊榮、金幼孜、楊溥，朝太后於行殿。太后慰勞之。帝又語楊士奇說："太后為朕言，先帝在青宮，惟卿不憚觸忤，先帝能從，以不敗事。又誨朕當受直言。"士奇對曰："此皇太后盛德之言，願陛下念之。"

宣德帝嘗微行，一天夜裏幸楊士奇家。楊士奇倉皇出迎，頓首曰："陛下奈何以社稷宗廟之身自輕？"帝曰："朕欲與卿一言，故來耳。"後數日，獲二盜，有異謀。帝召楊士奇，告之故。並說："今而後知卿之愛朕也。"

宣德帝崩，英宗即位，剛九歲。軍國大政奏報太皇太后。太皇太后推心任用楊士奇、楊榮、楊溥三人，有事派太監到內閣商量，然後裁決。三人也自信，能侃侃陳述自己的意見。楊士奇首先請訓練士卒，嚴守邊防。又請以次蠲租稅，慎刑獄，嚴核百司。皆允行。正統之初，朝政清明，皆士奇等之力也。

是時宦官王振受寵於正統帝，大臣建言，往往下獄。王振借茬整楊榮。楊榮沒多久就去世了，此後，楊士奇、楊溥就更加勢單力薄了。其明年興師麓川，庫藏耗費，士馬死了數萬。尤其是太皇太后死後，王振更加囂張。朝廷大臣，人人惴恐。這時，楊士奇已老，不久病卒，年近八十。

"三楊"退出政壇，標誌著明朝結束了"永宣之治"的局面。楊士奇身歷五朝，輔佐四位皇帝，長期在宮中值守，尚能保住善終。他為人、為官、為臣的三個法寶 —— 德善器廣、盡職盡責和舉止恭慎，值得後人借鑒。

孩童皇帝

宣德十年（1435）正月初三，還在過年期間的乾清宮傳來噩耗，三十八歲的宣德皇帝駕崩。繼承皇位的是明英宗朱祁鎮，實足年齡只有九歲，他成為明朝歷史上第一位孩童皇帝。實際上在此之前，朱祁鎮已經創下了明朝宮廷史上兩項第一：明代年齡最小的太子，當時他出生才兩個多月；他是第一位出生在北京皇宮裏的皇帝。適逢永宣之治，這位小太子可以說是在安樂窩裏長大的。

宣德帝對這位太子非常喜愛，期待很高。有一次他把朱祁鎮抱在膝上問：將來做了天子，能讓天下太平嗎？剛會說話的太子朱祁鎮答："能！"又問："如果有犯上作亂的，敢親率大軍去討伐嗎？"答："敢！"這個稚嫩的回答，讓宣德帝非常欣慰。這個九歲的孩童做了皇帝，幸福短暫的皇子孩童生活就結束了。

五 全 太 后

正統帝治國大政，靠太皇太后。這位太皇太后，就是前面我講過的"五全皇后"張氏。張太皇太后，是朱祁鎮的祖母，她從燕世子妃、太子妃、皇后到太后，現在又做了太皇太后，成為幼小正統帝的主心骨。因為朱祁鎮年齡太小，曾經有一種意見是召長沙襄王進京繼位，是張太皇太后宣召大臣們到乾清宮，手指著朱祁鎮，流淚說道："這位就是新天子！"確定由朱祁鎮繼位。在朱祁鎮登極後，張太皇太后給朝政制定三條原則：

一、停止一切不急需的事務，減少開支。

二、加強對年幼的皇帝的教育培養。

三、倚靠前朝老臣處理國事。

在幼帝繼位的風雨飄搖中，張太皇太后給朱祁鎮撐腰，幫助他登上帝位，為他主政。

在正統帝繼位前期，有一件大事得到了解決，這就是明朝定都的問題。朱元璋開國，定都南京；朱棣決計遷都北平，改名北京。永樂十九年（1421）正月初一，北京宮殿建成後正式遷都北京。不料不到百日，三大殿遭雷電焚毀。洪熙帝繼位，仍以南京為都，北平為行在。宣德帝仍稱北京為行在，但實際以北京為都。

正統二年（1437）正月，開始興修北京城門樓，修造京師門樓、城壕、橋閘：正陽門正樓一，月城中左、右樓各一；崇文、宣武、朝陽、阜成、東直、西直、安定、德勝八門，各正樓一、月城樓一。各門外立牌樓，城四隅立角樓，又深其城壕，護城河的兩側全部砌以磚石。九門舊有木橋，全部用石撤換。兩橋之間，各有水閘，壕水自城西北隅，環城而向東，歷九橋九閘，從城東南隅流出大通橋，匯入北運河，注入渤海。正統四年（1439），工程完成。每座城門都修成堅固的防禦體系，煥然金湯鞏固，足以聳萬國之觀瞻。正統五年（1440），又將城牆內牆也包磚，極大提高了北京城牆的防禦能力。同時，開始重建三大殿和乾清宮、坤寧宮。到正統六年（1441）十一月竣工。於是宣佈定都北京。這樣，長期懸而未決的定都這件大事，終於落定（《明英宗實錄》卷八十五）。

正統七年（1442）五月十九日，由太皇太后做主，為十六歲的朱祁鎮舉行盛大婚禮。朱祁鎮又創造了明朝宮廷史上的第三個第一：第一位在皇宮奉天、華蓋、謹身三殿和乾清、坤寧二宮舉行大婚典禮的皇帝，而他的皇后錢氏，則成為明朝第一位從大明門抬進皇宮的皇后。

紫禁城景山中間筒子河

四 朝 老 臣

　　正統帝讀書教育，靠四朝老臣。著名的老臣楊士奇、楊榮、楊溥，時稱"三楊"，在張太皇太后的支持下，繼續為官內閣。當時，朱祁鎮連開蒙教育都沒有接受過，"三楊"等大臣們針對他的情況，建立起嚴格規範的經筵制度。什麼是"經筵"？"經"指經典，主要是儒家的"五經"，即《詩》、《書》、《禮》、《易》、《春秋》等。"筵"的本意為竹席，引申指座位，此處是"講席"的意思。合起來，"經筵"就是儒臣給皇帝上課，講授儒家經典或治國之道等，也就是皇帝學習的制度。給皇帝講課的官員叫作"經筵講官"。通過經筵，君臣之間學習經典，相互研討，結合朝政實際，闡發儒家思想。每年二月至五月、七月至十月，每月二日、十二日、廿二日舉行經筵。經筵之外，還有日講，日講不求禮儀繁瑣，但求皇帝反覆誦讀規定的功課。這樣，年幼的朱祁鎮便開始在皇宮文華殿，接受正規系統的儒家傳統教育。

　　但是，後來的事實證明，"三楊"對朱祁鎮的教育並不成功，甚至是失敗的。究其原因在於：

　　於教學——讀書過程應當是：一讀，二講，三寫，四行；而經筵日講，有讀，有講，有寫，但缺乏行，重知輕行。

於教育 —— 教師（講官）、家長（太皇太后或皇太后）、社會（宮廷氛圍）難以協調一致。

　　於體制 ——"立嫡以長"、皇帝終身的君主制度。

　　總之，朱祁鎮長大一些後，常用各種理由取消經筵日講，一會兒說身體不好，一會兒說天氣太冷或太熱。而他感興趣的是什麼呢？

文華殿

逛 一 逛

文華殿

位於外朝協和門以東，始建於明永樂十八年（1420）。文華殿在明代是皇太子的東宮，清代為舉行經筵的地方。殿後的文淵閣是藏書樓，《四庫全書》曾收藏於此。清沿明制設大學士，秩正一品，乾隆後，文華殿大學士常列四大學士之首。

武英殿

建於明永樂十八年（1420），位於故宮西南部，西華門內，建築面積六千五百多平方米，其西、南均被內金水河環繞。清同治八年（1869）遇火重建，清光緒二十七年（1901）再次被焚，光緒二十八年（1902）進行大修，現為典籍館和書畫館。武英殿與位於外朝之東的文華殿相對應，即一文一武。

經筵進講圖

精 神 依 賴

正統帝精神上非常依賴太監王振。洪武初期，明太祖朱元璋嚴禁宦官干預朝政和交結外臣。永樂帝朱棣授予宦官出使、專徵、監軍、分鎮等大權，建立特務機構東廠。宣德帝朱瞻基在大內設內書堂，培養通文墨的宦官，司禮監成為太監二十四衙門之首，司禮監秉筆太監享有"批紅"的權力，可以代替皇帝批答奏章。但若宦官犯法，處以極刑，不敢放肆。然而，事有例外，譬如王振。

王振，蔚州（今河北省張家口市蔚縣）人。少年選入內書堂。侍太子朱祁鎮於東宮，為五品局郎銜。正統帝登極，年齡幼小。王振狡黠，深得帝喜歡，遂掌司禮監，引導皇帝用重典御下，以防大臣欺蔽。於是大臣下獄者不絕，而王振得以濫用皇權。但是當時，張太皇太后賢能，閣臣楊士奇、楊榮、楊溥皆四朝元老，王振心憚之，未敢亂來。到正統七年（1442），張太皇太后崩，楊榮已先卒，楊溥老病，楊士奇以其子楊稷論死不出，王振跋扈，遂不可制。

王振在皇城東建造豪宅，又建智化寺，窮極土木，賣官鬻爵。出兵麓川，西南騷動。侍講劉球因雷震上言陳得失，語刺王振。王振下劉球大獄，使指揮馬順肢解之。大理少卿薛瑄、國子監祭酒李時勉，素不禮王振。王振找茬誣陷薛瑄，幾乎將其整死，而李時勉則戴枷國子監。御史李鐸遇王振不跪，被謫戍鐵嶺衛。駙馬都尉石璟詈其家閹，王振惡賤己同類，下璟獄。又械戶部尚書劉中敷，侍郎吳璽、陳瑄於長安門。所有他忤恨的，皆加罪謫戍。內侍張環、顧忠，錦衣衛卒王永心裏不平，以匿名書揭發王振罪狀。事發，磔於市，不奏報。

朱祁鎮從幼年起就在精神上依賴王振，傾心王振，常稱王振為"先生"。後來正統帝說："朕自在春宮，至登大位，幾二十年。爾夙夜在側，寢食弗違，保護讚輔，克盡乃心，正言忠告，裨益實至。"孩童皇帝對王振情感上的依賴和生活起居上的依賴，是真摯的，這使王振手中的權力日益積重，公侯勳戚呼王振為"翁父"。其私黨馬順、郭敬、陳官、唐童等都肆行無忌，惡貫滿盈。於是，畏禍的官員，爭附王振免死；貪婪的官員，攀附王振求升，朝廷內外，廟堂上下，逐漸形成"閹宦集團"——王振黨。

大太監王振的氣焰，如此狂悖，如此囂張，埋下了正統帝在土木堡兵敗被俘的禍根。

英宗被俘

明正統十四年（1449）是多災多難的一年：一是火災，南京謹身殿等火災；二是水災，黃河改道，淹沒田地，運道梗阻；三是人禍，明英宗被俘。

皇帝被俘

明朝正統年間，蒙古瓦剌部崛起。瓦剌部首領也先（額森），雄傑一時，騎兵所向，橫掃大漠。蒙古各部，重新統一。其兵力所至，西起阿爾泰山，東達鴨綠江邊，南到長城，北到黑龍江，成為全蒙古的大汗。也先驕橫，屢犯塞北。

正統十四年（1449），瓦剌太師也先到北京進貢馬匹，太監王振減其值，瓦剌使者氣憤而去。同年七月，也先率領大軍入犯，騎兵浩大，來勢兇猛，進到今河北宣化地區。軍情緊急，事態嚴重，怎麼辦？這是明朝軍政的頭等大事，大太監王振慫恿英宗朱祁鎮親征。這位正統帝，自幼不愛詩書，喜歡騎馬遊獵，特別好大喜功。當時，他才二十三歲，既不懂軍事，又年輕好勝，想建奇功，經王振鼓動，決定親征。大臣叩諫，不聽；勸做準備，不聽；請選將領，不聽；請定兵略，也不聽。正統帝沒有充分準備，沒有周密計劃，沒有作戰方略，沒有作戰兵器，沒有前敵偵察，沒有後勤保障，卻率五十萬大軍親征，文武大臣，隨軍陪同。行至宣府，遇大風雨，有人建言，停止前進，王振益加暴怒。成國公朱勇等進見王振言事，都

明英宗朱祁鎮像

跪著挪步行進。兵部尚書鄺埜、戶部尚書王佐，忤犯王振，被罰跪草中。公侯伯子男，六部諸尚書，在太監王振面前，或跪著用膝蓋行路，或在路邊草中罰跪，這在五十萬大軍面前，哪裏還有大臣的尊嚴，哪裏還有皇朝的禮法，朝綱是何等混亂，法制遭何等破壞！

八月初二日，皇帝駐大同。鎮守太監郭敬以敵勢告，王振始懼，急命班師。至雙寨，雨特大。王振初議經過紫荊關，由蔚州邀皇帝到他家，光宗耀祖，彰顯權勢。而這時的王振，因擔心踩踏家鄉的莊稼，遭鄉親埋怨，便調轉路線，改道宣府。軍士紆回奔走，十四日，到土木堡（今在河北省張家口市懷來縣一帶），選擇高地，安營紮寨。

十五日，明軍連遭六個不利：一是掘井無水，遠離河流，人渴馬飢；二是官兵斷糧，人情洶洶；三是連日風雨，沒有雨具，全身濕透；四是兵無鬥志，指揮無方，秩序混亂；五是臨時拔營，改換駐地，糧草不繼；六是三軍無帥，聽一個全然不懂軍事的太監王振瞎指揮。而瓦剌兵早已先退到谷地設伏，等待時機。見明軍移動陣地，便以逸待勞，以靜制動，突擊明軍駐地，明軍惶恐混亂，自相踐踏，六師大潰。大學士張輔等五十多名高官皆死，王振也為亂兵所殺，明軍騾馬損失二十餘萬頭（匹），官兵"死者數十萬"（《明史·英宗前紀》）。

這時，正統皇帝居然毫髮無損，席地而坐。大明天子就這樣做了俘虜。明軍因錯誤時間、錯誤地點、錯誤對象、錯誤主帥、錯誤路線、錯誤兵略，鑄成了悲劇的後果。這就是震驚朝野的"土木堡之變"。

這一年，明英宗二十三歲，已經做了十四年皇帝。從此，開始了他長達一年的戰俘生活。在中國歷史上，除亡國之君外，還沒有一位統一皇朝的皇帝被俘過。堂堂大明皇帝，淪為瓦剌俘虜，朱祁鎮又創造了一個明史上的第一。

黃 金 籌 碼

明正統帝先被帶到也先弟弟賽罕王面前，他主動問：您是也先乎？還是伯顏帖木兒乎？賽罕王乎？大同王乎？這種不卑不亢而又咄咄逼人的氣勢，令賽罕王驚異。也先趕緊派出使過明廷的人前來辨認，確定是大明正統皇帝。也先驚喜，以被俘皇帝做討價還價的籌碼，比黃金籌碼還珍貴，所以將之叫作"黃金籌碼"。

第二天，也先就挾持正統帝來到宣府城下，後又到大同城下，索要金銀彩緞。兩城守將都拒不開門，但也先拿到了大同守將送來的大量金銀彩緞，正統帝的母親孫太后和皇后錢氏也從北京送來八馱金銀財寶，也先便挾持他回到大漠深處的老營。一個月後，也先再次挾持正統帝到大同，城門不開，便直抵北京城下。十月十三日，瓦剌軍攻城，明軍據城堅守，兩天後，也先放棄攻城，返回大營。正統帝熱切期盼能夠回到皇宮，但希望一次次破滅。

回到大漠深處的瓦剌老營，也先給正統帝身邊安排了三個人：錦衣衛校尉袁彬、翻譯哈銘和衛士沙狐狸。得蒙這三個人的悉心照料，正統帝焦躁的心逐漸平靜。他們住在蒙古包裏，擠在一起，席地而眠。大漠天氣，冬天極冷，袁彬用身體給正統帝焐腳，哈銘睡熟了會把手臂搭在正統帝身上。也先命給正統帝，每兩天送一隻羊，七天送一頭牛，牛奶、羊奶每天都送。逢五、七、十還擺筵席，眾人聚在一起，演出吹拉彈唱、歌舞摔跤。

返 回 南 宮

正統帝被俘在大漠，朝廷不能沒有君主。在國難、家難的危急關頭，當年九月初六日，正統帝的異母弟郕王朱祁鈺，被推上帝位，改年號為景泰，尊被俘的皇兄、正統帝為太上皇。轉眼到了第二年七月，景泰帝終於開始考慮接嫡長兄回家的難題。

景泰帝本無做皇帝之心，但做了以後，感覺做皇帝不錯，便貪戀皇帝寶座，因此當也先幾次表示要送回正統帝時，他都沒有表態。直到兵部尚書于謙表示："天位已定，孰敢他議？答使者，冀以舒邊患，得為備耳！"景泰帝這才放心，派使臣前往瓦剌議和。在瓦剌部首領也先送行宴會上，使臣向也先提出迎回正統帝之事，也先說：大明皇帝敕書內，只說來講和，沒說來迎駕。太上皇帝留在這裏，又做不得我們皇帝，是一個閒人。我還你們，千載之後，只圖一個好名兒。你們回去奏知，務要差太監一二人、老臣三五人來接，我便差人送回去。

正統帝被俘已經十一個月，這次景泰帝派來使者，並沒有給皇兄正統帝帶來信函或衣物，但正統帝見到宮裏派來的使臣，往事回憶，百感交集。他經過幾個月的磨煉和思考，更加成熟了。他請使者向景泰帝轉達，回去後或守祖陵，或做百姓，無意復位。

正統帝的使臣還沒回到北京，之前派去回訪的右都御史楊善等也到了也先大營。這次楊善帶來的敕書仍然只言議和，未提迎回皇兄。但楊善真心要迎回正統帝，他典賣了自己的家產，又向宦官借貸，購買了一批禮物帶給也先。能言善辯的楊善，說動了也先，不等宮裏派太監和老臣來迎，親自送正統帝南歸北京。

景泰元年（1450）八月初二日，做了一年俘虜的正統帝，終於踏上回家的路。也先率眾首領送了半天的路程，在分別時，也先下馬叩頭跪，送良馬、貂皮，解所帶弓箭、撒袋、戰裙以進，與眾酋羅拜伏地，慟哭而去（《明英宗實錄》卷一九五）。正統帝接受禮物，也很受感動。負責看守正統帝的大將伯顏帖木兒，送了兩天，灑淚而別。經過土木堡時，正統帝祭奠了戰死於此地的將士亡靈。

但在明朝宮裏，迎接太上皇回來的態度和禮儀上，始終存在兩種鮮明的差別：是積極還是消極，是隆重還是儉素？景泰帝屬於後者，朝臣多屬前者。例如：

八月十二日，早朝剛退，有侯、伯、尚書、都御史等官員，在午門前手持一帖，聚集圍觀，議論不一，後各散去，將帖隱匿。景泰帝聞知，讓奏報實情。原來工部尚書兼翰林院學士高穀等，舉著詳載當年唐肅宗迎接太上皇唐玄宗的故事 —— 應盛備法駕，在安定門外，公侯、駙馬、五府、六部等衙門，文武百官並監生等，到土城外，隆重迎接。景泰帝則堅持 —— 車駕入東安門，在門內迎接，行叩頭禮畢，同文武百官，到南宮便殿，太上皇帝升座，景泰帝行禮畢，文武百官行禮。爾等悉遵朕命，不許再行變更（《明英宗實錄》卷一九五）。

八月十五日，正統帝由北京安定門入城，改乘法駕，入皇城東安門，景泰帝在門內迎接，一番禮儀後，送入南宮。隨從勇士二十人送駕，白天不離左右，夜間圍帳警衛，就是都御史楊善也不能靠近。完成任務後，他們揭開轎簾，查看無誤，叩頭而退。而後，正統帝在南宮宴請送行的人答謝。

從此，正統帝朱祁鎮開始了長達七年的南宮囚禁生涯。

安定門箭樓

逛一逛

安定門

明清北京內城北垣東門。始建於明洪武元年（1368），正統四年（1439）建城樓，甕城東西約六十八米，南北約六十二米。安定門是征戰得勝回歸的收兵之門，京都九門中有八門甕城內建有關帝廟，只有安定門內建真武廟，祀奉真武大帝，這在諸門中獨具一格。

京都九門分別為正陽門、崇文門、宣武門、朝陽門、阜成門、東直門、西直門、安定門和德勝門。

于謙定亂

正統十四年（1449）八月十五日，正統帝率軍親征蒙古瓦剌部，在土木堡，全軍覆沒，正統帝被俘。敗報在當天夜裏傳到皇宮，皇宮震動，后妃大哭。孫太后和錢皇后打算先封鎖消息，籌集金銀彩緞，把皇帝贖回來。但是，消息很快傳開，朝野大震，官民驚恐。

在危難的關頭，穩定亂局，關鍵人物，首推于謙。

清官于謙

于謙（1398～1457年），錢塘（今浙江省杭州市）人。幼聰穎，又好學，中進士。在正統年間，任山西、河南巡撫。他在任上興利除弊，賑貧濟困，辦水利，促興農，心繫百姓，為民求福。當時官場賄賂成風，特別是大太監王振公然索賄。于謙作《入京詩》道："手帕蘑菇及線香，本資民用反為殃。清風兩袖朝天去，免得閭閻話短長。"拒不與貪官同流合污。他剛正不屈，被王振捏造罪名，定為論死（死緩）。山西、河南民眾上千人請願，頌揚于謙的功德，王振被迫釋放于謙。不久，于謙因政績卓然，調任北京，為兵部侍郎。在土木堡之變中，于謙成為臨危定亂安邦的棟樑之臣、馳名四方的中華英傑。

于謙同里後學孫高亮，在章回體小說《于少保萃忠全傳》（《于謙全傳》）的第

于謙像

五回，有于謙觀石灰窯所感，口占七絕《石灰吟》一首云：

　　千錘萬擊出深山，
　　烈火焚燒若等閒。
　　粉身碎骨全不怕，
　　要留清白在人間。

《石灰吟》映現出于謙生命歷程的四種境界。

反 對 遷 都

　　斥遷都。正統十四年（1449）八月十八日，孫太后在午門召集百官，宣佈敗報，命郕王朱祁鈺監國。孫太后和郕王讓朝臣們商議對策。在一片哀嚎聲中，翰林院侍講徐珵（有貞）說，天象示警，只有盡快南遷，才能避開劫難。兵部侍郎于謙大聲說：建議南遷的人應該斬首！京師是天下根本，根本一動，大勢去矣，大家都想想宋朝南遷的教訓吧！孫太后和郕王朱祁鈺來了精神，把戰守重任交給了于謙。于謙等建議朱祁鈺採取一系列措施，加強京師防衛，人心逐漸安定。

八月二十日，孫太后立正統帝兩歲的兒子朱見深為皇太子。這是孫太后為自己打的小算盤。她是因為有了正統帝這個兒子，才取代胡皇后而成為皇后、太后，萬一正統帝回不來，郕王的母親豈不成為太后了。所以她立自己的孫子為太子，以保住自己的太后地位。

與此同時，明廷辦了幾件大事：

懲閹奴。八月二十四日，郕王朱祁鈺在午門左門臨朝視事，大臣們彈劾太監王振，認為是王振誤國。王曰：汝等所言皆是，朝廷自有處置。話剛說完，百官下跪，慟哭不起，揚言道：聖駕被留，皆振所致，殿下若不速斷，何以安慰人心！有個叫馬順的太監，為王振黨羽，擔任錦衣衛指揮。他不斷地大聲呵斥眾臣退下，惹惱了朝廷眾官。官員王竑振臂而起，揪住馬順的頭髮喝道："若曹奸黨，罪當誅，今尚敢爾！"邊罵邊追，還上前"囓其面"——咬他，群臣也一擁而上。有的官員脫下馬順的靴子，捶擊毆打，追到奉天門庭院東側的左順門附近，將馬順打死。朝班大亂，群臣聚哭，號啕之聲，震動殿堂。郕王被這陣勢嚇住，起身想走。王竑率領群臣緊跟著郕王不放，說：太監毛貴、王長隨，也是王振一黨，請求將他們法辦！遂於門縫間抽出二人，大臣們又把這兩個人捶死了。王振的姪子、錦衣衛千戶王山也很快被抓來，眾相戒勿捶死，使伏法，遂縛王山赴刑場，凌遲處死。史書記載這個場面說："血濺廷陛"。

在朝班大亂之時，兵部侍郎于謙挺身而出，排開眾人，上前拉住郕王衣服，並曉之以利害。於是郕王宣諭：馬順等人論罪該死，打人之事，不再追究！這才把群臣的情緒安定下來。在這場亂局中，于謙"袍袖為之盡裂"，朝袍和衣袖都被撕破。王振家族全部被斬，朝廷籍沒王振家產，得金銀六十餘庫，玉上百盤，高六七尺大珊瑚二十餘株，其他珍玩，不計其數。

立新君。九月初一日，群臣聯合上奏孫太后，請立郕王朱祁鈺為皇帝，孫太

午門舊影

遊 一 遊

午門

紫禁城的南門。建於明永樂十八年（1420），清順治八年（1651）、嘉慶六年（1801）重修。平面呈"凹"字形，墩台高十二米，正中有三門，兩側各有一個東西向的掖門，為"明三暗五"的形式。墩台上正中建有門樓，是紫禁城內最高的建築。

神武門

紫禁城的北門，建於明永樂十八年（1420），初名玄武門，後因避康熙皇帝玄燁名諱改稱神武門。內設鐘鼓，與鐘鼓樓相應，用以起更報時。城台有三門，帝后走中間正門，餘者由兩側門出入。清代選秀女，迎嬪妃均入此門。

東華門

紫禁城的東門。位於紫禁城東城牆的南段，紅色城台大約有十米高，漢白玉的須彌座，城台上關有三個拱形門。大行皇帝梓宮、皇太后梓宮、皇后梓宮都從東華門出。

西華門

紫禁城的西門。建於明永樂十八年（1420），萬曆二十二年（1594）被雷擊起火，歷時兩年修復。西華門位於紫禁城西門，與東華門相對。內務府、修書處、咸安宮官學均在西華門內。出西華門，正對西苑。清代帝后遊幸西苑、西郊園林，主要由此門出入。庚子年（1900）八國聯軍攻佔北京，慈禧太后攜光緒皇帝出逃西安，就是由西華門出宮。

后無奈下懿旨批准，朱祁鈺躲到郕王府，再三推辭，于謙正色說：臣等誠憂國家，非為私計。這時，都指揮使岳謙出使瓦剌回來，得到正統帝口信，說可由郕王繼承帝位。

九月初六日，朱祁鈺正式即皇帝位，遙尊正統帝為太上皇，改明年為景泰元年。這樣，明朝終於度過了正統帝突然被俘帶來的嚴重政治危機。

主戰守。于謙為兵部尚書，主持京師防守大計。他精心備戰：分派官將，嚴守九門；繕備器械，簡兵補卒；支出倉糧，堅壁清野。他提督各營軍馬，列陣九門外，抵擋瓦剌也先來犯。他移檄切責主和者，由是“人人主戰守，無敢言講和者”。他申約束、嚴軍令：“臨陣，將不顧軍先退者，斬其將；軍不顧將先退者，後隊斬前隊。”

衛京師。十月，也先率軍，挾持正統帝，兵臨北京城下。于謙“躬擐甲冑，率先士卒，以死自誓，泣諭三軍”。官兵皆受感奮，勇氣百倍，矢志“捐軀效死，以報國恩”。于謙提督各營軍馬，鎮守九門，奮力禦守。明軍在德勝門、西直門、彰義門（廣安門），先後分別擊敗瓦剌軍。也先弟孛羅和平章卯那孩中炮死。也先又移軍京師北土城，“居民皆升屋，以磚瓦擲之”，號呼擊寇，嘩聲動天。軍民合力，奮勇打拚，激戰數日，擊退瓦剌，取得保衛京師的勝利。

慘 遭 殺 害

後來在景泰元年（1450）春夏間，敗瓦剌軍於萬全，並加強了居庸、大同、宣府的禦守。也先兵攻不勝，用間不逞，始有送還正統帝之意。

迎英宗。正統帝被俘將近一年了，瓦剌首領也先多次表示要送還正統帝，但景泰帝始終不言聲。他在文華殿召見大臣們商議，禮部尚書王直說：“上皇蒙塵，理宜迎復。乞必遣使，勿使有他日之悔。”景泰帝非常不高興。于謙看懂了景泰帝的心思，說：“天位已定，孰敢他議？答使者，冀以舒邊患，得為備耳！”景泰帝才放下心來，說“從汝，從汝！”《明史·于謙傳》記載：“上皇以歸，謙力也。”這是對當時輿論界認為于謙反對迎歸正統帝的最好的辯駁。

遭殺害。七年後，正統帝南宮復辟，重新奪回皇位，于謙被殺。于謙成了朱祁鎮、朱祁鈺兄弟爭奪皇位的替罪羊。

于謙以國為家，白天上班，夜間值宿，不問家產。偶爾得閒，"清風一枕南窗臥，閒閱床頭幾卷書"。刑死之日，陰霾四合，萬眾悲哀，天下冤之。抄家時，家無餘資，唯獨正室，鐍鑰甚固，打開一看，原來都是皇帝賜的蟒衣、劍器。妻子和兒子也被流放，無人收屍。女婿朱驥，歸其喪杭州，葬之。

而後不久，加害于謙的三個人，果然不得好報：徐有貞（珵）戍金齒，石亨下獄死，曹吉祥因謀反罪被族誅。而于謙忠心義烈，與日月爭光，後得平反，諡號忠肅，有《于忠肅集》傳世。子于冕後官應天府知府。

耄耋者說二

穩定與繁榮 　　皇宮的主人是明代宗朱祁鈺景泰帝（在位七年）、英宗朱祁鎮天順帝（在位八年）、憲宗朱見深成化帝（在位二十三年）、孝宗朱祐樘弘治帝（在位十八年）、武宗朱厚照正德帝（在位十六年）、世宗朱厚熜嘉靖帝（在位四十五年）、穆宗朱載垕隆慶帝（在位六年）七朝，共一百二十二年（景泰元年至隆慶六年）。這個時期，明朝雖表面強大繁盛，卻已經開始顯露衰勢。

其前者，中原沒有大的動亂，皇宮沒有大的震蕩。東南沿海的"倭寇"被戚繼光等平息，西北"隆慶和議"後開始貢市，東北女真——滿洲尚基本安定。

其後者，國家處於經濟上升期，社會比較安穩。嘉靖時的"大禮議"，帶來皇宮和郊社壇廟禮制的重要變化。正德帝、嘉靖帝演繹出許多荒唐的宮廷故事。恰在這個時期，西方大國萌動，開始迭次崛起。

本部分為 21～43 講，主要展示明朝中期，重臣、名士同奸臣、贓官的搏鬥，講述于謙、林瀚、商輅、蔣欽、李東陽、王守仁、楊廷和、楊慎、海瑞、何璫、陳以勤、陳於陛、鄭洛、俺答汗、三娘子等可歌可泣的歷史人物。

北京故宮平面圖

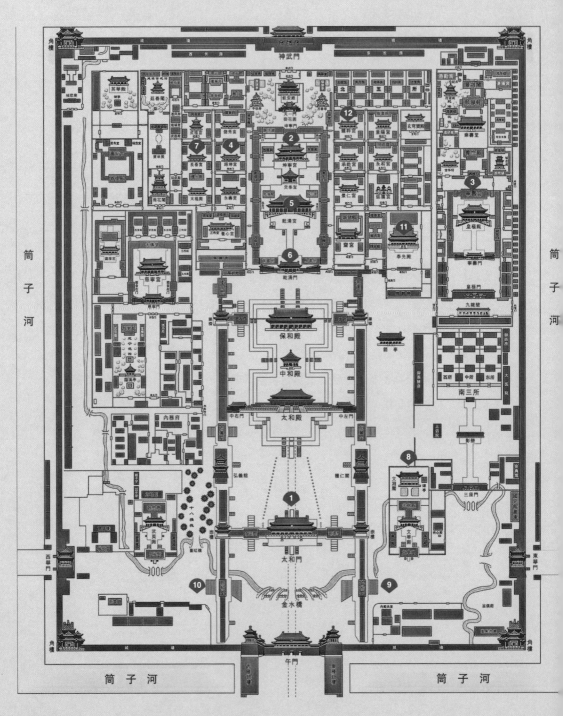

① 奉天門　④ 永壽宮　⑦ 啟祥宮　⑩ 右順門
② 坤寧宮　⑤ 乾清宮　⑧ 文淵閣　⑪ 奉先殿
③ 寧壽宮　⑥ 乾清門　⑨ 左順門　⑫ 鍾粹宮

南宮復辟

"南宮復辟"的南宮在什麼地方？"復辟"的原因和經過怎樣？其後果和影響又如何？

機 不 可 失

南宮復辟的策源地在南宮。明朝北京皇宮之外，還有三組宮院，南宮、西宮和豹房。在這三組宮殿庭院，都曾發生過以皇帝為主角的驚心動魄的故事。我在本書中，會逐一講述。這裏講的南宮復辟，是明正統帝朱祁鎮以太上皇的身份，從南宮發動政變，奪回皇位的重大歷史事件。

南宮，在紫禁城以外，皇城以裏，因位於皇宮東側偏南，所以稱為南宮。南宮的具體位置，在今北京南池子以東、南河沿大街以西的地帶，是一個獨立的宮廷院落，永樂帝為皇太孫朱瞻基而建，有前殿、後殿，有高牆環繞。清初曾為攝政睿親王多爾袞的王府。清朝北京王府，在皇城以內的，只有睿親王府一座。這座南宮，明朝曾做過"皇帝監獄"，清朝府主多爾袞身後被"焚屍揚灰"，認為很不吉利，誰也不願意住。後改王府為廟宇，名為普度寺。今有殿宇遺存，附近為菖蒲河公園。

明英宗朱祁鎮，在正統十四年（**1449**）土木堡之變中，八月十五日被俘，第二年八月十五日回到北京。回京後，他被稱為太上皇，一家人從此就被軟禁在南宮，從景泰元年（1450）八月，到八年（1457）正月，將近七年。景泰八年正月十六日，明英宗從南宮發動復辟，裏應外合，重登皇位，這就是"南宮復辟"。太上皇朱祁鎮南宮復辟，既有深層原因，也有直接原因。

深層原因是當時天上有兩個"太陽"：景泰帝朱祁鈺和太上皇朱祁鎮（年齡差不到一歲）。他們兄弟矛盾的焦點是皇位。景泰帝將太上皇軟禁在南宮，派兵駐守，正旦、生日，不許朝賀，形同囚犯。太上皇起碼的生活得不到保障："膳饈從竇入，亦不時具。"（沈德符《萬曆野獲編·南內》）他的人身安全也受到威脅：增高南宮城牆，伐去城邊大樹，宮門之鎖灌鐵，派兵嚴加戍守。太上皇曾在城邊樹蔭下乘涼，不久大樹被砍伐，問原因——內臣說出實情，原來是有大臣進言"城南多樹，事叵測"，景泰帝遂下令"盡伐之"。太上皇朱祁鎮害怕了。

明南宮遺址

朝廷既有兩個"太陽"，大臣便有兩派勢力。景泰帝不予重用的，原忠於太上皇帝的，或者有野心的大臣，便站在太上皇一邊，同氣相投，秘密謀劃，尋找機會，發動政變。

直接原因是廢立太子。明英宗朱祁鎮有九個兒子，已將皇長子朱見深立為太子。景泰三年（1452）五月，景泰帝廢皇太子朱見深為沂王，出京就藩。景泰帝只有一個兒子朱見濟，他要立見濟為皇太子，"恐文武大臣不從，乃分賜內閣諸學士金五十兩，銀倍之"（《明史紀事本末》卷三十五），籠絡朝臣，兼作收買。然新太子朱見濟被立後，第二年就死了。那麼，再立誰呢？有人主張再立被廢的皇太子沂王朱見深。禮部郎中章綸、御史鍾同等，上疏力倡立朱見深，被下詔獄，嚴刑鞫訊，殘酷折磨，體無完膚。立太子之事懸而未決，景泰帝患病不能上朝，這就為明英宗南宮復辟提供了有利的時機和條件。

復 辟 經 過

南宮復辟經過了密謀、政變和鎮壓三個階段。

密謀。景泰八年（1457）正月十五，景泰帝朱祁鈺因病，免文武百官宴賀。他實際上已經因病三天不上朝了。景泰有病，群臣洶洶。太上皇勢力在暗中做準備：司禮監太監曹吉祥，文臣副都御史徐有貞、武官都督張軏、武將石亨等，在密室策劃，謀迎太上皇復位。先是，十四日夜，政變策劃者，會聚在徐有貞家。徐有貞大喜，說："須令南城知此意。"意思是必須要讓太上皇知道我們的意思。張軏說："陰達之矣。"意思是一天前已秘密奏達了。又讓太監曹吉祥入宮告訴孫太后。

十六日夜，他們又在徐有貞家聚會。徐有貞登上屋頂觀看天象，說："事在今夕，不可失矣！"這時恰有邊吏報警，徐有貞建議以此為名，兵入大內，一定沒有人敢阻攔！計定，徐有貞焚香祝天，與家人訣別，說："事成，社稷之利；不成，門戶之禍。歸，人；不歸，鬼矣！"（《明史紀事本末》卷三十五）深夜，復辟政變，秘密發動。

政變。石亨掌管宮門鎖鑰，夜四鼓，開長安門，進兵千人。入門後，立即關

奉天門（太和門）前的明代銅獅

逛 一 逛

奉天門（太和門）

紫禁城內外朝的正門。始建於明永樂十八年（1420），初名奉天門，後改稱皇極門，清順治二年（1645）開始稱太和門。門前的廣場寬敞、開闊，有內金水河環繞，南與午門相向。明代曾是每日早朝和奏事的地方。

門，理由是怕“外兵”進來。另一股兵，趕到南宮。宮城大門錮鎖，叩門不應。徐有貞命取巨木懸起，數十人舉木撞門。又令勇士翻牆進入，與外兵合毀牆垣，牆壞門開，石亨、張軏等入南宮。太上皇掌燈出來問是怎麼回事，徐有貞等俯伏請登大位，遂呼請太上皇上肩輿。兵士惶懼，連輿都抬不起來了，徐有貞帶領大家幫忙，才得以行進。到了東華門，守門不讓進。太上皇說：“朕太上皇帝也！”開門進入，到奉天門。時皇帝寶座尚在殿隅，眾人搬到正中，遂升座，鳴鐘鼓，啟諸門。十七日晨，百官入候景泰帝視朝。徐有貞出列，跟眾官說：“太上皇帝復位矣！”（《明史·徐有貞傳》）徐有貞等穿常服，三跪九叩，高呼“萬歲”。眾官跪拜。就這樣，太上皇朱祁鎮奪回了皇位，年號天順，改景泰八年為天順元年。廢景泰帝為郕王。郕王朱祁鈺廢後七日薨，葬於西山。

慘殺。徐有貞即日入內閣，參預機務。明日，加兵部尚書，後兼華蓋殿大學士。兵部尚書于謙、大學士王文在官員行列中被抓下獄。其理由呢？徐有貞向英宗直前奏：“不殺于謙，今日之事無名。”（《明史紀事本末》卷三十五）罪名是于謙“意欲”迎立外藩，就是想迎立藩王進京，繼承皇位。王文不服，辯道：“召親王須用金牌信符，遣人必有馬牌，內府、兵部可驗也！”于謙笑道：“辯什麼？他們不講事實有無，就是要我們死罷了！”明英宗決定，將于謙和王文等斬首，妻子戍邊。從前景泰帝賜于謙府第，于謙辭謝。於是于謙在屋裏放置景泰帝前後所賜璽書、袍鎧、弓劍、冠帶等，加上封條，歲時拜視。于謙以國務繁忙，寓宿直房，夜不回家。到于謙被斬，抄其家，然無餘貲，蕭然僅書籍耳。而正室鎖鑰堅固，打開一看，皆帝賜也。謙死之日，陰霾翳（遮蔽）天，行路嗟歎，天下無不冤之。兒子于冕也被流放（《明史·于謙傳》）。後于謙事平反，子于冕官應天府府尹，他收集整理父親生前遺稿，刻印《節庵存稿》傳世。後有《于忠肅集》，今人編《于謙集》。

後 人 思 考

南宮復辟，多有評論，同情景泰帝者多，贊同正統帝者少。但是，我們可從另一側面，思考歷史經驗。

正統帝的錯誤在於殺害保衛江山社稷、生民百姓的大功臣——于謙和王文。

景泰帝的錯誤在於舉措失度，其主要原因是一個"貪"字。景泰帝雖在危難關頭對穩定明朝統治做出貢獻，但貪戀皇位，以致在對待太上皇和皇太子的問題上，出現重大錯誤。

對待太上皇帝，應當只有兩條：留，則敬之以禮；否，則祭之以鬼。既不敬，又不祭，自招禍，天難救。

對待皇太子廢立的大事，廢姪子朱見深，立兒子朱見濟，屬情有可原。但自己兒子死了，自己又重病在身，還遲遲不讓原太子復立，造成人心渙散、太上皇孤注一擲的危局。

朱祁鎮，畢竟遭過大難，受過奇辱，吃過大苦，見過大世面，是經過政治磨煉的人。他復辟後執政的七年間，於敬天法祖、朝廷政務，格外重視，認真去做，做了幾件"仁德之事"。

第一，恢復他父親宣德帝廢后胡氏的皇后名位，並上尊諡。

第二，釋放建文帝次子朱文圭，並在鳳陽建造房屋以安排侍者，讓他自由居住。可憐這位朱文圭，當年只有兩歲，在高牆中被幽禁竟達五十五年。

第三，臨終時廢除妃嬪殉葬制度。明朝皇帝死後妃嬪殉葬，從太祖朱元璋開始，經永樂、洪熙、宣德四朝，終於廢止。

第四，景泰帝死後，允許其廢后汪氏母女遷回郕王舊府，並可攜帶其在宮中所有財物。

然而，明英宗復辟之後，並沒有徹底反思土木堡之變的根本原因，沒有做過自我批評，沒有發表《罪己詔》，卻對太監王振招魂以葬，祀之智化寺，賜祠曰"精忠"。可見，國君之認錯、改過，難矣！

英宗皇后

朱祁鎮是明朝第一位在北京皇宮坤寧宮舉行大婚的天子，他的皇后錢氏也是第一位在北京皇宮坤寧宮舉行大婚的皇后。

錢后命苦

明英宗皇后錢氏（1426～1468 年），海州（今江蘇省連雲港市）人。正統七年（1442），立為皇后。錢皇后有件事情被《明史》稱讚。中國帝制時代，皇后娘家被稱為"外戚"。女兒一旦貴為皇后，娘家人便雞犬升天。漢、唐的外戚之禍，危害不淺，史不絕書。明英宗考慮錢皇后娘家一族身世單微，要給其娘家封侯爵，這還只是公、侯、伯、子、男五等爵位的第二等 ——"侯"，尚不是第一等的"公"。因錢皇后幾次遜辭，始終沒封。《明史·后妃傳》說："故后家獨無封。"在整個明朝歷史上，皇后家"獨無封"的，只有錢皇后家。但是，錢皇后經歷了八件不幸的事。

一是日夜哀泣。英宗皇帝被俘期間，她"夜哀泣籲天，倦即臥地，損一股。以哭泣復損一目"（《明史·后妃傳》）。她夜夜哭泣，哭瞎了一隻眼，且長時間坐在涼地上哭，又損傷一條大腿，可能是一側股骨頭壞死吧！

二是傾囊贖君。"英宗北狩，傾中宮貲佐迎駕。"（《明史·后妃傳》）明英宗被蒙古瓦剌部首領也先俘虜後，要花錢贖回。錢皇后將自己嫁妝首飾、珠寶和私房錢拿出來，期望贖夫君正統帝回朝、回家。

三是陪住南宮。明英宗放歸後，被迫住在南宮，錢皇后也陪住，如同囚徒。但她"曲為慰解"，就是耐心勸慰、開導失意的夫君。有時還做女紅換錢，用來補貼生活。

四是中年喪偶。明英宗雖然南宮復辟，重新登上皇帝寶座，但是三十八歲病故，錢皇后年輕守寡。

坤寧宮內景

坤寧宮

內廷後三宮之一。位於交泰殿後，中軸線上。始建於明永樂十八年（1420），正德九年（1514）、萬曆二十四年（1596）曾兩次毀於大火，萬曆三十三年（1605）重建。在明代，坤寧宮是皇后的寢宮。

五是徽號之爭。明英宗死後，太子朱見深繼位，是為成化帝。他的生母周貴妃，就成為太后。這位周太后，處處跟錢太后爭高下、比地位。幾番折騰，錢太后才獲徽號，很不順利。

六是同葬風波。明英宗臨死前，遺囑錢皇后"與朕同葬"。但錢太后薨，周太后不同意。成化帝把球踢給大臣們討論，自然有拍周太后馬屁的，也有堅持朱明家法的，上下反覆，意見不一，竟然鬧到"吏部尚書李秉、禮部尚書姚夔集廷臣九十九人"相爭的地步，甚至於"百官伏哭文華門外"。成化帝請示周太后，周太后還是不同意。皇上不答應，群臣就跪在地上不起，"自巳至申"四個時辰，約八個小時，周太后才勉強同意讓錢太后同葬裕陵（《明史·后妃傳》）。但事情還留個尾巴。什麼尾巴呢？

明英宗錢皇后

七是冥間阻隔。明英宗裕陵埋葬明英宗、錢皇后和周貴妃。周貴妃對錢皇后，不但在生前，而且在身後，仍然"爭寵"。死了怎麼"爭寵"呢？明英宗的棺槨兩側，左側壙穴，安放錢皇后的棺槨；右側壙穴，是預留安放周貴妃的棺槨。但周貴妃堅持要將錢皇后棺槨的壙穴，隔開數丈遠，並要"窒之"不通，堵塞，而自己棺槨的壙穴，要與明英宗的棺槨之間相近相通。

八是不設牌位。在奉先殿祭祀，周太后安設牌位，錢太后不設牌位。這就是說，錢皇后死後在宗廟裏沒有位置。

錢皇后雖是第一位從大明門坐花轎抬進坤寧宮的正宮皇后，卻遭受到八大不幸。其實這八個不幸，最大的不幸是她沒有生兒育女。周貴妃為什麼後來處處壓著錢皇后？就是因為她的兒子做了太子、做了皇帝！

周后狹隘

周氏是北京昌平人。因生兒子朱見深，被立為太子，母以子貴，周氏被封為貴妃。朱見深十八歲繼承皇位，改年號為成化，尊她為皇太后。成化帝死後，她的孫子弘治帝朱祐樘繼位，尊她為太皇太后。

除了生育之外，錢皇后跟周貴妃還有一個差距，就是壽命短。錢皇后守寡不久就去世了，而周貴妃則享受到兒子成化帝的孝順。明朝十六位皇帝，文化素養、個人品德差異很大，各不相同，甚至有的皇帝做出許多荒唐之事。但是，明朝所有的皇帝，對待母親、對待祖母，都極孝順，無一例外。《明史》記載："憲宗在位，事太后至孝，五日一朝，燕享必親。太后意所欲，惟恐不歡。"(《明史·后妃傳》)這是可信的。成化十四年（1478），周太后懿旨出內帑重修京師西郊名剎大覺寺(《御製重修大覺寺碑記》)。其從弟周雲瑞（吉祥）為僧錄司左善世（正六品），兼大覺寺住持，於弘治五年（1492）圓寂。今存寺南"周雲瑞和尚塔"及碑記可作史證。

兒子成化帝去世後，弘治帝即位，她又被封為太皇太后。弘治帝事太后也至孝。周太皇太后病瘍，久之癒，誥諭群臣說："自英皇厭代，予正位長樂，憲宗皇

北京大覺寺舊影

帝以天下養，二十四年猶一日。茲予偶患瘍，皇帝夜籲天，為予請命，春郊罷宴，
問視惟勤，俾老年疾體，獲底康寧。以昔視今，父子兩世，孝同一揆，予甚嘉焉。"
（《明史·后妃傳》）弘治十一年（**1498**）冬，清寧宮火災，周太皇太后移居仁壽宮。
第二年，清寧宮修繕完工，周太皇太后仍回清寧宮。

外 戚 周 家

周太皇太后之弟長寧伯周彧，家有賜田，官員請求加以核查，皇帝說算了。周
太皇太后說："奈何以我故齦皇帝法！"意思是怎麼能因為我而不遵守國法呢！於
是，將超出土地歸於官府。

明英宗周貴妃娘家與錢皇后娘家相反，周貴妃的父親周能為錦衣衛千戶。周能
死後，其長子周壽嗣職。後升周壽為左府都督同知（從一品），後來又晉升為伯。
周壽依仗為當朝太后的弟弟、皇帝國舅，驕橫貪婪。

其一，時正值嚴禁勳戚乞請莊田，唯獨周壽冒禁乞請通州田六十二頃，即六千二百畝。皇家全數劃給他。在寶坻（今在天津）佔田五百頃，又要再得七百餘頃，合計約一萬二千畝，受到彈劾，皇帝卻全許之。

其二，周壽的家人經常劫掠商船，為非作歹。

其三，成化十七年（1481）周壽升為侯，子弟同日授錦衣官者七人。成化帝死，弘治帝立，加周壽太保，其勢更為囂張。

其四，周壽又與建昌侯張延齡爭田，兩家家奴，相互鬥毆，群臣不滿，紛紛上章。太后二弟長寧伯周彧與壽寧侯張鶴齡至聚眾相鬥，都邑震駭。

其五，兄弟並為侯、伯，位三公，史稱"前此未有也"！

外戚周家，從天順，經成化、弘治、正德、嘉靖五朝，在七八十年間，依仗皇家，受爵升職，侵奪民利，為所欲為，為害一方，既損害皇家的根本利益，更侵奪百姓的重大利益。又與建昌侯張延齡爭田，家奴相毆，父章上聞。還多次撓亂鹽法，侵公家利，有司厭苦之。

弘治九年（1496）九月，吏部尚書屠滽同九卿聯合上書，說：

> 勳戚諸臣不能恪守先詔，縱家人列肆通衢，邀截商貨，都城內外，所在有之。觀永樂間榜例，王公僕從二十人，一品不過十二人。今勳戚多者以百數，大乖舊制。其間多市井無賴，冒名罔利，利歸群小，怨叢一身，非計之得。邇者長寧伯周彧、壽寧侯張鶴齡兩家，以瑣事忿爭，喧傳都邑，失戚里之觀瞻，損朝廷之威重。（《明史·外戚傳》）

強調外戚、勳臣之害深重，明廷、勳戚尤應鑒之。

林氏四代

明朝有林姓一家人，四代人之間，出了三位祭酒、五位尚書，這在明朝二百七十六年歷史上，是絕無僅有的。這一門的家風、家教，有什麼經驗值得借鑒的呢？

正 派 之 家

林家是閩縣（今在福建省福州市）人。《明史》記載林家第一代考中進士的，叫林元美，永樂十九年（1421）第三甲第一〇五名進士。他做過江西撫州府知府，算個廳局級官員。林元美的精力，主要放在對兒子的培養和教育上。

林家第二代進士是林瀚，他自幼用功，勤奮讀書，明成化二年（1466）中二甲第三名進士。授翰林院庶吉士，就是在翰林院讀研究生，畢業後任翰林院編修（正七品）。他在明憲宗成化帝死後，參與編修《明憲宗實錄》，任經筵講官——給弘治帝講課。這是皇帝身邊的近臣、文臣。林瀚表現出色，改任國子監祭酒。後升禮部侍郎，仍管國子監。林瀚主管國子監十年，有一件事，青史永垂。

什麼事呢？國子監生員，原來沒有宿舍。家庭貧寒子弟，在外面租房子住，是一項經濟負擔。林瀚在主管國子監的十年期間，節省伙食等費用，一年有數百兩銀子，在官庫儲存，他用這筆錢，逐漸營建宿舍，師生不用再租房居住。明朝的這項善舉，是從林瀚開始的。後來一直影響到清朝國子監的制度。

林瀚人品端正，勤懇敬業，官升吏部侍郎。再官拜南京吏部尚書。後因年老乞休。

林瀚平素剛毅方正，得罪了大太監劉瑾。這時他依靠的上司紛紛罷政。劉瑾借茬修理林瀚，污他為奸黨，貶謫他到外地做官，他被迫退休。劉瑾被殺，林瀚官復原職，不久，致仕。後病卒，年八十六。諡文安。

林瀚為人，謙虛厚道，坦然自守。九個兒子，其中庭棉、庭機最有出息。

三 位 祭 酒

林家一門，三代出了三位國子監祭酒。

我先介紹明朝的國子監。明朝有三個國子監：北京國子監、南京國子監、中都國子監。

南京國子監，明初在南京設國子監，是為全國最高學府。國子監祭酒為從四品。

中都國子監，洪武八年（1375）設，國子監祭酒為從四品，洪武二十六年（1393）罷。

北京國子監，永樂元年（1403）設，國子監祭酒為從四品。

國子監是"天下賢關，禮義所由出，人才所由興"（《明史·職官志二》）。國子監祭酒都是從四品。

林瀚家三代出了三人為國子監祭酒：

第一代國子監祭酒為林瀚，前面已經介紹。

第二代國子監祭酒為林瀚的第三個兒子林庭機，嘉靖十四年（1535）進士。改庶吉士，授檢討，遷司業，升南京國子監祭酒。

第三代國子監祭酒林燫，為林瀚之孫，林庭機長子，嘉靖二十六年（1547）進士。改庶吉士，授檢討。後升國子監祭酒。

林家一門，自祖父林瀚、兒子林庭機、孫子林燫，三代為國子監祭酒，《明史·林瀚傳》說："前此未有也。"這成為學壇的一段佳話。

北京國子監牌樓

五 位 尚 書

　　林家還有一段佳話。祖父林瀚退休在家，次子林庭㭿於弘治十二年（**1499**）中進士。先官兵部主事（處級），又升兵部職方郎中（局級），又任蘇州府知府。時蘇州頻年鬧大水，林庭㭿"疏請停織造，罷繁徵，割關課備振"。一次上奏未准，再次上奏，才獲旨准。後以父親年老，請假歸鄉。這時林庭㭿之子林炫已中進士，官禮部主事，請假探親。這樣，祖父、兒子、孫子，一家三代進士，聚集一堂。史載："三世一堂，鄉人稱盛事。"

我特別要講一下林家出了五位尚書：

第一位，林瀚官拜南京兵部尚書。

第二位，林瀚次子林庭㭿，官工部尚書。林庭㭿中進士後，傳承家風，正直做人，勤慎做事，在湖廣任布政使（副省長），政績卓異，升右副都御史，回京任工部侍郎。當時大興壇廟工程，又興西苑宮殿、北京沙河行宮，他屢次請以儉約先天下。又因水旱災害，乞請停採大木、罷除燒造。由工部侍郎升為工部尚書，加太子太保。

第三位，林瀚第三子林庭機，嘉靖十四年（1535）中進士。後升為南京國子監祭酒，再升工部尚書。年老致仕，萬曆九年（1581）卒，年七十六。贈太子太保，謚文僖。

第四位，林瀚之孫林燫，為林庭機長子。嘉靖二十六年（1547）進士。改庶吉士，授檢討。後升國子監祭酒。隆慶改元，擢禮部右侍郎，充日講官。北邊形勢緊急，條上備邊七事。改吏部，調南京吏部，署禮部事。魏國公徐鵬舉廢長立幼，燫持不可。萬曆元年（1573）進工部尚書，轉禮部尚書。卒後，贈太子少保，謚文恪。

第五位，林烴，為林庭機次子。嘉靖四十一年（1562）進士。授戶部主事，歷廣西副使。因災異極陳礦稅之害，請釋逮繫諸臣。不報。終南京工部尚書，致仕。

林氏一門，榮耀四代，出了三位國子監祭酒，五位尚書，能夠闔門做到：知書達理，內行修潔，言行一致，史書稱讚。這在明朝二百七十六年的歷史中，僅此一家。

還有一個小故事：林家謚號 —— 林瀚，謚文安；第三子庭機，謚文僖；孫林燫，謚文恪。都謚"文"字，這是偶然巧合，還是必然之果？可以說，既是巧合，也是必然。這在明朝，也是只有林氏一家而已。

明代福州林氏一門，處人處事，為官為民，奉行一條祖訓家規，這就是：養正心，走正道，務正學，親正人。

獨寵萬妃

成化帝朱見深是明朝第八位皇帝，十八歲繼位，在位二十三年，死時四十一歲。他幼年時期，伴隨皇父英宗親征、被俘、被囚、復辟等大起大落的命運，親身經歷了作為皇太子被立、被廢、再被立的反覆折騰。另一方面，明朝已經建立百年，永宣之治的餘波還在，各種危機都還在醞釀之中，恰逢難得的太平之世，朱見深一輩子生活在深宮裏，精神上和物質上都可以得到極大滿足。這種奇特的人生際遇，使得成化帝演繹出不少奇特的故事。

兩 次 婚 禮

朱見深虛歲三歲時，明英宗在"土木堡之變"中被俘。他的奶奶孫太后，將他立為太子，並把他放在身邊養育。孫太后有一位宮女，姓萬小名貞兒，山東諸城萬家莊（一說在諸城市舜王街道，另一說在原桃源鄉萬家莊）人（侯雲昌主編《諸城名人》）。父親萬貴為縣吏，被貶謫到順天府霸州（今河北省霸州市）。她四歲被選入宮，聰明機智，善解人意，在明英宗母親孫太后宮裏為宮女。她比朱見深大十七歲，這時已經二十歲了，悉心照料年幼的見深。朱見深小時候很難見到父親和母親，是奶奶孫太后和宮女萬氏給予他溫暖的呵護和教育，特別是萬氏，亦奴、亦母、亦姐、亦妃，每天形影不離，成為他的感情寄託。

明憲宗朱見深像

朱見深十五歲時，孫太后去世，他與萬氏的親密關係很快升溫。但因出身和年齡的反差太大，明英宗和錢皇后、周貴妃，絕不可能讓萬氏成為朱見深的正妻。明英宗親自為朱見深選太子妃，選了三位女子，分別是王氏、吳氏和柏氏，王氏排在第一。但是沒來得及冊立，明英宗病重、去世，事情就耽擱下來。但明英宗遺命見深百日後完婚。

太后做主，選中吳氏。成化帝於天順八年（1464）七月二十一日，冊吳氏為皇后，並舉行了隆重的婚禮。吳皇后，順天（今北京）人，父親吳俊為羽林前衛指揮使。吳皇后知書達理，雅好音律，自當主持六宮，母儀天下。但吳皇后很快便與萬貴妃發生衝突，並杖責了萬貴妃。萬貴妃向皇帝哭訴，求皇上做主。八月二十二日，剛剛冊立一個月的吳皇后，就被成化帝給廢了。廢后吳氏搬到西內別館居住，其父兄戍登州陵。

兩個月後，成化帝舉行第二次大婚禮，皇后為王氏。

四個月的時間裏，皇帝兩次舉行大婚，這在紫禁城的歷史上，也是唯一的。原因雖然很多，但不可忽視萬氏的力量。

彗星多現

擺在皇后王氏面前的大難題是：如何處理同萬貴妃的關係。

新皇后王氏，聰明賢惠，很有智慧。王皇后"終其身，不十幸，無所妒忌"（《罪惟錄·王皇后列傳》）。一輩子受到成化帝寵幸不到十次，但她對丈夫恪盡妻道，毫無怨言。而面對萬貴妃的專寵，史書說她："萬貴妃寵冠後宮，后處之淡如。"（《明史·后妃傳》）其結果呢？史書說她"母儀兩朝，壽過八十"，被譽為明史中"最尊且壽"的皇后。明成化帝的王皇后，先後做了二十三年皇后、十八年皇太后、十三年太皇太后，共計五十四年。王皇后居上不驕，居下不忌，心地善良，言行知禮，看得淡，想得開，心胸寬，氣量大，這是王皇后幸福人生和健康長壽的秘訣。

成化帝的后妃，《明史·后妃傳》記載為五人。第一任皇后吳氏被廢掉，幽居西宮。第二任皇后是王氏。另一位邵妃生下興獻王朱祐杬，後來成為嘉靖帝的祖母，也得善終。還有一位是紀妃，後面再詳細講。只有萬貴妃在五位后妃中，受到專寵，始終不衰。

萬氏在成化二年（1466）正月，生下皇長子，成化帝大喜，派太監往名山大川寺觀掛袍行香，敬祈禱佑，遂封為貴妃。但是，這位皇子當年夭殤。這年萬貴妃三十七歲，此後不再懷有身孕。

成化帝沒有兒子，朝廷內外甚為擔憂，言者每請多選妃嬪，多生兒子，以廣繼嗣。

成化四年（1468）九月初三日夜，發生了一個奇怪天象：天空出現彗星，向東北移動，五天之後，便形成一條三丈多長的巨大尾巴，直指西南。從這天開始，彗星凌晨出現在東方，其尾西指，黃昏則出現在西方，其尾東指，直到十一月十四日，才逐漸消失，歷時七十天。這是明朝建立百年以來，在天際運行時間最長、範圍最大的一次彗星，引起朝野恐慌。

朝臣們將這一現象，與沒有皇子、專寵的萬貴妃聯繫起來。但成化帝嘴硬說："內事也，朕自主之。"於是萬貴妃更加恃寵而驕。她身邊的太監，稍不如意，即遭斥逐。其他妃嬪御幸懷有身孕，遭到飲藥墮胎的不計其數。但是，萬貴妃一手難以遮天，百密必有一疏。成化五年（1469）四月，賢妃柏氏生下一位皇子朱祐極。這一次成化帝並不急著冊立太子，直到成化七年（1471）十一月，才冊立皇子朱祐極為皇太子。誰知剛過去兩個月，皇太子突然生病，剛病了一天竟然死了。於是人們紛紛猜測，一定是萬貴妃下的毒手。

相 隨 崩 逝

人們要問：萬貴妃比成化帝大十七歲，不是短暫受寵，而是終身專寵，直到五十八歲薨逝，這是為什麼呢？她用的什麼迷魂藥將成化帝迷住了呢？

一是美。"豐豔有肌"，豐滿豔麗，肌體健壯。美是寵妃、愛妃的共同特質。但也有書說她"貌雄聲巨，類男子"，並不豔麗。萬貴妃究竟長得如何，既沒有《長恨歌》描述，也沒有影像記錄，更沒有人親眼見過，即使當時有宮女、太監見過，也沒有留下文字記載，所以人們只能根據想象去推測。俗話說"情人眼裏出西施"，所以在成化帝眼裏，一定是美的。

二是媚。聰穎機警，善諛帝意。作為愛妃，美麗是條件之一，迎合是條件之二。史書說萬貴妃："機警，善迎帝意。"聰明機智，善於迎合皇上，是萬貴妃的特殊本領。

三是剛。女人柔是美，剛也是美。成化帝愛喝酒，萬貴妃"常戎裝侍酒"；成化帝喜騎馬，常出遊，萬貴妃"每上出遊，必戎服佩刀侍立左右"，博得皇帝的寵愛。"上每顧之，輒為色飛。"（沈德符《萬曆野獲編》）成化帝幼年因皇父大起大落，缺少安全感，尤其需要女性的愛護。史書有說法："末嬉（妹喜）冠男子之冠，桀亡天下"（《晉書·五行志上》）；唐武宗賢妃王氏，十三歲入宮，善歌舞，性機悟，喜遊獵，著戎裝，"每畋苑中，才人必從，袍而騎，校服光侈，略同至尊，相與馳出入，觀者莫知孰為帝也"（《新唐書·后妃傳下》）。人們將成化帝的萬妃同唐武宗的賢妃相比。

四是智。籠絡群下，細察動靜。運用手腕，掌控皇帝，後宮妃嬪，難得侍幸。史書寫她："且籠絡群下，令覘候動靜。"（《明憲宗實錄》卷二八六）其他妃嬪有孕，派人用藥，進行墮胎。身邊太監，一忤妃意，立遭斥逐。萬貴妃編織了一個控制整個後宮的嚴密的貴妃網。

五是緣。萬貴妃的反常舉動，必然遭到官員反對。然而，官員愈諫，寵愛愈篤。大臣見朝廷數年沒有皇子出生，言官勸帝恩澤普霖，成化帝拒不接受，且寵萬貴妃益甚。蘿蔔白菜，各有所愛，這就是緣。

萬貴妃過於奢華。初居昭德宮，後移安喜宮，進封皇貴妃，服用器物，奢侈至極，四方珍奇，歸己名下。萬貴妃酷愛寶石，"京師富家，多進寶石得寵幸，賞賜累巨萬"（韓邦奇《苑洛集》）。大太監梁芳就是靠"日進美珠珍寶悅妃意"而飛黃騰達的（沈德符《萬曆野獲編》）。萬氏一門，父兄弟姪，恩澤普受，異乎尋常。賞賜金珠寶玉，多得無法計算。甲第宏侈，田連州縣，佞幸出外，科斂民財，傾竭府庫，騷擾百姓。

昭德宮

萬貴妃在成化二年（1466）到成化十二年（1476）之間住的寢宮。成化十二年萬氏進封皇貴妃後搬到安喜宮居住。

安喜宮

明憲宗朱見深寵妃萬貴妃居住的宮殿，萬氏於成化十二年進封皇貴妃時開始居住，一直居住至成化二十三年（1487）春。成化二十三年，萬貴妃暴卒於安喜宮，獨葬天壽山皇陵區之西南隅萬娘墳中。

花開有謝，貴妃暴死。怎麼死的？書有兩說：一說是萬貴妃命鞭撻一宮婢，憤怒至極，氣噎痰湧，一口氣憋死；另一說是《罪惟錄》的記載"或曰左右縊萬死"，就是被其身邊的太監或宮女勒死的。這自然是無法考據了。成化帝驚聞萬貴妃噩耗，不語久之，長歎曰："萬侍長去了，我亦將去矣！"於是，悒悒無聊，寢食不安，同年崩逝。

冷宮得子

成化帝獨寵萬貴妃，使得自己缺少子嗣。但他沒有想到偶然邂逅一位廣西土司女兒紀氏，竟與她演繹出一段歷史故事。

紀 妃 其 人

紀妃，姓紀，名字不詳，賀縣（今廣西壯族自治區賀州市）人。她本是廣西一位土司的女兒。成化年間，明軍出征，這個女孩被俘入宮，成為宮女。紀氏，非常聰明，做事勤敏，通曉書文，受命看守內府的珍藏寶物。這時，萬貴妃特受寵，嫉妒其他妃嬪。後宮如懷有身孕的，便設法秘密進行墮胎。文淵閣大學士彭時、禮部尚書姚夔曾為此諫言，成化帝說："內事也，朕自主之。"並不理會。萬貴妃更加驕橫。太監一忤其意，立即斥逐。後宮御幸有身孕而被用藥墮胎者，難計其數。有的妃子，生下兒子，卻被害死。柏賢妃生悼恭太子，後被萬貴妃所害。

一天，成化帝偶然到內府珍藏文物處，見到管理書畫、器物的紀氏，進行詢問，對答滿意。成化帝一高興，就在內府珍藏文物的地方，幸了紀氏，遂懷有身孕。萬貴妃知道後，又嫉妒又懷恨，令宮女給紀氏鉤下胎兒。宮女向萬貴妃謊報紀氏是"病痞"，而非有孕。紀氏就被貶謫到西內安樂堂居住。安樂堂在金鰲玉蝀橋（今北海大橋）西頭，欞星門北，羊房夾道內。凡宮人病老或有罪，就先發到此堂，待年久再發到浣衣局。

紀氏十月懷胎，到了產期，生下一兒，就是朱祐樘，也就是後來的弘治帝，即明孝宗。萬貴妃命守門太監張敏，將新生小兒在水裏溺死。張敏驚訝道："上未有子，奈何棄之？"於是，將小兒藏匿起來，偷偷用粉湯蜜糖哺育。萬貴妃派人到處尋找，也沒有找到。待小兒長到五六歲時，都沒有敢剪掉胎髮。這時，廢后吳氏，謫居西內，靠近內安樂堂，密知這件事，也親自往來哺養，而成化帝一直不知道。

成化帝自萬貴妃生的皇長子和賢妃生的太子死後，一直沒有生男孩，皇帝無嗣，宮廷內外，朝廷上下，全都為之憂心。

成化十一年（1475），已經二十九歲的成化帝召太監張敏梳頭，照鏡歎道："老將至而無子！"張敏立刻跪地奏道："死罪，萬歲已有子也！"成化帝愕然，問安在。對曰："奴言即死，萬歲當為皇子主。"太監懷恩從旁頓首奏渞；"敏言是。皇子潛養西內，今已六歲矣，匿不敢聞。"

喜 見 皇 子

成化帝得知已有皇子後，立刻大喜，想見皇子。

於是，成化帝當天幸西內，派遣太監前往迎接皇子。內臣到紀氏居所，紀氏知道兒子從未見過皇父，怕兒子見了之後，不知所措。因為皇宮裏的男人 —— 太監，都不能穿黃色袍子，都沒有鬍鬚。皇宮裏只有皇帝一人，穿黃袍、有鬍鬚。於是紀氏抱著皇子邊哭泣、邊教導說："兒去，吾不得生。兒見黃袍有鬚者，即兒父也。"就是說，兒啊，你見到一位身穿黃袍，臉上長鬍鬚的人，就是你父親，撲上去，喊皇父！於是，給皇子穿上小緋袍，乘小輿，擁至階下，頭髮披地，走投帝懷。成化帝將兒子抱在膝上，撫視久之，既悲又喜，流著淚說："我子也，類我。"是我的兒子，很像我！派太監懷恩赴內閣，傳告事情原委。群臣聞知，皆大歡喜。次日，入賀，起名祐樘，頒詔天下。當年十一月，立皇子祐樘為皇太子。

朱祐樘被立為太子後，得到成化帝生母周太后的保護。時周太后居仁壽宮，跟皇帝說："以兒付我。"此後小太子朱祐樘跟著周太后住在仁壽宮。一天，萬貴妃

仁壽宮（寧壽宮）

仁壽宮（寧壽宮）

位於紫禁城的東北部，清乾隆時改建為寧壽宮區。明代這一片地區比較空曠，只建有不多的幾座宮殿：仁壽宮、噦鸞宮等，是供太后太妃養老的宮區。明代先後居住在仁壽宮的太后太妃，較著名的有：成化年間的周太后，天啟年間的鄭太妃（萬曆寵妃）、李選侍（光宗寵妃），崇禎末年的懿安皇后張氏（天啟皇后）。

永壽宮前石影壁

逛一逛

永壽宮

內廷西六宮之一。建於明永樂十八年（1420），初名長樂宮，明萬曆四十四年（1616）更為現名。清代的永壽宮因為距離慈寧宮、養心殿最近，所以屢次作為筵宴場所，在公主下嫁時宴請女眷。

召太子朱祐樘吃飯，周太后跟他說："兒去，無食也。"孩子，你去了不要吃東西！皇太子到了，萬貴妃賜食，說："已飽。"給他羹喝，說："疑有毒。"萬貴妃生氣地說："是兒數歲即如是，他日魚肉我矣。"這個孩子這麼小就這樣，將來還不以我為魚肉嗎！

紀氏交出皇子後，自己被封為妃。她由西內安樂堂，移居西六宮的永壽宮。成化帝也數次召見紀妃，相與飲酒，很是歡快。萬貴妃聽說後，日夜哭泣，埋怨並歎息道："群小紿（欺騙）我！"這群小子，欺騙我！

萬貴妃知道自己受騙了，會甘心而不報復嗎？

連 環 疑 案

同年六月，紀妃暴死。紀妃的死因，有說是萬貴妃密設毒酒害死的，也有說是自縊死的。沒有史料可查，算是一樁疑案。

有記載說：朱祐樘出生後，頭頂有一方寸處沒長頭髮。有人說，這或許是藥物中毒所致。

總之，人們認為：紀妃之死，實萬妃害死的；張敏吞金自殺死，是因怕萬妃報復。

萬貴妃此時已經懷孕無望，遂放鬆了對其他嬪妃的監督，成化帝接連得了多位皇子。久之，帝後宮生子漸多，太監梁芳等恐怕太子年長，他日繼立，將治己罪，合夥建議萬妃勸成化帝易儲。會泰山地震，占卜者謂：應在東宮。成化帝心裏害怕廢立之事才作罷。

朱祐樘即位後，追謚母親紀氏淑妃為孝穆慈慧恭恪莊僖崇天承聖純皇后，遷葬茂陵，別祀奉慈殿。弘治帝悲念母親，特遣太監蔡用前往，了解母親娘家人情況，得到"紀父貴、紀祖旺兄弟"的信息，回宮奏報。弘治帝大喜，改父貴名為貴，授為錦衣衛指揮同知；改祖旺名為旺，授為錦衣衛指揮僉事。並賜予第宅、金帛、莊田、奴婢，數量之多，不可勝計。追贈太后父為中軍都督府左都督，母為夫人。遣官修太后在廣西賀縣的祖塋，置守墳戶，守護墳塋。但是，後又查，為不實，遣戍貴和旺。弘治三年（**1490**），禮部尚書耿裕奏道：粵西兵亂之後，田地拋荒，人民奔竄，歲月悠遠，蹤跡難明。建議參考明太祖與高皇后，在宿州建廟，春秋祭祀故事。可定擬太后父母封號，立祠桂林致祭。弘治帝曰："皇祖既有故事，朕心雖不忍，又奚敢違！"（《明史·后妃傳》）於是，封紀后父為慶元伯、母為伯夫人，在廣西桂林府立廟，歲時祭祀。弘治帝流淚允准。

連中三元

　　明朝有位商輅（1414～1486 年），今浙江省杭州市淳安縣人，連中鄉試、會試、殿試第一。《明史》說："終明之世，三試第一者，輅一人而已。"（《明史·商輅傳》）有明一代，殿試八十九科，而解元、會元、狀元集於一身者，只有商輅一人。而明清五百多年，進士考試二百零一科，高中進士五萬一千六百二十四人，而鄉試、會試、殿試第一者，也只有商輅一人。

三元連中

　　明清的科舉考試，繼承隋唐以來的科舉考試傳統，略有變通。在童試考秀才之後，主要分為三級：第一級為鄉試，在省城舉行，由學政（教育局局長）主持，朝廷派鄉試主考官，中試者第一名稱解元。第二級由禮部主持，在京師貢院考試，朝廷派會試主考官，中試者第一名稱會元。第三級為殿試，由皇帝主持，中試者分為三甲（等），第一甲第一名稱狀元。新科狀元可以從奉天（皇極）門、端門、午門、承天門（天安門）、大明門的中門走出；免試入翰林院庶吉士；直接授修撰（從六品）等。

　　明朝行政系統，皇帝之下，設立內閣，輔助皇帝。內閣設大學士，人數不固定，一般為五至七人。其下設六部——吏、戶、禮、兵、刑、工。皇權與相權，經

北京貢院舊影

逛 一 逛

京師貢院

鄉試（秋闈）與會試（春闈）的場所。清代京師貢院在內城東南，代表東方文明之意。
原為元朝禮部舊址，明永樂十三年（1415）改為貢院（一說為明正統年間事），萬曆二年
（1574）拓建。

常有矛盾：皇權過大，內閣只備顧問，沒有實權；相權過大，遇上弱勢皇帝，威脅皇權。洪武十三年（1380），宰相胡惟庸以"叛國罪"被殺，罷丞相不設，內閣權力，歸於六部。洪武帝朱元璋直接領導六部。這實際上等於皇帝兼宰相，其好處是權力集中，減少行政環節，提高辦事效率，其壞處是皇權得不到制約，使專制君主更易專制。而且這樣做必須有一個前提條件，就是皇帝每日親政、勤政，否則會導致行政機構運轉失靈。

永樂以後，內閣地位逐漸提高。到他兒子洪熙、孫子宣德時，內閣權力，日漸加重。宣德帝為他年幼的兒子繼位，制定了內閣票擬制度，凡事由各衙門提出方案，內閣大學士為皇帝草擬處理意見，司禮監代表皇帝朱筆批示。皇權運作，皇帝用了兩手：權力交內閣，票擬交內監，二者相制約，皇帝操君權。所以到弘治帝繼位時，皇帝不用操心朝廷的日常事務，由內閣和司禮監維持國家機器的正常運轉。

明代內閣大學士，據《明史·宰輔年表》統計為一百八十九人。成化朝的內閣有個特點，清一色的學問官。如陳文，正統元年（1436）殿試榜眼（一甲第二名）；劉定之，該科會試第一名、殿試探花（一甲第三名）；彭時，正統十三年（1448）殿試狀元；而商輅，已如前述。商輅身歷正統、景泰、天順、成化四朝，他的事功主要在成化朝。

商輅，不僅學問超群、為官正直，而且豐姿瑰偉、儀表堂堂。因此，明英宗帝欽點商輅為狀元，並簡任為展書官，在皇帝身邊文學侍從，以備顧問。

反 對 遷 都

天有不測風雲。土木堡之變，英宗被俘，剎那之間，政局動蕩。郕王朱祁鈺替代正統帝，改年號為景泰，這就是景泰帝。當時，蒙古瓦刺，大兵壓城，國都北京，危在旦夕。朝廷面臨兩大難題：一是要不要遷都南京？二是要不要保衛北京？

面臨上述兩大政治難題，在朝大臣無法迴避，不能含糊，必須回答。一方，以徐有貞為首，主張遷都。其連帶的問題是，不必保衛北京。另一方，以于謙等為首，反對南遷。其連帶的問題是，誓死保衛北京。

商輅像

　　商輅在這個臨大事、決大議的面前，堅決反對遷都，主張積極抗敵。《明史》記載："徐有貞倡南遷議，輅力沮之。" 商輅反對首都南遷，主張抵抗瓦剌。當時于謙為兵部尚書，他為兵部左侍郎。他的志向志趣、品格品性與于謙非常相似！商輅後官兼左春坊大學士，賜第南薰里。

　　商輅在南宮復辟後，被革職，斥為民。雖然明英宗每每懷念："輅，朕所取士，嘗與姚夔侍東宮"，而不忍棄之。但天順年間，竟不再任用。

　　政治天氣，風雨無常。明英宗崩駕後，成化帝繼位，商輅重新得到重用。

智 鬥 汪 直

　　成化三年（1467）二月，商輅被召回北京，受命以原官入內閣。商輅疏辭，成化帝說："先帝已知卿枉，其勿辭。" 意思是先帝皇父已經知道你冤枉，你就不要推辭了。商輅接任後，上疏建言八條：勤學、納諫、儲將、防邊、省冗官、設社倉、崇先聖號、廣造士法。成化帝都接受了。並請恢復成化元年以來因建言而被貶斥的官員職位，於是羅倫、孔公恂等也都恢復了原官。

在成化時期，商輅先後擔任兵部、戶部、吏部的尚書，在內閣竟達十年。商輅為官正直，不容邪惡，甚至對皇帝寵信的大太監汪直，也敢於建言，維護正義。及至對於當今皇帝寵愛的萬貴妃，也敢不給面子，拒絕所請。

先說第一件，敢劾大太監汪直。成化十三年（1477），設西廠，太監汪直總管。明朝先後設立錦衣衛、東廠、西廠、內行廠等具有特務性質的機構，偵緝四出，任意抓人，屢興大獄，酷刑逼供，賣官鬻爵，無法無天。汪直之督西廠，任施威風，數興大獄（《明史·汪直傳》）。

商輅率同官員，條陳受寵信太監汪直十一大罪，言：聖上您偏聽偏信汪直，而汪直又寄耳目於一群小太監。他們都自說秉承您的密旨，以此專事刑殺，擅作威福，賊虐善良，無惡不作。自從汪直用事，官員不安其職，商賈不安於途，庶民不安於業，若不立即除去，那麼，"天下安危，未可知也！"

成化帝看了商輅等的條陳後，大不高興，說："用一個太監，怎麼會危害天下，誰主此奏者？"命司禮太監懷恩傳旨，嚴厲詰責。商輅正色回奏，略曰：

> 朝臣無大小，有罪皆請旨逮問，（汪）直擅抄沒三品以上京官。大同、宣府，邊城要害，守備俄頃不可缺，（汪）直一日械數人。南京，祖宗根本地，留守大臣，（汪）直擅收捕。諸近侍在帝左右，（汪）直輒易置。（汪）直不去，天下安得無危？（《明史·商輅傳》）

大學士萬安、劉珝、劉吉也引義慷慨，懷恩、梁芳等稍稍收斂。商輅向同列謝曰："諸公皆為國如此，輅復何憂。"時兵部尚書項忠等也彈劾汪直，成化帝遂罷西廠。商輅等奏罷西廠，是明史以正壓邪的一件大事。

汪直雖不視廠事，卻寵幸如故，必然反撲。他們攻譖商輅曾收納指揮楊曄的賄賂，商輅心不自安。這時，御史戴縉大頌汪直之功，並請恢復西廠。商輅見勢，遂極力求去。成化帝允准，詔加少保，賜敕馳傳歸。商輅既去，朝中士大夫更加俯首事從大太監汪直，沒有人敢與汪直相抗爭。

再說第二件，敢犯萬貴妃玉顏。萬貴妃看重商輅的名望，拿出她父親的畫像，讓商輅在上面題讚，給潤筆費金銀綢緞非常厚重。商輅極力推辭，來者說這是萬貴妃的意思。商輅說："非上命，不敢承也。"不是皇上的欽命，不敢應承。萬貴妃不高興，商輅也不在乎。

一年，天空出現彗星。給事中董旻、御史胡深等彈劾不稱職大臣，涉及商輅。御史林誠也詆毀他，但成化帝不聽。商輅便請求免官。成化帝發怒，命令逮捕這些言官，加重懲罰。商輅說："臣嘗請優容言者，今論臣反責之，如公論何？"成化帝喜悅，上述董旻等官杖責後恢復原職。商輅後升兵部尚書，又兼文淵閣大學士。成化十三年（1477），進謹身殿大學士。

商輅退休後，華蓋殿大學士劉吉，見其子孫林立，歎道："吉與公同事歷年，未嘗見公筆下妄殺一人，宜天之報公厚。"商輅答："正不敢使朝廷妄殺一人耳。"居家十年卒，年七十三。謚文毅。有《商文毅疏稿略》、《商文毅公集》等存世。

商輅為人，平粹簡重，寬厚有容，臨大事、決大議，毅然莫能奪。《明史》讚道："商輅，侃侃守義，盡忠獻納，粹然一出於正。"歷史對商輅的評價是一個字：正。人的一生，得個"正"字，足矣！

成化御窯

成化帝有內閣大臣和司禮太監票擬批紅，逐漸疏離朝臣。那麼，他在宮裏都做些什麼呢？

喜好藝術

明成化帝讀書、繪畫、寫字、聽戲，有較高的藝術造詣。他還特別喜歡收集珍寶和古玩，甚至還曾經打算仿效明成祖，派人出洋收集。他寵愛的萬貴妃也有同樣的雅好，派出宦官到全國各地採辦。如歷代名人字畫和金銀、青銅器、雕器、瓷器、骨器、木器、漆器等；還有陝西、遼東的藥材，東北、朝鮮的海東青、白鵲、文魚，遼東、山西、陝西的皮貨，浙江、南直的花木，四川的生漆，江西、浙江的瓷器，廣東、廣西的珍珠，湖廣的魚鮮；還通過廣州、泉州、寧波等市舶司搜羅異域的寶石、珊瑚、珍珠、香料、珍禽等。另派宦官往浙、閩、川、滇、陝開採銀礦，往遼東、湖廣等處淘金、採金，往江南督辦織造，往江西景德鎮燒造瓷器。

景德鎮御器廠在經歷宣德朝短期高度發展之後，到成化年間，再現高峰，宮廷御瓷，出現鬥彩雞缸杯，名揚天下，直到今天還被人們津津樂道，在拍賣市場拍出天價。

什麼是明成化鬥彩瓷器？就是明朝成化年間燒製的、鬥奇爭豔、彩色繽紛的瓷器。鬥彩瓷器的燒造工藝大致是：先將瓷胎畫青花，上釉，入窯經一千三百攝氏

度高溫燒製；再在釉上繪畫紅、黃、藍、綠等各種色彩的圖畫和紋飾，二次入窯經
六百至八百攝氏度低溫燒製完成。釉下青花與釉上彩畫爭相鬥豔，因色彩鮮麗而得
名鬥彩；鬥彩瓷器雖在宣德創燒，卻在成化精美，因而稱 "成化鬥彩"。

鬥 彩 雙 杯

明成化鬥彩瓷器中，名氣最大的是鬥彩雞缸杯和鬥彩三秋杯。

第一，明成化鬥彩雞缸杯。從這件瓷杯子的名字中，我們可以知道：

時代 —— 明代成化時期燒造。

工藝 —— 鬥彩，什麼叫鬥彩，上面已經講過。

圖案 —— 以雞為圖。這件瓷杯的外壁，繪兩組相同雞群：均為一公雞、一母
雞、三雛雞。畫師以嫻熟的畫技，畫出母雞和公雞的沉穩、雛雞的頑皮，活靈活
現，躍然瓷上。雞群周圍，洞石清秀，幽蘭碧青，牡丹吐豔，一派春意盎然的景象。

器型 —— 缸杯，類似水缸的器型、敞口的杯子。

所以，成化鬥彩雞缸杯，是明成化年間燒製的鬥彩工藝的以雞為主要圖案的缸
型的杯子。

成化鬥彩雞缸杯，胎體輕薄如紙，釉質晶瑩如玉，杯內光素無紋飾，杯底銘文
成化年款。雞缸杯的微妙在於：杯體娟秀，胎薄如紙，構圖自然，色彩淡雅，形像
生動，完美協和，有動有靜，情趣盎然，技藝卓絕，宛如天成。

鬥彩雞缸杯為御用酒杯。說起飲酒，文獻記載一小故事：金章宗曾偕寵妃，月
下遊幸瓊華島（今北京北海公園瓊島）。二人對坐，飲酒和詩。帝出上聯曰："二人土

157

明成化鬥彩雞缸杯

明成化鬥彩三秋杯

上坐"；妃對下聯曰："一月日邊明。"明朝宮廷，已喝白酒。酒味濃烈，故用小杯。相傳成化帝與萬貴妃，明宮月夜，碰杯戲飲。這件明成化雞缸杯由故宮博物院藏。

成化鬥彩雞缸杯，在明朝萬曆時期就價值連城，深受萬曆皇帝喜愛。明沈德符《萬曆野獲編》記載："成窯酒杯，每對至博銀百金。"明代郭子章撰《豫章陶志》曰："成窯雞缸杯為酒器之最。"清初大收藏家高士奇《成窯雞缸歌注》曰："成窯酒杯，名式不一，皆描畫精工，點色深淺，瑩潔而質堅。雞缸上畫牡丹，下畫子母雞，躍躍欲動。"清代朱彝尊《曝書亭全集·感舊集序》云："萬曆窯器，索金數兩。宣德、成化款者倍蓰之。至雞缸，非白金五鎰市之不可。"鎰，為二十兩。一隻雞缸杯，清朝中期值一百兩銀子。乾隆帝有"雞缸最為冠"的讚譽詩句。

第二，明成化鬥彩三秋杯。這件明成化鬥彩三秋杯，故宮博物院藏，高三點九厘米，口徑六點九厘米，足徑二點六厘米。為什麼叫三秋杯？因畫面描繪的是秋天景色，而秋季指農曆七、八、九月三個月，稱為"三秋"，故有"三秋杯"之稱。這件三秋杯，輕靈娟秀，薄如蟬翼，釉彩淡雅，畫意清新。外壁繪兩組山石、蘭花、綠草，幾隻飛蝶，翩躚起舞，翻飛上下，栩栩如生。拿著瓷器，手的指紋，從背面看，紋理清楚。杯底有"大明成化年製"款。相傳是成化帝專為萬貴妃燒製的，共燒瓷杯五對，選出這一對最好的而將其餘的毀掉，並處死燒製工匠，工藝失傳，瓷土用絕。這一對三秋杯，成為傳世精品、孤品、神品。

要說三秋杯，必說孫瀛洲（1893～1966年）。孫瀛洲先生原是河北冀縣農民，後為北京敦華齋古玩店老闆。他學勤業精，20世紀40年代，曾以四十根金條，從當鋪買到清宮流散出的一對鬥彩三秋杯。回到家裏將之珍藏，老婆孩子都不讓看，一人關在屋裏欣賞，甚至於妻子三番五次催促吃飯，都渾然不動。1956年，他將這對孤品三秋杯，捐獻故宮博物院。

成化瓷器之所以精美，原因之一是清官督陶。

何 瞞 督 陶

在朱祁鎮、朱祁鈺兄弟作天子的三十年期間，於御窯瓷器，有一件大事：永樂十九年（1421）燒毀的皇宮三大殿以及乾清、坤寧二宮，正統六年（1441），重建告成。三殿二宮建成，需要大量瓷器。

成化時有一位賢能清廉的督陶官何瓛，被派往景德鎮。何瓛的事跡，《先別駕西野公傳》記載：何瓛，華亭（今上海）人。自幼聰穎，長得非常雋秀，作文賦詩，眾人驚訝。但是，參加科考，六次落第。連連下第，悒悒不樂。一位張公惜才，建議他去做官。他到吏部，競聘任職。讓他作饒州別駕。別駕，就是副職。當時有句民諺："寧願做縣正，不願做州副"。民間也說："寧做雞頭，不做鳳尾。"他願意做縣的正職，而不想做州的副職。心裏不樂，又去找張公。張公說：饒州的副職，雖官府在府城鄱陽，卻有衙署在景德鎮。所職掌事務，只有御窯廠一事，沒有雜務，勸他就職。於是，何瓛攜帶家眷到景德鎮上任。

當時，成化帝要御用龍鳳瓷器，欲以宣德窯為範型，照樣燒造，務求精美。何瓛聞命之後，既苦惱，又擔心。他日思夜想，戰戰兢兢，會同工匠，共同密商。於是，選取精細材料，繪製最佳圖樣，每次燒窯，放置上百成千的瓷胎。然後，何瓛整肅衣冠，與同事一起，默默禱祝。瓷器經過窯火，產生窯變——或器型變，或顏色變，如藍白色變為紅色，等等。大家額手相慶，燒窯完全成功。上呈瓷器，宮中稱旨。

由是，何瓛三年任滿，又任三年，考核滿意，再留任三年。何瓛在饒州連任九年。他要離任，多處延請，一概不去。最後離職，浮梁縣官民，景德鎮工匠、市民，有的背著慈母，有的搭起帳篷，夾道相送，盛況空前。

仁者高壽。何瓛居官，清廉勤慎，體恤民情。如窯變的瓷器，不可再現。他將這些窯變的精品，沒有上交，因為交了，朝廷再要，再到哪裏去找呢！於是，將這些窯變極品，儲藏倉庫，加以封存。景德鎮人感激何公，高恩大德，為民造福。

何公不攀富貴。寧王看中他的孫子，要結為姻親。他認為：福兮禍所伏，此或非福，毅然謙辭。後來寧王敗落，何公高明，得以顯現。

何瓛退休後，家居悠閒，讀書著述，遊戲泉石，二十年後卒。壽八十五。正如《論語·雍也》裏說的"仁者壽"。

張后擅寵

弘治帝朱祐樘是明朝第九位皇帝，也是北京皇宮第七位主人。前面我講過，他秘密出生在西宮安樂堂，直到六歲才第一次見到皇父，當年被立為太子。九歲正式開始讀書，十八歲娶張氏為太子妃，當年繼位，立妃為后。從此，獨寵張后，沒有妃嬪。這在明朝是唯一的。

張 氏 皇 后

張皇后，興濟（今在河北省滄州市）人。父名巒，以鄉貢入太學，為人敦厚，重信義。母親金夫人，據說夢月入懷而生張后，頗有幾分神秘的色彩。成化二十三年（1487），張氏被選為太子妃。同年，朱祐樘十八歲，即皇帝位，年號弘治。張氏被冊為皇后。

弘治元年（1488），太監郭鏞請選秀女，儲於宮中，擬等朱祐樘服完喪後，冊封二人為妃，以便繁衍子嗣。因在服喪期間，便擱置了。第二年，禮科右給事中韓鼎又提出選妃問題。朱祐樘雖然同意韓鼎意見，但為張皇后所制而沒有實現。張皇后呢，則靠祈禱來乞求子嗣。

周太皇太后選了兩個美人，一為鄭氏，一為趙氏，在宮中服侍朱祐樘。後來鄭美人生下一個兒子。周太皇太后向朱祐樘致賀，他感到很為難，因為不知如何跟張

明孝宗朱祐樘像

明孝宗張皇后

皇后說。周太皇太后說："這事好辦，孩子就算是張皇后生的。然後詔告天下，立為皇太子。"張皇后也贊成這樣做。這個孩子就是朱厚照，後來的明武宗正德皇帝。

有一次，張皇后想製作一件珍珠袍，就跟弘治帝說，須差太監王禮去廣東的珠池採取，這樣才整齊好看。弘治帝沒有同意，但珍珠還是要給的，便叫王禮到內庫去檢選。王禮從成祖朱棣以下諸帝所儲的珍珠中，選擇了一些光澤晶瑩的，製為袍服。事情辦妥之後，弘治帝才責備王禮說："內庫有的是好珍珠，你卻要借故去廣東。去後難免生事壞法，擾亂百姓！這回且罷，今後再這樣，必定剝皮示眾！"

弘治帝去世後，兒子朱厚照繼位為正德皇帝，張皇后成為張太后；正德帝無子，去世後以興獻王兒子朱厚熜繼承皇位，這就是嘉靖帝。張太后便成為皇伯母，直到嘉靖二十一年（1542）她去世。這位張皇后仗著皇后、皇太后、皇伯母的三個身份，庇護自己親戚，在外為非作歹，正是一人得道，雞犬升天。整個明代，外戚之被寵，沒有超過外戚張家的。

張 氏 兄 弟

張皇后之父張巒，父以女貴，由一介書生，一躍而為都督同知，再封壽寧伯，進壽寧侯，死後贈昌國公。既無政績，也無武功，卻公、侯、伯佔全了。

張巒有兩個兒子：張鶴齡和張延齡，俱封侯爵。張氏兄弟，強搶民田，橫行霸道，爭奪民利，如虎似狼，漫無法紀。北方佔地還不滿足，又跑到南方泰州（今江蘇省泰州市）搜刮民田。老百姓驚駭，大禍來臨。有大臣急切疏奏，請求把已被侵佔土地還給百姓，戒諭張鶴齡遵守法度，他的家僮等人，應該在官府登記而禁止其出入，所有幫閑、幫兇等無籍之徒，通通驅逐，勿使其繼續為惡。這種為民請命的正義之聲，根本沒有得到朱祐樘的回應。

弘治帝的曖昧態度，助長了張氏兄弟的氣焰，他們又染指商業。弘治六年（1493），皇帝縱令張氏家族開店設肆，邀截商人貨物，壟斷市場，自都城內外坊市，到通州張家灣以及河西務等處，所有民利民產，全部被其侵奪。弘治九年（1496），發生了周太皇太后之弟周彧與張皇后的兄弟張鶴齡兩家紛爭，成群結夥，手持器械，聚眾鬥毆，**轟**動京城。皇親國戚，尚且如此，既失觀瞻，亦損朝威。大臣為此上疏說："皇上聽說此事後，難道能夠無動於衷嗎？勳戚之家開設店舖，引起老百姓的怨恨，戚屬之間也容易結仇，怨恨愈積愈深，仇則一結而不易解。"弘治帝朱祐樘怎麼辦？周家手心是肉，張家手背也是肉，最後只是張榜禁諭，問題不了了之。

鹽稅是明朝一項重要的財政收入，國家專管，需要批件，頒發憑證，實行專營，也是暴利行業。周、張兩家外戚，走皇門，搞特權，千方百計，牟取暴利。弘治十七年（1504）初，周壽家奏買兩淮殘鹽八十萬引，張壽齡家奏買長蘆、兩淮殘鹽九十六萬餘引。有大臣上書指出："萬一王府皇親及左右貴幸之人援例奏請，不好拒絕，照例賜予，則又沒有那麼多鹽引。再說，將灶丁現在煎的鹽都給了他們，商人支鹽更難；而且他們一出鹽場，弊端百出，阻壞鹽法，使商賈不通。"希望皇帝收回成命，不使私門日富，而國計日虧。皇帝照舊答應了周壽和張鶴齡的請求。於是，大臣們又紛紛上奏，申明利害。而朱祐樘卻說，"不要說了"。直到弘治十八年（1505）朱祐樘去世之後，周、張兩家的"殘鹽"尚未支完。戶部尚書韓文提出，凡是尚未提取之鹽，全部停止支給，而武宗朱厚照繼承父志，下令仍然聽其買補。

張氏兄弟不僅對財富貪得無厭，而且還到皇宮去胡作非為。他們以皇帝親戚的關係，任意出入禁中，太監何文鼎對此十分反感。有一天，張氏兄弟去宮中觀燈，朱祐樘陪他們飲酒。中途，朱祐樘要上廁所，便將皇冠摘下交給執事之人。張氏兄弟趁機戲將皇冠戴了一下。此外，延齡喝醉了酒，還姦污了宮人。太監何文鼎怒不可遏，手持武器大金瓜在他們飲酒的幕外等候，準備擊殺張氏兄弟。因為太監李廣給張氏兄弟走漏了風聲，他們才僥幸逃脫了。次日，文鼎上疏竭力勸諫，朱祐樘不僅不聽，反而十分生氣，將何文鼎交錦衣衛拷問，追究主使者，文鼎說："有二人主使，但拿他不得。"問是何人？答曰："孔子、孟子。"朱祐樘怒氣難消，在張皇后的授意下，將何文鼎杖死在南海子（沈德符《萬曆野獲編》）。

是非顛倒，何時是了？時候一到，惡有惡報！

惡 有 惡 報

明弘治帝去世以後，張皇后成了慈壽皇太后，而張氏兄弟是正德帝的舅父，所以在正德時期，張氏家族仍然是勢焰熏灼的。有人奏訴張延齡陰謀為逆，正德帝朱厚照下令多官會審。張氏兄弟十分惶懼，張太后只好出面斡旋，張鶴齡也送了大量的賄賂，馬馬虎虎，敷衍搪塞，事態平息。

正德帝死後，因沒有兒子，其堂弟朱厚熜入繼大統，年號嘉靖。嘉靖帝是過繼的，以生母為太后，以張太后為皇伯母。張氏的地位不及從前。按說張氏兄弟在政治上失去了強有力的庇護，應大大收斂，然而他們繼續作惡。這就不可避免地得到惡報。

嘉靖初年，張延齡的婢女偷了點錢去佈施一個和尚，延齡為此殺了這個婢女與和尚。另外有個指揮叫司聰，歷來為延齡放債，欠了他五百兩銀子，延齡索債很急，用亂棒將司聰打死，還召來其子司升，命令他若將其父屍體焚毀，就可以免去其欠債。司升告發了延齡。此時，張太后以皇伯母名分居於仁壽宮，與朱厚熜母子關係並不好，也就沒有力量庇護其兄弟。朱厚熜下令將其關進刑部監獄。

這時，有人上奏說張鶴齡私通益莊王，造符咒以魘帝星，嘉靖帝立即下令逮捕。張鶴齡在從南京押往北京的途中死去。又有人告張氏兄弟及其子姪以巫術魘鎮嘉靖帝及其母親；延齡家人往來仁壽宮，盜竊內藏，並偵察皇帝的動靜等等。嘉靖帝大怒，逮捕張延齡等幾十人。張太后穿上破舊的短衣，坐臥在禾稈編成的席槁上，表示自己有罪，以為延齡請命，但嘉靖帝仍然不肯饒恕。嘉靖二十一年（1542）八月，張太后去世，張延齡徹底失去了後台。後張延齡終被斬於西市。張氏外戚肆虐半個世紀，歷經弘治、正德、嘉靖三朝，終遭"惡報"。

明太祖朱元璋鑒於漢唐外戚之禍，制定了自漢以來最嚴厲的"家法"，規定天子、親王之后、妃、嬪，只能在民間慎重選聘，不由勳舊、士宦家中選。意在政治上他們沒有奧援，以免外家禍朝。有明一代，外戚在政治上是十分孱弱的。但是，由於皇帝和寵妃的縱容，像張氏、周氏這樣的外戚飛揚跋扈、橫徵暴斂，成為危害社會的一個毒瘤。

宗室之害

明朝自始至終存在三大社會毒瘤：宦官、外戚和宗室。宦官，我講了王振；外戚，我講了周家和張家；"宗室"，這是什麼意思？即以明太祖朱元璋為共同祖宗，其子孫分封各地做藩王，他們的家室，就稱作宗室。宗室子弟，有好的也有壞的。宗室中有人藉助特權，作惡多端，為害一方，成為公害。

惡 貫 滿 盈

我講一講明朝荊王之子朱見濇的惡貫滿盈行徑。朱元璋孫子洪熙帝的孫子的孫子荊王朱見濇，已經是第六代皇胤。見濇兄弟三人：荊王妃**魏氏**生子見濇、見溥，夫人王氏生子見潨。母子兄弟不和，反目成仇：**魏氏**鍾愛老二見溥，金帛珍寶，加倍給他。這引起了長子見濇的不滿。父死，見濇以長承**襲爵**位，大權在手，瘋狂報復。他將親生母親**魏氏**禁錮，減其飲食，活活餓死。接著設局騙胞弟見溥來王府射箭，見溥一到，命人將其綑綁，親用鐵尺捶擊，見溥哀號求饒，見濇將其口塞住，又用銅錘將其擊斃，怕他復活，再用鐵火筷子從其肛門捅進去。事後謊報見溥騎馬，因馬驚摔死。見溥妃子何氏，到王府朝見太妃，見濇將其強姦，並拘留不放。

見濇又想私通堂弟見潭之妃茆氏，見潭的母親馬氏知道後，加緊提防。見濇大怒，將馬氏抓進王府，剃去頭髮，痛抽一百多鞭子。還將堂弟見潭抓進宮裏，與其母捆在一起，用裝滿土的袋子壓在他們面部，使其窒息而死。接著又把茆氏抓到王府，將其強姦。他無緣無故地將堂弟鎮國將軍見溢、見淲拘禁起來，減其飲食，以致餓死。

見淲又糾集一批地痞惡少，為非作歹。只要聽說哪家有美女，就前去搶來。他還截沒官糧，強掠商旅，搜刮錢財，壞事做盡。

他的同父異母弟見濠，秘密上疏，告發其罪。朝廷勘問，具得實情，遂將見淲押到北京。本應處以極刑，弘治帝卻說：見淲罪大惡極，法當處死；但念親親，不忍加刑，從輕曲宥，削奪王爵，降為庶人，並禁錮起來。將王府輔導官通通罷黜，說見淲犯罪是他們阿諛逢迎的結果。見溥之妃何氏本是受害者，卻命其自盡。見濠因沒有及早奏報，減其歲祿三分之一。這是一件滿紙荒唐的裁決。幾個月後，見淲上奏其弟見濠有不法之事，見濠則再次揭發見淲謀為不軌。經查，見淲購置弓弩，操練船馬，收藏兵器，圖謀不軌。最後令見淲自盡。這個畜類，終遭惡報。

橫 霸 一 方

再講一個弘治帝弟弟壽王的故事。壽王要往封國保寧府，按照規定，給船七百艘，車四百輛，宮人不給俸糧；軍校四個人一輛車，每輛給銀二兩四錢。壽王嫌少，要求給船九百多艘，軍校二人用車一輛。兵部反對，說：官校橫暴，甚於虎狼，地方大官，也受凌虐。他們把多餘船隻裝載私鹽，並多餘車輛索銀辭退。又說「現親王赴國所用車船，比宣德、成化時增加了幾倍」。建議以後親王赴國，給船最多不得超過七百艘。壽王赴國時，王府的宦官宋祥、趙鳳等，所過之處，綑綁並拷掠官吏，要他們奉獻茶果錢。州縣官吏，不勝其擾，只好向富戶借錢，以滿足他們的貪欲。到了臨清，州吏探聽德州賄賂銀子約三百兩，報告給兵備按察司副使陳璧，暗示陳璧照這個數目行賄，但陳璧拒絕送賄，以致宋祥、趙鳳都對他銜恨在心。一天，宋祥等指揮王府太監借故毆打陳璧。陳璧不屈，被打得血流滿面。當時，壽王所部各船軍校也手執木梃登岸，搗毀民舍，搶掠貨物，引發臨清商民，群起遊行罷市。朝廷嘩然並且查獲宋祥所販私鹽六點三萬餘引，但最終朝廷糊塗了事，並未嚴懲禍首。

再講一個為維護宗室利益而逮捕六十二位言官的重大事件。弘治九年（1496）四月，弘治帝下令將六科給事中龐泮等四十二人、十三道監察御史劉紳等二十人，共六十二人關進錦衣衛獄。事情牽連上百人。這在明史上是空前的。

事情的緣起。洪武帝第十八子岷王朱楩封藩湖廣武岡州。其後人岷王朱膺鈵，縱使屬下為惡，被武岡知州劉遜制裁。岷王大怒，便給劉遜羅織罪名，上奏朝廷。弘治帝偏祖宗親，下令錦衣衛前往武岡逮捕劉遜。刑科給事中龐泮等上奏說：岷王遷怒劉遜，劉遜固然難逃其罪責，朝廷也不能偏聽偏信。且岷王所奏之事，牽涉近百人。錦衣衛官校是朝廷親軍，只要不是謀反大罪，祖宗以來未嘗輕易派遣錦衣衛前去抓人。請令法司轉知鎮守、巡按官員察勘，則事之曲直自然不能掩蓋。奏上，弘治帝大怒，認為科道官太不懂事了，下令一次逮捕了幾十名言官，以致六科和十三道御史的衙門都空了。這是一件大事，於是，吏部尚書屠滽率六部九卿等上書救援。他們說：科、道乃朝廷的耳目，就是要培養其敢言之氣。如果隨意將其關進監牢，摧折其銳氣，勢必驅使他們趨利避害，惟知緘默觀望，保持祿位而已。以後若有重大事情，還有誰肯為朝廷說話！弘治帝只好下令，釋放龐泮、呂獻等人，但每人仍罰俸三月，表明言官仍然有錯，只是聖上“大恩”才放了他們（《明史·龐泮傳》）。至於劉遜，則逮至京城，下到錦衣衛獄，然後貶去四川都司，做一名斷事，專理刑獄。皇帝和親王的尊嚴就這樣被保全了。此前，榮王曾請給辰州、常德田二千頃、山場八百里、民舍市廛千餘間，劉遜和巡撫韓重，頂著不給，青史留名（《明史·劉遜傳》）。

宗藩之弊

“有明諸藩，分封而不錫土，列爵而不臨民，食祿而不治事。”（《明史·諸王傳·序》）這固然是吸取歷史教訓，考慮當下，本意不錯。但重大制度制定，還要考慮可持續性。如出城省墓，請而後許；生育子女，需先請名；人口倍增，祿米不繼；又如，俸祿供養，衣食無憂，不工、不農、不軍、不學、不商，無所事事，遊

明代藩王的鑲金綴玉珠冕

手好閒，閒久生禍。

明初，朱元璋把二十多個兒子分藩到全國，鎮守要地，鞏固根本。事物有陽，必然有陰。宗室貴族，享有特權：封藩負面影響，已有智者指陳，可不僅被拒諫，反遭鎮壓。藩王之變，南宮奪門，共有六次，社會震蕩，損失重大，此其一。藩王人口繁衍，全靠國家供養，國力不堪重負，難以為繼，此其二。弘治時，修訂了《問刑條例》，規定宗室出城必須報批，宗室不能干預地方行政，不能參加科舉，不能當官，不能經商，只許坐吃俸祿，享受尊崇地位。

宗室群體，迅速膨脹，弘治時，宗室人數，十倍於初。國庫不堪重負，而一部分宗室陷入貧困。特別是宗室享有特殊地位，自成一體，於是出現不法宗室，為害一方。

諸王、宗室自然也知道自己的地位特殊，除了謀反朝廷，其餘的殺人越貨、生活腐化算不得什麼，大不了被送到鳳陽高牆去。此外，他們是“寄生蟲”，毋須讀書習藝，因此不免既愚且頑，幹起壞事來往往超出常人想象。當然，皇帝也總是以親親之誼對他們包庇、縱容。所有這些，構成了諸王、宗室為非作歹的主、客觀條件。

明朝第九位皇帝朱祐樘繼位時，明朝已經運行一百二十餘年，戶口繁多，經濟發展，邊事稍晏，天下太平。從英宗開始，明朝已經連續出現了英宗、成化兩位孩童或少年皇帝，弘治皇帝朱祐樘，又是一位十八歲的少年皇帝。接下來，是十五歲的正德皇帝和十五歲的嘉靖皇帝。明朝已經失去了開創時期的勃勃生機，表現出頹邊的趨勢。

荒唐正德

正德帝是明朝繼洪武、建文、永樂、洪熙、宣德、正統、景泰、成化、弘治之後，第十任皇帝。他十五歲繼位，在位十六年，活了三十一歲。他天性聰穎，但厭惡讀書，好騎射，喜巡遊，是明朝最荒唐的皇帝。典型事例，就是"豹房"。正德二年（1507）"作豹房"（《明史·武宗本紀》）。什麼叫"豹房"呢？開始是以養豹而得名。豹房佔地大，建築多，有數百間房屋，又別建禁苑，築宮殿，造密室，勾連櫛列，暗室聯通，後來成為正德帝的宮外之宮，園外之園，他自稱為"新宅"、"家裏"。皇帝的寢宮是皇宮裏的乾清宮，但是正德帝在位十六年，至少一半時間住在豹房，甚至有專家研究說，從建豹房起，他就一直住在豹房。豹房在哪裏呢？不在皇宮，而在宮外，約在今北海公園西南一帶的地方。正德帝在豹房做些什麼呢？

迷戀樂舞

正德帝每天召來教坊（音樂團、舞蹈團、歌唱團、戲劇團、雜技團）的樂人，到豹房演戲。敕禮部發文，取河間（今在河北省滄州市）等府樂戶，到教坊承應。於是官員押送伶人，日以百計，會聚京城。到京後，選拔其技藝精湛者，給口糧，給建房。正德帝夜間微行到教坊司，觀看諸樂人樂舞及演奏。正德帝還在豹房遊玩，"日率小黃門為角觝蹴踘之戲，隨所駐輒飲宿不返，其入中宮及東西兩宮，月

乾清宮

逛一逛

乾清宮

明清皇帝的正宮，始建成於明永樂十八年（1420）。乾清宮正中設寶座。明清共有二十八位皇帝，在北京乾清宮治居。其中明朝有十四位，清朝只有順治帝和康熙帝兩位在乾清宮治居，雍正帝移居養心殿後，乾清宮便作為皇帝約見廷臣、批閱奏章、處理日常政務和舉行筵宴的場所。

乾清門

內廷的正宮門，坐北朝南，位於保和殿後三台之下紫禁城中軸線上，明永樂十八年（1420）建成。乾清門外東西兩側各有一排低矮狹窄的房屋：東側南向有房屋十二間，主要是六部九卿的臨時辦公場所；西側南向也有房屋十二間，是軍機處及其他相關機構的場所。明初在奉天門（太和門）御門聽政，相應的內閣機構分佈在奉天門外兩側。清朝，特別是順、康、雍、乾等朝，主要在乾清門御門聽政，所以相應的內閣機構也分佈在乾清門的兩側。

不過四五日"(《武宗外紀》)。宮詞云:

> 花帽監丞一兩行，西華門外冷秋霜。
>
> 絳紗車仗吹香過，去伴鑾輿宿豹房。(《冬青館古宮詞》卷三)

豹房有個用花言巧語諂媚正德帝的奸佞之臣，叫錢寧，他誘導皇帝荒淫無度，深討皇帝的喜歡和恩寵。正德帝在豹房，恣聲伎為喜，縱淫欲為樂。後錢寧事發，被裸體綁縛，籍沒家產，得玉帶兩千五百條、黃金十餘萬兩、白金三千箱等。後寸磔錢寧於刑場。他的養子十一人全斬首，子永安六歲為都督，因年幼免死，妻妾發功臣家為奴(《明史·錢寧傳》)。

明朝皇帝喜歡養鳥獸，有虎房、豹房、鳥房、鷹房、狗房、貓房等，算是皇家動物園。裏面有虎、豹、犬、象、犀牛、白水牛、海豹、番狗(藏獒)、貂鼠、猞猁猻、長頸鹿等，百鳥房裏則專門畜養珍禽異鳥，如孔雀、白鶴、文雉、金錢雞、五色鸚鵡等。畜養動物的數量，史書記載："至天順年間，二萬三百餘個隻；弘治年間，二萬九千四百餘個隻；正德年間，二萬九百三十餘個隻。"(嚴從簡《殊域周

明正德"隨駕養豹官軍勇士"銅牌

諸錄》卷十一）明朝對這些動物的管理，虎、豹、犀牛、大象等，各有職秩、品級，如虎食將軍俸祿，象食指揮使俸祿等。畜養動物，耗費巨大。嘉靖時，豹房養土豹一隻，"至役勇士二百四十名，歲廩二千八百石，佔地十頃，歲租七百金"（沈德符《萬曆野獲編補遺·內府畜豹》）。正德帝玩虎、賞豹，有一次"狎虎被傷，不視朝"，玩虎受傷，不能臨朝。

荒 淫 酒 色

先說酗酒。正德帝酗酒，經常隨行帶著酒杯、酒勺、酒甕，走到哪兒，喝到哪兒，醉到哪兒，睡到哪兒。有書記載："所至輒醉，醒即復進以為常。"（《武宗外紀》）一次，正德帝到宣府，"命群臣具彩帳、羊酒郊迎，御帳殿受賀"（《明史·武宗紀》）。這座帳殿為"鋪花氈幄，百六十二間，制與離宮等，帝出行幸皆御之"。大明皇帝，醉臥帳裏。佞臣江彬，導引皇帝，多次夜入人家，強索婦女，縱酒淫樂，忘記回宮，夜宿民宅，而稱作"家裏"。正德帝與江彬，聯騎鎧甲，君臣難辨，入豹房，同臥起（《明史·江彬傳》）。正德帝在豹房，常醉枕錢寧，酣睡不醒。百官早朝，等到傍晚，皇帝還未起床，只好退朝回家。

再說迷色。正德帝十五歲登極，在豹房設浣衣局，豢養女寵，蓄集樂工、美女、太監等，朝夕處此，不居內廷（《武宗外紀》）。佞臣進獻能歌善舞的回女十二人入豹房，歌舞演出，通宵達旦。後來正德帝經常微服出宮，甚至到外地巡幸。巡幸所過，閱選美女，充浣衣局，數字不清，浣衣局僅每年用柴炭就高達十六萬斤。車駕所至，近侍先掠民女，以充幸御，至數十車。各地處女寡婦，聞聽皇帝來遊幸，紛紛擇配，有的搶光棍強作婚配，一夕殆盡。下舉三例。

馬美女，為將官馬昂的妹妹，長得美豔，已婚懷孕。江彬諂媚貢獻，將其送到豹房。馬氏善騎射，長樂舞，尤會西域樂舞，還會民族語言，受到寵幸。馬氏一門，雞犬升天。無論大小，皆賜蟒衣。並在內城太平倉賜府第，熏灼動京師。正德帝嘗從數騎過其第宴飲。言官呂經等言："今馬姬專寵於內，昂等擅權於外，欲禍機不發，得耶？"俱不報。有的御史以妹喜伐夏、妲己伐商、褒姒伐周為例，冒死

明武宗朱厚照像

進諫說：“積夏、商、周、漢、晉、唐之患於一時也。”仍不報（《勝朝肜史拾遺記》卷四）。

劉美人，為晉王府樂戶楊騰之妻。正德十二年（1517），正德帝幸大同，遍索女樂於太原。劉美人偕眾妓雜進，正德帝遙見美人，悅其色，載以歸，命為美人，大見寵幸。初居豹房，受到專寵。飲食起居，必與相偕，言事輒聽。左右或觸上怒，陰求劉美人，輒一笑而解。大太監驕橫貴倨，但見劉美人，觸地叩頭，事若生母，呼為“劉娘娘”。正德帝要南征，秘密移送劉美人到潞河（今北京市通州區），約定大駕先發，而後他船迎美人。劉美人脫一簪贈帝行，並說：“見簪而後赴。”正德帝將簪藏在衣服裏，過盧溝橋，馳馬失簪。及到臨清（距京近千里），派太監召劉美人，美人辭道：“無信物，不敢行！”正德帝於是單獨乘船，晝夜疾航，回到通州親迎劉美人，偕行而南（《勝朝肜史拾遺記》卷四）。正德帝欲南行，廷臣舒芬等極力上疏諫止，但未被採納，反被下令杖刑。

王浣衣，名滿堂，霸州王智的女兒，因為貌美，參選淑女，落選回家，不肯嫁人。她一天做夢，夢中神人說：若有趙萬興的來聘，就可以成婚。鄉里一位和尚出入王家，知道此夢，話傳出去。一位道士聽說後，便改名易姓，賄賂那位和尚，讓他前一天到女家說：“你家明日會有大貴人到。”第二天，果然來一人，問其姓名，答：“我趙萬興也。”闔家羅拜，遂以成婚。這人後來在牛欄山一帶舉事，被捕，斬於西市。正德帝特降旨，勿殺王滿堂，沒入浣衣局，入侍豹房，大獲寵幸。嘉靖帝嗣位，她被放出浣衣局。因曾入浣衣局，故人稱“王浣衣”（《勝朝肜史拾遺記》卷四）。

癡迷遊玩

正德帝好玩武。後江彬等以邊將幸入豹房。又立內教場，選佞幸之人，賜國姓（朱），為義子，其中正德七年（1512）九月，一次就“賜義子一百二十七人國姓”（《明史·武宗本紀》）。設什麼“四鎮兵”、“外四家兵”，以佞臣江彬兼職統領，為總管。正德帝自領太監善騎射者為一營，稱中軍。晨夕操練，呼噪鳴炮，火炮之聲，達於九門。時諸軍都衣黃罩甲，就是金緋錦綺，必加罩於甲上。正德帝親自檢閱，稱為“過錦”，就是眼觀如錦。內軍在遮陽帽上披戴靛染天鵝翎，以示尊貴——大者拖三英，次者拖二英。尚書王瓊得賜一英，戴著下教場，以此為殊榮。後巡狩所經之地，侍郎、巡撫、御史等也如此穿戴，叩見正德帝（《明史·武宗外紀》）。這真是一場滑稽鬧劇！

武宗身在豹房，卻也不時臨朝，發出的諭旨，批示的奏章，讓太監劉瑾等代筆。

正德帝的皇父弘治帝一生沒有冊立嬪妃，專寵張皇后。弘治帝彌留之際，對這位頑童太子很不放心，拉著大學士劉健的手，囑託他把厚照輔佐成為正德有為之君，所以年號“正德”。但是，弘治帝根本想不到他的獨子即位後，既不正德，也不作為，荒唐頑劣，無以復加。這時，明朝的太平盛世已然過去，大明的基業開始動搖，內有人監劉瑾專權，外有兩次藩王之亂，流民起義更是此起彼伏，再加上蒙古韃靼興起，不斷南下騷擾。正德皇帝的荒唐，既毀了自己，也毀了大明——加劇了朝政的腐敗和社會的危機。

忠奸相搏

明代弊政之一是宦官專權。明武宗正德帝時太監劉瑾專權亂政，就是一個突出例證。皇帝聽政之地的奉天門庭院，不幸也成了劉瑾演出專擅鬧劇的舞台。

太 監 專 權

劉瑾（1451～1510 年），陝西興平人。弘治時服侍皇子朱厚照（正德帝）於東宮。正德帝即位後，為司禮監太監，成為太監的大頭目。

正德二年（1507）三月二十八日，劉瑾召集群臣到奉天門（太和門）廣場內金水橋前，命全都跪著，聽他宣示所謂的"奸黨"，包括大學士劉健、謝遷二人，尚書韓文等五人，還有侍郎、御史，以及王守仁（陽明）等，《明史·劉瑾傳》記載他列出五十三人（一說五十六人）的名單，敕令吏部讓這些人都查令致仕（退休）。這樣一來，朝臣中的反對派被掃蕩殆盡。一些參劾過劉瑾的大臣姓名被寫在御座旁屏風上，劉瑾準備尋機報復。對一些不肯依附和微露不滿的人，他也濫發淫威，打擊陷害。右都御史楊一清因不附劉瑾，被劉瑾扣上"濫用軍費"的罪名，逮捕入錦衣衛獄，後經大學士李東陽救援得免，先後被罰米六百石輸邊。欽天監楊源因天變上言災禍，意指劉瑾專權，被劉瑾廷杖六十，謫戍肅州，途中死亡。

御史陸崑，歸安（今浙江省湖州市）人，進士，帶領十三道御史上疏抨擊正德帝寵幸太監，日事宴遊，說：居住寬廣宮殿，怎知百姓棲身茅屋不避風雨的疾苦；穿綾羅吃美食，怎知百姓身處冬寒暑熱飢餓的困苦；騎馬打獵享樂，怎知百姓困頓苦難申冤無門的痛苦。疏上，觸怒，諭旨：全都下獄，各杖三十，除名為民。陸崑等被捕入獄，各杖三十，免除官職。其中黃昭道、王弘、蕭乾元三名御史人在南京，命即在南京闕下杖之（《明史·陸崑傳》）。

還有一位御史叫蔣欽，江蘇常熟人，進士，接連三次被廷杖：第一次是同陸崑等一起"逮下詔獄，廷杖為民"。第二次是三天之後，他單獨上疏，痛斥奸臣。疏入，結果再杖三十，下獄。第三次是又過三天，再上疏，斥奸臣 ——"臣昨再疏受杖，血肉淋漓，伏枕獄中"。他在疏中希望正德皇帝，將大太監劉瑾的頭割下，懸掛在午門！又說：如果我被殺，那就使我同古代忠賢之人龍逢、比干一起在地下遊玩！史書記載：蔣欽在夜間起草第三封奏疏時，燈下聽到鬼聲。蔣欽說：我疏上之後，會身罹大禍，這是先祖顯靈要我不寫這個奏疏嗎！於是，他整理衣冠，站起來說：如果是我的先祖，就大聲告訴我！剛說完，聲音從牆壁裏發出，益加悽慘。蔣欽歎道：既已做御史，就得義而忘私，如果我緘默不語，辜負了國家，也為先人羞！於是奮筆疾書，曰："死即死，此稿不可易也！"鬼聲停止。天亮，疏入，再杖三十。杖後三日，死於獄中，年四十九（《明史·蔣欽傳》）。

忠 臣 諍 諫

正德三年（1508）六月二十五日，正德帝御奉天門（太和門）早朝聽政。早朝罷，群臣叩頭拜起，將要退朝的時候，忽然在御道上發現一封匿名文書，就是匿名信。信的內容是揭露司禮監太監劉瑾的罪行。御史將這封匿名文書上呈給正德帝閱覽。劉瑾當場發泄淫威，他宣佈文武百官不許退朝，都要跪在奉天門前。劉瑾站在奉天門台基上，氣勢驕橫，態度惡劣，斥責臣僚，辱罵官員，威逼群臣舉報寫這封匿名信的人。時值伏天，烈日當空，地面烘烤，熱氣襲人，沒有蔭涼，也沒水喝。官員們長時間跪在庭院磚地上，口乾舌燥，汗流浹背，飢腸轆轆，痛苦難言。由下朝跪到午後，昏倒十多人，中暑死了三人（《明武宗實錄》卷三十九）。劉瑾無

李東陽像

動於衷，命內監將昏倒者拖出去。

　　百官在將近一天的罰跪後，並沒有供出寫匿名文書的人。劉瑾氣怒之下，命錦衣衛將跪伏在奉天門的文武官員三百餘人全部逮捕下獄，造成了正德帝即位以來的大冤獄。

　　日暮，三百多位朝廷官員被逮入獄，消息傳出，震動京城，激起官民萬分憤怒。這時，大學士李東陽挺身而出，直言諍諫。

　　李東陽（1447～1516 年），湖南茶陵人。東陽早慧，四歲時就能寫一尺見方的大字。明景泰帝聽說後，心裏很喜歡，曾把他抱在膝蓋上，還給他糖果吃。李東陽十八歲中進士，入翰林院，後授編修。他做過侍講學士，是東宮太子的老師，官一直做到禮部尚書、文淵閣大學士。他在朝五十年，入閣十五年，歷景泰、天順、成化、弘治、正德五朝，享年七十歲。相傳北京府右街李閣老胡同因李東陽在此居住過而得名。李東陽是明朝著名的文學家、書法家。罷政回家，賓客盈門，許多人慕名來請寫字、求文章。堂堂當年宰輔，並未積下什麼產業，還要仰賴文字酬金來補貼家用。一天，夫人拿著紙墨進來，李東陽表示身體疲倦不想寫，夫人道：“今日設客，可使案無魚菜耶？”（《明史‧李東陽傳》）就是說今天請客，能讓餐桌上沒有蔬菜和魚肉嗎？要以字換錢，去買魚肉啊！東陽無奈，提筆寫字。還有一個故事，大學士李東陽過生日，他的兩個門生魯鐸和趙永，都先後官國子監祭酒，二人相約以“二帕為壽”，一翻櫃子，裏面沒有。怎麼辦呢？想起廚房裏有鄉親帶來的乾魚，就帶乾魚去看老師吧！但到廚房一看，“食過半矣”，只剩下半條乾魚，於是就提著半條乾魚去給老師祝壽。李東陽見後大喜，留下二人，讓夫人烹魚上菜，吃飯飲酒，極盡歡暢才離開（《明史‧魯鐸傳》）。東陽廉潔風操，由上可見一斑。

話說回來。大學士李東陽為三百多位官員被關在監獄事，緊急上疏正德帝。他說：匿名文字，出於一人，各官朝拜，倉猝而起，豈能知見？一人之外，都成罪人。他們戴枷，互相猜疑，而且天氣炎熱，獄氣熏蒸，若再拘禁，數日之後，人將不自保矣！特望皇上，降下綸音，先行釋放，而後密訪，查出匿名者，再置之典刑。東陽上了奏章，劉瑾也微聞這封匿名信是他的同類內臣太監寫的，於是，正德帝下令將三百餘官員從獄中放出，對匿名信事件也就不再追究。

凌遲處死

劉瑾“權擅天下，威福任情”，演出如此鬧劇已是多次。《明史》說劉瑾“屢起大獄，冤號遍道路”。

正德四年（1509）八月，劉瑾遣御史安惟學等赴邊清理屯田，大理寺少卿周東為取悅劉瑾，在寧夏偽增屯田數百頃，悉令交租，致使民怨沸騰。安化王朱寘鐇以誅劉瑾為名發動叛亂，傳檄邊鎮，關中大震。消息傳到了北京，正德帝慌了手腳，連忙頒示諭旨，減輕刑罰，赦免罪人，收取差官，免徵租糧，賑恤流民。又起用前右都御史楊一清為提督，宦官張永總督軍務，率兵討伐朱寘鐇。朱寘鐇等人被寧夏遊擊將軍仇鉞擒獲。太監張永在正德帝面前揭發劉瑾罪惡，於是正德帝貶劉瑾到鳳陽。後在抄家時，發現了大量金銀財寶，更搜得袞袍、偽璽、衣甲、弓弩、穿宮牙牌等物，正德帝大吃一驚，怒曰："瑾果反！"

正德五年（1510）八月二十五日，花甲之年的劉瑾被依律凌遲三天 ——據《國史舊聞》記載："例該三千三百五十七刀，先十刀一歇一喝，頭一日該先剮三百五十七刀，如大指甲片。"仇家有以一錢買他一臠肉生食者。這位當年不可一世的大太監，最後得到"磔於市，梟其首"的下場。

這些歷史事件，過去常把罪責都算在宦官劉瑾頭上。不錯，劉瑾是有重要責任，但主要責任人應是正德帝。"上樑不正下樑歪"——有正德帝的荒唐，才有太監劉瑾的胡鬧。劉瑾只是一條惡犬而已，在堂堂奉天門前，責辱大學士、尚書等高官，罰跪朝廷三百多位官員，無非狗仗人勢，皇帝怎麼會不知道呢？劉瑾又怎麼可以"矯詔"？

劉瑾大太監做盡壞事，自己也得了個身敗名裂的下場。李東陽和劉瑾，從正面和反面說明：做人做官，重在四正 ——養正心、勤正學、親正人、行正道。

西巡南征

正德帝最後的四年，幾乎沒有在皇宮居住，主要是在所謂西巡和南征中度過的。

天 子 西 巡

蘇州才子尤侗作《威武大將軍》，描述正德帝巡遊云："旌旗獵獵向北駐，樓船搖搖望南渡。豹房家裏樂未終，更覓春江花月處。"（《池北偶談·明史樂府》）正德九年（1514），正德帝開始出遊。這年元宵節，乾清宮大火。正德帝說："好一棚大煙火也！"為重建乾清宮，"加天下賦一百萬"（《明史·武宗紀》）。而後，正德帝開始西行。他去過山西、陝西一帶三次。他的身邊，有一位叫江彬的武將陪伴。

江彬，原是蔚州衛指揮僉事，正德六年（1511），隨總兵張俊入調中原，後在淮上作戰時身中三箭，其中一箭中面頰穿出耳後，拔出箭頭，繼續戰鬥。他賄賂太監錢寧，得到正德帝的召見。皇帝看了他的箭傷，大為讚歎，留在身邊，出入豹房，形影不離，升為都指揮僉事。江彬身材魁梧，剛強有力，左右開弓，精於騎射，談及軍旅，口若懸河。一天，正德帝搏虎為戲，叫錢寧幫忙，錢寧不敢向前，老虎逼近正德帝，幸虧江彬及時猛撲過來，這才得救。從此，江彬得到正德帝的寵信，被賜以國姓，認為義兒，攬權納賄，無惡不作。

江彬向正德帝建議：邊軍驍悍，勝過京軍，不如互調操練，想借機把邊軍調入京師。正德帝應允。朝臣普遍反對，閣老李東陽上《十不便疏》，反對邊軍入京。正德帝無奈，親自到乾清門，坐等內閣發出聖旨，而李東陽並不奉詔。正德帝親自發下詔旨，調邊兵入衛，京軍更番戍邊。江彬多次向正德帝誇耀宣府樂工中的女子美麗多姿，勸他親赴宣府，馳馬疆場，遊歷邊塞。他也衣錦還鄉，誇耀故里。正德帝很想外出遠行，看一看江彬描繪的千里馳騁、萬里狼煙的壯闊場面。宣府、大同又接近蒙古，可以炫耀武功。何況還有如花似玉的女樂呢！

　　正德十二年（1517），正德帝微服出德勝門，剛到沙河，就被聞訊追來的大學士梁儲等趕上，苦勸回鑾；不聽，繼續前進。到居庸關，巡關御史張欽拒絕放行。不久，正德帝又秘出德勝門，直奔居庸關。御史張欽正好出關巡視，正德帝得以順利出關。

　　正德帝到了宣府。江彬為他營建了鎮國府第。這個名字是因正德帝封自己為“鎮國公”。這座鎮國公府第，不僅規模宏麗，還將豹房所儲的珍玩，運到府內，又有美女。江彬與正德帝夜間出行，闖入高門大戶，強索婦女，任意作踐。隨行官兵，橫行街市，強掠金銀，搗毀民房。竟把一座繁華邊陲重鎮，攪得雞犬不寧，百姓恐懼，白晝閉戶，市肆蕭條。

　　正德十二年（1517），韃靼小王子率領五萬兵馬，分道南下朔州，與明軍總兵官王勳所部在應州（今山西省朔州市應縣）激戰。正德帝親率江彬等人增援應州。據《明武宗實錄》記載，出現“乘輿幾陷”的危險局面。戰果是：斬敵首十六級，官軍死五十二人，重傷五百六十三人。有書說正德帝親冒矢雨，臨陣督戰，斬敵首一級。正德帝興奮不已，還為應縣木塔題匾 —— 天下奇觀。

　　這年立春日，宣府照例要舉行“進春”儀式。正德帝別出心裁，安排了盛大的戲劇演出，還命人準備數十輛馬車，裝載和尚和婦女，婦女都手持彩球，馬車奔馳，婦女手上彩球與和尚光頭相碰，正德帝見了，竟然哈哈大笑。

　　此後，他在京城裏再也住不下去了，頻幸宣府、大同和太原等地，驅馳數千里，所過皆騷然。給事中石天柱刺血草疏諫止，內閣也發出了“如此不親政事，往昔宗藩之亂將又會發生”的警告，正德帝均置之不理。西巡之外，還有南征。

山西應縣木塔，塔上"天下奇觀"匾額為明武宗所題

御駕南征

正德十四年（1519）二月，正德帝要南巡，群臣伏闕，力行諫阻。正德帝稱病不上朝，並將黃鞏、陸震等為首者打入詔獄。不久，正德帝又要出外巡遊，大臣集體阻諫，導致了一場君臣之間的激烈衝突。為了勸阻皇帝南巡，舒芬等遭到廷杖。

舒芬，進賢（今在江西省南昌市）人，正德十二年（1517）考中狀元。"芬豐神玉立，負氣峻厲，端居竟日無倦容。"他有骨氣，敢建言。舒芬等一百零七人，上疏諫止正德帝外出巡遊。正德帝震怒，命舒芬等"跪闕下五日，期滿復杖之三十"（《明史·舒芬傳》）。舒芬等列隊跪在午門前，一天、兩天、三天、四天、五天，連續跪了五天。堂堂大明狀元，罰跪在午門前，連續五日，成何體統！

有一名官員名張英，見皇帝不理不睬，便"自刃以諫"，就是以自殺的方式，逼使皇帝接受大臣建議。幸虧在場的衛士發現，上前奪下他手中的刀，張英才得以不死。正德帝拒諫，內閣大學士集體辭職。正德帝無奈，對他們"溫旨慰留"；他們也給皇帝一個面子，勉強答應繼續留任。後來事情鬧大，正德帝大發淫威，下令對罰跪的舒芬等一百零七名官員，在午門前實行廷杖。後來又增加押在錦衣衛監獄的黃鞏等三十九人，這樣共有一百四十六人受廷杖，闕下杖死者十一人。那位張英前次自殺未遂，這次卻被"杖殺"了。舒芬受杖後，傷勢嚴重，被抬到翰林院的院裏。翰林院掌院學士（一把手）怕得罪上司，"命摽出之"，就是要把他架出去。舒芬說："吾官此，即死此耳！"——我在翰林院做官，就死在翰林院！後被貶官福建。舒芬裹著創傷，離京上路。

舒芬在廷杖中撿了一條命，熬到嘉靖帝即位。"世宗即位，召復故官"。回了北京的舒芬不改諍臣氣節，他會同楊慎等，為"大禮"諫言，跪伏左順門哭諫，又遭到嘉靖帝的廷杖，還被罰俸三月。不久因母喪歸里，病死於家，年四十四。世稱"忠孝狀元"。以舒芬為代表的明朝士大夫，有高尚的精神，就是正氣，就是正義！

諫止南巡後不久，寧王朱宸濠以入朝監國為名，舉兵叛亂。戰報傳京，決定親征。部隊剛到良鄉，得到王守仁捷報：已經獲捷，擒住寧王。正德帝本來可以勝利班師，但他不許聲張，繼續前進。一路上遊山玩水，勒索地方，十二月到南方，滯留數月，到正德十五年（1520）七月，正德帝自稱"奉威武大將軍方略討平叛逆"，將平叛之功歸於自己。隨行大學士梁儲、蔣冕等苦勸，正德帝才開始有回師之意。這一年的閏八月在南京舉行獻俘活動，正德帝身著戎服，統帥將士，命將朱宸濠等鬆綁放開，再指揮士兵播鼓鳴金將其抓獲。正德帝仍覺不過癮，又要將朱宸濠放之湖上，再親自將他抓獲，經大臣勸解，才算作罷。

豹 房 暴 死

獻俘之後，正德帝自南京回北京。九月，途經淮安的清江浦，正德帝遊興大發，忽然想獨自泛舟捕魚，結果船翻落水，左右急忙救起，眾侍衛高呼："萬歲龍也！龍狎水。"但這位真龍天子卻在驚嚇之餘又受了風寒，得了病。十二月，車駕到達通州，賜朱宸濠自盡，焚屍揚灰，親屬十人斬首，已死者被戮屍。又將結交朱宸濠的錢寧、陸完等人逮捕，均裸體反縛，插上標識，雜列俘虜隊中。進京之後，正陽門前，舉行了盛大的凱旋儀式 —— 文武百官，凱歸官將，俘虜及其家屬，數千餘人列隊，活著的插上標牌寫上姓名，死了的則懸首於木竿之上，都掛上白色的飄帶，遠望白色瀰漫一片，數里不絕，蕭殺肅穆。正德帝身穿戎服，立馬於正陽門下，閱視良久，不知所感，人們普遍認為這是不祥之兆。

事情也巧合，四天後，正德帝在大祀南郊時，只拜了一拜，就嘔血伏地，不能成禮，從此臥病不起。正德十六年（1521）三月十四日，正德帝死於豹房，才三十一歲。死時只有兩個太監在身旁。

正陽門舊影

逛一逛

正陽門

俗稱前門、前門樓子、大前門,原名麗正門,是明清兩朝北京內城的正南門。位於北京城南北中軸線上的天安門廣場最南端,始建於明成祖永樂十七年(1419),是老北京"京師九門"之一。它集正陽門城樓、箭樓與甕城為一體,是一座完整的古代防禦性建築體系。

陽明先生

　　在明清時期，無論哪位皇帝入主皇宮，都離不開中國傳統文化核心的儒家學說。而儒學自春秋戰國之後，歷經兩千多年發展，有過三次高峰。第一次在西漢，經董仲舒儒學推成經學。第二次在宋代，朱熹建立了理學體系。第三次在明朝弘正年間，形成王陽明的心學。

　　就王陽明個人而言，在五百年前，王陽明達到了《左傳》提出的"立德、立功、立言"這"三不朽"的境界。

午 門 廷 杖

　　王陽明喜歡對著書本，凝思苦想，他問老師："怎樣算第一等事？"老師答："只有讀書。"

　　王守仁（1472～1529 年），字伯安，浙江餘姚人，母親懷孕十四個月才生他，五歲還不會說話。這位王守仁，後來築室於紹興的陽明洞，因而被人們稱為王陽明。祖母，年逾百歲卒。王陽明九歲時，其父王華考中狀元，後來做了弘治帝的老師。十一歲時，父親接他和祖父住到北京。路過鎮江金山寺，祖父帶他和朋友們飲酒吟詩。大家還沒成句呢，王陽明忽然在祖父身邊大聲吟道：

王陽明像

金山一點大如拳，打破維揚水底天。

醉倚妙高台上月，玉簫吹徹洞龍眠。

就是說，如果從空中俯瞰，金山好像一個拳頭打破了揚子江；而妙高台高到可以把月亮當作倚靠，玉簫吹響動聽，打擾龍王睡眠。眾人驚異，命他再作一首。王陽明隨口吟道：

山近月遠覺月小，便道此山大於月。

若有人眼大如天，還見山小月更闊。

說如果從下往上仰視，看到的是山比月亮大；而如果從天上往下俯視，看到的是渺小的山和闊廣的月亮。他不僅出口成詩，而且詩意高遠，內含哲理。

到北京後，王陽明開始就塾讀書。對王陽明的幼年影響更多的是他的祖父王天敘。王陽明為人胸次灑落，吟歌自得。陽明的父親身在官場，見他豪邁不羈，常常為之擔憂，而他的祖父卻對他充滿信心。陽明疑道：“第一等事是讀書學做聖賢罷？”這顆理想的種子，在少年的心田種下，終究會生根發芽。

十三歲時，母親鄭氏去世，這是陽明人生中經歷的第一個大挫折。他回老家居喪盡禮三年，又回到北京。途中，他先去了長城居庸關一帶。當時蒙古一直威脅明朝，王陽明想出關去看個究竟。他騎馬射箭，經過歷練，既弓馬嫻熟，又磨煉了意志。

十七歲時，他奉父命去洪都（今江西省南昌市）結婚，岳父是他的遠方親戚，做江西布政司參議。他在岳父家住了一年半，從早到晚練習書法，把衙門裏積攢的紙竟全部寫完，悟出寫字的道理，他說：“我起初學字，對著古帖臨摹，只學得字的外觀，入後提著筆，不輕易落紙，先凝思靜慮，把精神會聚一起，字體默運在心，然後下筆，如此好久，才通得字法。”

十九歲時，祖父去世，父親回鄉守孝，召集陽明及從弟、妹夫等一起學習經義。王陽明白天隨眾課業，晚上便搜取經典誦讀。隨著讀書修養的長進，王陽明在舉止上也端容慎言。

二十一歲，陽明考中舉人，二十二歲會試失敗，接著又一次會試失敗，直到二十八歲，考中弘治十二年（1499）進士，二十九歲被授為刑部主事。王陽明到而立之年結束了第一階段人生。這是他最快樂的一段時光，沐浴在父祖兩代雙親的愛和教育裏，讀書、寫字、賦詩、遊歷、求道、習兵，對知識的追求如飢似渴，獨立思考讀書的道理，奠定了扎實基礎。

王陽明入仕後，便受到大太監劉瑾的殘害，人生蒙受大挫折。正德元年（1506），劉瑾逮捕御史戴銑等二十餘人。王陽明疏救，惹怒了劉瑾，被縛午門外，遭廷杖四十，陽明氣絕，很久才甦醒。

龍 場 悟 道

在監獄半年後，王陽明被謫貴州龍場驛。受他牽連，父親由禮部侍郎罷官，劉瑾敗死後官復原職，後故去。

劉瑾派人在路上要加害陽明，這已被陽明所預料。陽明行到錢塘江邊，深夜佯為投江，將衣冠鞋子浮在水上，遺詩云："百年臣子悲何極，夜夜江濤泣子胥。"以此蒙蔽了前來追殺的人。就這樣，歷千難萬險，來到貴州龍場驛，做了個驛丞。龍場，在今貴州省貴陽市修文縣，這裏萬山高聳，多為苗民。苗人見他無處落腳，睡在草樹之中，便幫他搬到一個山洞居住。洞口直上直下，山洞很低，也很窄小，沒有家具鋪蓋，王陽明住在洞裏，以草為被褥。這個山洞後俗稱"玩易窩"。後來，他找到大些的洞穴，人在裏面可以直起身來。現在當地人們把它叫作"陽明洞"。王陽明曾在洞裏修行。王陽明對當地老百姓因俗化導，教他們削木為樑柱，割草為蓋，建造房舍。百姓們就伐木為屋，以棲陽明。王陽明教他們找來黏土，做成土坯、燒窰製磚，再伐些大樹做樑架，蓋成一組房屋，有"何陋軒"、"君子亭"、"賓陽堂"。王陽明把房屋佈置起來，將之分成不同的功能區，把帶來的圖書，整齊擺放，屋外還種上松、竹、芍藥。驛丞官小俸微薄，王陽明就帶著驛卒出去找平坦地塊，放火燒荒，翻土下種，農耕收穫，得以溫飽。

王陽明在艱苦境遇中，靜思默想，琢磨“格物”之說。這“格物”二字，出自《大學》。古人言道：“欲明明德於天下者，先治其國。欲治其國者，先齊其家。欲齊其家者，先修其身。欲修其身者，先正其心；欲正其心者，先誠其意；欲誠其意者，先致其知。致知，在格物。”修身、齊家、治國、平天下，這四者以“修身”為基礎。怎樣才能修養身心以完善自我呢？朱熹說；修養身心有一個順序：格物，致知，誠意，正心，修身。

　　這樣，“格物”就成為“三綱八目”鏈條的起點。格物，就是探究萬物的規律。但怎麼實踐呢？王陽明曾經對著窗前的竹子冥思苦想，從這具體的竹子，探究萬物發展的規律。如今，王陽明身處龍場驛這個偏僻艱苦而又安靜優美的環境，窮荒無書，只有苦思，夜以繼日，回憶過去，咀嚼學問，回顧好騎射、好任俠、好辭章、好神仙、好佛氏，以及為學、為官的種種體驗，一天夜裏，終於“頓悟”：格物致知，當自求諸心，不當求諸事物。他喟然曰：“道在是矣。” 王陽明的學說，可以概括為兩句話：

　　第一，格物致知，致良知。就是：探索萬物規律，要透過表面，以心格物，用心思考，用心總結，探求規律。要“致良知”，通過啟發、教育、力行，使人性之善得到發揚，透出光明。

　　第二，知行合一，重視行。就是：知中有行，行中有知，也就是邊知邊行，不是先知後行，也不是先行後知，而是知行合一，重視行。其中，更加強調“行”。

　　王陽明得到頓悟，高興得在睡夢裏大呼大叫。後來又經過不斷論證、貫通、講學、著書，得到眾多學者認同，世間遂有“陽明學”。

此 心 光 明

　　嘉靖七年（1528）十一月，五十七歲的王陽明，在廣西平亂過程中，舊病復發，一面上疏乞歸，一面乘船往家鄉走。船行到南安府（今江西省贛州市大余縣），他的門人周積在那裏做推官，遂趕來拜見。王陽明咳喘不止，半晌，才慢慢問道：“你近來進學如何？”周積回答：“被政務牽累。”周積問：“道體如何？”陽明道：“病勢危亟，只存些元氣罷了。"十二月二十九日早晨，陽明命傳周積如侍，周積站立好久，才見陽明慢慢睜開眼睛，看向周積，說："我去了！"周積淚如泉湧，回問道："先生可有遺命？"陽明微微地笑了一笑，說："此心光明，還有什麼說的。"瞑目而逝。

當我讀到這段史料時，不禁心潮澎湃。王陽明這一生只有五十七年，三十歲之前過得悠遊自在，衣食無憂，受到良好的教育和關愛。但是他走上仕途以後，卻處處艱難——做學問難，傳播學問難，做君子難，完成事功更難。廷杖之辱、牢獄之禍、奸臣陷害、文人嫉恨，煙瘴之地、草樹穴居、輾轉山林、帶兵征戰，肺炎痢疾、纏綿不去。所以他這一生，受到的苦大大多於嚐到的甜。但陽明先生在臨死時說的最後一句話，竟是"此心光明"。

浙江餘姚王陽明故居

三十八天

正德十六年（1521）三月十四日，明正德帝病死於豹房。這位三十一歲的荒唐天子，竟然沒有留下一個兒子。那麼，誰來繼承皇位呢？

兄 終 弟 及

正德帝沒有兒子。按照明朝的家法，"父死子繼，兄終弟及"，就是父親死了，兒子繼承；沒有兒子，兄弟繼承。但是，正德皇帝既沒有皇子，又沒有親兄弟，就只好看看堂兄弟裏有沒有合適的人選。他的皇父弘治帝倒是有幾位兄弟，最大的弟弟是朱祐杬。

朱祐杬，出生在未央宮，後更名為啟祥宮，成化二十三年（1487）封興王，藩國在湖廣安陸州（今湖北省鍾祥市），但是他已經在正德十四年（1519）去世，諡獻，所以又稱興獻王。興獻王的王位，由他的世子朱厚熜繼承，而朱厚熜是正德帝的堂弟。於是，內閣首輔楊廷和把目光聚焦於這位遠在湖北、十五歲的興王朱厚熜。

楊廷和（1459～1529年），四川新都（今在四川省成都市）人。父春，湖廣提學僉事。廷和出身讀書人家，性格沉靜，風姿秀美，聰明過人，年十二，中舉人。十九歲時先其父成為進士，弘治時，改庶吉士，入翰林院，受修撰。參加《大

逛 一 逛

啟祥宮

內廷西六宮之一。始建於明永樂十八年（1420），起初名為未央宮。明嘉靖十四年（1535）因世宗之父興獻王朱祐杬在這裏出生，更名為啟祥宮。清晚期改名為太極殿。

文淵閣

明清皇宮的文淵閣，先後有三座：第一座是明太祖在南京皇宮裏修建的文淵閣，正統年間毀於火；第二座是永樂帝遷都後，依照南京文淵閣的樣子在北京皇宮裏興建的文淵閣，明末李自成撤離北京時毀於火；第三座是乾隆時專為儲藏《四庫全書》而在文華殿後興建的文淵閣。

文淵閣

明會典》、《明憲宗實錄》纂修，書修成後，為日講官、太子老師。正德時，晉文淵閣大學士，參與機務。楊廷和因得罪大宦官劉瑾，被降二級，後來恢復，官至吏部尚書、武英殿大學士。正德帝突然駕崩，作為當朝內閣首輔，楊廷和做了幾件大事。

從正德十六年（1521）三月十四日正德帝死於豹房，到四月二十二日嘉靖帝登極，楊廷和總理朝政三十八天。

總 理 朝 政

首輔楊廷和在總理朝政的三十八天裏，做了哪些大事呢？

第一，特殊時刻，奏定皇位。當正德帝暴死又無嗣的緊急之時，大學士、首輔楊廷和舉著《皇明祖訓》提出："兄終弟及，誰能瀆焉！興獻王長子，憲宗之孫，孝宗之從子，大行皇帝之從弟，序當立。"大學士梁儲、蔣冕、毛紀都贊同（當時大學士僅有四人）。於是，令中官入啟皇太后，楊廷和等候於左順門下。一會兒，中官奉遺詔及太后懿旨，宣諭群臣，一如楊廷和所請，皇位繼承人敲定。這既穩定了朝廷政局，又不違背明朝制度，楊廷和在危難之時立了安邦定國的大功。而此時朱厚熜正在今湖北鍾祥過著他的悠閒王爺生活。

朱厚熜（1507～1567 年），祖父朱見深是成化皇帝，父親朱祐杬是弘治帝的弟弟。弘治帝於成化二十三年（1487）繼承皇位，同年，十二歲的朱祐杬被封為興王，弘治五年（1492）成婚，年十七，王妃為蔣氏，就是嘉靖帝的生母。兩年後從北京到安陸就藩。朱祐杬身為親王，享有顯貴的地位和優厚的待遇，"歲祿萬石，府置官屬。……冕服車旗邸第，下天子一等。公侯大臣，伏而拜謁，無敢鈞禮"（《明史·諸王傳》）。但行動也受到嚴格的限制和約束，甚至出城也得向皇帝請假，不經皇帝批准，不許出城一步。這也就使朱祐杬過著豪華富貴而又無所事事的生活。他好讀書，喜以文事自娛，經史子集，無不涉獵其間，對醫書也頗有興趣。朱祐杬還經常出銀出糧，撫恤和救濟災民，博得樂施行善的名聲。但遠離京師，整天囿於王府，消閒無事，使他感到有一種說不出、道不明的鬱悶和無聊。當地盛行

楊廷和像

　　道教，朱祐杬崇信道教，跟道士往來密切。這對朱厚熜的影響是很深刻的。

　　安陸州是一座歷史悠久的古城，山林茂密，漢水蜿流。朱厚熜作為興王的獨生子，備受寵愛，"非筆墨間所能述者矣"（《鍾祥縣志》）。這就形成了他任性、虛榮、高傲、懶散的性格。

　　朱厚熜五歲，父親親自教他讀書寫字，"口授詩書，手教作字"。年齡稍大後，又設置書館，命講官按時給朱厚熜講書。當時湖廣提學副使張邦奇督察學校有方，府學生員，競相努力讀書。朱祐杬特令朱厚熜去應試。張邦奇安排兩個書案，自己用北面的一張，而讓朱厚熜用南面的一張。考試及格，朱厚熜就入府學讀書（《明史·張邦奇傳》）。他天資聰敏，對所學詩書常"不數過輒成誦"，對於"孝經大義"

及“先王至德安道”也無不通曉（《明世宗實錄》卷一）。他雖然是個十多歲的孩子，但舉止“凝重周旋中禮，儼然有人君之度”（《明世宗實錄》卷一）。

興王正值英年，體貌英偉，身體康健，但正德十四年（1519）夏天炎熱，他不幸中暑，半月後死去，年僅四十四歲。父親早逝，使十三歲的朱厚熜懂事了許多。按照明朝制度，親王去世，其世子要守孝三年，其間不得襲封王位。朱厚熜便以王世子的身份代理府事，經受了鍛煉，增長了才幹。正德十六年（1521），其母蔣氏上奏朝廷，以“歲時慶賀、祭祀，嗣子以常服行禮非便”為由，請求朱厚熜提前襲封王位，正德帝頒詔允准。於是朱厚熜就正式襲封興王。

第二，總理朝政，三十八天。正德帝死，嘉靖帝立，中間皇位空缺整整三十八天，實際上是大學士、首輔楊廷和在主持朝政。他令太監張永、武定侯郭勳、兵部尚書王憲選各營兵，分佈皇城四門、京城九門及南北要害，以遺命宣佈革除正德弊政：其一，罷威武營團練諸軍，革皇店及軍門辦事官校悉還衛。其二，豹房番僧及少林僧、教坊樂人、南京快馬船，諸非常例者，一切罷遣。其三，以遺詔釋遣四方進獻女子，停京師不急工務，收宣府行宮金寶歸於內庫。其四，裁汰錦衣諸衛、內監局旗校工役，總共十四萬八千七百餘人。其五，減漕糧一百五十三萬二千餘石。其六，中貴、義子等恩幸得官者，大半皆斥去（《明史·楊廷和傳》）。這引起一群既得利益者的不滿，他們趁楊廷和入朝，攜帶白刃，準備行刺。事聞，派營卒百人，護衛他上下班。

第三，剷除江彬，去除隱患。佞臣江彬，既領錦衣衛，又官東廠，權勢熏天，壞事做盡，擁兵京城，隨時可能發動叛亂，楊廷和決心除掉這個大患。考慮到江彬有家丁數千，又與宮內有著千絲萬縷的聯繫，“廷和密與司禮中官魏彬計，因中官溫祥入白太后，請除彬。時坤寧宮安獸吻，即命彬與工部尚書李鐩入祭。彬禮服入，家人不得從。事竟將出，中官張永留江彬、李鐩飯，太后遽下詔收彬。彬覺，亟走西安門，門閉尋走北安門，門者曰：‘有旨留提督。’江彬曰：‘今日安所得旨？’”（《明史·江彬傳》）門者將江彬逮捕，抄江彬家，得黃金七十櫃，白金二千二百櫃，其他珍寶，不可數計。江彬既誅，京師久旱，遂下大雨，中外相慶。

功 在 社 稷

在皇位空缺的特殊時期,楊廷和依靠張太后,與朝臣同心協力,剷除奸佞,穩定局面,時人讚為"救時宰相。"

驚心動魄的三十八天平安度過,朱厚熜繼承皇位,是為嘉靖帝。作為首輔大學士,楊廷和輔佐嘉靖帝兩年,彰顯士人風骨。朱厚熜登位後,因興獻王的尊號問題,多次召楊廷和"從容賜茶慰諭",楊廷和不順帝意,嘉靖帝不悅。廷和等三奏,帝留中不下。嘉靖帝親予手敕,楊廷和以"臣不敢阿諛順旨",封還手詔。楊廷和先後"封還御批者四,執奏幾三十疏"。嘉靖帝以廷和有定策之功,先後四次封賞,廷和"四辭而止"。而後,嘉靖帝崇道教,事齋醮,廷和勸阻,不聽;又派太監督催織造,廷和再勸阻,仍不聽。嘉靖帝再派太監到內閣,督促楊廷和撰擬敕告,廷和以"民困財竭",請毋遣。嘉靖帝不聽,警告曰:"毋瀆擾執拗。"廷和還是力爭,言:"臣等與舉朝大臣、言官言之不聽,顧二三邪佞之言是聽,陛下能獨與二三邪佞共治祖宗天下哉?"廷和沒有辦法,請求退休。嘉靖三年(1524)正月,嘉靖帝允准首輔楊廷和辭官回家。楊廷和雖誅大奸,決大策,扶危定傾,功在社稷,但嘉靖七年(1512),纂修《明倫大典》告成,御定"大禮議"時諸臣逆鱗之罪,以楊廷和"法當僇市",但對其"寬大處理","削職為民"。明年六月卒,年七十一。

大禮之議

嘉靖帝以堂弟的身份繼承堂兄的皇位，引發了帝系的改變。明朝帝系有兩次改變：第一次是燕王朱棣發動靖難之役，從姪子建文帝手裏奪取皇位，帝系便由懿文太子朱標、建文帝一系，轉為明成祖朱棣一系。第二次是朱厚熜繼位，帝系由明弘治、正德一系，轉為明嘉靖一系。伴隨帝系的轉變，發生了激烈的"大禮議"之爭。我們先從兩個故事說起。

兩 個 故 事

第一個故事。明朱厚熜為繼承正德帝的遺位，從安陸到北京後，由哪個城門進入皇宮？按明朝規定，男性只有皇帝才能從中門進入，爭議的焦點是：朱厚熜是作為過繼給弘治帝的兒子，以太子身份進宮，還是以皇帝身份進宮？禮部按太子即位禮儀，請朱厚熜從東安門進皇城。朱厚熜則說："皇兄遺詔裏說讓我即位當皇帝的，禮部這麼說算怎麼回事！"禮部回覆說：您現在還是王，不是帝，不能從中門進入。朱厚熜的車駕已到城外，就是不進城。禮部沒有辦法，最後應允他由大明門中門等進入，到皇極殿（太和殿）登極，年號為嘉靖，就是嘉靖皇帝。

第二個故事。嘉靖帝母親蔣氏從湖北安陸到北京後，先是嘉靖帝的母親生氣不入京，因為朝臣欲讓嘉靖帝奉明孝宗為皇考。繼是嘉靖帝的母親從哪個城門進入皇宮？按明朝規定，女性只有皇后大婚才能從大明門、承天門（天安門）、端門、午門、皇極門（太和門）的中門進入。爭議的焦點是：蔣氏以王妃身份進宮，還是以太后身份進宮？禮部奏請："聖母至京，宜由東安門入"。嘉靖帝不准；再議由大明門左側門入，又不准；最後朱厚熜斷然下令：走大明門中門入！正僵持著，嘉靖帝的母親生氣了，鬧起脾氣，拒不入京。嘉靖帝聽到生母這般境遇，痛哭不止，提出不想當皇帝了，要"奉母歸"——母子都回湖北老家去！大臣們嚇壞了，如果他們母子都回老家，空缺的皇位怎麼辦？最後決定妥協一步：按朱厚熜的意思辦。嘉靖帝的母親這才從通州起程，由大明門中門進入皇城，依次都走中門，進入宮城，同即將當皇帝的兒子朱厚熜團聚（《明史紀事本末‧大禮議》）。

三 個 事 件

正德十六年（1521）四月二十二日，朱厚熜告祭天地宗廟，在隆重登極大典中，登上皇位，改年號為嘉靖，這就是嘉靖皇帝。嘉靖帝坐上寶座後，又惹出三個事件。

第一個事件：左順門事件。左順門是紫禁城皇極殿（太和殿）前，左邊的門。這是由紫禁城東側進入皇極殿（太和殿）的必經之門，因事件發生在左順門，所以稱左順門事件。這個事件是關於新皇帝生父上尊號的爭議。爭議的焦點是：明孝宗弘治帝朱祐樘，是朱厚熜的過繼父親，朱祐杬則是他的生身父親，這如何上尊號？這在明朝沒有先例，《明會典》也未作明確規定。首輔楊廷和等主張稱孝宗弘治帝為皇考，而稱興獻王朱祐杬為皇叔父。這時，剛中進士的孚敬（後改名張璁）和桂萼，揣摩並迎合帝意，提出尊朱祐杬為皇考，孝宗朱祐樘為皇伯父。這場爭論，長達三年。

嘉靖帝於嘉靖三年（1524）追尊興獻王為皇考恭穆獻皇帝。豐熙等反對的大臣二百餘人，在左順門外跪伏高呼："高皇帝！孝宗皇帝！"嘉靖帝派太監宣諭退下，從早到午，眾臣硬是不退。皇帝下令抓八人震懾一下。其他大臣非但不退，反而大哭，聲震闕庭。嘉靖帝大怒，命內臣將跪伏官員的名字全部錄下，一百九十三

左順門（協和門）

逛一逛

左順門

午門內東廡正中之門。建於明永樂十八年（1420），開始時稱左順門，嘉靖時改稱會極門，清順治年間改稱協和門。

右順門

午門內西廡正中之門。建於明永樂十八年（1420），開始時稱右順門，嘉靖時改稱歸極門，清順治時改稱永和門，清乾隆元年開始稱為熙和門。

人被下詔獄，左順門跪伏事件被鎮壓下去。幾天以後，對豐熙等八人嚴加拷訊，充軍邊疆。四品以上官員奪取俸祿，五品以下官員一百八十餘人被廷杖，致死十七人。嘉靖帝稱明孝宗弘治帝為皇伯考，張太后為皇伯母，他的親生父親為皇考、親生母親為聖母，並昭示天下。

第二個事件：太廟事件。太廟，是皇帝的宗廟，供奉皇帝先祖。嘉靖帝覺得他的父親也應該有廟號，其神主也應供入太廟。但這顯然不符合明朝朱氏祖宗家法。神主入太廟，必須是生前為皇帝的人，而興獻王根本不夠資格。大臣和嘉靖帝相持不下，只好採取折中的辦法，先在太廟旁邊建一座獻皇帝廟。直到嘉靖十七年（1538）九月，嘉靖帝的父親被稱為獻皇帝睿宗，祔於太廟，位躋武宗正德帝之上。

第三個事件：南京太廟事件。明朝在北京和南京各有太廟。嘉靖十三年（1534）南京太廟被大火燒毀，藉此機會，嘉靖帝下令將太廟的同廟異室制，改為多廟制，就是給明朝每位已死的皇帝各建一座廟，共九座廟，同時在九廟旁邊給自己的父親修世廟，這樣十座廟排在一起，就看不出哪個是太廟，哪個是世廟。結果，嘉靖二十年（1541）九廟全部毀於大火，嘉靖帝認為是上天懲戒，於是恢復了同廟異室制，但還是順便把興獻王的神主也奉入太廟。

至此，長達二十年的所謂"大禮議"之爭，才告結束。

強 化 皇 權

第一，嘉靖帝執意要稱興獻王朱祐杬為皇考，而稱孝宗弘治帝為皇伯父。他深知：事情的關鍵是首輔楊廷和。嘉靖帝先後用加爵、增祿、賜茶、慰諭楊廷和，"廷和先後封還御批者四，執奏幾三十疏"（《明史·楊廷和傳》），而不肯順從帝意。這時新科進士張璁及桂萼等迎合上疏謂"當繼統，不繼嗣"，就是只繼帝位，不繼承嗣。於是，嘉靖帝先後將楊廷和、梁儲、蔣冕、毛紀、石珤等大學士及一些大臣免掉，而啟用張璁、桂萼等阿諛逢迎之臣，並以廷杖、關押、謫戍、削職、減俸等措施，壓制反對意見，使其意志得以實現。

大禮議，爭論的基本內容是封建禮制。禮樂制度和祭祀典禮，在封建時代是

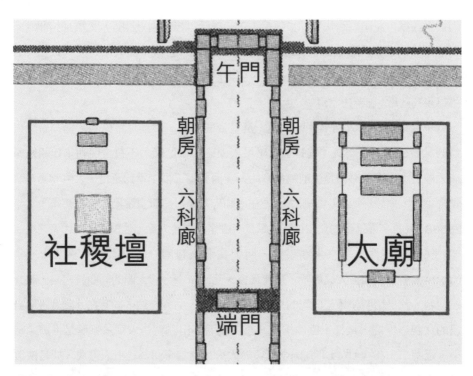

太廟、社稷壇平面圖

逛一逛

太廟

皇家祭祀已故帝后的祖廟,並予以功臣配享。太廟位於午門外東側,始建於明永樂十八年（1420）。太廟的前殿有九間,兩翼有東、西廡,後面是寢殿。北京太廟現建築保存完好,1950年改名為北京市勞動人民文化宮。

社稷壇

皇帝祭祀土神、穀神的地方。位於午門外西側,始建於明永樂十八年（1420）。清沿明制,為社、稷合祀一壇之制。祭社稷之禮,每年春祈、秋報皆以仲月上戊日祭太社、太稷之神,以後土句龍氏、後稷氏配。民國初年曾經闢為中央公園,也稱稷園。今為中山公園。

國家第一等大政。"國之大事，在祀與戎。"嘉靖初年"大禮議"之爭，爭論的問題在今天看來似乎是小題大做，但在皇朝時代，這些都是關乎國家命運和皇室興衰的大事，直接涉及皇權的強化和削弱。朱厚熜利用手中的皇權，以倔強的性格和執拗的偏頗，排除了大多數朝臣的反對，取得了勝利。通過大禮議，嘉靖帝坐穩了皇位，掌握了實權。

第二，頒佈《明倫大典》。嘉靖六年（1527）詔修《明倫大典》，翌年告成。該書從理論上論證在"大禮議"論戰中，嘉靖帝是正確的，即提供理論支撐。修書官員，多得到晉升：張璁由新科進士，七年之間，官少傅兼太子太傅、吏部尚書、謹身殿大學士；桂萼於正德六年（1511）中進士，後官知縣，升為禮部尚書兼翰林學士，不久遷吏部尚書，《明倫大典》成，加少保兼太子太傅。

第三，詔定議禮諸臣罪。楊廷和有"誅大奸，決大策，扶危定傾，功在社稷"的功勳，卻落得"法當僇市，姑削職為民"的下場。其子楊慎，雖為狀元，因為逆鱗，發配劍齒，最終死於戍所。

事實表明：歷史曲折，總回原點；任性邪惡，終歸失敗 —— 嘉靖帝死後，其子朱載垕繼位，是為隆慶帝。隆慶帝為楊廷和平反，復原官，贈太保，諡文忠。張璁、桂萼之流，終被歷史唾棄。

大江東去

楊廷和有一位狀元兒子，就是千古名篇《臨江仙·滾滾長江東逝水》的作者、著名文學家楊慎。

高 中 狀 元

楊慎（1488～1559 年），四川成都人，宰相楊廷和之子。幼年機警敏銳，十一歲能詩。十二歲仿作《古戰場文》、賈誼《過秦論》，長老驚異。到了北京，賦《黃葉詩》，大學士李東陽看了很讚賞，收作門下學生。正德六年（1511）殿試第一，就是中了狀元，才二十四歲，授翰林院修撰。楊慎曾奉使過鎮江，到丹徒，拜見在老家的原大學士、首輔楊一清，閱覽他家的藏書。每有叩問請教，楊一清都能背誦如流。楊慎既驚訝，又敬佩，於是更加勤奮，博覽群書。楊慎常對人說："資性不足恃。日新德業，當自學問中來。"（《明史·楊慎傳》）楊慎秉承楊廷和忠耿執著的家風，不做佞臣，而做忠臣。正德十二年（1517）八月，明武宗正德帝微行出遊，剛出居庸關，楊慎得到信息，立即抗疏懇諫。不久，正德帝因病回到京城。正德帝病死，嘉靖帝嗣位，楊慎擔任給新皇帝上課的經筵講官。

保和殿內

看 一 看

明朝殿試

明清士人要走完科舉考試全程，須過前三關 —— 童試、鄉試、會試，和後三關 —— 殿試取進士，朝考取庶吉士、散館取翰林。讀書人一路過關斬將，方能有資格在保和殿考進士、中金榜、點翰林，從而在朝為官，實現理想。

蒙受廷杖

嘉靖帝因"大禮議"而恨楊廷和、楊慎父子。父親舊怨未息，兒子新怨又結。

第一，罰俸。嘉靖三年（1524），楊廷和剛辭官回鄉，時為大學士、又是楊廷和政敵的桂萼等，奏請升楊慎為翰林學士，皇帝採納。楊慎連同三十六人上書："臣等與萼輩，學術不同，議論亦異。……臣等不能與同列，願賜罷斥。"（《明史‧楊慎傳》）嘉靖帝看到奏疏後，勃然大怒，加以切責，罰俸兩個月。

第二，廷杖。一個月後，楊慎又與學士豐熙等為"大禮議"疏諫，並偕同朝廷大臣，跪在左順門（今協和門）外力諫。有人奏告：群臣在左順門撼門大哭，聲徹殿庭，為首的是楊慎。嘉靖帝聞奏更怒，命在朝廷上，再廷杖楊慎等七人。

第三，遣戍。楊慎等因聚哭建言案，被謫戍永昌衛（今雲南省保山市）。楊慎在謫戍路上險遭殺害。因為楊廷和當首輔時，被斥逐的錦衣衛冒濫官員，這時伺機在路，企圖謀害楊慎，實行報復。楊慎沿途防範，抱病跋涉萬里，病憊不堪，抵達戍所，臥床不起。嘉靖帝每問起楊慎狀況時，閣臣為保護楊慎，以老病回奏，嘉靖帝才稍微緩解。楊慎聞知後，情緒更加低落，放縱飲酒（《明史‧楊慎傳》）。

第四，勤學。楊慎在長期遣戍期間，以書為伴，讀書不停，著書不停。他不僅讀了大量的書，而且寫了大量著作。在明朝文人中，讀書之多、記誦之博、著作之富、文采之麗、骨鯁之硬、士節之正，推楊慎為第一。除詩文外，雜著一百餘種。

第五，悲歌。嘉靖八年（1529）廷和病故，楊慎奔告巡撫，請於朝廷，獲准歸鄉，治理喪事。他辦理完喪事後回到戍所。楊慎七十歲那年，私自回成都，巡撫派官兵，被抓捕而回。兩年後，楊慎長期憂憤，患病而死，享年七十二歲。楊慎與解縉、徐渭被譽為明代三大才子，並行於世。楊慎一生，影響最大的作品是《臨江仙‧滾滾長江東逝水》。

羅貫中名著《三國演義》，以楊慎《臨江仙‧滾滾長江東逝水》開篇；歷史電視劇《三國演義》又以其做主題歌歌詞，大江上下，長城內外，家喻戶曉，婦孺皆知，甚至五湖四海，也是廣為人知。詠史名詞《臨江仙‧滾滾長江東逝水》，悲愴地唱道：

［明］ 陳洪綬

《楊升庵簪花圖》

滾滾長江東逝水，浪花淘盡英雄。是非成敗轉頭空：青山依舊在，幾度夕陽紅。

　　白髮漁樵江渚上，慣看秋月春風。一壺濁酒喜相逢：古今多少事，都付笑談中。

　　詞的上片，開首兩句，令人想到杜甫"無邊落木蕭蕭下，不盡長江滾滾來"和蘇軾"大江東去，浪淘盡，千古風流人物"。"是非成敗轉頭空"，是對上兩句歷史現象的總結，從中可看出楊慎閱盡人間滄桑，胸懷曠達，情意超脫。"青山依舊在"是在講地，講空，講不變；"幾度夕陽紅"是在講天，講時，講變化。世間萬象，變中有不變，不變中有變。《心經》講："色即是空，空即是色。"色，在這裏是指實，相；空，在這裏是指虛，無。在時與空、虛與實、人與事、喜與悲的變幻中，楊慎感悟道："滾滾長江東逝水，浪化淘盡英雄。"這一切如日月升落，草木榮枯。

　　詞的下片，展現了一個白髮漁樵，獨釣江雪，任憑驚駭濤浪，不管是非成敗，清酒一壺，友朋夜逢，縱論古今，談笑而已。寂寞悲苦的楊慎，仰觀日月運行，沐浴秋月春風。歷史的興替，人物的悲歡，都只不過是酒中的談資，助興的話柄。

不 朽 之 作

　　《宋詞三百首》中選錄六篇《臨江仙》，其中包括歐陽修與蘇東坡的《臨江仙》，都各具特色。楊慎的這首《臨江仙·滾滾長江東逝水》，慷慨激昂，悲壯恢宏，亦虛亦實，渾然大氣，是《臨江仙》中的翹楚之作。時過近五百年，依然震撼人心，為什麼呢？因為楊慎有驚世的才華，非凡的閱歷，悲喜的家庭，跌宕的人生。楊慎這個人，相門之子，大明俊彥，二十四歲，高中狀元，烈火烹油，繁花似錦。但是，大喜也楊慎，大悲也楊慎。因觸犯"龍顏"，遭廷杖，被遣戍，蒙羞辱，離家鄉，死戍所，達三十五年。天賦的才華，地盡的監牢，奇特的人生，坎坷的經歷，使楊慎的心靈擁有更加深刻的人生感悟，使楊慎的辭章展現更加淡定的純淨意境。青山不老，看盡炎涼事態；醉酒笑語，釋去心頭重負。宇宙永恆，人生短暫；江水不息，青山常在。

風平而後浪靜，歷險才能淡定。楊慎經歷家庭盛衰、個人浮沉的特殊境遇，在成敗得失之間，總結人生際遇，探索人生哲理，抒歷史興衰之感，詠人生沉浮之慨，散溢高潔情操，展現悲壯胸懷。既有大英雄功成名就後對前景的空疏與孤獨，又有大名士落魄悲苦後對名利的淡泊與輕蔑。楊慎一首《臨江仙·滾滾長江東逝水》成為千古絕唱，前人所無，後人難再。

楊氏一門四代，出了"一首輔一狀元六進士"："一首輔"是楊廷和，楊廷和在明朝成化、弘治、正德、嘉靖四朝為官；"一狀元"是他的兒子楊慎；"六進士"是楊廷和，其父楊春，其弟楊廷儀，其子楊慎與楊惇，其孫楊有仁。在楊廷和的家族中，最為人知的、影響最大的，就是明代大才子、也是中國文學史上的大才子楊慎。

事應為而不可為，雖力為也不能為，仍然為之，這就是風骨，如楊慎。堅持理想，與命運搏鬥，雖可能被摧毀，但不能被征服，這是人們敬仰的崇高品格。做何選擇，都是智慧。

嘉靖宮變

就在嘉靖皇帝"大禮議"取得節節勝利之際，他的後宮接連出現凶信。

三后早死

嘉靖帝是明朝后妃最多的皇帝，僅有封號的后妃就有六十多位。但是，嘉靖帝的三位皇后，皆相繼故去，不得善終。

第一位是陳皇后。嘉靖元年（1522），由張太后做主，陳皇后入主後宮，成為嘉靖帝的第一位皇后。嘉靖帝因厭惡張太后而累及陳皇后。嘉靖七年（1528）九月，嘉靖帝與懷有身孕的陳皇后聊天，見兩位妃子過來進茶，便拉住這兩位妃子的手撫摸，陳皇后見狀便站起來要離開，嘉靖帝立即大怒，陳皇后被嚇得流產，沒過幾天，便死去了。

第二位是張皇后。在陳皇后死的當年十一月，嘉靖帝立張順妃為皇后。六年之後，嘉靖十三年（1534），在新年伺候嘉靖帝吃飯時，張皇后剛剛提起張太后為弟弟求情，"上震怒，立褫冠服，鞭撻之，斥譴以去"（沈德符《萬曆獲野編·世宗廢后》）。張皇后受到驚嚇，鬱鬱寡歡，不久死去。

第三位是方皇后。張皇后被廢後，德妃方氏被冊為皇后。因為嘉靖帝懷疑方皇后害死了寵妃曹氏（後面補敘），在嘉靖二十六年（1547），後宮發生大火時，方

明世宗朱厚熜像

皇后被大火圍在宮裏，嘉靖帝竟然阻止他人搶救。方皇后雖未當場燒死，但終因燒傷和驚嚇，十多天後，就去世了。

此後，嘉靖帝不再立皇后。

生 母 去 世

嘉靖帝和生母蔣太后母子感情很深。在興獻王突然去世的艱難時日裏，在母子倆剛剛進宮的風波中，母子二人相依為命，蔣太后成為嘉靖帝青少年時期的精神依託和情感支柱。蔣氏識文斷字，在安陸王府時，曾著《女訓》一卷。嘉靖帝親自作了序文，將這卷《女訓》與記述明太祖馬皇后生平的《高皇后傳》，以及明成祖徐皇后的《內訓》等三篇，刊印成冊，公佈天下。這就把蔣太后與馬皇后、徐皇后放在同等位置，給母親以巨大的榮耀。嘉靖十七年（1538）十二月初四日，這位做了三十年王妃、十七年皇太后的蔣氏去世。母親的去世，使嘉靖帝悲痛不已。於是他精心籌劃蔣太后的葬地。

當初，興獻王死後葬在其封地湖北安陸境內的松林山。大禮議後，興獻王被尊為獻皇帝，陵墓被升格為顯陵，松林山被封為純德山，安陸州被改為承天府。考慮到承天府離北京太遠，遂有意將顯陵北遷，與蔣太后合葬在北京天壽山長陵之西的大峪山。然而當嘉靖帝從大峪山視察返京後，主意變了，打算把蔣太后梓宮南祔顯陵。但是，顯陵的情況如何呢？嘉靖帝決定親自去一趟，於是就有了所謂"嘉靖南巡"。

嘉靖十八年（1539）二月十六日，嘉靖帝啟程南巡。扈從的官員有大學士夏言、禮部尚書嚴嵩等重臣，一百二十名錦衣官校和八千名旗校前呼後擁。護衛官兵六千名，供旗校使用馬匹有三千多匹。二月二十八日，嘉靖帝一行抵達河南衛輝境內。忽然有股旋風繞駕不散。嘉靖帝很驚恐，忙問隨侍道士陶仲文，此兆主凶還是主吉？陶仲文說主凶，聲稱要發生火災。嘉靖帝有些慌亂，令陶仲文做法事禳除火災。陶仲文說："火終不免，可謹護聖躬耳！"當天夜裏四鼓時分，行宮突然起火。火藉風勢，越燒越旺，濃煙騰空，四處火光。在慌亂中，侍衛們竟找不到嘉靖帝身在何處。幸虧錦衣衛指揮陸炳鎮靜不亂，"排闥直入"，將被火海包圍、不知所措的嘉靖帝背到安全地帶，使他幸免於難（《明世宗實錄》卷二二一）。火災造成嚴重的損失，許多太監、宮女被燒死，所帶法物、寶玉多被焚毀。這場大火是隨從宮女亂丟未熄滅的蠟燭造成的。多名官員，因失職，或遭廷杖，或黜為民。

經過二十六天的長途跋涉，嘉靖帝到達承天府，回到闊別十八年的故居。三月二十四日，嘉靖帝離開承天府，踏上歸途。通過實地視察顯陵，嘉靖帝的意向又有了變化，他打算讓其父仍葬顯陵，而其母蔣太后葬北京大峪山。四月十五日，嘉靖帝回到皇宮。接著，赴大峪山工地進行察看。經過一番詳細的了解，嘉靖帝終於打定了主意，確定將太后的梓宮南運到顯陵。同年閏七月，蔣太后梓宮由運河水道運抵承天府，與興獻王合葬顯陵。

嘉靖帝的后妃先後生下八子五女，但大多早亡。到嘉靖帝去世時，僅剩一子一女。最讓他痛心的是皇太子朱載壡——不到四歲立為太子，他生而靈異，不喜紛華靡麗，小心齋慎。嘗見上叩頭曰："兒不敢。"時時舉手曰："天在上。"嘉靖帝奇其不凡（《明世宗實錄》卷三四六）。嘉靖二十八年（1549），嘉靖帝為十四歲的太子舉行加冠及講學典禮。誰知兩天之後，太子忽然患病，御醫診治，但無效果。只見太子忽北面拜曰："兒去矣！"正坐而死。太子死後，嘉靖帝就剩下兩個兒子，他長期不立皇太子，但是到嘉靖四十四年（1565）又死了一個二十九歲的兒子，僅存的兒子朱載垕，就是後來繼位的隆慶皇帝。皇子、公主相繼去世，給嘉靖帝帶來了極大的痛苦，甚至是恐懼。

壬寅宮變

嘉靖帝吃丹藥，性情格外暴躁，殘酷虐待宮女，無端打罵折磨，使她們身心受到摧殘，經常處於極其悲慘的境地。嘉靖帝還相信道士秘方，用宮婢的經血燒煉"丹鉛"。這種慘無人道的折磨，把宮女逼上了絕境。受辱宮女，串通起來，秘密謀劃，進行報復。

嘉靖二十一年（1542）十月二十一日夜裏，發生了一件讓嘉靖帝險些丟掉性

乾清宮背面

命的"宮變"。因這一年是壬寅年，史稱"壬寅宮變"，又稱"嘉靖宮變"。事情的經過是這樣的：

明朝皇帝的寢宮在乾清宮，只有皇后可以與皇帝同住，其他妃嬪等僅是奉召進御，不能在此過夜。有的書記載：明代乾清宮後部的暖閣，共有九間，每間分上下兩層，共有二十七張床。皇帝夜裏隨意選擇房間和床位就寢，生人很難弄清他睡在哪裏，確保安全，以防不測。儘管皇帝防範巧妙，但對嘉靖帝身旁侍奉的宮女來說，則是沒有秘密可言的。

這天夜裏，嘉靖帝已經熟睡，楊金英等十幾個宮女便溜進他的寢宮，準備將他勒死。開始時，宮女楊玉香將絲繩遞給蘇川藥，蘇又傳給楊金英，楊金英則拴好繩套，另一宮女用黃綾抹布蒙住嘉靖帝的臉；其他宮女一擁而上，掐脖子的、壓前胸的、按胳膊腿的，楊金英就勢把繩套在嘉靖帝的脖子上，另兩個宮女姚淑翠和關梅秀用力拉緊繩套。但是，楊金英誤把繩套打成死結，拉了好久也沒把嘉靖帝勒死。宮女張金蓮見事不成，產生動搖，跑去報告方皇后。

方皇后聞訊趕來解救，見皇上氣息已絕，急忙派太監去找御醫許紳。許紳值夜班，聞訊入內，見氣已絕，就死馬當活馬醫，"急調峻藥下之，辰時下藥，未時忽作聲，去紫血數升，遂能言，又數劑而瘉"（《明史·許紳傳》）。許紳用猛藥，歷六個小時，嘉靖帝才口吐紫血，多達數升，甦醒過來。不久，許紳得病，說："因宮變事，我自知若不能救活必遭殺身之禍，因受驚悸，非藥石所能醫治也。"不多久，果然去世。許紳，北京人，後官太醫院領院事、工部尚書。明朝醫官最顯赫到尚書者，只許紳一人。

嘉靖帝雖被搶救過來，但因驚嚇過度，器官受到損傷，身體病弱，不能理事，對"謀逆"宮女的處置，由方皇后主持。方皇后將楊金英等十六名宮女凌遲處死。因方皇后妒忌，在嘉靖帝病不能言時，將嘉靖帝寵幸的端妃曹氏和寧嬪王氏牽連進去，"磔端妃曹氏、寧嬪王氏於市"（《明史·世宗本紀》）。

嘉靖帝後宮不寧，連續三位皇后都不得善終，母親蔣太后去世，皇子、公主大多早亡，嘉靖帝又遭宮女繩勒氣絕，寵妃被連帶處死，真是一地雞毛，不可收拾。嘉靖帝情緒消沉，更加沉迷於方術丹藥，從嘉靖十九年（1540）開始，他二十多年基本不上朝，而且從乾清宮搬出，住到西苑的西宮。

嘉靖皇帝早年喪父，中年喪三后，晚年喪太子；又脾氣極壞，鞭打皇后，皇后遭火災，且見死不救，何況對待宮女呢！己無德，自招禍——這就是嘉靖皇帝留下的歷史教訓。

沉迷方術

　　明朝的皇帝，多尊儒崇佛。嘉靖帝則癡迷道教，從祈禱消災，到祈天求子，再到祈求長生不老，越來越癡迷，越來越瘋狂。皇帝二十多年來基本不上朝，深居西宮，"禱祀日舉，土木歲興，郊廟之祀不親，朝講之儀久廢"，皇宮、西苑到處設醮壇，朝廷大臣輪值行禮，尚書大學士親撰青詞，最終卻因服食丹藥加速死亡。

寵信道士

　　嘉靖帝自幼生長在湖廣安陸，受其父影響，自幼熟悉道教。嘉靖三年（1524），有一名來自江西龍虎山上清宮的道士邵元節，被嘉靖帝徵召進京，封他總領天下道教，賜金印、銀印、玉印、象牙印各一方。這是嘉靖帝沉迷方術的開始。

　　嘉靖十年（1531），已經結婚近十年、二十五歲的嘉靖帝，一直沒有子嗣，便在皇宮御花園的欽安殿，設立祈嗣醮壇。祈嗣齋醮正式開場時，嘉靖皇帝親自行禮，文武百官，爭先影從，香火繚繞，瀰漫皇宮。

　　嘉靖十二年（1533）八月，皇長子出生，但兩個月後死了。三年之後，皇二子朱載壑出生，這讓三十歲的嘉靖皇帝，非常高興。嘉靖十六年（1537）這一年，嬪妃們連續生下五個皇子，雖夭折兩個，但留下三個。嘉靖帝認為這是祈嗣齋醮的結果，於是更加頻繁地舉行齋醮，除欽安殿，又在皇宮北面煤山和北海之間，建造大高玄殿，舉行安神大典。對邵元節更是極盡恩寵。為他建府第，賜祿米，授莊田三千畝，派校尉四十名，供其役使，封贈他的父母，授官他的子孫，官拜禮部尚書，賜一品官服。這時，有兩位御史上書，說皇帝求子在施仁政，不在求神仙，嘉靖帝將這兩位御史謫戍邊衛。一位翰林也上書規勸，卻被下獄拷打，貶戍邊地，永不敘用。嘉靖十八年（1539），邵元節病死。嘉靖帝應想一想："神仙"都沒有長壽，自己能長壽嗎？"神仙"都病死而沒有成仙，自己又怎能成仙呢？可嘉靖帝沒有反思，更加迷信道教。

嘉靖帝又開始寵信道士陶仲文。陶仲文做過縣吏，曾被邵元節推薦到皇宮設壇佈法。嘉靖帝南巡時將他帶在身邊，他預卜了衛輝行宮火災。後來皇太子出痘，陶仲文祈禱祛病，皇太子的病果然好了。於是嘉靖帝給他封號，命他總領道教事，恩寵超過邵元節。

嘉靖二十一年（1542）壬寅宮變後，嘉靖帝搬出乾清宮，住進西苑。從此，不親郊廟，不臨日講，不見朝臣，長達二十四年。他在西苑做什麼？煉丹吃藥，祈求長生。除了大興土木、大肆舉辦各種齋醮活動之外，還服用"先天丹鉛"藥。這種丹藥，用少女經血煉製，因而先後三次大選了七百六十名八歲至十四歲的幼女和少女入宮，以備煉丹。有一位無錫進士顧可學，說用童男童女的尿液煉製成藥，可以長生不老。嘉靖帝把這個人任命為工部尚書、禮部尚書、太子太保，領大學士的俸祿。時人嘲笑說："千場萬場尿，換得一尚書。"（沈德符《萬曆野獲編·尚書被嘲》）陶仲文又創"二龍不相見"之說，太子虛位二十年（《明史·陶仲文傳》）。嘉靖帝喜歡祥瑞、逢迎，於是佞臣紛紛獻白雁、玉兔、瑞龜、壽鹿、嘉禾、甘露、仙桃、靈芝。一天，御幄旁出現一個桃子，說是從天上掉下來的，趕緊告祭祖廟。

御史楊爵上疏，力陳崇道之非，力斥妖邪之妄。嘉靖帝震怒，將楊爵下詔獄。楊爵在獄中遭受酷刑，被打得幾次昏迷。自楊爵等少數官員以諫玄修而遭重懲，內外官員遂爭相諂媚取容，再沒有敢諫言迷信妖邪的大臣。

繼邵元節病死後，陶仲文又病死。這時，嘉靖皇帝已經五十四歲，仍然執迷不悟，而且越陷越深。

西苑青詞

　　青詞，是一種道家文體，在道教舉行齋醮時，獻給"天神"的薦告祝文，用朱筆寫在青藤紙上，所以叫青詞。一般用駢體文，辭藻華麗，對仗工整。嘉靖帝的青詞，是無恥文人的無恥之作。嘉靖十八年（1539）十二月，嘉靖帝在西內無逸殿，安排一個為他寫青詞的班子，每日值班，隨時應召。這個寫作班子，可沒有道士，全都是重要的官員，如太師郭勳、大學士夏言、禮部尚書嚴嵩以及袁煒等。善寫青詞的人，多得到提拔重用。

　　翰林侍讀袁煒入值西苑，撰寫青詞，最受皇帝寵幸。嘉靖皇帝有時半夜想起有事要讓天神知道，就寫個條子，讓太監遞給值班的大臣。袁煒下筆立成，辭藻華麗，表意細微，受到皇帝稱讚。嘉靖帝在西苑永壽宮養貓，名叫獅貓。一天，獅貓死了，嘉靖帝十分難過，為表示對愛貓的深情，命製作金棺，葬於萬壽山之麓。又命儒臣為獅貓撰寫悼文，薦度超升，進入天界。諸臣以題目難作，故意推辭，拖延時間。唯有這個佞臣、奸臣袁煒，吹噓拍馬阿諛為文，內有"化獅成龍"等語，嘉靖帝看後，龍顏大悅。由於擅長寫青詞，袁煒官階直升到戶部尚書、禮部尚書、武英殿大學士、建極殿大學士。袁煒品性極差，無恥之尤，善阿諛，會逢迎，但犯眾怒，積怨多，患病歸鄉，中途死亡，年五十八，人皆惡之（《明史·袁煒傳》）。

　　還有王金，為國子監生，殺人罪當死，畏罪逃亡，隱匿在通政使趙文華家。王金以仙酒獻趙文華，文華又獻給嘉靖帝。一日，嘉靖帝要秘殿扶乩，各地派人採集靈芝。四方獻靈芝，匯聚在御苑。王金賄賂太監，得靈芝萬株，聚為一山，號萬歲芝山。王金又偽造五色龜進獻。嘉靖帝大喜，遣官告祭太廟，那個袁煒也上表祝賀。王金又偽造《諸品仙方》、《養老新書》，與所製金石藥並進。嘉靖帝服用後，稍感精神較好。沒多久，帝大漸，遺詔歸罪王金等，命正典刑，下獄論死。後宥王金等免死，編口外為民（《明史·王金傳》）。

嘉 靖 西 宮

　　嘉靖帝在西苑興建永壽宮，因在皇宮之西，又稱"西宮"。嘉靖帝四十五年的
君主人生，以嘉靖二十一年（1542）"壬寅宮變"為分界，大體說來，前一半居住
在皇宮，後一半居住在西宮。

　　永壽宮原為燕王的舊宮，嘉靖帝改名永壽宮。"壬寅宮變"，嘉靖帝差點兒被
宮女勒死，驚魂難定，想移宮外，於是搬到永壽宮。自西苑肇興，就經營永壽宮、
玄極殿、大高玄殿等。以玄極殿為拜天之所，當正朝之奉天殿；以高玄殿為內朝
之所，當正朝之文華殿。又建清馥殿為行香之所。後建齋宮、紫宸宮、萬法寶殿
等。嘉靖帝既遷西苑，不再臨朝聽政，惟日夕事齋醮。凡入直撰玄諸佞臣，皆附麗
其旁，就是內閣大臣，也晝夜供事，不再到文淵閣。於是，君臣上下，崇奉道教，
朝真醮鬥，幾三十年，與嘉靖帝社稷相終始。直到隆慶帝繼位，將永壽宮夷為平地
（沈德符《萬曆野獲編·帝社稷》）。

　　到嘉靖四十年（1561）十一月二十五日，夜火大作，宮宇陳設，乘輿服御，
先朝異寶，盡付一炬。這是天火嗎？不是，是人禍。相傳這天夜裏，嘉靖帝與尚美
人，在貂帳裏，新幸飲酒，玩耍煙火，半癡半醉，半睡半醒，引發火災。其中有數
年才能得到八兩的龍涎香，也煨燼於火。到嘉靖四十五年（1566）八月，命拜未被
冊封的尚美人壽妃，贈其父為驃騎將軍、右軍都督僉事。封妃之日，距嘉靖帝六十
壽誕僅二天。據一位宮中太監說，尚氏承恩時，年僅十三，至冊封為妃，則已十八
矣（沈德符《萬曆野獲編·萬壽宮災》）。

逛一逛

西苑

紫禁城西側的皇家園林，明清皆稱西苑。東至紫禁城，景山以外，北、西、南三面皆臨皇
城。面積約是紫禁城的六倍。中心地帶為南、中、北海，水面相連通，中海、北海稱太液
池，加上南海稱三海。現北海公園開放，南海、中海為辦公區。

永壽宮火災後，嘉靖帝暫住玉熙殿，又遷玄都殿，但都不宜帝居。時嚴嵩為首輔，請移駐南宮，就是明英宗為太上皇時所居住的地方。英宗復辟後，將南宮修飾完整，華美壯麗，勝過永壽宮。但是，嘉靖帝以南宮為當時英宗遜位受錮之宮，不祥，心裏厭惡，不願入住。當時正興皇宮三大殿工程，於是分撥建材，興築永壽宮。嘉靖帝大悅，不到三月，宮殿告成，即日徙居，賜名萬壽。嘉靖帝死後，宮殿殘破，斷垣壞礎，蔓草叢生（沈德符《萬曆野獲編·齋宮》）。

　　“紂之跡，周之鑒。”商紂劣跡，周王為鑒。西苑萬壽宮像一面鏡子，將嘉靖帝縱淫放蕩、胡作非為、專制濫權和醜惡靈魂，映現得淋漓盡致。皇權應當被約束，君權必須受監督。

海瑞上疏

　　從嘉靖四十一年（1562）開始，嘉靖帝步入生命的最後五年。特別是海瑞上疏諫諍，令嘉靖皇帝先怒而後省思。國事和家事交織，伴隨他生命的謝幕，風雨飄搖，一一展開。

海 瑞 上 疏

　　海瑞（1514～1587年），字汝賢，瓊山（今在海南省海口市）人。剛直不阿，頗有聲名，長期在地方做官，直到嘉靖四十三年（1564），升戶部主事，成為京官。時嘉靖帝在位年久，不親朝政，深居西苑，專意齋醮。督撫大吏，爭上符瑞，禮官上表，隆重慶賀。廷臣自楊最、楊爵得罪後，對於時政，無敢言者。海瑞見大臣持祿而好諛，小臣畏罪而結舌，不勝憤恨。於是，在嘉靖四十五年（1566）二月，海瑞冒死上疏諫諍。

　　第一，指出嘉靖帝的過失及嚴重後果。他說：陛下則銳精未久，妄念牽之而去，反剛明之質而誤用之。至謂遐舉可得，一意修真，竭民脂膏，濫興土木，二十餘年不視朝，法紀弛矣。數年推廣事例，名器濫矣。二王不相見，人以為薄於父子。以猜疑誹謗戮辱臣下，人以為薄於君臣。樂西苑而不返，人以為薄於夫婦。吏貪官橫，民不聊生，水旱無時，盜賊滋熾。陛下試思今日天下，為何如乎？

海瑞像

第二，指出朝臣阿諛諂媚的欺君之罪及背後的原因。他說：蓋天下之人，不直陛下久矣。古者人君有過，賴臣工匡弼。今乃修齋建醮，相率進香，仙桃天藥，同辭表賀。建宮築室，則將作竭力經營；購香市寶，則度支差求四出。陛下誤舉之，而諸臣誤順之，無一人肯為陛下正言者，諛之甚也。然愧心餒氣，退有後言，欺君之罪何如！

他又說：夫天下者，陛下之家。人未有不顧其家者，內外臣工皆所以奠陛下之家而磐石之者也。一意修真，是陛下之心惑。過於苛斷，是陛下之情偏。而謂陛下不顧其家，人情乎？諸臣徇私廢公，得一官多以欺敗，多以不事事敗，實有不足當陛下意者。其不然者，君心臣心偶不相值也，而遂謂陛下厭薄臣工，是以拒諫。執一二之不當，疑千百之皆然，陷陛下於過舉，而恬不知怪，諸臣之罪大矣。《記》曰：「上人疑，則百姓惑；下難知，則君長勞。」此之謂也。

第三，指出嘉靖帝崇道以求長生成仙的荒誕。他說：且陛下之誤多矣，其大端在於齋醮。齋醮所以求長生也。自古聖賢垂訓，修身立命曰「順受其正」矣，未聞有所謂長生之說。堯、舜、禹、湯、文、武，聖之盛也，未能久世，下之亦未見方外士自漢、唐、宋至今存者。陛下受術於陶仲文，以師稱之。仲文則既死矣，彼不長生，而陛下何獨求之？至於仙桃天藥，怪妄尤甚。昔宋真宗得天書於乾祐山，孫奭曰：「天何言哉？豈有書也！」桃必採而後得，藥必製而後成。今無故獲此二物，是有足而行耶？曰「天賜者」，有手執而付之耶？此左右奸人，造為妄誕以欺陛下，而陛下誤信之，以為實然，過矣。

第四，指出嘉靖帝幡然悔悟重振朝綱的光明前景。他說：陛下誠知齋醮無益，一旦翻然悔悟，日御正朝，與宰相、侍從、言官講求天下利害，洗數十年之積誤，置身於堯、舜、禹、湯、文、武之間，使諸臣亦得自洗數十年阿君之恥，置其身於皋、夔、伊、傅之列，天下何憂不治，萬事何憂不理。此在陛下一振作間而已。釋此不為，而切切於輕舉度世，敝精勞神，以求之於繫風捕影、茫然不可知之域，臣見勞苦終身，而終於無所成也。

怒 而 省 思

海瑞上疏，酣暢淋漓，正氣凜然，動之以情，曉之以理，時隔四百多年之後，我們仍然能夠真切地感受到他忠君愛國的熾熱情懷。

當嘉靖帝看到這篇疏文時，他的反應：

第一，是暴怒。"帝得疏，大怒，抵之地，顧左右曰：'趣執之，無使得遁！'"就是嘉靖帝看到海瑞的諫疏，大怒，扔到地上，對左右說：快去把他抓來，別讓他跑了！宦官黃錦在旁邊說："此人素有癡名。聞其上疏時，自知觸忤當死，市一棺，訣妻子，待罪於朝，僮僕亦奔散無留者，是不遁也。"

第二，是沉默。嘉靖帝暴怒之後，便是默然。過了一會兒，嘉靖帝又取過奏疏，仔細讀，一天讀了好幾遍，留在身邊幾個月。在這期間，嘉靖帝嘗說："此人可方比干，第朕非紂耳。"意思是海瑞可以比作批評商紂王的比干，那麼我不就是葬送商朝的紂王嗎！

嘉靖皇帝為此大病一場。

怎麼收場呢？嘉靖帝煩懣不樂，召閣臣徐階議內禪，就是將皇位禪讓給自己的兒子。他說："海瑞言俱是。朕今病久，安能視事。"又說："朕不自謹惜，致此疾困。使朕能出御便殿，豈受此人詬詈耶？"意思是我自己不謹慎珍惜，得了病。如果我能上朝理政，哪至於受到這個人的批評。於是，將海瑞下詔獄，追查誰是主使者。又移案到刑部，刑部判其死罪。

兩個月以後，嘉靖皇帝就死了。提牢主事聽說後，認為海瑞可能會被起用，就設酒饌款待海瑞。海瑞以為要赴西市被斬首，便大吃大喝起來，也沒問為什麼。監獄主事官附耳對海瑞說："宮車適晏駕，先生今即出大用矣。"意思是：皇帝剛死了，先生會馬上出獄，獲得大用！海瑞問："真的嗎？"隨即大哭，盡嘔出所吃的飲食，昏倒在地。並通宵達旦，哭不絕聲。果然，嘉靖帝死，海瑞獲釋，恢復原職。

海瑞上疏，深深地觸動了嘉靖帝，這時他已經病入膏肓，不久於人世，但是他還是反思了自己的行為，克制住心裏的憤怒，沒有殺海瑞。然而，他並沒有停止服食丹藥。

臨 終 思 鄉

海瑞上疏對嘉靖皇帝的震動非常之大，他大病一場，打算重回故地承天府。他對首輔徐階說："朕病十四月矣，不見全復。茲就大志成一，南視承天，拜親陵。取藥服氣，此原受生之地，必奏功。諸王不必朝迎，從官免朝，用臥輦，至七月還京。"（《明世宗實錄》卷五五五）徐階從安全、健康以及國家安定幾個方面，給他做了分析，懇切勸他打消這個念頭。一貫固執的嘉靖皇帝，這次沒有堅持。

自從四十五年前離開故土來到北京，十五歲的少年已經是六十歲的行將就木之人，這期間嘉靖帝只有在三十三歲時為了母親安葬之事南巡回到故鄉一次，此後便一直沒有再回去過，也沒有再親自到陵前祭拜父母。這種思鄉之情，還是真摯的。但是，直到這時，嘉靖帝還是考慮回到故鄉吃丹藥，效果可能會好，真是不可救藥了。

嘉靖四十五年（1566）十月，嘉靖帝到萬法壇祈禱上天，遭到雨淋。回到宮裏便口吐白沫，胸中憋悶，從此臥床不起。拖到十二月十四日清晨，嘉靖帝突然昏迷，身邊的侍從趕緊把他抬回乾清宮，當天中午便駕崩，享年六十歲。他於嘉靖二十一年（1542）離開乾清宮後，已經二十四年，二十四年來，這是他唯一一次躺在皇帝的寢宮乾清宮裏，離開了這個世界，也離開了皇帝的寶座。

窩囊裕王

世上哪有不愛兒子的父親呢？嘉靖皇帝也有過無子的焦慮，得于的喜悅，未嘗沒有舐犢之愛、骨肉之情，但是都被他對衰老、死亡和傳位的恐懼之心所代替，對權位和長生的狂熱追求，壓倒了血脈親情。沉迷修煉得道的嘉靖皇帝，禍害了國家，禍害了自己，也禍害了子孫。他的皇三子裕王朱載垕❶，就是在這種扭曲的父子關係中，度過了窩囊的二十九年。

皇父不見

嘉靖帝有八個兒子，其中皇長子、皇五子、皇六子、皇七子、皇八子這五個皇子，都未滿周歲而早殤。剩下的只有皇二子、皇三子、皇四子。皇太子只能在這三位皇子中選擇，怎樣選擇呢？

老大死了，就選老二。皇次子朱載壑，四歲被冊立為皇太子，十四歲舉行冠禮（成人禮），剛過了兩天就死了。所以，再選皇太子就只能在老三和老四，也就是皇

---

❶ 載垕，《明史》如此記載。但《明世宗實錄》卷二〇〇記載：嘉靖十六年（1537）五月己卯朔，上命皇第三子名載垕、第四子名載圳。上親告太廟，遣公張瑢、伯陳鏸，輔臣夏言，尚書顧鼎臣、許鑽、嚴嵩、張瓚祭告七廟；侯郭勳祭告獻皇帝廟；令宗人府登籍《玉牒》。

三子和皇四子中選擇。這老三和老四同父異母，生日只差一個半月。

先說老三，就是皇三子朱載垕，後來的隆慶帝。嘉靖十六年（1537）正月，嘉靖帝的杜康嬪生下皇三子朱載垕。嘉靖十八年（1539）二月，年僅兩歲的朱載垕被封為裕王。比他小一個半月的同父異母弟弟朱載圳被封為景王。他們兄弟倆，其實都是皇太子朱載壑的陪襯。嘉靖二十八年（1549）三月，嘉靖帝為皇太子舉行加冠禮，從此太子就可以出閣就學了。誰料剛過了兩天，十四歲的皇太子朱載壑突然病死。之後，道士陶仲文提出"二龍不得相見"——就是不能同時有兩條龍出現，給嘉靖帝很深刻的影響。嘉靖帝對此，奉為圭臬。嘉靖帝長期與皇三子、皇四子隔離，就是過年過節前來問安，他也盡量不見面。不僅不見面，嘉靖帝還命建造裕王府和景王府。嘉靖三十二年（1553）春天，兩位還沒有結婚的裕王和景王，就被嘉靖帝攆出皇宮以外，搬到王府居住。

嘉靖三十四年（1555）十月，裕王長子出生，就是後來的萬曆帝朱翊鈞。這是嘉靖帝的長孫，但裕王長期見不到皇父，自己結婚後生了兒子，也不敢奏告皇父，更不敢聲張。嘉靖帝最喜歡的一位宮女把這個好消息告訴了嘉靖帝，誰知"上怒而譴之，宮中股慄，莫知所為"（《穀山筆塵》卷二）。禮部出面請示要告祭郊廟、社稷，詔告天下，令文武群臣稱賀。但沒想到嘉靖帝卻說："這些禮儀，都是皇太孫之禮，遣官奏告玄極寶殿及奉先殿，群臣不必稱賀，不必頒詔天下。"這位將近五十歲當了爺爺的皇帝，對長孫的出生非常冷漠。禮部侍郎閔如霖上賀表說："慶賢王之有子，賀聖主之得孫。"嘉靖帝覽後大怒，用劍擊打賀表，高聲喊道："斬了他，斬了他！哪能先賀兒子後賀我。"最後命給這位侍郎降三級俸祿，降職為南禮部尚書。

裕王既得不到父愛，欲得到母愛，也受到皇父的阻撓，不讓其母子見面。裕王住到宮外的王府之後不到一年，母親杜康妃便去世了。生母病重時，裕王不能進宮探望，死了之後，母親的葬儀被皇父一再貶低。亡母備受冷落，寒的是裕王的心。

嘉靖帝為什麼要這樣對待裕王呢？嘉靖帝追求的人生目標是八個字：長生不老，永坐皇位。然而，皇子、皇孫的存在，讓他擔心要讓出皇位；皇子、皇孫的長大，就表明他的年老，而他是特別忌諱變老的。嘉靖帝對長生和皇位的狂熱貪求，扭曲了皇家父子親情，也扭曲了嘉靖帝的家庭，給裕王帶來了無盡的痛苦和困惑。

儲位不定

最折磨裕王的是，自己的皇太子名分始終沒有得到確認，步步懸疑，頻頻出險。本來，皇太子朱載壑突然病死後，按照齒序，裕王應該被立為皇太子。但是嘉靖帝直到去世也沒有再立太子。他不僅不立太子，而且還故意把裕王朱載垕和小他一個半月的景王朱載圳放在一個平等的位置，一切禮儀待遇，都以"二王"並稱。同時分府，同時結婚，同樣冠服，同樣俸祿。這種看似平等，實際上是降低了裕王作為長子的地位。所有請立皇太子，或提出二王應出閣講讀、行冠禮、定婚期、冊

奉先殿

逛 一 逛

奉先殿

位於紫禁城內廷之東景運門外。明初建。清制，凡後先卒奉安神主於此，即內太廟。朔望、萬壽聖節、元旦、冬至、國有大慶等會在前殿大祭。今為故宮博物院鐘表陳列館。

封王等，或提出應長次有序、有所區別，以及裕王應留在宮裏等，都遭到嘉靖帝的拒絕和打擊。如太僕楊最建言被杖死，贊善羅洪先建言太子應出閣讀書被削籍為民。

皇帝對立儲的曖昧，使朝臣們都捲入了二王爭立的政治漩渦裏。史料記載：二王出宮分府結婚後，人們議論紛紛，首輔嚴嵩的兒子嚴世蕃找到裕王府官員高拱，試探底細，高拱也含糊其詞（《皇明大事‧閣臣》）。至於裕王朱載垕，更是深深陷入憂鬱和恐懼之中。

做 好 皇 子

裕王也並不是孤立無援的。在朝廷裏，有大學士徐階等一派政治力量，而在裕王府，則有一個老師群體，他們全是翰林出身，有編修、侍講、侍讀等，雖官階不高，但影響很大，且始終維護和忠誠於裕王，希望有朝一日能輔佐裕王做一番事業。他們是高拱、陳以勤、殷士儋、張居正等。他們給裕王確定的對策是：打造裕王“好皇子”的形象。督促他克制自己的欲望，收斂自己的嗜好，韜光養晦，謹慎從事，避免出錯，委曲求全，塑造一個忠君孝父、沉穩持重、循分守禮、生活簡樸、姬妃稀少、處事謙和的形象。

嘉靖四十四年（1565），裕王的競爭對手景王竟突然病死，嘉靖帝也病入膏肓。裕王對皇父倍加恭孝，在府裏設醮，為父皇祈福祈壽；派王府太監到宮門問安，博得仁孝的美名。就這樣，裕王以超常的忍耐、驚人的毅力，等待繼承皇位的那一天。因為這時，嘉靖帝的八個兒子已經死了七個，只剩下皇三子裕王朱載垕。所以，嘉靖帝皇位的繼承人，只有一人 —— 皇三子裕王朱載垕，別無選擇。

但是，裕王朱載垕在青少年時期，扭曲的經歷、扭曲的教育、扭曲的個性、扭曲的家庭，使其人性中“惡”的一面，沒有被“善”化，卻被隱藏、包裝，一旦翻身，改變條件，地位獨尊，大權在手，受到長期壓抑的他開始瘋狂放肆，不僅使自己三十六歲盛年死去，留下十歲孩童繼位，而且嚴重動搖了明朝皇權根基，大大加速了大明皇朝的衰落。

隆慶登極

十六世紀中葉，明朝處於國勢衰頹，危機四伏的衰退階段。自明英宗土木堡之變以後，明朝從輝煌步入下滑的軌道。特別是經過正德和嘉靖六十年的折騰，國家千瘡百孔，百廢待興。時代呼喚出現一位 "中興之君"，而隆慶皇帝做到了嗎？

隆 慶 新 政

所謂隆慶新政，就是打著嘉靖的旗號，把嘉靖的政令都反過來。比如：

第一，宣佈大赦。對因向皇帝建言而受迫害的官員，平反、復職、重用、追諡、褒恤，並懲辦諸媚助惡的官吏。

第二，禁止齋醮，拆毀或摘匾道觀神壇，逮治方士。

第三，對嘉靖帝的生父生母削減祀禮。

第四，停止土木營建，蠲免部分賦稅逋欠。

除了國家大政，隆慶帝還把被扭曲的家庭倫理關係加以翻轉。他最耿耿於懷的是生母杜康妃受到的不公平待遇，因此給予徹底翻轉。他在給父親嘉靖帝議定諡號的同時，將生母與先皇並列同尊，給母親上皇太后的諡號，舉行隆重的追祭儀式。決定將母親與先皇合葬於永陵。又封贈已故的外祖父為慶都伯，由舅舅繼承爵位，賜祿千石。

接著，隆慶帝又趕緊為年已五歲的兒子舉行命名典禮。可憐這個孩子由於皇祖父的忌諱，隆慶帝作為裕王，不敢正式奏告，也不敢請名，所以都五歲了，還沒有起名，還是“黑戶口”。隆慶帝將這個孩子正式取名為朱翊鈞。隆慶二年（1568）又立朱翊鈞為皇太子，這就是未來的萬曆帝。御定每年八月十七日為皇太子千秋節。隆慶六年（1572）朱翊鈞虛十歲，隆慶帝為他舉辦了冠禮。典禮接踵舉行，儀式盛極一時。皇宮的鍾粹宮建成於明永樂十八年（1420），初名咸陽宮，嘉靖十四年（1535）更名為鍾粹宮。隆慶五年（1571）改鍾粹宮前殿名興龍殿，後殿名聖哲殿，為皇太子朱翊鈞的住所。

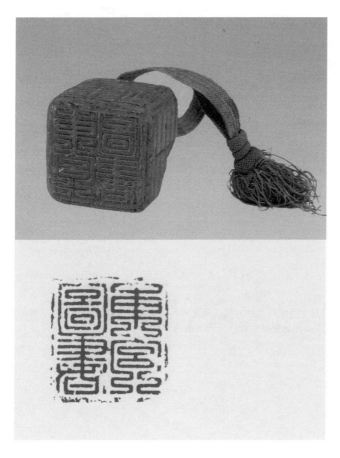

明代青田石“東宮圖書”皇太子印

鍾粹宮

逛 — 逛

鍾粹宮

內廷東六宮之一，建於明永樂十八年（1420），初名咸陽宮，明嘉靖十四年（1535）改名為鍾粹宮。明隆慶五年（1571）改鍾粹宮的前殿為興龍殿，後殿為聖哲殿，為皇太子的居所，後復稱鍾粹宮。清咸豐帝幼年曾居住在此，同治年間慈安太后也曾居住在此。

對死去的景王，收回他的莊田，召回他的遺孀親屬。"其妃還京，孤嫠困悴，幾不聊生；乳母至行乞，門若闃。"（《國榷》卷六十四）就是說，景王死後，王妃守寡，困頓憔悴；景王乳母，竟至乞討；門庭冷落，可以羅雀。

又 懶 又 貪

隆慶帝登上皇位後，倒是不修玄、不養道士，但是他完全脫掉了"好皇子"的外衣，成為一個懶惰、貪財、好色的皇帝。

第一，特別懶惰。隆慶帝的懶惰，主要表現在怠政。隆慶改元剛剛十天，他就連續宣示"免朝"。隆慶帝三十歲繼位，正是精力旺盛、年富力強的年華，但他表現為"四個很少"——很少上朝聽政，很少批覽奏章，很少經筵日講，很少躬祭廟祀。即使上朝，也是不諮詢，不表態，不批示，不幹事。朝臣上奏諫言，他也不理不睬。

第二，特別貪財。史書說他"欲罄天下庫藏輸內府，以濟旦夕之用"（《明通鑒》卷六十四）。隆慶三年（1569）四月，隆慶帝諭戶部，取太倉銀三十萬兩。隆慶五年（1571），先後下詔取光祿寺銀五十萬兩，而當時光祿寺存銀只有十八萬兩。隆慶六年（1572）再下詔取太倉銀十萬兩。明朝的庫銀主要分為兩種：一是庫銀，就是戶部賬上和庫裏的銀錢，也就是國家或國庫的銀錢；二是帑銀，是皇帝賬上和內庫的銀錢，也就是皇帝的私房錢。庫銀，皇帝可以下令動用，但必須經過戶部；帑銀，皇帝可以不通過戶部，直接花銷。上面講的這九十萬兩白銀，就是從國庫撥入內帑，歸他個人支配。

第三，特別貪玩。朱載垕像他皇父一樣愛玩，喜歡瓷器、珠寶等。如瓷器僅一次諭旨就讓江西景德鎮御器廠燒造瓷器十餘萬件套（《明穆宗實錄》卷六十五）。其數量之大，種類之多，工期之緊，超過嘉靖。隆慶帝還特別喜歡黃金，詔以戶部銀六萬買黃金一萬兩進用。有了黃金，還要珠寶，騷擾天下。這些白銀、黃金、珠寶、瓷器，供隆慶帝在後宮揮霍享受。

第四，特別好色。明人沈德符回憶道："幼時曾於二三豪貴家，見隆慶窯酒杯

明穆宗朱載坖像

茗碗，俱繪男女私褻之狀，蓋穆宗好內，故以傳奉命造此種。"（沈德符《萬曆野獲編·玩具瓷器》）隆慶帝一再下詔，多選宮人，每次都在三百人左右，為此竟在江南地區引發"拉郎配"的風潮。他頻繁封授妃子，甚至臨死前一個月還封了四位妃子。

以上這些，看似縱情享樂，榮華富貴，而實際上是以透支身體作為代價。由於色癆引發中風，朱載坖做皇帝五年半，就荒淫病死了，年僅三十六歲。

內 閣 三 輔

好皇子變身如此皇帝，叫人怎麼不擔心，國家怎麼辦？內閣輔政幫了大忙。隆慶帝縱有再多問題，但有一個突出優長，就是對重要大臣比較信任，放手讓他們主政。隆慶朝，始終有一個強勢內閣在運轉主政。

隆慶朝先後入閣任大學士的有九人，時稱"九相"。內閣首輔，先後有三人：

第一位首輔徐階（1503～1583 年），今上海人。小時候剛滿周歲，就落入枯井裏，救出三天才甦醒；五歲隨父出行，從山上摔下，衣服掛在樹上，得以不死。

科考中探花。嘉靖三十一年（1552）入閣，嘉靖四十一年（1562）任首輔，在嘉靖、隆慶交替時，頒佈一系列措施，糾正前朝弊病，被譽為楊廷和式的救世首輔。

第二位首輔李春芳，徐階致仕後接替做首輔。李春芳是嘉靖二十六年（1547）狀元，為人溫和，誠心篤行，淵學宏才，受高拱排擠，上疏乞休，先後五上，後致仕回鄉，得善終。

第三位首輔高拱，原為隆慶帝在東宮的老師，因徐階推薦入閣，後繼任首輔。

此外，還有一位大學士，雖不是首輔，但地位迅速上升，才幹得以展現，他就是張居正。他是唯一一名隆慶朝大學士，進入萬曆朝內閣，並成為首輔。俺答汗之孫把漢那吉來降，總督王崇古受之，請於朝，乞授以官。朝議多以為不可，高拱與張居正力主之，遂排眾議請於上，而封貢以成。封高拱為少師兼太子太師、尚書、大學士，建極殿大學士。高拱以邊境稍寧，恐將士惰玩，請敕邊臣，嚴為整頓，並時遣大臣閱視。官至中極殿大學士。（《明史·高拱傳》）

因為這個強有力的內閣，始終在正常運轉，隆慶帝在不到六年的時間裏，完成了明朝歷史上的兩件大事。

第一件大事是，實現明朝與北方蒙古俺答汗的“隆慶和議”。自明正統以來，由於北疆不靖，烽火連綿，“三軍暴骨，萬姓流離，城郭丘墟，芻糧耗竭，邊臣首領不保，朝廷為之旰食之。”京師戒嚴，不得安寧。“隆慶和議”之後，邊費由年近百萬兩，減到二三十萬兩；“九邊生齒日繁，守備日固，田野日闢，商賈日通，邊民始知有生之樂。”（《明史·方逢時傳》）換來了西北部邊境數十年的和平，直到明末。

第二件大事是，繼嘉靖後，任用戚繼光等抗倭，取得勝利。開放海禁，發展貿易，也就是“海上絲綢之路”，允許民間私人在海上貿易，重啟中西交流的大門。

這兩項業績，使隆慶帝的懶倦和放縱，似乎在一些人的視野中，都變得無足輕重了。其實，功是功，過是過。正確的歷史態度是，肯定功績，為後人提供歷史經驗；批評過錯，為後人提供歷史鏡戒。

父子帝師

　　明朝皇太子有老師，小皇帝也有老師。這樣，"帝師"的數量就比較多。明朝唯一的一對父子帝師、父子宰輔，就是陳以勤和陳於陛。父親陳以勤是裕王朱載坖的老師，在裕王繼位後做了宰輔；兒子陳於陛是皇太子朱翊鈞的老師，朱翊鈞登極後也做了宰輔。

裕 王 之 師

　　嘉靖帝整日沉迷於方術，父子關係淡薄，相見時日極少，甚至經年不得一見。裕王的俸祿，不能按時發放，後竟連續三年，不給發放。裕王不敢申請，王邸生活，極為窘迫。怎麼辦呢？裕王身邊的官員，花費千金，賄賂首輔嚴嵩的兒子嚴世蕃。世蕃見錢眼開，立即囑咐戶部官員，補發三年欠俸。

　　裕王身邊有一位老師叫陳以勤（1511～1586 年），四川南充人。嘉靖二十年（1541）進士，選庶吉士，授翰林院檢討。遷修撰（從六品），進洗馬（從五品）。這個"洗馬"，不是給御馬洗澡，而是管太子事務的官員。做什麼呢？《明史》說："洗馬掌經史子集、制典、圖書刊輯之事。"（《明史·職官志》）

　　裕王分府後不久，陳以勤就入王府工作，正值東宮位號未定，皇儲爭奪激烈，裕王最困難的時期。陳以勤為人淡泊，性格內向，但聰慧敏捷，言語謹慎。一天，

明代壽山石 "親賢保國" 璽

嚴世蕃背著其他人，跟陳以勤和高拱說："聞殿下近有惑志，謂家大人何？"（《明
史·陳以勤傳》）高拱故為諧語，陳以勤嚴肅地說："國本已經默定很久。裕王出生
以後，名字從后從土，這就是為君的意思。故事，諸王講官止用檢討，今兼用編
修，與其他王不同，這是首輔的意思。您常說首輔是社稷之臣，您怎麼能說這種
話？"世蕃默然去，裕邸乃安。

陳以勤為講官九年，雖有羽翼之功，卻無張揚之意。裕王嘗書 "忠貞" 二字
賜給老師陳以勤。陳以勤掌管翰林院，後升禮部侍郎，執掌詹事府。裕王府的書面
文字，大多由陳以勤執筆。陳以勤多次勸諫裕王，規左右，戒屬垣，就是管好自己
人，看好自家門，多方調理，保護裕王。

嘉靖帝死，三十歲的裕王即位，年號隆慶，這就是明穆宗隆慶帝。陳以勤以做
皇子時的舊臣，上書十件事，就是定志、保位、畏天、法祖、愛民、崇儉、攬權、
用人、接下、聽言。其中攬權、聽言兩條，尤其殷切。嘉靖帝詔嘉其忠溍。隆慶元

年（1567）春，陳以勤為禮部尚書兼文淵閣大學士，又加少傅兼太子太傅，改武英殿大學士。陳以勤一再上疏，力言崇尚節儉，請隆慶帝"宮室之奉，但仍舊貫；乘輿服食之物，悉加裁省；凡宮中冗聚之人，奇巧之玩，無名賜予，無度取索，一切黜而罷之"（陳子龍《皇明經世文編》卷三一〇）。但隆慶帝既怠政又怠學，很少御門聽政，也很少聽老師講課。太監、妃嬪、宮女、佞臣、奸臣圍繞在皇帝左右，但陳以勤堅持請皇帝勵精修政，學習經典。皇帝心動，想有所舉措，因宦官所阻，上疏留中，未能落實。

隆慶四年（1570），陳以勤條上時務因循之弊，建言：慎重用人、懲治貪官、廣用人才、訓練民兵、重視農穀。隆慶帝嘉許，下所司議。時高拱掌吏部，心懷嫉妒，擱置其疏。

當時內閣輔臣徐階和高拱不和，明爭暗鬥。朝中大臣，各找靠山，互相攻擊，但陳以勤中庸不阿，也無私人。後徐階下野，趙貞吉入閣，高拱又與趙貞吉互掐。待張居正入閣，內閣鬥爭更為複雜。陳以勤與高拱為舊僚，與趙貞吉為同鄉，而張居正則為新科進士，也不能調解，因此請求辭職。隆慶帝念師之恩，給他吏部尚書銜回鄉，享受乘驛站舟車回鄉。

陳以勤鄉居十年，七十大壽，隆慶帝頒銀幣祝賀，且敕有司慰問。又過六年病死。贈太保，諡文端。陳以勤究竟是位老師，是位書生，而不是政客，也不是佞臣，知進知退，晚節清譽。後來高拱被逐，倉皇出國門，歎道："南充，哲人也。"《明史·陳以勤傳》讚道：陳以勤誠心輔導，獻納良多。後賢濟美，繼登相位。

隆慶帝批准陳以勤退休回鄉時，把陳以勤的兒子陳於陛召到身邊重用。

幼 帝 之 師

陳於陛（1543～1596年），隆慶二年（1568）進士，選庶吉士，授編修。隆慶四年（1570），二十七歲的陳於陛被隆慶帝召到身邊，給年僅八歲的皇子朱翊鈞做日講官，曾疏請早立皇太子。兩年後，隆慶帝去世，十歲的朱翊鈞繼位，這就是萬曆帝。萬曆初，陳於陛參與編纂嘉靖、隆慶兩朝實錄，官侍講學士，掌翰林院。

萬曆十九年（1591），陳於陛官拜禮部侍郎，領詹事府事。後任吏部左侍郎，教習庶吉士。他奏言，"元子不當封王，請及時冊立豫教，又請早朝勤政"，都沒有批覆。又進禮部尚書，仍領詹事府事。

　　陳於陛少年時，從父陳以勤，熟悉國家禮制。身為史官，研究史學，以前代皆修國史，疏言："臣考史家之法，紀、表、志、傳，謂之正史。"他引據宋朝的例子，建議皇帝下詔，設局編修明史，"使一代經制典章，犁然可考，鴻謨偉烈，光炳天壤，豈非萬世不朽盛事哉！"萬曆帝下詔從之。

　　同年夏，首輔王錫爵退休，陳於陛為禮部尚書兼東閣大學士。他上疏建言"親大臣、錄遺賢、獎外吏、核邊餉、儲將才、擇邊吏"六件事。奏疏最後說："以肅皇帝之精明，而末年貪黷成風，封疆多事，則倦勤故也。今至尊端拱，百職不修，

陳於陛像

不亟圖更始，後將安極？"帝優詔答之，而不能用。

這年冬天，萬曆帝貶斥北京和南京言官三十多人。大學士趙志皋、陳於陛、沈一貫及九卿，分別上疏力爭。尚書石星請罷自己的職務，以寬免諸臣，都不接納。陳於陛又特疏申救。萬曆帝怒，厭惡大學士陳於陛疏救，謫戍諸言官到邊遠地方。後乾清宮、坤寧宮火災，陳於陛請親臨議政，結果不報。

陳於陛建議不被採納，遂申請退休，皇帝不許。這年秋，官二品三年任期已滿，改為文淵閣大學士。當時內閣四人：趙志皋、張位、陳於陛和沈一貫，都是同年生，理政和諧，而萬曆帝拒諫更嚴重，君臣否隔，陳於陛以自己不能補救，憂形於色，他在內閣值班時，一邊歎息，一邊看影子的移動。

萬曆二十四年（1596）十二月，陳於陛病死在其工作崗位上。

何 以 帝 師

陳以勤、陳於陛父子為帝師，父子俱為宰輔，父子都清廉，父子都善終，這在明朝官場上是罕見的。《明史·陳於陛傳》評價："終明世，父子為宰輔者，惟南充陳氏。"又評說："天之報之，何其厚哉。"這是因為：父子厚德，蒼天報答。

封建王朝是"家天下"，皇帝的兒子，特別是太子，是帝位的繼承人，自古以來形成了一套成熟的教育模式。明代幼年皇帝或太子、皇子，一般八歲左右出閣讀書，從此，他的老師們就一直伴隨在身邊，從啟蒙寫字，到心理疏導、言行舉止、禮儀典範、書法繪畫，無不諄諄教導。

四川陳氏父子，世德博學，嚴謹修身，因而受到朝廷與群臣的嘉譽，得為父子帝師、父子宰輔，是為世人的榜樣。

說三娘子

北方蒙古之患，對明朝形成長期困擾。永樂皇帝七次北征，最終病死於征討途中。正統皇帝做了蒙古瓦剌的階下囚。嘉靖年間蒙古騎兵年年內犯，幾度攻至京畿。事情到隆慶時出現轉機，雙方以封貢實現和平。萬曆帝始終堅持對蒙古的封貢政策，使明朝最後的五十年與蒙古沒有發生大的戰爭。這一局面的實現，與一位傳奇的蒙古婦女相關，她就是三娘子。

嫁俺達汗

隆慶四年（1570）正月，內閣首輔高拱奏調名將王崇古總督宣大、山西軍務，以對付勢力正盛的蒙古韃靼俺答部。王崇古採取對韃靼諸部分化的策略，集中兵力，部署要害，採取主動，重點防禦，初步改變了明軍被動挨打的局面。同年九月，韃靼部上層爆發了重大的矛盾，俺答汗與其孫把漢那吉因爭奪"三娘子"而火並。

三娘子（1550～1612年），原名鍾金哈屯，哈屯是蒙古語，意思相當於皇后，是蒙古土默特部一位美麗聰明、精於騎射的奇女子。她知書達理，通蒙古文字，是一位優秀的蒙古婦女。她是蒙古俺答汗的外孫女，本來已受襖兒都司聘，但被俺答汗強奪取。襖兒都司很憤恨，俺答汗沒辦法只好把孫子把漢那吉所聘的孫媳

245

明《九邊圖》之"大同"

婦給了襖兒都司。把漢那吉說：“我祖妻外孫，又奪孫婦與人”（《明史紀事本末》卷六十），這使漢那吉氣憤至極，遂率部分部眾歸順明朝。明朝抓住機會做雙方工作，終於在隆慶五年（1571）以封貢實現和平。明朝封俺答汗為順義王，封把漢那吉為昭勇將軍，其他諸首領如黃台吉等也各封為將軍、都督同知、千戶、百戶等職，賜以緋袍金帶等高級官式冠服；同時，同意立即開市，與蒙古開展經濟交流。

在雙方交往中，三娘子對漢族文化產生了迷戀和嚮往，她相夫教子，在蒙古地區推行漢法，維護邊境安寧，發展封貢互市關係。

萬曆帝登極以後，繼續奉行與俺答封貢的政策。先後在宣府、大同、山西、陝西、寧夏、甘肅等地開設十三處馬市。又批准在這些地方開設月市。東西五千里，無烽火之警，行人不持弓矢，百姓得到安居之樂。

明朝形成如此局面，一個重要原因，是得到了俺答汗和三娘子夫婦的合作和支持。萬曆三年（1575）十月，呼和浩特城修成，俺答汗奏請賜名，萬曆帝賜名“歸化”，並賜予金幣、佛像。俺達汗為保持與明廷間的貢賜、馬市、民市的貿易，萬曆六年（1578）又主動提出以《大明律》約束部眾（瞿九思《萬曆武功錄·俺答列傳》）。

嫁 黃 台 吉

萬曆九年（1581）十二月，俺答汗病死，順義王的封號將由他的長子黃台吉（又名辛愛、乞慶哈）嗣襲，而黃台吉要繼承順義王的權力，就必須擁有俺答汗留下的部屬和三娘子的部屬。按照當時蒙古習俗，兒子可以繼承非生母以外的父親的所有妻妾。黃台吉是一位驍勇善戰的蒙古戰將，早在嘉靖間便以士馬雄冠諸部（葉向高《四夷考·北虜考》）。但黃台吉對三娘子懷有敵意，因為自從俺答汗娶了三娘子，便拋棄了原配妻子即黃台吉的母親，同時對父親俺答汗與明朝建立封貢關係，也不以為然。黃台吉認為這一切都是由於父親聽從了三娘子的蠱惑，所以俺答汗在世時，黃台吉就經常羞辱這位後母。如今，出於權力和地位的需要，黃台吉不得不向三娘子提出要納她為妻。但三娘子認為黃台吉年老多病，不從。

三娘子在蒙古諸部中，本來就親自率領一萬精騎，再加上俺達汗留下的四萬騎兵，兵精馬壯，實力雄厚。她不願意嫁給繼子黃台吉，便率部西去。明朝要繼續維持封貢關係，三娘子成為關鍵人物。

此時，萬曆帝任命的西北防務總督是鄭洛，他決意要促成這樁特殊的政治婚姻，利用三娘子在蒙古的特殊地位和作用來實現西北的安寧。

鄭洛，《明神宗實錄》作雒 ❶，字禹秀，河北安肅人。嘉靖三十五年（1556）進士，歷仕登州推官、山西參政，以輔佐總督王崇古、巡撫方逢時實現俺答封貢有功，升浙江左布政使，萬曆二年（1574）改巡撫山西，不久移鎮大同，三年後入為兵部侍郎。萬曆七年（1579），以兵部左侍郎總督宣府、大同、山西軍務。這是一位熟悉西北形勢、堅持封貢的幹練官員。

鄭洛分析，如果三娘子另立一支，黃台吉雖王也無益。若三娘子和黃台吉的政治婚姻不能實現，蒙古的內亂將直接破壞封貢的穩定局面。於是，他即刻派人趕往三娘子營帳，細加勸說，向三娘子表明："夫人能歸王，不失恩寵，否則塞上一婦人耳。"（《明史·鄭洛傳》）三娘子深明大義，遂答應與黃台吉成親。黃台吉與三娘子結為婚姻，貢市恭謹。鄭洛以功升兵部尚書。

萬曆十一年（1583）閏二月，根據鄭洛的奏報，萬曆帝冊封黃台吉為順義王，賜予大紅五彩紵絲蟒衣一襲，彩緞八表裏，封其長子搨力克（扯力克）襲龍虎將軍。三娘子與黃台吉婚後的第二年，她督促黃台吉大會蒙古各部首領，重申與明朝議訂的條款："凡一切貢市，悉仿先王父故事，敢議約，及不如約者，請以天帝擊之。"（瞿九思《萬曆武功錄·黃台吉列傳》）黃台吉從此心悅誠服，與三娘子合作，推動蒙漢互市，安定蒙漢邊境。

---

❶　鄭洛，《明世宗實錄》和《明進士題名碑記》均作 "洛"；《明神宗實錄》作 "雒"。因《明神宗實錄》為明光宗朱常洛之後修，故諱 "洛" 而作 "雒"。明史為清人修，則直書不諱，作 "鄭洛"。

三 嫁 四 嫁

萬曆十三年（1585）二月，黃台吉病故。按照世襲關係，俺答汗的孫子、黃台吉的兒子撦力克將成為第三代順義王。但年輕英俊的撦力克不想娶比自己年長且色衰的三娘子為妻。於是，三娘子率領自己的一萬親軍，築城別居。於此，鄭洛一面做三娘子的工作，一面派人到撦力克的營帳勸說："夫人三世歸順，汝能與之匹，則王，不然，封別有屬也。"終於促成撦力克和三娘子結成夫妻。

萬曆十五年（1587）三月，萬曆帝頒詔，撦力克襲封順義王，同時敕封三娘子為忠順夫人，並授予三娘子和俺答汗的婚生子不他失禮、撦力克和原配的婚生子晃兔台吉，同為龍虎將軍。從此，撦力克也繼續執行封貢政策，凡"應酬番漢事務，委三娘子理之"（《宣化縣志》卷十七），安定了蒙漢邊境的和平局面。

二十年過去，萬曆三十五年（1607）四月，撦力克死去。此時，撦力克的長子晃兔台吉已經先死，由其孫子卜石兔繼承順義王。這得到了蒙古數十個部落的支持。但是，三娘子與俺答汗的孫子索囊台吉，見卜石兔年幼，圖謀篡奪嫡系，便離間卜石兔和忠順夫人三娘子的關係，阻止他們成婚。大亂一觸即發。

宣大防務總制涂宗浚延續了鄭洛的傳統，做三娘子的工作，取得她的支持。萬曆三十九年（1611）五月，老年三娘子，拋下與索囊台吉的血緣親情，與自己重孫輩的卜石兔成婚。不久，三娘子又增加了約束部眾的規矩條約十四條，使條約增至三十六條，恢復了邊市貿易（王士琦《王雲籌俎考·封貢》）。

萬曆四十年（1612）五月，三娘子去世。三娘子主持部務和政務三十餘年，是蒙古女英雄，她的傳奇永留史冊。噩耗傳來，萬曆帝賜祭葬七壇，賻絹、帛也並從優給予。

萬曆帝始終堅持皇父隆慶時定下的封貢政策不動搖，依靠朝臣邊將，從而完成了他處理蒙古問題的得意之筆。

"邊氓釋戈而荷鋤，關城息烽而安枕。"（《晉乘蒐略》卷三〇）這是明朝立國二百多年以來所不曾有過的漢蒙接合地帶和平安定的局面。

耄耋者說三

衰落與更替 　皇宮的主人是明神宗朱翊鈞萬曆帝（在位四十八年）、明光宗朱常洛泰昌帝（在位一個月）、明熹宗朱由校天啟帝（在位七年）、明毅宗朱由檢崇禎帝（在位十七年），和與之交叉的清太祖努爾哈赤天命汗（在位十一年）、清太宗皇太極天聰汗（在位十年）和崇德帝（在位八年），明代四朝、清代兩朝，共七十年（明萬曆元年至清崇德八年）這段時期，中國歷史處於天崩地解，皇宮則處於更換主人的大變局時期。

本部分在時間上，屬於明朝後期、清朝初期。這個時期，中原出現以李自成、張獻忠為首的農民起義，東北女真 ── 滿洲的努爾哈赤在萬曆十一年（1583）起兵，萬曆四十四年（1616）建國號後金，這兩件大事明廷卻全然不知。明朝由衰落到覆亡。清朝入主中原，大明皇宮易主。

本部分為 44～65 講，主要講述此期宮廷內外的歷史故事。包括張居正、李成梁、熊廷弼、孫承宗、文震孟、袁崇煥、李自成、張獻忠、杜松、滿桂、史可法、湯若望、努爾哈赤、皇太極、多爾袞、孝莊太后、董鄂妃等人物及其故事。

經過明清之際的大變革，清朝皇帝入主皇宮。清朝對明朝皇宮沒有焚燒、拆毀，而是加以利用、修繕，並改皇極殿、中極殿、建極殿名為太和殿、中和殿、保和殿，改承天門為天安門等。改原皇后居住的坤寧宮，為既是薩滿祭祀的場所，又是皇帝與皇后大婚的洞房，等等。清朝不在京外設藩王府邸，而設建在北京內城（唯理親王府例外）。特別是建"三山五園"，即萬壽山清漪園（頤和園）、香山靜宜園、玉泉山靜明園和暢春園、圓明園，以及避暑山莊和木蘭圍場。當時花費全國民脂民膏，今日成為世界文化遺產。

北京故宮平面圖

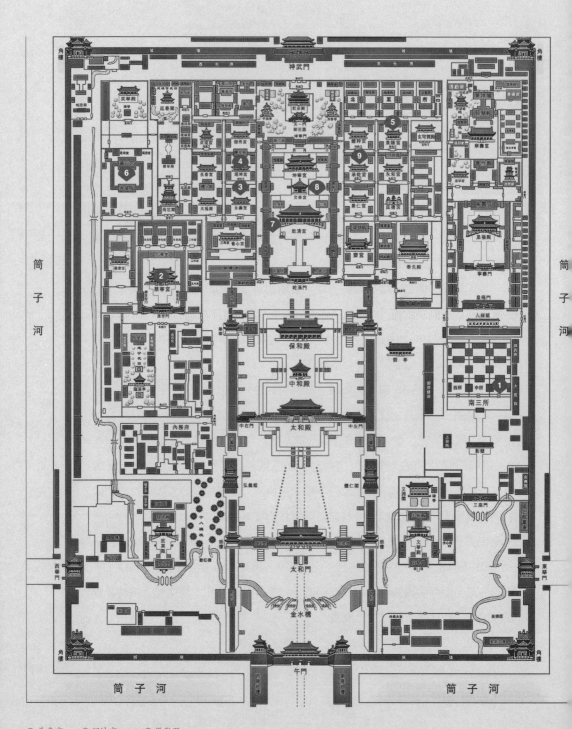

① 慈慶宮　④ 翊坤宮　⑦ 懋勤殿
② 慈寧宮　⑤ 景陽宮　⑧ 昭仁殿
③ 毓德宮　⑥ 咸安宮　⑨ 承乾宮

少年天子

明朝有兩位少年天子：一位是九歲繼位的正統帝朱祁鎮，另一位是十歲繼位的萬曆帝朱翊鈞。萬曆帝出生以後一直沒起名字，跟父親戰戰兢兢地生活在裕王府，直到五歲時父親繼位做了皇帝，他才正式起了名字，六歲被立為皇太子，十歲繼位，成為紫禁城裏第二位少年天子。

萬曆帝從十歲到五十八歲，統治天下四十八年，是明朝十六帝中在位時間最長的皇帝。少年天子按照隆慶帝的遺囑，倚靠三個人 —— 生母李太后、宦官大伴馮保和內閣首輔張居正，一面做勤奮學習、認真履職的好皇帝，一面在皇宮裏享受著窮奢極欲的生活。

嚴 母 太 后

萬曆帝的生母李太后，漷縣（今北京市通州區）人，嘉靖四十二年（1563）在裕王府生下兒子朱翊鈞，隆慶元年（1567）三月被冊封為貴妃。萬曆帝繼位後，希望並尊兩宮，大太監馮保欲取媚於貴妃，便向大學士張居正建議：兩太后並尊。在張居正的運作下，尊萬曆帝嫡母陳皇后為仁聖皇太后，尊其生母李貴妃為慈聖皇太后，這樣，李太后便跟陳太后平起平坐了。陳太后住在慈慶宮，李太后住在慈寧宮。接著，張居正請李太后照顧小皇帝起居，李太后就搬到乾清宮，和兒子萬曆帝住在一起，並把內廷之事交給馮保，外朝大權交給張居正。

慈慶宮，明代始稱清寧宮，清代改建為南三所

慈寧宮花園鳥瞰圖

李太后像

逛一逛

慈慶宮（清寧宮）

明代所建，原址位於東華門內三座門迤北，今擷芳殿一帶，始稱清寧宮，原是太子住的地方。天啟末年，張皇后曾在此居住，稱慈慶宮。

慈寧宮

位於紫禁城內廷隆宗門外西側。明嘉靖十五年（1536）以仁壽宮故址撤大善殿更建而成，為明朝前代皇貴妃等所居之所。清朝沿用明制，於順治十年（1653）重修，始為皇太后所居之正宮。

李太后教子很嚴，小皇帝若不讀書，就召來罰長跪。每御經筵前，令仿效講官先在面前進講。每逢上朝，五更到小皇帝寢所，呼曰"帝起"，令左右給小皇帝取水洗臉，並扶他登輦上朝。小皇帝事太后恭謹，而諸太監奉太后懿旨，往往管制太過。小皇帝在宮裏設宴喝酒，令內侍唱歌，辭以不能，取劍擊之。經左右勸解，就用割頭髮來替代。第二天，太后聞知，傳語張居正具疏切諫，並為小皇帝起草罪己的檢討書。又召小皇帝長跪，歷數其過錯。小皇帝涕泣請求改過。萬曆帝對母親李太后非常敬畏，親政後仍畏懼三分。

萬曆帝十六歲大婚後，太后跟張居正說："我不能早晚照顧皇帝，擔心他的問學、勤政，先生有師保之責。要朝夕教誨，完成先帝憑几之誼。"因賜坐蟒、白金、彩幣。"后性嚴明。萬曆初政，委任張居正，綜核名實，幾於富強，后之力居多。"（《明史·后妃傳》）

大 伴 馮 保

馮保，司禮監大太監，很聰明，多心計。馮保因怨恨高拱，與張居正暗中交結。

萬曆帝即位，高拱以皇帝年幼，為防太監專權，奏請限制司禮監大權，權力歸內閣。又命言官上疏彈劾馮保，並擬旨驅逐馮保。高拱使人知會張居正，張居正表面應諾，暗裏告訴馮保。馮保訴告李太后說，高拱擅權，不可容忍。李太后點頭。明日，召群臣入，宣兩宮太后和萬曆帝詔。高拱以為是驅逐馮保，但宣詔歷數高拱之罪並驅逐高拱。高拱突遭打擊，跪伏在地，竟不能起。張居正扶其出宮殿，僱輛驟車，出宣武門。張居正遂取代高拱為首輔。

萬曆帝初即位，馮保從早到晚，服侍他起居，小皇帝稍有不當之處，立即奏報慈聖太后。幼小的萬曆帝對大伴馮保，又依賴，又害怕，更不喜歡，經常以惡作劇捉弄馮保。

萬曆帝上朝時，馮保侍奉在側。言官雒遵上疏："保一侍從之僕，乃敢立天子寶座，文武群工拜天子邪，抑拜中官邪？欺陛下幼沖，無禮至此！"（《明史·雒於仁傳》）張居正剛死，萬曆帝命逮捕馮保，遣送南京，籍沒家產，金銀百餘萬，珠寶無其數。居家數年，死。

師 相 居 正

張居正（1525～1582 年），字叔大，江陵（今湖北省荊州市）人。少年穎敏，靈秀異人。嘉靖二十六年（1547）進士，眉清目秀，鬚長到腹。張居正滿腹經綸，勇敢任事，胸有城府，豪傑自許。嚴嵩、徐階、李春芳、高拱先後為首輔，都很器重張居正。

對於幼小的萬曆帝來說，張居正既是他的老師，又是他的首輔。張居正給萬曆帝開經筵、日講，學習的內容都是儒家經典，教化內容多，道理也深奧，小皇帝理解起來很困難。張居正對萬曆帝可謂盡心盡力。他考慮到皇帝年紀小，挑選了先代治亂的經驗，編成《帝鑒圖說》一書，選取歷史中正面八十一個、反面三十六個，共一百一十七個故事，配上圖畫，圖文並茂，生動活潑，用通俗語言，給皇帝講解。如"諫鼓謗木"，說的是堯舜在位，虛己求言，門前設敢建言的鼓，敢批評的木，招引賢人，擊鼓書木，批評自己的過錯。再如"解網施仁"，說的是商湯出巡，見有人設網捕鳥，他讓人把網解開三面，讓鳥飛翔，百姓稱讚說，湯的仁德，惠及鳥獸，何況人乎！又如"脯林酒池"，說的是夏桀無道 —— 脯，就是肉乾，肉乾掛得像樹林；酒池，大得可以行船，荒淫無度，終於亡國。又如"遊幸江都"，說的是隋煬帝巡遊江都，船隻數千艘，長二百餘里，背拉縴者，錦彩為袍，靡費奢侈，不久隋亡。這些生動的歷史故事，講述修身治國道理，便於少年天子理解。萬曆帝十三歲時，自書十二事於座右自警：謹天戒、任賢能、親賢臣、遠嬖佞、明賞罰、謹出入、慎起居、節飲食、收放心、存敬畏、納忠言、節財用（《明史·神宗紀一》）。

然而好景不長。這時萬曆帝漸備六宮，太倉銀錢多入內庫。張居正呈戶部收支數目，說每年入不敷出，請萬曆帝量入為出，防止浪費。疏上，留中。萬曆帝又令工部鑄錢給花，居正以利少弊多制止。言官請停蘇、松織造，不聽。又請裁外戚升官數目，萬曆帝雖曲從，但不高興。

張居正沒有察覺，萬曆帝對這些諫言越來越不耐煩了。

李太后也火上澆油，她訓小皇帝太嚴，每切責時說："要是張先生知道，奈何！"於是萬曆帝特別害怕張居正。及小皇帝長大，心裏討厭張居正。這時發生一件事情。乾清宮小太監孫海等導小皇帝遊戲。太后命馮保逮捕孫海等，杖而逐之。張居正又條其黨罪惡，請斥逐，而令司禮及諸內侍自己講過錯，由小皇帝決定去留。然後就勸小皇帝："戒遊宴以重起居，專精神以廣聖嗣，節賞賚以省浮費，卻珍玩以端好尚，親萬幾以明庶政，勤講學以資治理。"萬曆帝迫於太后，不得已，皆報可，但心裏對馮保和張居正非常記恨。

个久，張居止病死，萬曆帝為此輟朝，諭祭九壇，優禮有加。當初，小皇帝所喜歡的太監張誠不受馮保喜歡，被貶斥在外，這時萬曆帝秘密讓張誠舉報馮保和張居正。於是，揭發兩人交結、恣橫貪婪、寶藏超過天府。御史羊可立也追論居正罪。又有人說："金寶萬計，悉入居正。"帝命司禮監張誠等偕錦衣指揮、給事中抄張居正家。張誠等到之前，荊州守先錄其人口，子女多遁避空室中。後揭封開門，餓死許多人。張誠等盡發其諸子兄弟所藏，得黃金萬兩，白金十餘萬兩。以罪狀示天下，子弟俱發戍煙瘴之地。

最令人匪夷所思的是，曾經那麼倚重張居正和馮保的李太后，當兒子對二人翻臉時，向她解釋的理由竟然是一個"錢"字：說這兩個人"家資甚厚，籍沒可助大婚"。助誰的大婚？萬曆帝的弟弟、李太后次子潞王朱翊鏐。李太后立即就不反對了。張居正的噩運，不僅是他個人的噩運。隆慶、萬曆初年頗有成效的改革，從此夭折，明朝進入了衰敗時期，《明史》說："明之亡，實亡於神宗。"皇權擺脫自律和監督，會畸形膨脹，並為所欲為，但歷史依然客觀存在，時勢如地球自轉公轉。

歷史與時勢顯示，在萬曆朝及其前後，世界發生巨大變化 —— 大明皇朝在走向衰落，西方大國在新興崛起。於國外，開啟大航海、大崛起的時代，尼德蘭爆發資產階級革命，英國戰勝西班牙而取得海上霸權，法國建立了波旁王朝，俄國沙皇在極力擴張，葡萄牙人取得在澳門貿易資格，日本豐臣秀吉統治，揚言要"席捲明朝四百餘州，以為皇國之版圖"，並兩次入侵朝鮮。荷蘭組建東印度公司，並被荷蘭國會授予宣戰、媾和、佔領、築炮台等權力，不斷進犯中國領海，侵佔澎湖。利瑪竇等西方傳教士來到中國的北京傳教。於國內，大明王朝已二百多年，進入腐朽衰落的軌道，特別是經過正德、嘉靖連續六十年折騰，元氣大傷。萬曆中期以後，吏治腐敗，軍隊嘩變，民變四起，滿洲變亂 —— 比他大四歲的努爾哈赤，竟成為埋葬明朝的一個掘墓人。

　　萬曆帝在張居正死後，該如何應對國際和國內的變局呢？

酒色財氣（上）

明神宗萬曆帝懲治張居正，教訓馮保，滿足太后事佛斂財的需求後，終於從皇父為他編織的羈絆中解脫了，但他又跳進另一個羈絆之中。這就是明朝官員雒於仁向萬曆帝提出的應戒"酒、色、財、氣"的《四箴》。其實，西漢楊秉曾說："我有三不惑：酒、色、財也。"（《後漢書・楊震列傳附楊秉傳》）明朝雒於仁則提出戒"酒、色、財、氣"的"四箴"。我們看一代諍臣雒於仁的故事。

一 代 諍 臣

萬曆帝掉進什麼羈絆中呢？他，將經筵和日講改成進章，讀不讀自便；他，早晨不用五點起床上朝，只要願意，早朝就可取消；他，郊廟祭祀可不必躬親，萬曆帝在位四十八年，僅去天壇祭祀四次（成化帝和弘治帝，每年都親往天壇祭祀）；他，批答奏章有內閣和司禮監代行。那麼，萬曆帝每天都忙什麼呢？萬曆十七年十二月二十一日（1590 年 1 月 25 日），雒於仁一份《四箴》奏疏，揭開了這個問題之謎。

大理寺評事雒於仁，冒死上了一道奏疏《四箴》，說：

臣入京閱歲餘，僅朝見於皇上者三。此外惟見經年動火，常日體軟，即郊祀廟享，遣官代之。聖政久廢而不親，聖學久輟而不講，臣以是知皇上之恙，

藥餌難攻者也。惟臣《四箴》可以療病，請敬陳之。皇上之病，在酒、色、財、氣者也。（《明神宗實錄》卷二一八）

大意是說：臣我來京工作一年多了，只見過皇上三次。聽說皇上身體不好，免掉一切傳諭，郊祀廟享都委派官員代理，政務久廢而不親自處理，經筵久停而不親臨講席。我知道這都是皇上身體不好的緣故。所以臣敬陳《四箴》。

明代玉“壽”字執壺

皇上之病，在酒、色、財、氣者也。夫縱酒則潰胃，好色則耗精，貪財則亂神，尚氣則損肝，以皇上八珍在御，宜思德，將無醉也。（《明神宗實錄》卷二一八）

以上這四種病膠繞身心，哪裏是藥石可以治的？今陛下春秋鼎盛，猶經年不朝，過此以往，更當何如？

最後，雒於仁獻上四條箴言：醴酷勿崇；內嬖勿厚；貨賄勿侵；舊怨勿藏（《明史‧雒於仁傳》）。就是：酒要少喝，妃要少納，財要少佔，氣要少生。

天壇祈年殿

天壇

明清兩代皇帝祭天的地方。位於北京外城東南，初名"天地壇"。建於明永樂十八年（1420），為天地合祭之所。嘉靖九年（1530）改立天、地、東、西分祀之制，於嘉靖十三年（1534）始稱天壇。周以重垣，北圓南方，取"天圓地方"之意。壇內主要建築多位於中軸線上，南端三層圓形漢白玉石建圓丘壇，為皇帝冬至祭天之地；圓丘北為皇穹宇。北端為祈年殿、皇乾殿，是春季皇帝祈求五穀豐登之處。1918年闢為天壇公園。

萬 曆 辯 解

萬曆帝看後，如芒在背，勃然大怒。這一年他死了三個孩子，包括皇四子常治，心情格外壞。大年初一，他在毓德宮西室御榻前，召見輔臣申時行、許國、王錫爵、王家屏。他手上拿著雒於仁的奏疏給申時行，接著就絮絮叨叨地開始辯解說：

> 他說朕好酒。誰人不飲酒，若酒後持刀舞劍，非帝王舉動，豈有是事？
>
> 又說朕好色，偏寵貴妃鄭氏。朕只因鄭氏勤勞，朕每至一宮，她必相隨，朝夕間小心侍奉勤勞。如恭妃王氏，她有長子，朕著她調護照管，母子相依，所以不能朝夕侍奉，何嘗有偏？
>
> 他說朕貪財，因受張鯨賄賂，所以用他。昨年李沂也這等說。朕為天子，富有四海，天下之財，皆朕之財。朕若貪張鯨之財，何不抄沒了他？
>
> 又說朕尚氣。古云：少時戒之在色，壯時戒之在鬥，鬥即是氣，朕豈不知，但人孰無氣！且如先生，每也有童僕家人，難道更不責治？如今內侍、宮人等，或有觸犯，及失誤差使的，也曾杖責，然亦有疾疫死者，如何說都是杖死？（《明神宗實錄》卷二一九）

萬曆帝以雒於仁為"沽名"而氣自己，遂將奏本遞給申時行，並說："你去票擬重處。"

申時行接著皇帝的話說："他既是沽名，皇上若重處之，適成其名，反損皇上聖德，唯寬容不較，乃見聖德之盛。"說完，將其奏疏繳放在御前。

萬曆帝又取其疏，再授申時行，讓他詳閱，並說："朕氣他不過，必須重處。"申時行說："此本原是輕信訛傳，若票擬處分，傳之四方，反以為實。臣等愚見，皇上宜照舊留中為是。"又將其疏送到御前。

萬曆帝再說："如何設法處他？"申時行等說："此本既不可發出，亦無他法處之。還望皇上寬宥，容臣等傳語本寺堂官，使之去任可也。"萬曆帝聽後

毓德宮（永壽宮）內景

逛一逛

毓德宮（永壽宮）

內廷西六宮之一。建於明永樂十八年（1420），開始名為長樂宮。嘉靖十四年（1535）
更名為毓德宮；萬曆四十四年（1616）更名永壽宮。明為妃嬪、清為后妃的住所。光
緒時前後殿均為收儲御用物件的大庫。

點頭。這時"天顏稍和"，氣消了很多（申時行《召對錄》）。

數日之後，雒於仁借病回鄉，遂斥為民。很久之後，病死。

萬曆帝雖不承認自己沾上酒、色、財、氣四個字，但這準確地概括了萬曆帝生活的基本狀態，而且預示了他未來的走向。

這個雒於仁，何許人也？他是陝西涇陽人，萬曆十一年（1583）進士。任肥鄉、清豐知縣，有惠政。萬曆十七年（1589），調入京師，為大理寺評事。這是正七品的小官。他的父親雒遵，官吏科都給事中，是大學士高拱的門生。萬曆帝初即位，馮保竊權。萬曆帝御殿，馮保輒侍側。雒遵言："保一侍從之僕，乃敢立天子寶座，文武群工拜天子邪，抑拜中官邪？欺陛下幼沖，無禮至此！"雒遵的這道奏疏也被萬曆帝留中。不久，雒遵遭馮保陷害，被貶三級，調出京城。馮保被斥後，雒遵官復原職，後官四川巡撫。雒遵和雒於仁父子，都是剛直不阿的正直官員，也都是正人君子。

萬 曆 貪 杯

萬曆帝是不是貪杯？雒於仁是確有所指的。萬曆帝時年二十八歲，正是年富力強的青年，卻"腰痛腳軟，行走不便"。甚至連在宮裏看望他生母李太后，都四肢無力，行走不了。這其中原因很多，但雒於仁認為，貪杯傷害了皇帝的御體。他說："皇上八珍在御，宜思德，將無醉也。"（《明神宗實錄》卷二一八）

歷史上，嗜酒皇帝，已有先例。遼朝穆宗耶律璟，是遼太宗耶律德光的長子。他二十歲繼位，嗜飲酒，求長生。應曆十三年（963）正月，"晝夜飲酒九日"。十六年（966）正月初一，因為白天夜裏飲酒，不接受群臣朝賀。閏八月的一天，他觀看野鹿進入馴鹿群，立在馬上喝酒，邊喝邊看，直到傍晚。十二月的一天，到一位大臣家飲酒，連續幾天幾夜。十八年（968）正月初一，在宮中大宴會，不受朝賀，連飲三天三夜。這年的端午節，又是連飲幾天幾夜。十九年（969）正月，從十一日到月末，連續飲酒二十個日夜。這個遼穆宗耶律璟，不光嗜酒，還求長壽，他聽信一位女巫的藥方，就是取活人男子的膽和藥喝，不幾年就殺了很多人。這個耶律璟最後呢？歡飲酩酊大醉，夜裏回到行宮，被近侍小哥、鹽洗人花哥和廚師辛古等弑殺，年僅三十九歲。

萬曆帝貪杯，比契丹人耶律璟差多了，但這過量、過多的酒 ——"何釀味是耽，日飲不足，繼之長夜，此其病在嗜酒者也。"（《明神宗實錄》卷二一八）雒於仁說，萬曆帝喜歡酒，白天沒喝夠，長夜繼續喝，這就是"嗜酒"。雒於仁說："縱酒則潰胃。"嗜酒的壞處，遠不止於此。

嗜酒，不僅是傷腸胃，也不僅是傷身體，更不僅是傷品德，而是誤家、誤政、誤國。這當為"嗜酒"者戒！

酒色財氣（下）

雒於仁給萬曆帝上應戒"酒、色、財、氣"的《四箴》疏，前面說"酒"字，下面說"色、財、氣"三個字。

迷 戀 女 色

雒於仁的戒色箴說："豔彼妖冶，食息在側。啟寵納侮，爭妍誤國。成湯不邇，享有遐壽。漢成昵姬，歷年不久。進藥陛下，內嬖勿厚。"（《明神宗實錄》卷二一八）

皇帝有幾人不貪色的？但不能過度迷戀女色，以致傷身、誤國。《明史·后妃傳》記載，萬曆帝有一后二貴妃，即浙江餘姚王皇后和光宗生母王貴妃、福王生母鄭貴妃。可從這段簡略記述中，看不出萬曆帝後宮生活的實際情狀。

萬曆帝十六歲時，舉行大婚典禮，迎娶一后二妃，即王皇后、劉昭妃和楊宜妃。婚後不到兩年，萬曆帝就下旨，連續選民間大量淑女入宮。原來，他的祖父嘉靖帝在嘉靖十年（1531）三月一次就冊封了九嬪，他要向祖父看齊。於是，他於萬曆十年（1582）三月，也冊封了九嬪。其中，來自北京大興的鄭淑嬪於第二年就被晉為德妃，一年後又晉封為貴妃，她就是著名的鄭貴妃。此後，他又下詔"選民間淑女二百人入內"。

明神宗朱翊鈞像

勤 於 斂 財

雒於仁的戒財箴說："競彼鏐鐐，錙銖必盡。公帑稱盈，私家懸罄，武散鹿台，八百歸心，隋煬剝利，天命難諶。進藥陛下，貨賄勿侵。"（《明史·雒於仁傳》）

萬曆帝怠於臨政，卻勤於斂財。前面講過，曾經最倚重張居正和馮保的李太后，當兒子對張居正變臉時，她接受的理由竟然是這倆人"家資甚厚"，籍沒可助其另一子辦理大婚。可見萬曆帝母子的心理 —— 聚斂錢財，大於一切。

萬曆斂財，花樣繁多，如：加派織造，加徵羊絨，加燒瓷器，採辦珠寶，開辦皇莊，廣設皇店，收納官員的罰俸、捐俸，來錢最多最快的是派出礦監稅監，到全國各地開礦徵稅，甚至妄指民間良田美宅之下有礦脈，肆意敲詐勒索。還派出稅監，在城鎮、關津、路口設置許多稅卡，盤剝人民。當時人說："礦不必穴，而稅不必商。民間丘隴阡陌，皆礦也。官吏農工，皆入稅之人也。"（《明史·田大益傳》）

以珠寶為例。萬曆三十四年（1606），萬曆帝為母親李太后呈上一份珠寶禮單：

御用監製金冊一份，金龍鈕寶一顆，黃絲綬條全金鏐雲龍寶箱寶池箱三個，黃織金紵絲襯裏黃線繡黃紗寶囊金鎖匙事件全，珠翠金累絲嵌貓睛絲青紅黃寶石珍珠十二龍十二鳳斗冠一頂，金鏐龍吞口博鬢金嵌寶石簪如意鉤全，皂羅描金雲龍滴珍珠抹額一副，金累絲滴珍珠霞帔梡兒一副、計四百十二個，珠翠面花二副、計十八件，金絲穿八珠耳環二雙，金絲穿寶石珍珠排鐶二雙，金嵌寶石珍珠雲龍墜頭一個，白漿衣玉穀圭一枝，金鏐雲龍嵌寶石珍珠苻葉提頭漿水玉禁步一副、計二掛，開珊瑚碧甸子金星石紫線寶黃紅線穗頭全青紵絲描金雲龍滴珍珠舄兩隻，金累綠結絲嵌寶石雙龍龍鳳鸞鳳寶花九十六對，金萬喜字鋒、計五千副，索金銀萬喜字鋒、計八千副，索金盛用渾貼金瀝粉雲龍紅漆創金雲龍寶匣、冠盎胭脂木穀圭霞帔禁步匣九個，銅鍍金鎖匙事全。

戶部辦送足金一千四百三兩八錢，七成五色金一千兩，銀一千六百兩；貓睛二塊，重一錢八分；祖母綠六塊，重四錢二分；青寶石四百六十八塊，重二百七十四兩五錢；紅寶石五百四十七塊，重一百六十四兩一錢；黃寶石十二塊，重一兩八錢；各樣圓珍珠大珠各一顆，頭樣珠一百二十七顆，大樣珠三百三千（十）六顆，一樣至十樣珠共一萬二千八百十一顆，白玉料一十一斤，珊瑚料一斤三兩，瑪瑙料一斤，金星石料一斤，水晶料一斤，碧甸子一斤，翠毛一千六個。（《明神宗實錄》卷四一七）

下面再舉織造的例子。原來南方省區每年承擔絲綢織造的是蘇州、松江、杭州、嘉興、湖州，萬曆時又增加常州、鎮江、徽州、寧國、揚州、廣德等府州分

明萬曆　明黃緞地繡雙龍戲珠海水江崖紋袍料

造，年徵解額增加一萬餘匹。對南直隸浙江諸府紵絲、紗羅、綾紬、絹帛等織品的加派，始於萬曆四年（1576），當時的理由是自己大婚需要；至萬曆九年（1581），又題派了一次，是十五萬套匹，理由是潞王的大婚、壽陽長公主的出嫁和慈聖太后的聖誕。到萬曆二十七年（1599），又詔令派徵四萬一千九百套匹；萬曆三十二年（1604），復派二萬六千套匹；萬曆三十八年（1610），再派四萬套匹，此時也不再編造名目，只要金口一開，要多少地方上就得解進多少，總計自萬曆九年（1581）至三十八年（1610），蘇杭額外織造總數已達二十五萬套匹，以三年耗資百萬計，則此三十餘年的織造，已耗去一千多萬兩白銀。

陝西織造的羊絨著名，弘治、正德間偶而徵派過，嘉靖、隆慶時也徵過。萬曆御用袍服多採用羊絨，起初每年要解進宮中約千匹，到萬曆二十三年（1595），竟至七萬四千七百餘匹，按當時價格估算，這些羊絨織品共值一百六十餘萬兩銀子。

福王要就藩，萬曆帝要地方撥四萬頃田地（《明神宗實錄》卷五〇八）。這相當於四百萬畝地。哪裏來的田地？強行侵奪而已。

萬 曆 變 卦

萬曆帝對朝臣建言，或拒絕，或留中，或虛應，或變卦。

萬曆帝自乾清宮和坤寧宮火災後，就居住在後宮的啟祥宮。萬曆帝在啟祥宮有一段君王戲言的史事。萬曆帝派太監作為礦監或稅監，到各地搜刮錢財，激起民憤，以陳奉和馬堂為例。御馬監太監陳奉到湖廣，作惡多端："鞭笞官吏，剝劫行旅，商民恨刺骨"；到荊州，"聚數千人噪於途，競擲瓦石擊之"；到武昌，激民變，"嚇詐官民，僭稱千歲，其黨直入民家，奸淫婦女⋯⋯以致士民公憤，萬餘人甘與奉同死"；民眾氣憤，誓必殺之，陳奉逃匿到楚王府，得以幸免，而其被捉獲的黨徒十六人投入江中（《明史·陳奉傳》）。天津稅監馬堂到臨清，"中人之家，破者大半，遠近為罷市。州民萬餘縱火焚堂署，斃其黨三十七人"（《明史·陳奉傳》）。其他各地稅監礦監，作惡多端，民怨極大。首輔沈一貫奏請撤回稅監礦監，結果是："帝皆不聞。"

翊坤宮

翊坤宮

內廷西六宮之一。明永樂十八年（1420）建成，開始名為萬安宮，嘉靖十四年（1535）改名翊坤宮。明清為妃嬪所居，現建築完好。

事情在萬曆帝病危時出現轉機。萬曆三十年（1602）二月十六日巳時（9～11時），萬曆帝病危。急召輔臣及部院大臣到啟祥宮外。萬曆帝在啟祥宮後殿西暖閣，獨召首輔沈一貫到病榻前。這時坤寧宮王皇后、翊坤宮鄭貴妃因"養痾"不在身邊，李太后面南立，皇太子朱常洛及諸王羅跪於前，萬曆帝具冠服席地而坐。沈一貫進來後叩頭畢，萬曆帝說："沈先生來，朕恙甚虛煩，享國亦永，何憾！佳兒佳婦，今付與先生，先生輔佐他，做個好皇帝，有事還諫正他，講學勤政。礦稅事，朕因三殿兩宮未完，權宜採取，今宜傳諭，及各處織造、燒造俱停止……朕見先生這一面，捨先生去也。"（《萬曆起居注》三十年二月十六日）沈一貫呼萬歲，稱謝，並說：聖壽無疆，何乃過慮如此？望皇上寬心靜養，自底萬安。不覺失聲。這時，皇太后、太子、諸王皆哭。萬曆帝從地上起來上床。沈一貫等回到內閣朝房值班擬旨。

　　到了二更，長安門守門官遞送"聖諭"到內閣，內容如前。二更後，萬曆帝稍微好轉。十七日早，"上遣文書官至內閣，取回前諭"（《明神宗實錄》卷三六八）。就是萬曆帝派太監到內閣，要把前一天所下的聖諭取回。眾官不給，太監硬要，還是不給。太監上前搶著聖諭往外跑，朝廷官員就追，亂成一團，竟然被太監搶去了（沈德符《萬曆野獲編·壬寅歲厄》）。這成何體統！

　　大學士沈一貫奏稱："昨恭奉聖諭，臣與各衙門俱在朝房直宿，當下悉知，捷於桴響，已傳行矣"。但"頃刻之間，四海已播，欲一一回，殊難為力。成命既下，反汗非宜，惟望皇上三思，以全盛德大業，以增遐壽景福。"（《明神宗實錄》卷三六八）萬曆帝說："朕前眩暈，召卿面諭之事，且礦稅等項，為因兩宮三殿未完，帑藏空虛，權宜採用，見今國用不敷，難以停止，還著照舊行。待三殿落成，該部題請停止。"（《萬曆起居注》三十年二月二十日）堂堂皇上，出爾反爾，國君戲言，內閣奈何！

　　酒、色、財、氣這四個字，一直伴隨萬曆帝走到最後。

立儲風波

　　明朝有四大名妃：永樂帝權賢妃、成化帝萬貴妃、萬曆帝鄭貴妃和崇禎帝田貴妃。其中，萬曆帝和鄭貴妃，圍繞立儲而起風波 —— 是立皇長子、王恭妃生的朱常洛，還是立皇三子、鄭貴妃生的朱常洵？這場爭論，稱作"立儲風波"。事情要從鄭貴妃說起。

鄭氏貴妃

　　萬曆帝有八個兒子，其中皇二子、皇四子和皇八子都是一歲夭折，其餘五個皇子，能夠競爭皇位的只有皇長子朱常洛和皇三子朱常洵。皇后無子，皇長子常洛雖不是嫡出，但年齡居長；皇三子常洵雖齒序老三（老二已死），但母親鄭貴妃受寵。朱明家法，有嫡立嫡，無嫡立長。萬曆帝認為子以母貴，想立鄭貴妃生的朱常洵。這場立儲風波長達三十年。

　　皇長子朱常洛的母親，姓王，本為萬曆帝生母李太后在慈寧宮的宮女。一天，萬曆帝去看李太后，太后不在，王宮女在，就心血來潮，幸了這位王宮女。王宮女懷孕，老太后發現，便問是怎麼回事，王宮女照實說了。明宮故事，宮中承寵，必有賞賜，作為日後驗證；還有文書房內太監做記錄。當時萬曆帝覺得不光彩，沒有賞賜給王宮女信物。一天，萬曆帝陪侍李太后吃飯，太后話點到這

景陽宮

逛 一 逛

景陽宮

內廷東六宮之一。建於明永樂年（1420），初名長陽宮。明嘉靖十四年（1535）更名景陽宮。明代是妃嬪所居之地。清代改為收儲圖書之處。

裏，但萬曆帝不回應。李太后命取出內起居注給萬曆帝看，並好言相勸說："吾老矣，猶未有孫。果男者，宗社福也。母以子貴，寧分差等耶？"（《明史·后妃傳》）於是，萬曆十年（1582）四月，封王氏為恭妃。八月，朱常洛（泰昌帝）降生。

王恭妃住進景陽宮。這是東六宮中離乾清宮最遠、最小的一座宮院。王恭妃住在這裏，受到萬曆帝的冷落，如同被打入冷宮。不久鄭貴妃因生皇三子朱常洵，晉封皇貴妃，但恭妃並未晉封。

這個情況引起朝臣們的猜疑，莫非皇上要立鄭貴妃的兒子朱常洵為儲君？於是，君臣間開始了關於立儲的所謂"國本"之爭。這場"國本"之爭，可以分作三個回合。

第一個回合，首輔申時行率先上奏，請立皇長子為皇太子。萬曆帝始終不表態，後來表示要到皇長子十五歲再冊立。但到了皇長子十五歲這年，萬曆帝提出三個兒子一併封王，暫不立儲。理由是要等待皇后生子。

第二個回合，朝臣們提出讓皇長子朱常洛出閣讀書。萬曆帝則提出皇三子要與皇長子同時出閣讀書。經過大臣力爭，才勉強同意皇三子晚一年出閣讀書。

第三個回合，朱常洛的冠婚大禮，萬曆帝是一拖再拖，勉強給太子選婚了，卻不辦婚禮。直到朱常洛二十歲，李太后趁皇帝入侍，問他為什麼。萬曆帝說："彼都人子也。"什麼叫"都人"？"都人"就是宮女，"都人之子"是宮女所生的兒子。太后大怒道："爾亦都人子！"萬曆帝的媽媽當年也是宮女被幸才生下他的啊！萬曆帝觸到太后的痛處，非常惶恐，跪地不起。

由於皇儲未定，官員們或猜測立朱常洛，或猜測立朱常洵，兩派門戶，黨爭激烈。

福 王 就 藩

皇長子雖然被冊立為皇太子，但是圍繞鄭貴妃和立太子之事，傳言不斷，妖書四起。比如，有一封匿名信，假託"鄭福成"，有人附會"鄭"指鄭貴妃，"福"指福王朱常洵，"成"指鄭貴妃與福王立儲、冊后成功。萬曆帝大怒，敕錦衣衛搜捕，後捉一人，處以極刑。

但萬曆帝仍是一如既往地寵愛鄭貴妃和皇三子福王朱常洵。王恭妃作為太子母親，沒有萬曆帝的批准，就見不到太子。萬曆三十九年（1611 年）王恭妃病危，當時年已三十歲、立為太子已十年的朱常洛聞訊後，請求探視生母，獲旨得准。朱常洛帶著十歲的兒子朱由校（後為天啟帝）趕到景陽宮，但"宮門猶閉，抉鑰而入"。有人解釋作"踹開宮門，衝進宮室"。王恭妃眼瞎，看不見兒子和孫子，就用手撫摸兒孫的衣服，拉著兒子，失聲哭泣，說了一句："兒長大如此，我死何恨！"（《明史‧后妃傳》）不久，王恭妃在幽閉中死去。

相反，鄭貴妃母子卻一直得寵。皇太子冊立後，次年正月，福王開始出閣讀書，同時通知朱常洛講學暫停，這一停便是十多年。隨後，著手操辦福王婚禮，耗銀三十餘萬兩。福王結婚後該就藩了。鄭貴妃不願意讓自己的兒子離去，朝臣們紛紛上疏，催促福王就藩，以確保太子地位。萬曆帝既不能違背祖制，便找出種種借口，來拖延福王就藩的日期。

第一個借口是福王在洛陽的府邸還未建成，結果由工部撥銀四十萬兩，修建了一座豪華的府邸，而當年萬曆帝的弟弟潞王府的造價是十七萬兩，已經豪華至極。

第二個借口是必須給足四萬頃田地。首輔葉向高據理力爭，鄭貴妃卻派人質問葉向高："先生全力為東宮，請也稍微惠顧福王一點。"葉向高回答："我這樣做，正是為福王著想。趁此寵眷時到封國去，賞賜一定豐厚，宮中財寶如山，可以隨心所欲。"福王還是不肯就藩。

第三個借口是來年祝賀皇太后七十壽誕。李太后說："我兒潞王也可以來祝壽嗎？"萬曆四十二年（1614）二月，李太后去世。這個理由也就不存在了。同年，福王離開北京，一千一百七十二艘船隻，載著他和他的妃嬪、兒女、官員和一千一百名衛卒，前往封國洛陽。

在福王之國的第二年，又發生了梃擊案。

梃 擊 之 案

萬曆四十三年（1615 年）五月初四日，有個男子，手持棗木棍，闖入太子朱常洛居住的慈慶宮，見人便打，一直打到殿前的簷下才被抓住。這人叫張差，後供出係由鄭貴妃手下太監引導而闖入慈慶宮，時人懷疑鄭貴妃欲謀害太子。消息傳開，輿論大嘩，要求查個水落石出。大學士吳道南諮問編修孫承宗，孫答："事關東宮，不可不問；事連貴妃，不可深問；龐保、劉成而下，不可不問也；龐保、劉成而上，不可深問也。"（《明史·孫承宗傳》）鄭貴妃聞之，便對萬曆帝哭泣。萬曆帝說："須自求太子。"鄭貴妃向太子哭訴。貴妃拜，太子亦拜，貴妃哭泣，太子亦哭泣。

萬曆帝去找王皇后商量。王皇后一直受到冷落，對鄭貴妃的專寵也十分不滿，同情朱常洛的處境。王皇后答道："此事老婦亦不作主，須與哥兒面講。"哥兒是對太子的愛稱。這時，鄭貴妃過來了，太子也過來了，倆人爭了起來。朱常洛認為："張差所為，必有主使。" 鄭貴妃光著兩隻腳，指天發誓，嘴裏不停地喊著："奴家萬死，奴家赤族"。萬曆帝見了，非常生氣。朱常洛見皇父生氣，便態度有所緩和，改口說道："此事只拿張差是問就可以了。" 萬曆帝朱翊鈞這才眉開眼笑，連連點頭："哥兒說的是。"

萬曆帝下了一道諭旨："瘋癲奸徒張差持梃闖入青宮，震驚皇太子。朕思太子乃國家根本，已傳諭本宮添人守門，關防護衛。既有主使之人，即著三法司會同擬罪具奏。"（文秉《先撥志始》卷上）

次日，也就是五月二十八日，朝廷大臣都到慈寧宮聽詔，這是近二十年來，萬曆帝難得的一次召見朝廷群臣。萬曆帝說："前幾天，忽然有個叫張差的瘋癲之人，闖入東宮傷人，外廷有許多閒話。你們誰無父子，竟要離間我們父子，如今此事只需將本內犯人張差、龐保、劉成凌遲處死，其他人不許波及。"說著，他拉住朱常洛的手說道："這個兒子極孝順，我很喜愛"。然後又轉過身來，面對群臣說："太子已是青春盛年，如果我有別的意思，何不很早就改立。況且福王已經就藩洛陽，距離北京數千里，沒有我的宣召，他能自己飛來嗎？"萬曆帝又讓太監把三位皇孫牽到石階上，讓大臣們認一認，接著又說："我的幾位孫子都已長大成人，還有什麼話可說。"他接著又問太子:"你有什麼話要說,可以直接對各位大臣講,不要有所顧忌。"朱常洛明白父親的用意,便大聲說:"像張差這樣瘋瘋癲癲的人,正法算了,不必株連。"第二天,張差磔死,龐保、劉成在內廷擊斃,至此"梃擊案"乃定(《明神宗實錄》卷五五二)。

崇禎三年(1630)七月,鄭貴妃薨。鄭貴妃身經萬曆、泰昌、天啟、崇禎四朝,長達五十餘年。福王朱常洵,後來在洛陽,被李自成起義軍殺死。

萬曆帝、鄭貴妃與朝臣之間,圍繞著皇儲問題,鬧騰了三十年,說明當時朝廷大臣有一定的話語權,也有政治的影響力。萬曆帝是個優柔寡斷的人,患得患失,拖而不決,致使朝廷與百姓都受到巨大損失。

定陵之謎

萬曆帝這一生，最重視的工程，莫過於他自己的壽宮，也就是自己的陵墓 —— 定陵。何以見得？請聽我講。

五 次 前 往

萬曆帝二十歲就著手修建壽宮 —— 自己的墳墓。正當青春年華的皇帝，如此關注自己陵寢的營建，令人費解。這是有原因的。他的皇父生前沒有營建陵墓，死後匆匆建陵安葬，不僅陵墓規制偏小，而且陵址也沒選好，沒過幾年就發生地基下陷的現象。他最敬佩爺爺嘉靖帝，在生前營建了一座豪華的永陵，規模僅次於長陵，而設計施工，皆冠於諸陵。

萬曆十一年（1583）正月，萬曆帝下了一道諭旨，提出要在閏二月，親自到昌平天壽山春祭，同時勘選壽宮基址。這是萬曆帝第一次勘查吉壤地址。同年九月，萬曆帝第二次奉太后、后妃等，前往天壽山勘定壽宮吉地。經過反覆比較，他決定將壽宮吉地定在大峪山，這裏主勢尊嚴，山巒起伏，水星行龍，金星結穴，左右四輔，六秀朝宗。

壽宮吉地選定後，萬曆帝很高興，人未返京，先賞賜有功人員。一年以後，萬曆十二年（1584）九月，萬曆帝同兩宮皇太后和眾后妃，並有內閣大學士和吏、

明世宗嘉靖帝的永陵

戶、禮、兵、刑、工部的尚書隨行，來到大峪山選定的吉地。第二天，又在大峪山鄰近的山頭眺望，天朗氣清，景色秀美，兩宮太后不禁為兒子選定的風水寶地連連頷首稱善。這是萬曆帝第三次親自勘查壽宮吉壤。

萬曆十三年（1585）八月，大峪山陵墓破土開工。萬曆帝派首輔申時行前往主持儀式，申時行尚未離京，就有人對選定的吉地提出質疑。雖然沒有影響開工，但萬曆帝心裏總是不舒服。他把大峪山圖，又仔細地看了一遍，忽然發現西北角有

定陵地宮

定陵

明神宗萬曆帝朱翊鈞及其兩個皇后的陵墓。明十三陵之一，位於明長陵西側，始建於萬曆十二年（1584），歷時六年建成。其地宮於 1956 年發掘，出土大量珍貴文物，已列專室陳列。

一石塊隆起，擋住了視線。他越看心裏越彆扭。不久，萬曆帝第四次去天壽山。最後還是定在大峪山，工程繼續進行。

吉壤確定了，萬曆帝提出仿永陵規制營建。時任禮部侍郎、日講官朱賡隨即上疏表示異議，提出"昭陵（隆慶帝陵）在望，制過之，非所安"（《明史·朱賡傳》）。萬曆帝將奏疏留中。

萬曆帝的壽宮，選材非常講究，都用蘇州燒製的金磚鋪地面，光亮如漆，敲之有聲。砌牆用山東臨清燒製的城磚，寬大厚實，十分堅固。當時臨清為壽宮燒磚的窯戶有近百家。還有一種花斑石，採自河南浚縣，五彩斑斕，明亮如鏡，用來鋪地或裝飾牆面。

經過兩年施工，到萬曆十六年（1588）秋天，壽宮主體工程基本完工。九月初十日，萬曆帝率后妃、閣臣、公侯勳臣、六部尚書等第五次前往大峪山，親閱壽宮。新鋪的神道，寬七米，長約三千米，走到盡頭，跨過兩組石拱橋，便來到壽宮。外羅牆門、宮牆門、祾恩門、祾恩殿、欞星門，層層遞進，圍以宮牆，肅穆氣派。最裏面是壽宮主體寶城和地下玄宮。

萬曆帝下到玄宮，走過磚砌隧道，又走過四十米的石隧道，再通過甬道，跨進帶門樓的石門，就進入了玄宮。整座玄宮，前殿、中殿、後殿和左右配殿連成一體，總面積一千一百九十五平方米。（中國社科院考古所等編《定陵》）

玄宮後殿是放置帝后棺槨的地下宮殿，高大寬敞，地面鋪石，砌工整齊，磨製平整，細膩光滑。走出玄宮，萬曆帝在臨時搭設的幄帳中喝了茶，並獎賞陵工有功人員。

萬曆十八年（1590）六月，大工告竣。營建陵寢的開支已超出八百萬兩（《明史·禮十二》），這相當於全國兩年賦稅收入的總和。

萬曆帝從二十歲開始運作此事，四次親自勘查選址，一次親閱壽宮，時間延續八年，終於大功告成。此後，他不再提及閱壽宮之事，更沒有舉行任何慶典儀式，這是因為二十八歲的萬曆帝，已經沉醉於酒色財氣之中，怠於臨政，貪圖安逸，不願再受遠途顛簸之苦。

入 葬 波 折

萬曆四十八年（1620）四月初六日，萬曆帝的王皇后去世，萬曆帝按禮部所議命將王皇后安葬地宮。六月初九日，開挖定陵地宮隧道。到二十六日，王皇后已逝去將近三個月，尚未入葬。首輔方從哲上疏："大行皇后崩逝已近三月，舊例，梓宮發引，只在百日內外，內外已迫，而冊諡未定，神主、牌位未寫，發引之期將在何日？"萬曆帝令盡快辦理。誰知到七月二十一日，萬曆帝崩逝。泰昌帝朱常洛即位後，開始籌辦萬曆帝和孝端皇后的喪禮。他親定皇父陵寢為"定陵"，又將送葬日期定在九月二十八日。然而大禮未行，泰昌帝卻於九月一日去世。四個多月，紫禁皇宮，三起大喪。天啟帝即位後，命大行皇帝和大行皇后葬禮如期舉行。

禮部右侍郎孫如游等二十四位官員被任命為護喪提督大臣，八千名官兵奉命抬棺。由於棺槨中陪葬物品太多，棺槨格外沉重，杠繩多次更換，四里多路，到德勝門，已經入夜。行到羣華城，主杠突然壓斷，棺槨右側，一角墜地。十月初三日，帝后棺槨，葬入地宮，現場實況，一片狼藉，捆紮隨葬物品箱的繩子都沒有拆掉，有的木杠也沒撒下。這是因為，抬杠之人，怕被埋入地下，慌亂逃出地宮。

早在萬曆帝第四次勘查壽宮基址時，他對左右的人說過："今外廷諸臣，為壽宮事爭言風水，夫在德不在險，從前秦始皇營驪山，何嘗不求選風水，結果不久就被掘開，選求何益？"（《明神宗實錄》卷一六六）還真讓他給說著了，1956到1957年，經國務院批准，中國考古工作者對萬曆帝后定陵地下宮殿進行發掘，出土各類器物三千多件，1959年就原址建定陵博物館。

青 花 龍 缸

在定陵地宮中殿，萬曆帝和兩位皇后寶座前面，擺放著三口青花瓷大龍缸。這組青花瓷大龍缸高約七十厘米，口徑七十厘米，底徑五十八厘米。主體紋飾五爪龍盤旋於缸體之上，昂首張目，龍鱗乍立，五爪勾張，翻雲騰霧，氣勢非凡。

缸體上部有"大明嘉靖年製"六字款。

據當年第一個進入地宮的龐中威先生回憶,當定陵地宮剛被打開時,先扔下一隻公雞試探是否有毒氣,公雞飛出,人們放心了,考古工作者才下去。他們發現缸內儲滿燈油,油面上有三個燈撚。這就是傳說中的"萬年燈"。有人認為,因防火災,燈沒點燃,是象徵性的擺設。也有人認為,當時是點燃了,因地宮大門關閉,氧氣耗盡,油燈熄滅。

其實,萬歷朝御窯,有一個關於大龍缸的傳說故事。萬曆年間,皇帝諭旨:景德鎮御窯廠燒造大龍缸,並派太監潘相督陶。這尊大龍缸,體量大,缸體厚,技藝精,難度高,時限緊。太監潘相傳旨:克期完工,完美無疵,奉送北京,否則斬首!御窯工匠,全心全力,夜以繼日,燒成一爐,微有瑕疵,再燒一爐,或有釁,或變形,反覆燒製,全都失敗。

太監潘相,督責嚴厲。御窯的工匠,或受呵斥,或遭鞭笞,惶恐不安,人人自危。萬般無奈之時,有一個人挺身而出,他就是把樁(領班)師傅童賓。童賓為燒成大龍缸,為了工友安全,面對熊熊窯火,縱身一躍,投入烈焰,以身殉職。

當日熄火,翌日開窯。巨麗龍缸,豁然出窯。而童賓,身軀化作青煙,靈魂升上天空。童妻痛哭收屍,奠酒三祭,葬鳳凰山。鄉人感泣,尊為窯神,立祠祭祀。從此,燒窯必祭窯神童賓。這就是景德鎮佑陶靈祠、風火仙師廟的由來。

在今景德鎮市古窯民俗博覽園廣場上,矗立著窯神童賓銅像,高九點九米,重八點八噸,通高十五點九米,銅像莊嚴,氣勢雄偉,紀念工匠英雄童賓。

這個故事,在景德鎮,在御窯廠,感動天地,哀泣鬼神,祭祀往者,激勵來人。正如清朝督陶官唐英所說:

> 一旦身投烈焰,豈無妻子割捨之痛與骨肉鍛煉之苦?而皆不在顧,卒能上濟國事,而下貸百工之命也,何其壯乎!(唐英《火神童公傳》)

後金崛起

　　萬曆中後期，有"萬曆三大征"——平定寧夏哮拜、播州楊應龍的叛亂，又取得援朝抗倭的勝利，而在西北，繼承隆慶封貢成果，利用三娘子的政治婚姻，維持了與蒙古數十年的和平局面。因此，萬曆帝陶醉於用兵勝利，享受著午門獻俘的威武得意，卻忽略了一個潛在的強大敵人——東北女真建州部首領努爾哈赤。

努 爾 哈 赤

　　嘉靖三十八年（1559），努爾哈赤出生於今遼寧撫順新賓滿族自治縣永陵鎮赫圖阿拉村一個女真人家庭。他比萬曆帝年長四歲。他的祖父覺昌安和父親塔克世，都是明朝的地方官。他沒有上過學，少年時就參加勞動。他十歲喪母，十九歲分家單過。努爾哈赤常到山裏挖人參、採蘑菇、拾木耳，將這些東西運到撫順馬市去賣，賺錢貼補家用。

　　萬曆十一年（1583）二月，明遼東總兵李成梁率軍直搗女真阿台駐地古勒寨。阿台妻子的祖父是努爾哈赤的祖父覺昌安。覺昌安為使孫女免於戰難，城內部民減少傷亡，便同努爾哈赤的父親塔克世一同進城，打算勸說阿台投降。古勒寨地勢險峻，防守嚴密。明軍久攻不下，死傷慘重。後與城裏的內奸，裏應外合，城被攻破。明軍佔領古勒寨後，進行大屠殺。覺昌安、塔克世也不幸被明軍

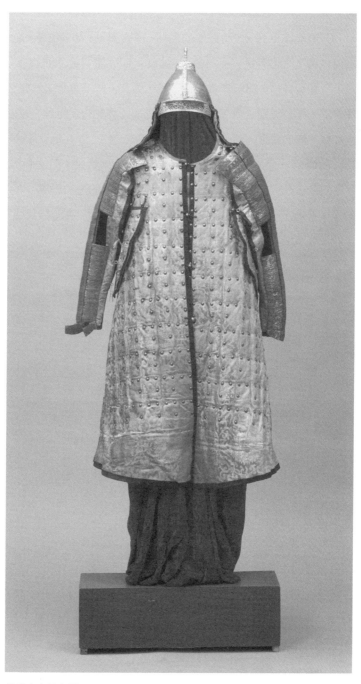

努爾哈赤的盔甲

殺死。

　　努爾哈赤得到父、祖蒙難的噩耗，捶胸頓足，悲痛欲絕。他質問道："我祖、父為何被害？你們與我有不共戴天之仇！"明朝派官員謝罪說："不是有意的，是誤殺！"朝廷賞給努爾哈赤敕書三十道，馬三十匹，並命他承襲父職，任建州左衛指揮。這一年，努爾哈赤二十五歲。他先後八次到北京朝貢，取得萬曆帝信任，升任左都督、龍虎將軍。

　　萬曆十一年（1583）五月，努爾哈赤以報父、祖之仇為名，以"十三副遺甲"，率領五六十人的隊伍，拉開了反明戰爭的歷史帷幕。時女真各部間，彼此紛爭，戰伐不已。努爾哈赤運用"順者以德服，逆者以兵臨"的兩手策略，逐步統一了女真各部。

　　清朝興起，明朝滅亡，從遼東建州女真古勒寨揭開了序幕。星火燎原，蟻穴潰堤，古今中外，概莫能外。這點火星，這個蟻穴，在萌發時，細如芥末，對立的雙方都沒注意到。然而，它燃燒為熊熊烈火，匯合為奔騰洪水，能將大廈吞噬，會將王朝沖垮。

建 立 後 金

　　努爾哈赤從萬曆十一年（1583）起兵，到萬曆四十四年（1616）建立大金，其間三十三年。努爾哈赤在這期間，統一了女真各部，建州地域東到鴨綠江、圖們江，東北到烏蘇里江沿海，西達大興安嶺，南接明界。一個新的滿洲民族共同體正在形成中。建州的軍隊，發展為八旗軍隊。漠南蒙古與建州聯姻，尊努爾哈赤為"昆都侖（恭敬）汗"。

　　萬曆四十四年（1616）努爾哈赤建立"大金"，年號天命，定都赫圖阿拉。

　　令人奇怪的是，努爾哈赤從起兵到陷撫順，三十六年間 —— 統一建州，吞哈達，併輝發，滅烏拉，創建八旗，制定滿文，建立大金，居然沒有受到明朝一次軍事打擊。明朝長期對建州女真的忽視、輕視、無視、蔑視，反過來不得不吞下自己釀成的苦酒。

天命三年即萬曆四十六年（1618）正月，天命汗努爾哈赤對諸貝勒大臣發佈"七大恨"，令告天佈民，接著，計襲撫順城，強拔清河堡。

萬曆帝對天命汗的回答是："經略出關，援兵四集，大彰撻伐，以振國威！"就此開啟困擾萬曆、泰昌、天啟、崇禎四朝的遼東戰事。

遼 東 大 戰

萬曆帝決定發兵征剿，予後金毀滅性打擊。起用楊鎬為遼東經略，賜尚方劍，楊鎬的作戰方案是：軍分四路，鉗形包圍，分進合擊，搗其都城。

西路，從西面進攻赫圖阿拉。以總兵官杜松為主將，率官兵二萬餘人，總兵官三員。

北路，從北面進攻赫圖阿拉。以總兵官馬林為主將，官兵二萬餘人。

南路，從南面進攻赫圖阿拉。以遼東總兵李如柏為主將，官兵二萬餘人。

東路，從東面進攻赫圖阿拉。以總兵劉綎為主將，約為二萬餘人。

萬曆四十七年即天命四年（1619）二月十一日，遼東經略楊鎬在遼陽誓師，並取尚方劍，令將此前臨陣逃跑的指揮白雲龍，當場梟首示眾。誓師後，各路兵總共十萬餘人，號稱四十七萬，兵分四路，分進合擊，搗向赫圖阿拉。

明軍來勢兇猛，後金如何對策？努爾哈赤說："憑爾幾路來，我只一路去！"這就是集中優勢兵力，逐路擊破明軍。

明軍西路主將杜松，二十八日從瀋陽起行，第二天到撫順關。杜松是將門之後，一員虎將，但驕傲輕敵，急貪首功。史載：松，與胡騎大小百餘戰，無不克捷，敵人畏之。杜松急貪首功，說："我必生擒努爾哈赤！"杜松帶著扭械準備北京午門獻俘。他率軍在夜渡渾河時，酒意正濃，袒露胸懷，揮舞大刀，裸騎徑渡。眾將請他披甲，杜松笑道："入陣披堅，非大丈夫所為也。吾結髮從軍，今老矣，不知甲重幾許！"誰知，努爾哈赤早已派人在渾河上游築壩蓄水，這時"決上流，師沖為二"。兵士們脫衣涉河，陡然水漲，"水深沒肩"，淹死多人。輜重渡河困難，"尚遺車營、槍炮在後"。杜松率前鋒渡河後，到薩爾滸山口紮營。三月初一日，杜松軍馳至薩爾滸。分兵結營為三，杜松親自率領先鋒軍準備擊敵。

努爾哈赤率六個旗兵四萬餘人，以絕對優勢兵力，突然猛攻薩爾滸山的明軍。騎兵縱橫馳突，越礙破陣，一鼓攻下薩爾滸明軍大營。接著六旗騎兵，馳援吉林崖。時後金軍兩股共八旗兵匯合攻擊。杜松"奮戰數十餘陣，要聚佔山頭，以高臨下，不意樹林復起伏兵，對壘鏖戰，天時昏暮，彼此混殺"（《明神宗實錄》卷五八○）。杜松雖左右衝殺，但矢盡力竭，落馬而死。撫順路軍覆亡。

初二日，北路馬林聞杜松兵敗，急忙轉攻為守：馬林等軍組成"品"字形營陣。主將馬林，將門出身，好詩文，工書法，交遊名士，自詡甚高，圖虛名，無將才。

努爾哈赤還是集中兵力，分三口吞掉馬林的品字戰陣。馬林驚恐，策馬先奔，餘眾大潰，全營皆沒。馬林兩個兒子戰死在尚間崖。潘宗顏營潰戰歿，其死時骨糜肢裂，慘不忍聞，年三十六。明北路馬林軍，除主將馬林僅以數騎逃回開原外，全軍覆沒。

初三日，努爾哈赤殺八牛祭纛，慶祝連破兩路明軍的勝利，並激勵將士迎接新的馳突。

初四日凌晨，努爾哈赤率兵在赫圖阿拉坐鎮指揮；命大貝勒代善、二貝勒阿敏、三貝勒莽古爾泰、四貝勒皇太極等統領八旗大軍，疾馳阿布達里岡，迎擊明東路劉綎軍。

劉綎，抗倭名將劉顯之子，是明軍的勇將。他身經數百戰，名聞海內。他善用大刀，"所用鑌鐵刀百二十斤，馬上輪轉如飛，天下稱'劉大刀'"（《明史·喬一琦傳》）。他嗜酒，每臨陣飲酒斗餘，激奮鬥志。

初五日，劉綎進到距赫圖阿拉七十里的阿布達里岡，隱伏在山麓、叢林、險隘中的後金伏兵四起，將劉綎軍攔腰切斷而攻其尾部。這時努爾哈赤設計騙劉綎，用杜松陣亡衣甲、旗幟，裝扮明兵，乘機督戰。綎始開營，即遭兵敗。皇太極等率兵從山上往下馳擊，上下夾攻，首尾齊擊。劉綎奮戰數十合，中流矢，傷左臂。劉綎真是條漢子。又戰，劉綎面中一刀，截去半頰，猶左右衝突，手殲數十人而死。其養子劉招孫，負劉綎屍，手揮刃，拚死戰，亦被殺。

劉綎像

　　明軍杜松、馬林、劉綎三路軍敗北，經略楊鎬急令南路李如柏回師。李如柏，
為名將李成梁之子，放情酒色，貪淫跋扈，怯懦蠢弱，接到楊鎬檄令後，急命回
軍。後自殺。

　　至此，薩爾滸大戰，以明朝軍失敗、後金軍勝利而結局。薩爾滸之戰成為中國
軍事史上以少勝多的經典戰例。

　　薩爾滸之戰後，明朝由進攻轉為防禦，後金由防禦轉為進攻。所以，薩爾滸之
戰是明朝和後金興衰史上的轉折點。

紅丸疑案

前面講到，萬曆四十八年（1620）明朝出現一場危機——從七月二十一日到九月一日，四十天中，萬曆、泰昌兩任皇帝先後去世，天啟皇帝朱由校匆忙繼位，朝野震蕩。

泰昌帝朱常洛正當三十九歲壯年，為何繼承大統僅一個月，就突然死去？這成為明朝皇宮的一樁疑案，即"紅丸案"。

禍 起 女 寵

朱常洛作為萬曆帝的長子，因為母親是宮人，不受皇父待見，他也被連累受到皇父的冷落。萬曆帝寵愛鄭貴妃，愛屋及烏也喜愛鄭貴妃生的兒子，朱常洛曾遭遇鄭貴妃策劃"梃擊案"的恐嚇。因為遲遲坐不穩皇太子的位子，坎坎坷坷，忐忑不忑，朱常洛始終處在孤獨、壓抑、恐懼之中，直到十八歲才出閣讀書，又長期輟讀，文化素養不高，更沒有高雅愛好，終日在後宮沉湎於酒色之中。

直到三十九歲，萬曆帝駕崩，他才登上皇位，年號泰昌，是為泰昌帝。萬曆帝臨終前留下遺囑，冊鄭貴妃為皇后。泰昌帝繼位後，鄭貴妃以此要求泰昌帝立她為太后，此舉遭到朝臣反對。此時，鄭貴妃還留居在乾清宮，她像變了個人似的，對泰昌帝極盡諂媚拉攏，並投泰昌帝之所好，從侍女中挑選八位美女獻給皇帝。泰昌

明光宗朱常洛像

帝欣然接受。此後，"聖容頓減"，"病體由是大劇"。

泰昌帝妃嬪不少，最重要的有三位：太子妃郭氏，泰昌稱帝時已去世；才人王氏，天啟帝朱由校生母，已去世；淑女劉氏，崇禎帝生母，也已去世。當時他最寵愛的是李選侍，為了跟另一位李選侍相區別，且稱"西李"。鄭貴妃想做太后，西李想做皇后，兩人沆瀣一氣。

泰昌帝八月初一登極，不久患病，日漸加重。十一日是他的生日，稱萬壽節，免去慶賀儀式。十二日，鄭貴妃和西李以探病為名，催請冊立的日期。泰昌帝勉強出殿，召見首輔方從哲，命封鄭貴妃為皇太后、西李為貴妃。結果受到禮部的抵制。禮部尚書孫如游諫止，說："先帝在日，並未冊封鄭貴妃為皇后，且今上又非貴妃所出，此事如何行得？"泰昌帝何嘗不懂，新君即位後，只能追封嫡母和生母為太后。如今自己的生母還沒追封為太后，怎麼能封鄭貴妃為太后呢！

兩 粒 紅 丸

十四日，泰昌帝病勢日重。這時掌管御藥房的司禮監秉筆太監，是原來鄭貴妃宮裏的內醫崔文升，鄭貴妃請他給泰昌帝看病。崔文升診視後認為，邪熱內蘊，應該服通劑藥清內火。結果服藥之後，泰昌帝腹痛腸鳴，腹瀉不止，一天一夜竟至三四十次。一連兩天，一瀉如注。

十六日，泰昌帝下詔說自己幾夜不眠，每天只喝少量稀粥，頭暈目眩，四肢無力，難以走動。迫於壓力，鄭貴妃不得不搬出乾清宮，住進慈寧宮。泰昌帝病情傳出，人們無不驚詫。

二十日，大臣們上疏請冊立朱由校為太子，入居東宮慈慶宮。泰昌帝說朱由校身體虛弱，未准，並說應封西李為皇貴妃，被群臣拒絕。

二十六日，泰昌帝在乾清宮召對英國公張惟賢、首輔方從哲等，皇長子朱由校也侍奉座側。泰昌帝把群臣叫到床前，說："朕見卿等，甚喜。"大臣們勸他謹慎用藥，他說他已經兩旬沒有進藥了，並再次口諭封西李為皇貴妃。沒等他說完，西李便把朱由校叫到屏幃內，工夫不大，朱由校被推搡而出，說西李要求封她為皇后。

泰昌帝默然。

二十九日，泰昌帝再次在乾清宮病榻上，召見首輔方從哲等十三員大臣。先諭冊立西李為皇貴妃，其次諭立皇太子，使他將來成為堯、舜一樣的明君。再次語及壽宮事。大臣說，皇考（您皇父）陵寢已經告竣。泰昌帝說："是朕的壽宮。"大臣說："聖壽無疆！"復次問有鴻臚寺官進藥，人在哪兒？輔臣奏道：李可灼自己說有仙丹，但未敢輕信。還是宣李可灼進宮。李可灼進來，說些吃藥的話。大學士劉一燝說："臣家鄉兩個人吃這種藥，一人有效，一人有害，不太安全。"禮部侍郎說："不能輕易吃。"皇帝還是要吃。大臣退出，進來一個奶婦，用人奶和藥，皇帝喝了下去。一會兒，太監說："暖潤舒暢，思進飲食。"下午，又吃了一丸。御醫和大臣都認為不能再吃。三十日，未見大臣。九月初一天剛亮，急召諸臣，"上已崩矣"！

這種藥丸是紅色的，故稱"紅丸"。這樁案件，史稱"紅丸案"。這兩粒紅丸，到底是什麼藥？為什麼吃一丸見好，再吃一丸竟斃命？這成為明朝皇宮的一樁疑案。再聯繫鄭貴妃的作為，先是"梃擊案"，繼是住在乾清宮不走，接著進獻美姬，再聯繫到她原來宮裏的崔文升進瀉藥，還有進藥前後，李可灼同太監鬼鬼祟祟的非正常往來，樁樁件件都指向"謀害"之嫌，使人疑竇叢生。

留 下 難 題

泰昌帝繼位一個月就死去，留下兩個難題。

第一個難題是如何紀年。萬曆皇帝去世，泰昌皇帝繼位，一個月後去世，天啟皇帝繼位。這樣，萬曆四十八年（1620）先後存在萬曆、泰昌、天啟三位皇帝，經過大臣們反覆討論，最後採納御史左光斗的建議，以當年八月前為萬曆四十八年，八月初一日後為泰昌元年，明年為天啟元年。眾臣同意。

第二個難題是壽宮問題。萬曆帝后的壽宮早已準備好了，而泰昌皇帝遺體葬在哪裏呢？馬上修造一座壽宮是不可能的。後來大臣們終於想起有一座空著的壽宮，那就是景泰帝在位時為自己修建的壽宮，後來因為英宗復辟，他失去皇位，死後沒有葬在那裏。這樣，經過修繕，天啟元年（1621）才將泰昌帝遺體入葬，稱為“慶陵”。

由泰昌帝的死，我聯想到明朝有四位長期鬱悶的皇子，繼位後壽命都不長。

第一位是洪熙帝朱高熾，從燕王世子到皇太子，其地位一直受到兩位弟弟的覬覦，搖搖晃晃，兇兇險險，到四十五歲才繼位，結果在位十一個月就駕崩了。

第二位是成化帝朱見深，先被冊立為皇太子，後被廢為沂王，再被冊立為皇太子，在位二十三年，終年才四十歲。

第三位是隆慶帝朱載垕，兩歲被封為裕王，之後長期不得立為皇太子，在位六年，終年才三十五歲。

第四位是泰昌帝朱常洛，雖是皇長子，長期不被冊立為皇太子，直到十九歲才被立為皇太子，還有同父異母弟福王朱常洵在爭位，被輟學不讓讀書，在位僅一個月，三十八歲去世。

由上面四位皇子長期肝鬱不舒、憋悶生氣的史實看，洪熙帝、成化帝、隆慶帝、泰昌帝這四位皇帝，在位平均才七年多，他們有那麼優越的物質條件，住房、起居、飲食、醫療等都是天下最優越的，卻都不滿四十周歲而死。這說明：物質條件不是影響壽命的最主要因素，而心理與精神因素與人的壽命有極大關係。生氣、恐懼、焦躁、鬱悶、孤獨、壓抑、消沉、放縱，都是非常不利於健康的心理和精神因素。

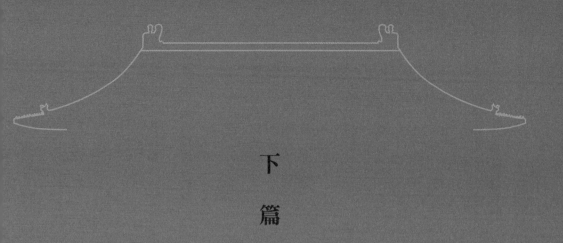

下

篇

慌亂繼位

天啟帝朱由校是明朝第十五位皇帝。明朝此時已經走過二百多年，進入了衰亡的軌道，政治腐敗，民變四起，後金崛興，災害頻仍，到明朝覆亡僅剩下二十三年。這種不祥的端倪，從他繼承皇位時的混亂之中，就顯露出來。

無 知 頑 童

萬曆三十三年（1605）十一月十四日晚上，朱由校出生在皇宮，他的父親朱常洛正盼著早點生個兒子，以維持皇太子地位，又怕萬曆帝不喜歡他生兒子，忐忑不安。"光廟（即朱常洛）差年老宮人到仁德門外報喜。光廟於星月之下獨步殿陛，彷徨不安。先監（陳）矩立奏神廟（即萬曆帝），即轉奏慈聖皇太后，闔宮歡忭。宮人還報，光廟乃喜。"（《酌中志》卷二）

皇長孫朱由校的出生並沒有激起萬曆帝絲毫的熱情。過了一個月，才下詔通告全國。來年二月，他並沒有進封朱由校的祖母王氏以及生母王氏，而是過了兩個多月以後，才晉封朱由校的祖母王氏為皇貴妃，晉封朱由校的生母王氏為才人。

直到萬曆帝駕崩，在長達近十五年的時間內，無論廷臣怎樣奏請，萬曆帝都不同意冊立長孫為皇太孫，也不讓他出閣讀書。

萬曆四十二年（1614）二月，李太后逝世。她在彌留之際遺囑，令立朱由校

明熹宗朱由校像

乾清宫月台前丹陛下的 "老虎洞"

為皇太孫。一年多以後，萬曆帝傳諭聖母也曾遺囑，欲冊立皇太孫（《明神宗實錄》卷五八四）。但就是不立皇太子為"儲君"，皇太孫為"儲貳"。在皇權時代，立"儲貳"與立"儲君"同樣重要。

不僅如此，萬曆帝也反對讓朱由校出閣讀書。

不做皇太孫，不讀書，又生活優裕，朱由校每天在宮裏做什麼呢？爬樹、掏鳥窩、養貓、鬥雞、逮蟋蟀、捉迷藏、爬山、賞花、划船、溜冰、遊戲、看戲、演戲、騎馬、打獵。他小時候，宮裏正在修建三大殿，他對泥瓦工、木工、雕刻等，都不陌生，據說是個很好的木匠。

我重點說一下他養貓的事。大約從宣德朝開始，宮中養貓漸成風氣。朱由校這位皇孫更對貓有特殊的嗜好，他不僅愛貓，而且對貓的特性還頗有研究，知道貓吃了一種草，就會醉得昏迷不醒。為了取樂，他就故意給貓吃這種草，讓貓死去活來。他所餵養的貓，雄的稱某小廝，雌的稱某丫頭。後來當了皇帝，他好貓如故，還給貓封官晉爵。凡是有頭銜的，稱某老爺，或某管事，並按照賞賜宮中太監的慣例，給牠們發賞，無聊透頂。

在乾清門月台前，丹陛下面，有一條暗道，俗稱"老虎洞"，高一點八米，寬一點一米，長約十米，供太監們穿行。朱由校晚上常在洞中同太監、宮女玩"捉迷藏"遊戲。此洞至今完好。

萬曆四十七年（1619）三月，就在薩爾滸大戰敗報傳來時，朱由校的母親王才人病逝。王氏，順天府人，一入宮，就在東宮侍候皇太子朱常洛，後為選侍。在東宮時，長期遭到皇太子寵妃李選侍的凌辱和毆打，心情憂鬱，常在夜裏偷偷哭泣流淚，以致年紀較輕就離開了人世。母親去世一年多，剛登上皇位一個月的皇父又去世了。

本來爺爺萬曆帝臨死前留下遺囑：皇長孫宜及時冊立、進學（《明光宗實錄》卷二）。但是皇長孫還沒來得及立，皇太子朱常洛繼位成了皇帝，皇長孫朱由校變成了皇長子。泰昌帝諭旨九月初九日冊立朱由校為皇太子，但這個吉日良辰還沒到，泰昌帝朱常洛就死了。

從九月初一日泰昌帝去世，到九月初六日朱由校繼位。在這短短的五天中，尚未繼位的朱由校置身於後宮、內廷和外朝的爭鬥之中，史稱"移宮案"。這年他十六虛歲。

儲 皇 移 宮

泰昌帝剛一去世，就發生"移宮案"。這個案子，包括兩次"移宮"：一次是儲皇"移宮"，另一次是西李"移宮"。

朱由校的母親死了，泰昌帝就把朱由校交代給"西李"照料。泰昌帝吞下"紅丸"死後，"西李"封為皇后的幻想破滅，封為皇貴妃的願望也落空，便緊緊抓住小朱由校，以鞏固自己在宮中的地位。怎麼辦呢？這位"西李"想了一招，自己和小皇帝同住在一起，天啟小皇帝住乾清宮，自己也住乾清宮。這是有先例的，當年萬曆帝十歲登極，他的生母李太后就曾搬到乾清宮住，與萬曆帝朝夕相處，有時母子還睡在一張床上。可李太后是萬曆帝的親媽，而"西李"不是天啟帝的親媽！為了鞏固地位，她在乾清宮與心腹太監李進忠等人，策劃挾持朱由校，不讓他離開乾清宮。這個李進忠，就是魏忠賢的原名。她甚至將朱由校藏閉在乾清宮暖閣裏，不讓他出來為泰昌帝守靈。

大臣們認為誰擁有少主朱由校，誰就能控制皇權，"西李"非可託之人，要盡快使朱由校暫時離開乾清宮，擺脫"西李"的控制，才能穩定大局。哀悼儀式一結束，大學士劉一燝等責問道："皇長子當樞前即位，今不在，何也？"原東宮伴讀、司禮監秉筆太監王安說："為李選侍所匿耳！"劉一燝大聲喝道："誰敢匿新天子者！"王安說："徐之，公等慎勿退。"（《明史‧劉一燝傳》）說完，便入宮請見朱由校，但"西李"不同意。首輔方從哲及諸大臣趕到乾清宮門外，要見朱由校，把守宮門的太監手持木棍，不讓進入。這時，兵科都給事中楊漣，衝出人群，對著太監，大罵道："奴才！皇帝召我等，今已晏駕，若曹不聽入，欲何為！"太監們自知理虧，慢慢退開，諸臣直入，呼喊萬歲。王安乘其不防，衝進暖閣，把朱由校拉出來。諸臣見到朱由校，立即叩頭，高呼"萬歲"，拉著朱由校就往宮外走。太監從寢閣急出，大呼："拉少主何往？主年少畏人！"有的太監撕扯衣服，要奪朱由

乾清門

校回宮裏。楊漣等邊推搡、邊斥責太監說：「殿下群臣之主，四海九州，莫非臣子，復畏何人！」（《明史·楊漣傳》）群臣簇擁著朱由校往外走。「西李」著急，馬上派李進忠等眾太監追出來，要朱由校回到乾清宮。楊漣、王安等人奮力推開眾太監，保駕護行；大臣分列左右，連扶帶推，擁著朱由校往外跑。剛跑到乾清宮門外，宮內眾太監又追了上來，緊緊拉著朱由校的衣服不放，並號叫：「你們挾持皇長子到何處？」楊漣毫不畏懼，一面嚴厲怒斥他們，一面與諸臣一起把朱由校抱入轎內，直奔文華殿。辰時（7～9時），諸臣行禮完畢，「西李」又派人來糾纏，要朱由校回到乾清宮。諸臣見勢如此，經過緊急商議之後，迅速把朱由校請到太子居住過的慈慶宮居住。

朱由校避居慈慶宮，暫時擺脫了「西李」的控制；但「西李」仍佔居乾清宮，直接妨礙朱由校舉行登極典禮。下一步，是「西李」移出乾清宮，把乾清宮騰給新繼任的皇帝朱由校。

西李移宮

九月初二日起，諸臣的目標轉入要"西李"離開乾清宮，到宮妃養老之地仁壽殿。時內閣首輔方從哲兩邊討好，主張緩議。劉一燝等則說："西李"既不是嫡母，也不是生母，按照本朝家法，必須搬出，不容遲緩！大多朝臣，給予支持。這時"西李"仍不搬出乾清宮。群臣激情，憤恨不已。

初五日，楊漣等大臣，不顧一切，勸首輔方從哲，要按原定時間舉行登極大典。這時，"太監往來如織"，氣氛異常緊張，"西李"爪牙紛紛出來，進行威脅。楊漣怒斥道："能殺我則已，否則，今日不移，死不去！"大學士劉一燝等也催促，聲色俱厲，聲徹御前。朱由校這幾天是由太監王安陪伴，王安告訴他母親曾被"西李"欺侮之事，朱由校痛哭，這才派人傳達他的諭旨："先帝選侍李氏等，著於仁壽殿居住，即日搬移。"（《明熹宗實錄》卷一）

"西李"無奈，在責罵聲中，於當天午時離開乾清宮，移居仁壽殿。皇長子朱由校在同一天，由慈慶宮回到乾清宮。這兩場"移宮"鬧劇，演出五天，落下帷幕。

初六日，按照預定計劃，舉行新君登極大典，這位新君就是天啟皇帝。

在明朝的皇帝中，只有朱由校一人在登極的時候，還是一個既不是皇太子，又沒有唸過書的可憐蟲。這個皇帝在慌亂中繼位，又在未來的七年裏，不僅把明朝推向更深的災難，而且自己也在二十三歲死去，成為明朝歷史上最短命的皇帝。

客、魏當道

天啟朝政治的一個特點，是客、魏當道。客，是指天啟帝保姆客氏；魏，是指太監魏忠賢。這倆人狼狽為奸，沆瀣一氣，依靠並控制天啟帝，排斥異己，打擊忠良，弄得朝廷內外烏煙瘴氣。

狼 狽 為 奸

明代後宮規定，后妃生下孩子，都有專門保姆伺候，時稱"奶婆"、"奶口"。客氏（1581～1628 年），北直隸定興縣（今在河北）人，侯二之妻，生下一個兒子侯國興，十八歲入宮做朱由校乳母。兩年後，侯二死，客氏未再嫁，長期住在宮裏，伺候朱由校。朱由校從小被她伺候，特別喜歡吃她做的飯，所以對她既信任，又離不開。客氏為人"淫而狠"，她有點文化，身材苗條，有幾分姿色，性情放蕩，心狠手辣。

魏忠賢（1568～1627 年），原名李進忠，北直隸肅寧縣（今在河北）人，有妻、女。好騎射，擅弓法，有膽識，善決斷。但他從小不走正路，吃喝嫖賭，打架鬥毆，無所不為，是個地痞無賴。因欠下賭債，自宮當太監。後來設法到皇長孫朱由校的母親王才人身邊，為她打理膳食，從而接近朱由校，千方百計討好他。魏忠賢為人"猜忍陰毒"，就是猜忌心強，陰險毒辣。

逛 一 逛

咸安宮

位於壽康宮後，長庚門內，為明代建築。清康熙二十一年（1682）改建。康熙時廢太子允礽也曾被禁錮在這裏。雍正七年（1729）設咸安宮官學。乾隆十六年（1751）改壽安宮。

魏忠賢自從勾搭上客氏，地位迅速上升。客氏住在乾清宮西北的咸安宮，這裏本是太后太妃居所。乾清宮與永壽宮之間的鳳彩門，是客氏與魏忠賢約會之地。他們還各自在西市街（今北京豐盛胡同）建造豪宅，客氏居街北，魏忠賢居街南，相距很近。

這一對男女，一個淫而狠，一個陰而毒，他們利用天啟帝的信任，依仗天啟帝的羽翼，獲得無限權力、地位、封賞和榮譽。大字不識的魏忠賢，竟然晉升為司禮監秉筆太監。按照內閣大臣擬寫的意見，替皇帝批答奏章，從而執掌大權。他們戕害忠良，擾亂後宮，結為閹黨，無惡不作。

戕 害 忠 良

先說楊漣。天啟四年（1624）春，京畿地帶連續發生地震，宮殿搖動，天啟帝也生了病。六月，都察院左副都御史楊漣寫了一份奏疏，羅列魏忠賢二十四大罪狀，並寫道："掖廷之內，知有忠賢而不知有皇上。""羽翼將成，騎虎難下，太阿倒持，主勢益孤，不知皇上之宗社何所託！"（文秉《先撥志始》卷上）請求將魏忠賢正法，敕客氏搬出皇宮。但這份奏章卻擺在魏忠賢面前。

魏忠賢閱疏，特別害怕。於是，他每天盤算著殺楊漣。後閹黨大理丞徐大化彈劾楊漣招權納賄，並捏造楊漣收熊廷弼賄賂。許顯純乃自編獄詞，坐楊漣貪贓兩萬，將楊漣逮捕。士民數萬，擁道呼號，所歷村市，焚香建醮，祈祐楊漣生還。楊漣下錦衣衛獄後，錦衣衛指揮僉事、掌鎮撫司許顯純，酷法拷訊，體無完膚。次年七月，在夜間將楊漣擊斃，死時其年五十四。

明代太監塑像

再說萬燝。萬燝，江西南昌人。萬曆四十四年（1616）進士，任刑部主事。後調為工部營繕司主事，升員外郎，負責鑄造錢幣之事。當時修建明泰昌帝慶陵的工程，經費奇缺，鑄錢所需銅料更加匱乏，萬燝急得焦頭爛額。他向寶源局的人詢問盡快得到銅料的辦法，寶源局的人都說：宮裏內官監堆積著許多破爛銅器，估計不下數百萬，只要移文索要，旦夕可得。萬燝移文內官監，請撥給廢銅。魏忠賢認為這是無視他的權威，未予理睬。

　　萬燝等銅下爐，託熟人打聽，才知道是因魏忠賢所阻。萬燝上疏，請求查發內官監廢銅以便鑄錢，供給慶陵工程。在魏忠賢挑撥下，朱由校下旨詰責萬燝（《三朝野記》和《明史·萬燝傳》）。

　　這時，萬燝已遷工部屯田司署郎中事，督建慶陵。他又奏言廢銅、陵工諸事，痛斥魏忠賢的罪惡：魏忠賢曾經侍奉先帝，陛下寵愛忠賢，恐怕也是因為其曾經侍奉先帝的緣故吧。但魏忠賢對於先帝的陵工，卻毫不在意。臣曾章發廢銅，竟不肯給。我前些日子曾去過香山碧雲寺，見到忠賢為自己建造的墳墓，規制甚為弘敞，可以與祖宗陵寢相比。還建有生祠、佛宇，所費金銀當有數百萬。為自己墳墓則如此，為先帝陵寢則如彼，忠賢之罪，已足誅殺。

　　當時天啟帝正因為皇次子夭折而難過，魏忠賢便趁機挑唆，說萬燝選在皇上哀痛之時上疏，這是明擺著有意刁難皇上。天啟帝發出諭旨：

　　　　陵工費用浩繁，內府廢銅能幾，局中何人見知？萬燝輕信奏請，前旨已明。今又僭言瀆擾，陷朕不孝，且皇子薨逝，便來激聒，好生狂悖無禮。著錦衣衛拿來午門前，著實杖一百棍，革了職為民，永不敘用。（《明熹宗實錄》卷四十三）

　　聖旨一下，數十名小太監蜂擁衝入萬燝寓所，抓頭髮，扯衣服，把萬燝拖出門來。一路上宦官們拳打腳踢，棒擊棍毆，到行刑地點時，萬燝已氣息奄奄。來到午門前，喝令重打。一百杖畢，萬燝昏死。太監們又拽住萬燝的腳，倒拉著轉了三圈。往外拖時，兩邊又擁上來數十名小宦官，拿著利錐照著萬燝身上亂戳，萬燝被扎得千孔流血，四天後死去。

客、魏就是要讓大臣們知道，誰想與魏忠賢過不去，誰就要被杖死，氣焰何等囂張！

擾 亂 後 宮

天啟帝的皇后張嫣為人正派，知書達理，客、魏便把張皇后當作天敵，用計使皇后墮胎，造謠皇后出身卑賤，挑撥帝后的關係。

裕妃張氏懷孕，遭到客、魏忌恨。裕妃逾期未產，客、魏卻在天啟帝面前撥弄是非。天啟帝便命把張裕妃關進冷宮，斷絕飲食。裕妃在雨天爬到院中喝房簷流下的雨水，最後淒慘死去。

惠妃范氏生下皇二子，晉為貴妃。後皇二子死，范貴妃失寵，又得罪客氏，被打入冷宮。

成妃李氏侍寢時，偷向皇帝為范妃求情，客、魏得知後，挑撥天啟帝革其封號，幽禁冷宮，斷其飲食。因李成妃接受張裕妃被餓死的教訓，藏些食物，堅持半個月，後來被斥為宮人（《明宮詞》）。

馮貴妃更慘。天啟帝出宮郊祀，客、魏竟派人殺死馮貴妃，謊稱病死。天啟帝竟然信以為真，不作追究。

總之，凡是天啟帝臨幸過的宮妃，客、魏必下毒手。泰昌帝遺下的趙選侍跟客、魏不和，客、魏便傳旨令她自殺。趙選侍把泰昌帝早年賜予的珠寶等羅列在桌上，沐浴禮佛，投繯而死。

客、魏之所以屢屢得手，是因為依仗天啟帝的信任、支持和放縱。而堂堂天啟皇帝，不僅善惡不分，而且連后妃和兒女也不能保護。他先後得三子二女，全部夭折。長子朱慈然，生下後很快就死了。次子朱慈焴，活了八個多月死了。三子朱慈炅，出生沒多久就被立為皇太子，也是活了八個多月就死了。兩個皇女也都死去。關於皇子皇女夭折的原因，有說是被太監操練的炮聲驚嚇死的，有說是宮裏養貓太多，被貓叫驚嚇死的，有說是被炭火熏死的，當時沒有追查，也就成為歷史疑案。

但是有一件事情值得關注。天啟帝病重的時候，魏忠賢曾經給張皇后出了個主意，讓張皇后假裝懷孕，取他姪子魏良卿的兒子為皇后的兒子，待天啟帝駕崩後，由張皇后垂簾聽政，立魏良卿為攝政，等這孩子長大再立為皇帝。張皇后嚴詞拒絕，後魏忠賢未敢輕舉妄動。

由此可見，魏忠賢的狼子野心，客、魏狼狽為奸，甚至覬覦皇位！

在明朝二百多年歷史上，太監為禍最嚴重的有正統、正德、萬曆和天啟四朝。而天啟朝最為嚴重，危害最大。魏忠賢之所以屢屢得手，是因為有客氏相助，又得到皇帝的依靠。其根源還在於天啟帝。天啟帝從小家庭關係扭曲，沒有接受過良好教育，更沒有經受過實踐歷練，而生活優裕，地位至高，所以這種人一旦大權在握，既不能“齊家”，也不能“治國”，更何談“平天下”！

遼河三戰

明朝與後金於天啟元年至二年（1621～1622）的兩年時間（實際時間為一年），在遼河以東的瀋陽、遼陽與遼河以西的廣寧，進行了三場大戰。這三場決定明清命運的大戰，是怎樣進行的，其影響如何？

瀋 陽 大 戰

前面講過薩爾滸大戰，一年後即萬曆四十八年（1620），萬曆帝死，泰昌帝立而又死，天啟帝再立，一年之間，先後有三位皇帝。天啟帝又是一個才十六歲、沒有文化、不懂軍事、只知吃喝玩樂的皇帝。這個時期，後金軍事動向，或東，或南，或西，故意虛張聲勢，迷惑明軍防禦。後金汗努爾哈赤利用這個天時，傾巢而出，突襲瀋陽。

天啟元年（1621）三月十二日，努爾哈赤親率八旗大軍，六萬多人，揚言要攻打蒙古，繞開瀋陽行進，來痲痹明軍。到離瀋陽較近時，突然調轉方向，直奔瀋陽城下。瀋陽是一座大城，城堅池深，防禦完備，兵強馬壯，戰鬥力強，由驍勇敢戰的賀世賢任總兵官。

由赫圖阿拉到瀋陽約二百里路，後金軍急行兩天，兵臨瀋陽城下。主力部署在遼河支流渾河北岸原野，安營紮寨；另一部分兵力，包圍瀋陽城。努爾哈赤派人在

《滿洲實錄》之"太祖克瀋陽"圖

城下勸降,並叫陣:賀世賢要是投降,封高官,給厚祿;要是英雄好漢,就出城交鋒,決一雌雄!

賀世賢是一員猛將,同蒙古騎兵作戰,屢獲勝利,怎能吞下這口氣。十三日,賀世賢一面集結兵力,一面喝酒壯膽。他喝得半醉半醒,命打開城門,放下吊橋,率領騎兵,直衝而出,奔向八旗軍陣。努爾哈赤率八旗兵,以靜迎動,一片呼喊,衝向明軍。賀世賢陷於八旗軍的包圍圈中。他揮起鐵鞭,奮力拚殺,後金騎兵,死傷數十,但寡不敵眾,後金軍亂箭齊發,射向賀世賢:中箭一支拔下,再中一支再拔下,身中四箭,落馬而死,何其悲壯!總兵戰亡,群龍無首,四散潰逃。

接著,八旗軍全面攻打瀋陽城。城中內奸,散佈謠言,渙散民心,乘機打開城門,吊橋繩斷,八旗官兵,蜂擁而入,瀋陽城破。明軍民被殺,據說七萬人。接著,四路援軍,分路趕到,亦遭慘敗。

明軍的優勢是"憑堅城,用火炮",弱勢是"步兵為主,不利野戰";八旗軍的優勢是"集中兵力，野戰爭鋒，鐵騎衝突，速戰速決"，弱勢是"軍無後勤，不利久戰"。八旗軍攻城，一般是七至十天，因為八旗軍是"亦兵亦農"，有戰事，傳令分散各地各戶的官兵，自帶乾糧、弓箭，騎馬集合，一般需一天，戰後回家又要一天，行軍一至兩天，而圍城攻城時間只有三至五天。明軍守城，如堅持五天，待敵撤退，進行截擊，即可獲勝。賀世賢捨長取短，兵敗身死，堅城失守。這是多麼沉痛的教訓！

努爾哈赤攻陷瀋陽後，收集糧食、槍械，馬不停蹄，直奔遼陽。

遼 陽 大 戰

遼陽曾是遼、金陪都，明朝遼東首府，遼東經略駐地，城高池深，重兵守衛，防禦堅固。

天啟元年（1621）三月十八日，努爾哈赤兵逼遼陽城下。他依然將主力集中在城外平原，派部分軍隊圍城。戰法依舊是先勸降，再叫陣。遼陽總指揮是遼東經略袁應泰，手下五員總兵率軍固守。袁應泰本應汲取瀋陽失守的教訓，閉城固守。但他是進士出身，雖詩文不錯，卻不懂軍事。

十九日，袁應泰下令：打開城門，放下吊橋，親率騎兵，出城應戰，圖立大功。他統軍到城外五里野地，面對努爾哈赤軍陣，擺下陣勢。當天傍晚，袁應泰大帳與努爾哈赤大帳，相對而立。兩軍衝突，拉開戰幕。一場激戰，明軍失利。總兵官侯世祿、李秉誠、梁仲善、姜弼、朱萬良先後戰死。袁應泰急忙調轉方向，向遼陽城裏狂奔，明軍潰亂，屍體狼藉。袁應泰敗回城裏，八旗軍四面攻城。

二十日，袁應泰見大勢已去，自焚先死，軍心渙散。

二十一日，又是裏應外合，譙樓（指古代城門上建造的用以瞭望的樓）著火，城破小西門。於是，八旗軍蜂擁而入，佔領遼陽城。隨之，明朝大小七十餘座城堡，完全失陷。按察御史張銓被俘，結果如何？後面再講。

遼陽之戰，袁應泰仍然沒有發揮明軍之所長，而暴露其所短；努爾哈赤仍然發揮八旗軍之所長，而避其所短。袁應泰以短擊長，所以失敗；努爾哈赤以長擊短，所以取勝。

努爾哈赤奪取遼陽後，決定將都城由赫圖阿拉遷到遼陽。在此之前，滿洲都城都是山城，現在都城遷到平原，這是滿洲發展史上的一個轉折點。

努爾哈赤在半月之內，先後佔領遼河畔最重要的兩座城池，後都城先遷到遼陽，再遷到瀋陽。從此，明朝完全失去遼河以東的土地，遼河以東為後金所有。

八旗軍得勝後，回到赫圖阿拉。在休整後，兵鋒指向遼河以西的廣寧。

廣 寧 大 戰

明朝除了內廷亂局之外，遼東也出現亂局。這主要表現在遼東經略熊廷弼與遼東巡撫王化貞之間的矛盾，史稱"經撫不和"。熊廷弼屬東林黨，王化貞屬閹黨，朝廷上的黨爭，影響到遼東局勢。努爾哈赤安插有奸細，對明朝的矛盾很了解，並加以利用。廣寧，是遼西首要重鎮，也是遼東巡撫的駐地。為了禦守廣寧，熊廷弼提出東面藉助朝鮮、南面在海上、西面在陸地，統籌兼顧，三個方面，進行部署，就是"三方佈置策"。這個方策聽起來很好，但難以坐實。巡撫王化貞則提出：沿著遼河佈設，每里一崗，每崗數人，全線防禦。這個方案，也好聽，問題在於：要是遼河結冰怎麼防？一崗幾人怎麼抵擋後金騎兵衝突？還有一個方案，就是廣寧以東三鎮，每鎮萬人，成"品"字形，結陣防守，互相應援。

天啟二年（1622）正月二十日，努爾哈赤率領八旗軍，向遼西廣寧進發。時值寒冬，遼河冰封，八旗大軍，橫隊百餘里，履冰渡河，衝破"一"字形防線後，先攻"品"字形陣最突出的西平堡。明軍守將羅一貴，率三千兵守城。八旗軍五萬人攻城。城下積屍，幾與城平。羅一貴眼中一箭，繼續指揮。二十三日，矢盡彈絕，向北一拜，說："臣力竭矣！"遂自刎。三千明軍，無一投降，全部殉國。城陷。接著，鎮武堡和閭陽驛也失陷。

八旗軍直奔廣寧。巡撫王化貞正在看軍報，參將江朝棟闖進來說："事急矣，快走！"他們奔向馬廄，馬被竊走，只餘下駱駝。用駱駝馱著四個箱子，走到城門。城門已被叛兵把持，阻止其出城。打開箱子，裏面沒有金銀，只有文書。叛兵打破王化貞的臉，王化貞逃出。

二十四日，後金得到探報：廣寧守軍散逃，成為一座空城。努爾哈赤怕中空城計。命再探。廣寧生員士紳等來說：確實是空城。努爾哈赤仍有懷疑，派大貝勒代善等再探。代善帶人進城考察，回報：明軍確已逃走，無兵守城。二十五日，努爾哈赤才率軍進駐廣寧城。

接著，後金軍連陷遼西四十餘座城堡，直到寧遠（興城）以北。遼西糧食、牲畜、人口被掠入後金。

於是，在一年之間，明朝整個遼東地區落入後金之手。後經努爾哈赤之子皇太極的經營，原明朝遼東都司（山東北部除外）和奴兒幹都司轄境區域，約三百萬平方公里的土地和部民，全部歸後金所有。

天啟小皇帝剛即位，就讓努爾哈赤給了一個下馬威。

寧錦大捷

明天啟六年（1626）努爾哈赤兵犯寧遠，七年（1627）皇太極兵犯寧遠和錦州，均遭慘敗。明軍獲得大勝，史稱“寧錦大捷”。

寧 遠 大 捷

努爾哈赤既獲得奪取瀋陽、遼陽和廣寧的巨大勝利，又遭遇漢民反抗和嚴重旱災的巨大困難，怎麼辦？聰明統治者的辦法是發動戰爭，緩和內部矛盾，搶掠糧食吃飯。

天啟六年（1626）正月，努爾哈赤親率八旗大軍，指向袁崇煥堅守的寧遠（今遼寧省興城市）。明遼東經略高第，閹黨分子，膽小如鼠，命令自錦州到山海關，軍民全部撤退到山海關以內。婦孺老病，背鄉離井，死屍載道，一片悲聲。寧前道袁崇煥卻堅決不撤，率領兵民萬人，守衛寧遠。高第命令他撤，他說：“我寧前道也，官此，當死此，我必不去。”（《明史·袁崇煥傳》）別人說他兵單勢薄，他說：“獨臥孤城以擋虜耳！”拒絕經略高第的錯誤指揮。

戰前，袁崇煥率領軍民修繕城池，堅壁清野，清查內奸，部署紅夷大炮。剛部署完，後金軍號稱二十萬大軍到寧遠，一場大戰，即將開始。

二十三日，後金軍四面圍城。袁崇煥指揮從城上放紅夷大炮，“一炮殲敵數

清太祖努爾哈赤像

百"。後金收軍回營。

二十四日，後金官兵用楯車推著兵士，靠近城牆挖城打洞。袁崇煥親自帶勇士從城上用鐵絲吊火球順下燒後金挖城士兵。後金穴洞攻城，又遭失敗。城上施放紅夷大炮，炮打之處，一片火海，八旗官兵，死傷遍野。兵士搶運屍體，到遠處磚窯焚化。天晚，後金軍撤回大營。

二十五日，努爾哈赤親自督戰，後金軍再度蜂擁攻城。八旗兵退縮不敢前進，巴雅剌（護軍）揮刀督陣，兵士進而再退，退而再進。突然，火炮再擊，所擊之處，一道火海，八旗官兵，人仰馬翻。突然，哭聲一片。從城上遙望，一員大將受傷，用皮革包裹，眾兵抬著，號哭奔逃。這個受傷的大員，有人認為就是後金軍統帥努爾哈赤。

二十六日，後金軍一部繼續攻城、掩護撤退，一部涉冰渡海，燒略覺華島。

寧遠之戰，以明軍勝利、後金軍失敗而結束。

袁崇煥像

努爾哈赤因被炮擊傷，當時消炎藥不行，便以溫泉療傷，可能感染敗血症，同年八月十一日，一代雄傑天命汗努爾哈赤死亡。

努爾哈赤第八子皇太極繼承汗位。皇太極為雪父之仇，也為鞏固汗位，又策劃發動進攻寧遠和錦州的寧錦之戰。

寧 錦 大 捷

明軍取得寧遠大捷後，天啟帝提拔袁崇煥為遼東巡撫，山海關—寧遠—錦州，組成一條關寧錦防線。遼東經略王之臣駐山海關，巡撫袁崇煥駐寧遠，總兵趙率教駐錦州，分兵禦守，互相援應。寧錦之戰分為兩個戰場：錦州和寧遠。

錦州激戰。天啟七年（1627）五月十一日，皇太極率領八旗軍，分左、中、右三路，指向後金軍進入遼西走廊的第一座堅城——錦州。

十一日，後金軍兵臨錦州城下，距城一里，安營佈兵，包圍錦州。皇太極先派人招降，明守城總兵趙率教應付、和談、拖延。第二天，皇太極率軍攻城，趙率教督兵嚴守。皇太極戰不勝，又和談；談不成，再攻城。和戰交替，半個多月。趙率教堅持"憑堅城"、不出戰。這是袁崇煥指示他吸取瀋陽賀世賢、遼陽袁應泰的教訓。皇太極見錦州城攻不下，便留下部分軍隊繼續圍困錦州，親率主力去攻寧遠。

寧遠激戰。二十八日，後金軍進抵寧遠。皇太極說：

> 昔皇考太祖攻寧遠，不克；今我攻錦州，又未克。似此野戰之兵，尚不能勝，其何以張中國威耶！（《清太宗實錄》卷三）

袁崇煥派出名將滿桂率精銳出城，背依堅城，上有火炮，兩軍馳突，馬頸相交，矢鏃紛飛，炮火配合，明軍驍勇殺敵，後金軍招架不住，先退縮，再撤退。明軍跟進，追殺不放，敵軍大敗，退回錦州。

皇太極率軍退回錦州後，發動八旗官兵，再次攻打錦州城。明軍全面禦守，施放炮灰，八旗不敵，敗下陣來。

總計，寧錦之戰，先錦州，後寧遠，再錦州，明軍官兵，人人敢死，大小數十戰，敵敗而去。這是"數十年未有之武功也！"（《袁督師事跡》）

歷史啟示

明軍為什麼能戰勝後金軍？

自明萬曆四十六年（1618）努爾哈赤向明朝挑起戰爭以來，到天啟六年（1626），八年以來，明朝一失撫順，二失清河，三失開原，四失鐵嶺，五失瀋陽，六失遼陽，七失廣寧，八失義州，沒有打過一次勝仗。而這次寧錦之戰，卻恰恰相反，後金一敗再敗，而明軍一勝再勝。人們不禁要問：這是為什麼？後金軍連著攻陷八座城池，這又是為什麼！

當然兩軍勝敗的原因是複雜的、多元的；但是，真理是樸素的、簡明的——明軍之長是"憑堅城，用大炮"，之短是野戰爭鋒、馬頸相交；後金軍之長是"集中兵力、騎兵衝突、拚死決鬥、速戰速決"，之短是攻佔堅城。

明朝遼東巡撫袁崇煥的高明之處是："憑堅城，用大炮"，以己之長，擊敵之短；而瀋陽賀世賢、遼陽袁應泰、廣寧王化貞等都犯下以己之短、攻敵之長的錯誤。這些是明軍取得寧遠大捷和寧錦大捷的基本原因，也是明軍連失八城的基本教訓。當然，軍隊的後面是政治，明廷君主無能、政治腐敗是其遼東最後敗局的根本原因。

天啟張后

明朝皇后的挑選、生活和命運是怎樣的呢？本講選擇明熹宗天啟帝的皇后張嫣，作為一個典型例子，來看她是怎樣度過其作為皇后的一生的。

皇后挑選

明朝皇后挑選，是在全國海選。

明熹宗天啟帝的皇后張氏，名嫣，祥符（今在河南省開封市）人。她的父親張國紀為生員。張皇后出生，有一個傳說：張國紀家很窮，早上起來出去，見道旁有一個丟棄的女嬰，躺在霜雪中，沒有死，也不哭，很奇怪。這時有一位和尚路過，跟張國紀說："此女當大貴，可收養之。"張國紀便抱起這個棄嬰回家撫養。時間是萬曆三十五年（1607）十月初六日，這個女嬰就是後來的張嫣皇后。

張嫣小時候純潔嫻靜，笑不露齒。七歲時，或灑掃庭院，洗衣做飯，或習做女紅，閱覽書史。十三四歲，窈窕端麗，絕世無雙。

天啟元年（1621）三月，天啟帝詔選天下十三到十六歲的淑女。張嫣隨參選的淑女約五千人，到了北京，經歷初選、復選、終選等複雜過程。

天啟帝循照祖制，命禮部，選淑女，擇為后，充正宮（《明熹宗實錄》卷六）。首先，分遣太監初選，每百人一組，內監觀察其高、矮、胖、瘦，落選者千人；其次，太監察視淑女的耳、目、口、鼻、髮、膚、腰、領、肩、背、聲音等，有一項不合法相者，去之，落選者又二千人；又其次，由太監拿量器，測量女子的手足，量完後讓她們分別周行數十步，以觀其豐度等，淘汰者復千人。再次，遣老宮娥引淑女到密室，探其乳，嗅其腋，捫其肌理，入選者得三百人。最後是，在宮中考察其性情、詩書、修養等，入選者僅五十人（《明懿安皇后外傳》）。從海選得到的五千人，再經過多次篩選，最後選中五十人，真可謂百裏挑一。

司禮監秉筆太監劉克敬，總理皇帝選后之事。後宮由住在慈寧宮的劉太妃（萬曆帝的劉昭妃），掌管太后寶璽。最後由天啟帝欽定。

初試：劉克敬主持，查其書法、口算、詩詞、音樂、歌舞等，測評文化素養，從中選中三人，就是張嫣、王氏和段氏。這三人，"面如觀音，色若朝霞映雪，又如芙蓉出水；鬢如春雲，眼如秋波，口若朱櫻，鼻如懸膽，皓齒細潔，上下三十有八，豐頤廣顙，倩輔宜人；頸白而長，肩圓而正，背厚而平；行步如青雲之出遠岫，吐音如流水之滴幽泉；不痔不瘍，無黑子創陷諸病。"（《明懿安皇后外傳》）上面的描述有點像小說家言，但可以反映出那個時代的審美情趣和健美標準。

復試：由宮女引張氏到密室，由劉太妃進行復試。

前文述及劉太妃選出三人，是在什麼地方選的呢？《明實錄》記作元輝殿。在元輝殿選定的三人，暫居此殿，以待欽定（劉若愚《酌中志》卷十七）。

欽定：最後將張嫣引見到天啟帝面前，天啟帝非常喜歡張嫣。這年張嫣十五歲，長得身體修長、豐滿、清爽、秀麗。欽定：張氏為皇后，王氏和段氏為皇妃。

端 莊 皇 后

天啟元年（1621）四月二十七日，天啟帝與張皇后大婚，時天啟帝十七歲，張皇后十五歲。張皇后因得寵愛，而受到客氏和魏忠賢的嫉恨。因此，張皇后在坤寧宮並不安寧，未能躲過"三災六難"。"三災"包括：

小人難防，險遭傷害。魏忠賢用萬金招募一個大盜，夜裏潛入坤寧宮。夜晚，皇后關門，將就寢，卸妝後，坐在紫檀馬桶上。突然聽到聲音，見賊影晃動，皇后一聲喊，賊驚嚇墜地。皇后驚起，呼召宮人，以繩縛賊，將奏交天啟帝處置。魏忠賢害怕，請交給他處理後命錦衣衛殺之。

客、魏設計，受到誣陷。當時有個孫二，犯重罪，在獄中。魏忠賢以出獄和重金為誘餌，設計孫二編造張皇后為自己所生，給張國紀為養女。客氏又在宮中散佈流言，並對天啟帝說：罪人孫二之女，不宜玷辱宮闈。天啟帝曾懷疑，幾次打算廢后。天啟帝到坤寧宮見皇后，又戀戀不捨，便開玩笑說："你是重犯孫二之女嗎？"皇后答道："皇上若信浮言，妾豈敢久辱宮禁，願早賜廢斥。"張后起身進入內室，天啟帝跟過去道歉。兩人對坐御膳，和睦如初。

懷孕墮胎，失去元子。天啟三年（1623），張皇后懷孕。客、魏設法使皇后墮胎，天啟帝竟然失去元子。

張后闖過"三災"，又有"六難"。

水火不容，以正對邪。張皇后與天啟帝的乳母客氏為天敵。客氏見天啟帝寵愛中宮皇后，內心嫉妒，非常不悅，常詰問天啟帝："陛下取少艾而忘我乎！"意思是您娶了美貌少女而忘了我耶！客氏過生日，天啟帝親往祝壽，酣飲三日，笙歌喧慶。但皇后千秋節（生日），宮中冷清。

拒看內操，嚴守宮範。一天，天啟帝召皇后一同觀看內操，就是太監和宮女共同操練。天啟帝親自為將，一列是宦官三百人，繪製龍旗，迎風招展，列隊於左；另一列是宮女三百人，繪製鳳旗，排列整齊，列隊於右。皇后一看，說是有病，退席先回。

清靜身心，自愛自重。天啟帝常攜帶"房中藥"（春藥）到坤寧宮，皇后收起來投入井中。她勸天啟帝說：聖上身體清弱，宜為宗社自愛。張皇后在宮中，正襟端坐，暑不揮扇。

設計調包，魏氏攝政。天啟帝患病，病情危重。這時，魏忠賢想讓張皇后假裝懷孕，取他姪子魏良卿的兒子為皇后的兒子，張皇后垂簾聽政，立魏良卿為攝政，等兒子長大再立。張皇后說：我從命也死，不從命也死，若不從命而死，可以見列祖列宗在天之靈！堅決拒絕！

天啟臨終，以正相待。天啟七年（1627）五月初六日，天啟帝病。到七月末，移居懋勤殿。每召皇后侍疾。到八月十八日，病危。

　　勸立信王，穩定大局。天啟帝病危，張皇后勸其立信王朱由檢。天啟帝召信王
朱由檢入宮受遺命。天啟帝指著皇后說："中宮配朕七年，每正言匡諫，獲益頗多。
今年少慁居，良可矜憫，吾弟宜善視之。"信王點頭。皇帝崩。張皇后傳遺詔，信
王朱由檢即位，這就是崇禎帝。

坤寧宮

逛 一 逛

懋勤殿

明嘉靖十四年（1535）建於乾清宮西廡，與東廡端凝殿相對。取"懋學勤政"之義。藏儲
圖史書籍。清沿明制，凡圖書翰墨之具皆儲於此。

懿 安 皇 后

崇禎帝繼位後，"上熹宗皇后張氏曰懿安皇后，仍居慈慶宮，頒詔於天下"。懿安皇后喜歡讀書，也愛寫字，臨摹顏體，書法秀勁。又選擇聰明知書的宮女，給她朗讀唐詩宋詞，長夜孤燈，靜心學習。她還喜歡女紅，用白綾製衣如鶴氅式，穿上禮佛敬香，在宮中被稱為"霓裳羽衣"，受到妃嬪和宮女們的讚賞。

天啟帝死後，二十一歲年輕美麗的懿安皇后，竟被大太監陳德潤暗想和她成為"對食"——明宮沒有兒子的妃嬪、選侍等，有的以太監為伴侶，叫作"對食"，或"菜戶"。他們如同一家，貌似夫婦。魏忠賢餘黨、總管太監陳德潤有個詭計。一日，皇后晨起，宮人說："宮監陳德潤，人品清雅，性亦謹厚，皇后何不召之入侍，使為菜戶，用破岑寂，諸事有所倚託？"（《明懿安皇后外傳》）懿安皇后奏報崇禎帝，命貶陳德潤到南京明孝陵去種菜。

崇禎十七年（1644）三月十八日，李自成軍隊攻陷京師外城。當天，崇禎帝和皇后自縊死。十九日，宮內傳言，內城已陷。宮女哭聲如雷，紛紛奔出宮門。懿安皇后自縊，但被宮女解救，自殺未遂。

懿安皇后的結局，《明史·后妃傳》記載："李自成陷都城，后自縊。"還有三說：一說，逃到民間；二說，隨李自成西去；三說，被李自成軍師李岩解救後自縊。

天啟帝張皇后的一生，既是榮華富貴的一生，又是悲慘結局的一生。從十五歲到三十八歲，作為皇后和懿安皇后，她自然是享盡榮華富貴，卻又無法左右自己的命運。她，幼年淒苦，青年喪夫，盛年遭變，自縊身亡，在悲喜交織的命運中，度過了短暫的一生。

九次落榜

這裏講一個跟故宮有密切關係的人物，就是十次考進士、九次落榜，第十次高中狀元的文震孟。

名 門 之 後

文震孟（1574～1636 年），長洲（今在江蘇省蘇州市）人，出身於名門之家。高祖文林，官溫州知府，是位清官，死後缺錢喪葬，吏民湊錢千金，幫助辦理喪事，但文林之子、其曾祖文徵明，時年十六歲，卻婉言謝絕。於是，官民修建"卻金亭"進行紀念。

他的曾祖文徵明（1470～1559 年），小時候並不聰慧，但肯於用功學習。臨《千字文》，每天寫十本。向當時著名的文學家吳寬學文學、書法家李應禎學書法、畫家沈周學繪畫，這些人都是他高祖的朋友。文徵明既學習用功，卓有成就，又為人謙和，受到尊重，與祝允明、唐寅、徐禎卿齊名，被譽為"吳中四才子"。他家結交的，都是當代文人名流，正像劉禹錫《陋室銘》所說："談笑有鴻儒，往來無白丁。"濃鬱的文化氛圍，是文家的第一個家風特點。

文徵明潛心於詩文書畫，生活並不寬裕。巡撫俞諫曾"治水蘇、杭諸府，修治圩塘，民享其利"（《明史·俞諫傳》），官聲很好，想送他錢，便指著文徵明身上穿

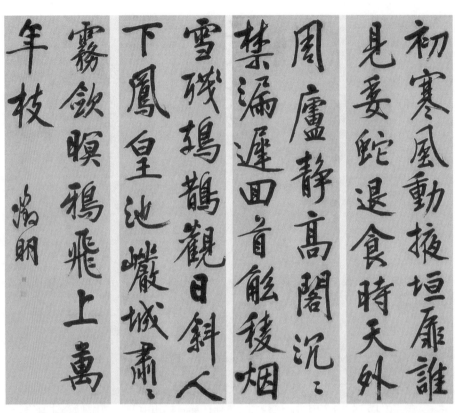

初寒風動掩垣扉誰
見姜蛇退食時天外
周廬靜高閣沉沉
禁漏遲四首艤陵烟
雪殘鵶鵲觀日斜人
下鳳皇池巖城肅肅
霧歛暝鵶飛上萬
年枝　徵明

文徵明書法

的藍衫說：“敝至此邪？”意思是衣服這樣破舊啊？文徵明裝作沒聽明白，說：“遭雨敝耳。”意思是因遭雨才這樣子。俞諫竟然不敢再提饋贈金銀的事。還有，寧王朱宸濠寫信用重金聘任他，他以有病為由未去。正直的品格，是文家的第二個家風特點。

正德末年，巡撫李充嗣推薦，奏授文徵明為翰林院待詔。嘉靖初，參與編修《明武宗實錄》，並侍講經筵，還受賞賜，但文徵明覺得不自在，乞請回鄉里。這在當時是一種士人風氣，如柯維騏中進士後，五十年未嘗一日服官。中間經歷倭寇騷擾，廬舍焚毀，家庭貧困，堅持讀書。“世味無所嗜，惟嗜讀書。”（《明史·柯維騏傳》）無心官場，潛心詩文書畫，是文家的第三個家風特點。

文徵明聲名大震。外國使臣，路經吳門，遠望而拜，以未能見到文徵明為遺憾。四面八方，慕名人士，請詩文、求書畫，接踵於道，而富貴人不易得到一文片紙，文徵明尤其不肯給王府和太監做頌詩諛文。王爺以珠寶、文玩相贈文徵明，他不啟封，即退還。不攀附權貴，是文家的第四個家風特點。

徵明文墨，遍於天下。門下士子，四方人士，模仿之作，贗品太多，徵明不聞不問，聽之任之。博愛胸懷，是文家的第五個家風特點。

一代詩文書畫大家文徵明，於嘉靖三十八年（**1559**）病卒，年九十。

文徵明長子（文震孟的爺爺）文彭，為國子監博士。次子文嘉，能詩、工書、善畫，還長於篆刻（《明史·文徵明傳》）。文氏家族中出了多位男女詩文書畫名家，是名副其實的書香名門。

文震孟就是生長在這樣風骨清朗，飽潤涵養，長於詩文，尤精書畫的家庭氛圍裏。但他科場不順，十次科考，九挫不餒。

九 挫 不 餒

文震孟既聰明，又好學。他家有書館，延請老師，教授子弟。一同讀書的，有同輩的叔伯兄弟，有姑舅表兄弟，也有其他同伴。

文震孟走上一條讀書科舉的仕途之路，不達目的，誓不罷休。先是考秀才，經過縣考、府考、院（省學政）考，都順利通過，成為生員。接著在既是省城、又是陪都的南京，科考舉人，也還順利，成為舉人。繼而，到北京參加更高級的考試。他先後經過十次科舉考試。

第一次趕考。他的家鄉長洲，今蘇州市吳中區，環境優美，交通便利。西北有著名的虎丘，臨近寒山寺，唐人張繼有一首《楓橋夜泊》："月落烏啼霜滿天，江楓漁火對愁眠。姑蘇城外寒山寺，夜半鐘聲到客船。"傳遍大江南北。東有源出太湖的婁江，東南有京杭大運河。文震孟先參加禮部的會試，三場考試，順利結束。發榜一看，名落孫山。這對文震孟來說，是人生遇到的第一次沉重打擊。但他不服氣，繼續努力，準備再考。

第二次趕考。蘇州到北京，約三千里。好在不走旱路，而走水路，乘京杭運河船隻，晃晃蕩蕩，來到北京。來京士子，或暫寓親友，或樓居會館，或租房居住，或獨臥寺廟。他住的條件，可能稍好，但比家鄉，已差太多。經過嚴格檢查，入闈靜坐答卷。三場苦熬，又是落第。蘇州是進士高產之地，文震孟兩次落榜，垂首回鄉，沒有面子。他雄心不減，打算再試。

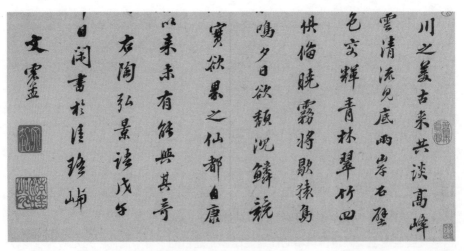

［明］文震孟《行書陶弘景答謝中書書》（局部）

第三次趕考。他到北京，無心遊山賞景，專心準備功課。這次，文震孟下決心定要榜上有名。發榜後，到皇城紅牆（今北京市勞動人民文化宮南門前）觀看，金榜無名。他索性在京多住幾天，逛宣武門外琉璃廠書肆，經史子集，文房四寶，鐘鼎彝器，歷代法帖，名人字畫，文物珍奇，琳琅滿目，無所不有。他見識增廣，信心增強，回到蘇州，繼續苦讀。

第四次，落榜；第五次，失敗；第六次，下第！這對一個讀書人來說，是人生最大的挫折，最重的打擊！其意志薄弱者，早已心灰意冷，在回家路上，悲傷病死的，落髮為僧的，轉事書畫的，放蕩不羈的，比比皆是，不一而足。但文震孟繼續讀書，準備再考。

第七次，落第；第八次，落第；第九次，落第！他極度苦悶，卻不灰心。為排解胸中鬱悶，他暢遊香山臥佛寺、西山諸佛寺，體驗《孟子》的"天將降大任於是人也，必先苦其心志，勞其筋骨，餓其體膚，空乏其身，行拂亂其所為，所以動心忍性，曾益其所不能"。有曾祖文徵明應天鄉試，七試不中的的經驗，要有"忍性"，要有耐性，更要有"韌性"，要百折不撓，要愈挫愈奮！文震孟繼續積極準備，參加第十次科考。

高 中 狀 元

文震孟科考九挫不餒，到天啟二年（1622），第十次參加科舉考試，高中狀元，時四十九歲。授修撰，入翰林，任侍講，就是給皇帝講課。

當時魏忠賢專權，斥逐忠臣。文震孟氣憤，上《勤政講學疏》說：大小臣工，因循粉飾，官員上朝，長跪一諾，北面一揖，跪拜起立，如傀儡登場，這將使祖宗天下日銷月削。疏入，魏忠賢乘天啟帝看戲，摘錄疏中"傀儡登場"四字，說文震孟"比帝於偶人（傀儡）"，不殺無以示天下，帝頷之。一日，講筵畢，魏忠賢傳旨，廷杖震孟八十（《明史·文震孟傳》）。首輔葉向高、次輔韓爌力爭，言官上章疏救。文震孟被降級外調，又被斥為民。講官文震孟，敢講真話，敢犯天顏，時稱"真講官"。

崇禎元年（1628），懲治閹黨，起用正人，召文震孟入朝，官為侍讀，充日講官。又遭閹黨餘孽的暗算。文震孟在講筵，態度嚴正，不畏邪惡，耿直規諷，營救大臣。後特擢文震孟為禮部左侍郎兼東閣大學士，入閣預政。他兩次疏辭，皇帝不許。司禮太監曹化淳雅慕文震孟，讓人轉話，表示敬意，但他就是不與太監往來。文震孟做大學士僅三個月，就遭小人暗算，被免官回鄉。僅半年，因外甥姚希孟之死，悲傷過度，卒，時年六十三。他有兩個兒子文秉、文乘，文秉留下《先撥志始》等著作，文乘則"遭國變，死於難"。

　　有一位學者叫柯維騏，花二十年時間著成《宋史新編》，他不滿近世學者樂徑易而憚積累的現象，特別重視務實，曾作左右二銘："以辨心術、端趨向為實志，以存敬畏、密操履為實功，而其極則以宰理人物、成能天地為實用"（《明史·柯維騏傳》）。文徵明、文震孟都是重務實的學者。

　　文震孟科舉考試，九次落榜，第十次高中狀元，這給後人樹立一個樣板：要有韌性，百折不撓，持之以恆，愈挫愈奮，才會成功。《明史》本傳評論文震孟說："剛方貞介，有古大臣風。"蘇洵《管仲論》說："夫功之成，非成於成之日，蓋必有所由起。"文震孟的功成，既源於家庭文化良好的環境，更源於自身堅韌不拔的性格。

崇禎之悲

明朝末代皇帝崇禎是一位悲劇人物。他童年喪母，剛愎獨斷，錯殺良臣，不僅斷了"中興"之夢，而且斷送了大明江山。

童 年 喪 母

明清皇帝在乾清宮有多場悲劇，崇禎帝悲劇，是其中典型一例。北京有句民諺：北京城前三門，東崇文門崇禎帝亡明，西宣武門宣統帝亡清。當然，這是歷史巧合，也是後人附會。

崇禎帝朱由檢（1611～1644 年），明代末帝，年號崇禎。他父親是泰昌帝，就是在位一個月的薄命皇帝，八月初一日隆重登極稱帝，九月初一日吞下紅丸歸天，演繹出"紅丸案"，三十九歲就死去。泰昌帝有七個兒子，其中五個兒子早殤，只剩下朱由校（天啟帝）和朱由檢（崇禎帝）兩位皇子。天啟帝朱由校十六歲繼位，在位七年，二十三歲死去。天啟帝死後沒有兒子繼位。按照朱明家法，"父死子繼"，"兄終弟及"，就是說父親死了兒子繼承，沒有兒子的由弟弟繼承。天啟帝沒有兒子，死後就由皇五弟朱由檢繼承，這就是崇禎帝。

朱由檢，天啟二年（1622）被封為信王。六年（1626）搬出皇宮，到信王府。七年（1627），天啟帝死，崇禎帝立。朱由檢做夢也沒有想到自己有一天能做皇

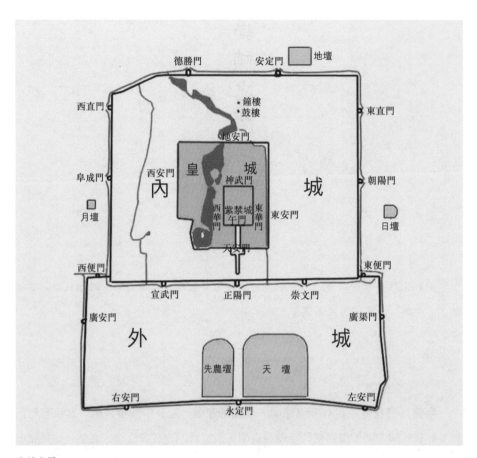

京城九門

京城九門

北京內城又稱"京城"、"大城",內城有城門九座故又名"內九城",由朝陽門、崇文門、正陽門、宣武門、阜成門、德勝門、安定門、東直門、西直門組成,古代官職"九門提督"中的"九門"正是指這九門。

崇禎帝行書 "松風水月" 橫額，鈐 "廣運之寶"

帝，這一年他十七歲。

　　朱由檢當皇帝後，第一件事就是找他失去的母親。

　　崇禎帝的生母是怎麼回事呢？這要從泰昌帝的后妃說起。《明史·后妃傳》記載，泰昌帝生前一妃、五選侍，都是悲劇結局──太子妃郭氏未及封后就病死；天啟帝生母王選侍，也早死；東李選侍因魏忠賢亂政，憤鬱而死；西李選侍最得寵，因 "毆崩聖母（天啟帝生母）" 和 "移宮案" 也沒有好結果；趙選侍，因得罪魏忠賢和客氏，被 "矯旨賜自盡"，她 "西向禮佛，痛哭自經死"；還有一位就是崇禎帝的生母劉選侍。

　　崇禎帝生母劉氏，海州（今江蘇省連雲港市海州區）人，後隸籍北京。初入宮，為淑女。萬曆三十九年（1611）十二月生朱由檢。崇禎帝的母親，宮裏稱作劉娘娘。不久，劉娘娘失寵，後因受到切責，驚嚇病死。泰昌帝朱常洛非常後悔，怕皇父萬曆帝知道，便將其秘密葬於西山。這一年，朱由檢五歲（虛歲）。稍長大後，朱由檢問身邊近侍："西山有劉娘娘墳乎？" 回答說："有！" 他派人秘密攜帶紙錢前往母親墳墓燒紙祭奠。

　　朱由檢做了皇帝，問左右宮女等人：我母親是什麼樣子？誰也說不上來。有傅懿記說自己和劉娘娘曾同為淑女，隔屋居住，知道劉娘娘長的模樣。於是照這位傅懿記的描述，由宮廷畫師畫了劉娘娘的像。像畫成，在隆重儀仗導引下，由正陽門經大明門，穿承天門過端門，迎往皇宮。崇禎帝在午門前，跪迎已故母親的畫像。崇禎帝見到母親畫像，悲痛欲絕，淚如泉湧："帝雨泣，六宮皆泣。"（《明史·后妃傳》）朱由檢迎進母親畫像，將之懸掛在宮中。後來，宮中有人說所奉劉太后像"未肖"，就是不太像。崇禎帝派大太監到外公家，問七十五歲的外祖母徐氏。徐氏口授，繪像以進，左右都驚道："肖。"崇禎帝大喜，命卜吉日，跪伏歸極門，迎入安奉於奉慈殿。朝夕上食，如其生時（《明史·劉文炳傳》）。從這件事可以看出，幼年喪母對他的傷害至深。崇禎帝童年失去母親是他人生的第一大悲。孤獨、驚恐的皇子生活，"三案"、複雜的宮廷糾葛，是形成崇禎帝剛愎自用、易怒多變性格的重要原因。

崇禎帝登極後，很想有所作為，中興大明皇朝。上任的第一板斧，砍向客、魏集團。這一舉措，既得心應手，又頗得人心，當時真是人心大快、大快人心啊！但是，關內的農民軍，關外的八旗軍，兩拳打擊，雙重困擾，導致崇禎帝內外交困，焦頭爛額。本來，崇禎帝有志向，還算勤政，應當在"中興之路"上一步一步地前進。但是，崇禎帝自以為是，剛愎自用，導致事與願違，演出悲劇。

剛 愎 獨 斷

崇禎帝性格的一個重要特點是：剛愎自用，獨斷專行。崇禎帝認為，明朝覆亡原因，都由"諸臣誤朕"！他臨死還不認錯，也不自省。許多人同情崇禎帝，認為他是一個勤政之君。

他的悲劇原因之一，在於"生不逢時"。崇禎帝登極後，殺了太監魏忠賢，卻起用太監高起潛等，對於宦官頑症，換湯不換藥，改革無決心，僅做個案處理，沒做制度改革。

崇禎十七年（1644），在嚴峻形勢面前，他重用太監：命太監高起潛監軍山海關，太監杜勳鎮守宣府，太監曹化淳守廣寧門（今廣安門），太監王承恩提督京師全城防守。杜勳到任宣府後，不久"降賊"。廷臣要追究責任，崇禎帝受太監假情報的蒙蔽，傳旨："杜勳罵賊殉難，予蔭祠。"不僅不加懲治，還建廟宇祭祀。李自成帶著杜勳到廣寧門外，原在西安的秦王、在太原的晉王也被押在廣寧門外。杜勳在城下呼喊，要進城，見皇上。「物以類聚，人以群分。」守城的是太監，見城下呼喊的也是太監，就把杜勳用吊筐提到城牆上，同入大內。杜勳見崇禎帝，「盛稱賊勢，勸帝自為計」。崇禎帝左右大臣，請扣留他們，杜勳說：「不可，如果不返，則二王危。」於是，將他放出，還是用繩吊筐縋下。杜勳還在廣寧門做策反：「吾曹富貴固在也！」鼓動大家都投降。不久，農民軍攻打廣寧門，曹化淳打開城門投降，此是後話。崇禎帝用人的一大特點——對太監是三個字：信，信，信；對忠良大臣也是三個字：殺，殺，殺！

錯　殺　良　臣

一殺王洽。明崇禎朝六部中的兵部，第一個下獄死的是兵部尚書王洽。王洽，臨邑（今在山東）人，萬曆進士。王洽貌美，魁偉英俊，威嚴「若神明」；清廉，「其廉能為一方最」，意思是他既廉潔，又能幹，是一方官吏中最為優秀的。崇禎元年（1628）十二月，王洽被任命為兵部尚書。他上任不到一年，就是崇禎二年（1629）十月，皇太極率八旗軍兵臨北京城下。侍郎周延儒說：「世宗斬一丁汝夔，將士震悚，強敵宵遁。」說的是，當年蒙古俺答兵臨北京城下，嘉靖帝下令將兵部尚書丁汝夔斬首後，官兵震動，敵軍撤退。周暗示這次皇太極兵臨城下，首要的是將兵部尚書王洽斬首，以振奮將士守城禦敵的決心。崇禎帝點頭，將王洽下獄。這位兵部尚書，上任不到一年，雖有責任，卻無死罪！第二年四月，王洽死於獄中，還要「論罪，復坐大辟」。就是說「病死」還要定「大辟」（死刑）之罪。在明代，病死的官員與受死刑死的官員是不一樣的，其死後評價、待遇、子孫科考、升遷等待遇也是不同的。

二殺袁崇煥。袁崇煥也是掛兵部尚書銜、薊遼督師，在皇太極率領八旗軍攻打北京城時，崇禎帝中皇太極「反間計」，惱羞成怒，不聽大臣懇請慎重，「敵在城下，非他時比」的諫言，先將袁崇煥下獄，後將袁崇煥凌遲處死。

三殺陳新甲。陳新甲，四川長壽（今重慶市長壽區）人，萬曆舉人，知曉邊事，史書稱他辦事幹練："軍書旁午，裁答無滯。"崇禎十三年（1640）正月，為兵部尚書。時南北交困，內外危機。崇禎帝開始秘密同皇太極進行議和。陳新甲為兵部尚書，受命遣使關外，負責這項工作。崇禎帝先後手寫書信數十封，交陳新甲同皇太極聯繫，崇禎帝覺得和談丟面子，此事秘密進行，告誡他千萬不能泄露。一日，陳新甲所派遣的兵部職方司郎中馬紹愉回京，以機密文件報告。陳新甲深夜看完報告後，沒有收起來，放在几案上。第二天早晨，陳新甲的家僮誤以為是塘報稿（"塘報"相當於現代的《內部簡報》），交付出去，進行抄傳。於是，朝廷上下，輿論嘩然。陳新甲辯稱並不是自己擅自和談。崇禎帝大怒，將他下獄。崇禎十五年（1642）八月，將陳新甲凌遲處死（《明史·陳新甲傳》）。

崇禎朝十七年間，"易中樞十四人，皆不久獲罪"。王洽、袁崇煥、陳新甲三位兵部尚書都慘遭磔刑，千刀萬剮，不得全屍。崇禎帝剛愎自用，不聽諫言，專制獨斷，酷刑大臣，必自食其果。唐太宗說：用功不如用過。崇禎帝如有唐太宗的大度與胸懷，對王洽、袁崇煥、陳新甲等，不僅能用其功，而且能用其過，那麼，大明江山會是另一番局面，至少不會由他自己演出"末日瘋狂"的悲劇。

末日輓歌

崇禎十七年（1644），明朝在大清和大順兩面夾擊下，岌岌可危。東閣大學士李建泰代崇禎帝出征，無異於給皇帝和朝廷打了一針強心劑，演出一曲明朝末日的輓歌。

慷 慨 請 命

崇禎十七年（1644）正月，李自成軍隊進逼山西。崇禎帝臨朝歎息說："朕非亡國之君，事事皆亡國之象。祖宗櫛風沐雨之天下，一朝失之，何面目見於地下！朕願督師親決一戰，身死沙場無所恨，但死不瞑目耳！"（《明史·李建泰傳》）說完痛哭起來。

李建泰見狀慨然說：臣家曲沃，願意用家產充當軍餉，不用官家發錢，請求帶兵西征！李建泰，山西曲沃人。天啟五年（1625）進士。國子監祭酒，頗著聲望。崇禎十六年（1643）五月，升為吏部右侍郎。十一月，以本官兼東閣大學士，疏陳時政切要十事，帝皆允行。當李自成逼山西，李建泰慮家鄉被禍，而家富於貲，可借以佐軍，常與同官言之。所以當他看到崇禎帝流著眼淚說要親征時，便站了出來，說出前面的話。

崇禎帝大喜，對李建泰慰勞再三，說："卿若行，朕仿古推轂禮。"古推轂禮，

太廟

說的是周文王姬昌為禮賢下士，把自己的鑾輿讓給姜太公（姜子牙）坐，並親自為姜子牙拉韁繩、手推車，表示對下屬的優禮。李建泰退下後，便請恢復原御史衛禎固的官；授進士凌駉為職方司主事，並監軍；參將郭中傑為副總兵，率領中軍；推薦進士石隆，聯絡延綏、寧夏、甘州、固原的義士，征討立功。崇禎帝一概應允。還特別加封李建泰為兵部尚書，賜尚方劍，便宜從事。

二十六日，舉行遣將典禮，就是出征餞行儀式。首先由駙馬都尉萬煒以特牲告太廟。萬煒是萬曆帝親妹妹瑞安大長公主的駙馬，七十多歲，官至太傅，掌宗人府大印。嘗以親臣侍經筵，每逢皇帝在文華殿進講，他佩刀侍衛在側。李建泰西征，命萬煒以太牢——豬、牛、羊告祭太廟。安排這樣一位地位崇高的皇帝姻親告祭太廟，可見崇禎帝對李建泰出征是非常重視的。

快到正午，崇禎帝登上正陽門城樓。衛士東西對列，從午門一直排到正陽門外，旌旗甲仗，蔚為壯觀。內閣、五軍都督府、六部、都察院、掌印官及京營文武大臣，冠服整齊，侍立兩側，鴻臚寺派人讚禮，御史負責糾儀，可謂隆重之至。一個即將覆亡的皇朝，同敵人勇敢作戰雖不行，擺擺架勢唬人倒還可以。李建泰上前辭行，崇禎帝獎勞有加，賜盛宴。御席居中，諸臣陪侍，崇禎帝親自用金酒壺盛酒，給李建泰斟了三杯酒，還賜他手敕，上書"代朕親征"四個大字。宴會結束後，太監為他披紅戴花。在鼓樂聲中，李建泰身佩尚方劍，帶隊出征。這是明朝最後一支從京師出征的隊伍，寄託了崇禎帝太深切的期待。所以他才會用如此隆重的禮儀，為李建泰餞行。崇禎帝目送很久很久，才返駕回宮。大明朝的國運，崇禎帝的希望，都寄託於李建泰之軍旗開得勝，保江山永固。

攻 破 定 興

當天大風揚沙，占卜的卦辭說"不利行師"。李建泰率部才走出幾里路，所坐的轎子忽然轎槓折斷，大家都覺得這是不祥之兆，剛被鼓起的士氣立即消散。雖然李建泰這次調來了自己認為中意的下屬，甚至西洋人湯若望都隨軍出征，負責火攻水戰，但行軍到京南五十餘公里的涿州，出征大軍就逃散了三千多人。不久"兵食並絀，所攜止五百人"。

這時，李建泰驚聞李自成已打到山西，老家曲沃陷落，家中資財，散失一空，預期的糧餉打了水漂。他這一驚一急就病了，軍隊行動，慢了下來，每天不過走三十里，官兵還在紛紛逃散。

走到定興，守城知縣一連三天，不准李建泰入城，並有一番對話。

問：大軍不向敵，為何要進城？

答：軍隊沒糧食，進城要糧銀！

問：城裏沒有糧食和金銀！

答：如不開門，我要攻城！

李建泰惱羞成怒，下令官兵攻城。這支出征大軍，與農民軍作戰不行，攻自己城池還蠻行。城攻破後，殺死鄉紳，鞭笞知縣。堂堂宰輔兼督師的李建泰，出京第一仗，竟然是攻打自家縣城，竟然屠殺天朝庶民，竟然鞭笞自家知縣，竟然搶掠百姓糧米，完全違背出師初衷！

躲 進 保 定

後來，李建泰率軍到距離北京百餘公里的保定府，殘兵數百，請求入城。守城的同知邵宗元不答應，李建泰就拿出頒賜的印信給他看。邵宗元說："你獲得過天子的厚恩，皇上曾經親自登上正陽門，賜給你尚方寶劍，還給你斟酒，為你餞別。如今你不代皇上西征，卻要叩關避賊嗎？"一番話刺到了李建泰痛處，他大聲斥責邵宗元，還舉起尚方寶劍威脅他。堂堂尚方寶劍，拔出鞘頭一遭，竟指向忠臣良將！幸好城上有人認識李建泰，這才放他進來，否則李建泰怕要重演攻打定興的鬧劇。

這時李自成軍前鋒已逼近保定，李建泰根本不敢前去攔擊，只能蝸居保定城中。不久城陷，知府何復、鄉官張羅彥等自殺。李建泰自刎不果，為李自成軍俘獲。後來李自成軍失敗，李建泰降清，被清召為內院大學士。三年後，李建泰因"受贓"罷官回家。後在故明大同總兵姜瓖降清又叛清時，李建泰在家鄉曲沃與他遙相呼應。順治七年（1650）李建泰兵敗被擒。這次清廷沒有寬容李建泰，而下令把李建泰殺掉（《清世祖實錄》卷四十七）。

崇禎帝未曾想到：他在正陽門城樓上為大學士李建泰的"三賜"——其一，賜書"代朕親征"，寄以重託，李建泰卻攻打自家城池、鞭撻自家臣民；其二，金壺賜酒，親為餞行，李建泰卻違背初衷，投降求生；其三，賜尚方寶劍，鼓勵殺敵，李建泰卻做了清朝的內院大學士！

崇禎帝夢想的是，扶大廈之將傾，救江山於危殆；崇禎帝沒想到的是，李建泰演出了一幕幕鬧劇，奏出了一曲曲哀歌。此後，明朝再也沒有實力派兵出征了，皇宮危在旦夕。

煤山自縊

崇禎十七年（1644）春，中國政治舞台上主要有三股軍事、政治勢力：第一股是以朱由檢為代表的大明，第二股是以多爾袞為代表的大清，第三股是以李自成為代表的大順。大明、大清、大順三股軍政勢力，到甲申年，也就是崇禎十七年（1644）春，進行了一場決定中國歷史命運的大決戰。三月十八日，天蒙蒙亮，隨著李自成軍攻破北京城廣寧門（今廣安門），皇宮內外上演了一場歷史悲劇。

崇 禎 末 日

崇禎帝曾想喬裝逃出北京，但沒有成功；也曾秘密召見舅表兄弟劉文炳和妹夫鞏永固，謀劃巷戰，但都沒有家丁。萬般無奈，崇禎帝抱著必死的決心，回到後宮，他像瘋子一樣，揮劍砍殺妻女。

一殺皇后。崇禎帝對周皇后說："大事去矣！"周后跪下磕頭說："妾事陛下十有八年，卒不聽一語，致有今日。"周皇后先撫慰三個兒子，然後派太監將兒子送出宮，到外公家。然後回到屋裏，哭泣著關上門。一會兒，宮女出來奏報："皇后領旨！"大明崇禎皇帝的周皇后被逼自殺了！

二殺貴妃。崇禎帝逼周皇后自殺後，又逼寵愛的袁貴妃自殺。袁貴妃被逼無奈，上吊自殺，但吊帶斷了，又甦醒過來。崇禎帝見袁貴妃沒死，揮劍砍在她的肩上。崇禎帝又揮劍砍他的數位妃嬪，有的被砍死，有的被砍傷。

三殺公主。崇禎帝有六個女兒，前已經死去四位，此時還有兩位公主。一位是長平公主，十六歲，已經與周顯訂婚，因北京告警，便暫緩婚期。這天，崇禎帝提著寶劍，來到長平公主居住的壽寧宮。長平公主聽說城已陷落，皇后上吊自殺，正驚恐萬狀，見皇父來到宮裏，便急忙牽拉皇父的衣服，哭哭啼啼，哀求庇護。崇禎帝說："汝何故生我家！"不等女兒回答，便舉劍砍向長平公主。一劍揮去，砍斷左臂。可憐長平公主，連驚帶嚇，出血過多，昏迷了五天。後清順治帝進京，長平公主請求出家為尼，清帝不許，命周顯仍娶公主，並賜給土地、府邸、車馬、金錢等。一年後憂病而死（《明史·公主傳》）。另一位是昭仁公主，崇禎帝來到昭仁殿，又揮劍砍向可憐的小昭仁公主！

最後自殺。第二天，崇禎十七年（1644）三月十九日黎明時，內城失陷。崇禎帝在萬歲山（今景山），自縊而死，太監王承恩從死。崇禎帝御書衣襟曰：

> 朕涼德藐躬，上干天咎，然皆諸臣誤朕。朕死無面目見祖宗，自去冠冕，以髮覆面。任賊分裂，無傷百姓一人。（《明史·莊烈帝紀》）

崇禎帝死，大明朝亡。

想 一 想

昭仁殿

乾清宮東小殿，南向三間，明代所建。明崇禎帝自縊前，在此砍殺其女昭仁公主。東邊是龍光門，可以直通東一長街。

萬歲山（景山）

明清兩代皇家禦苑。位於紫禁城北中軸線上。明永樂營建紫禁城時堆築，起初名為萬歲山，俗稱煤山，清順治十二年（1655）改稱景山。全園佔地二十三公頃，山上五峰，主峰高四十三米，清乾隆十六年（1751）在五座山峰上建有五亭。辛亥革命後，景山作為公園於 1928 年對外開放。

昭仁殿

崇禎皇帝自縊處

太子下落

崇禎帝和周皇后臨死之前，派太監將太子朱慈烺和定王朱慈炯、永王朱慈炤，送往他們外公周奎和田弘遇家。皇太子倉促到外公周奎家叩門，不得入，又到襄城伯李國禎家，家裏無人。這時太監將太子獻給農民軍，李自成封太子為宋王，但太子拒絕。李自成將太子交部下管押，許其穿著便服到東華門外大行帝后遺體前致哀。李自成兵敗撤出北京，太子被挾往潼關。李自成敗死後，太子被獻給清朝。多爾袞命周奎帶長平公主和見過太子的大臣前去辨認，周奎咬定太子是假的。長平公主開始說是真的，被周奎打了一下後，便不敢再開口。多爾袞找來一批前明太監去刑部辨認，他們說是真太子，但太監們當晚便都暴亡。又引宮廷侍衛來辨認，侍衛都對朱慈烺跪下，結果他們也被殺害。明朝大臣們則說太子是假的。太子老師內閣大學士謝陞也說太子是假的。第二年（1645）四月，獄中的"太子"以"假太子"罪名被處死。顯然，只要說太子是真的，自己的命就不保；而說太子是假的，太子就沒命了。面對生死選擇，太子的外公、老師、大臣都選擇了保自己的命。

明末清初，關於太子下落，沸沸揚揚，不知所蹤。官書記載，比較慎重。《明史》記載："太子不知所終。"（《明史‧諸王傳》）這是用了比較謹慎的官方曲筆。

外戚劉家

崇禎帝母親早逝，他當了皇帝以後，找到宛平外祖父劉家，給予厚待。外祖母徐氏，年七十，崇禎帝對內侍說：太夫人年紀老了還聰明善飯，如果我的母親健在，不知能活多大年紀呢！說著就流下眼淚。舅媽杜氏常跟孩子們說：咱們家無功德，因為劉太后的原因，才受皇帝大恩，需盡忠報天子。舅表兄弟劉文炳被封為新樂侯，弟劉文燿、劉文照也封爵。

十六日，李自成軍攻西直門，形勢緊急。劉文炳的朋友布衣黃尼麓倉促趕到，對劉文炳說："城將陷，君宜自為計。"杜氏聽到，命丫鬟找出條繩，做成七八個環套，掛在樓上，又命男僕在樓下堆積柴薪，並派老僕將已經出嫁的女兒帶回家，說："吾母女同死此。" 又考慮太夫人徐氏年老，不可一同俱焚，便與劉文炳商量，藏匿在朋友申湛然家。

十八日，崇禎帝派內使秘密召見劉文炳和妹夫鞏永固。劉文炳回家報告母親說："有詔召兒，兒不能事母。" 母親撫摸著劉文炳的肩背說：太夫人已經安排好了，我與你的妻子、妹妹死也不怕！劉文炳和鞏永固再次來見崇禎帝，這時外城已陷。崇禎帝說："二卿家丁，能巷戰否？" 劉文炳說："眾寡懸殊，不能對敵。" 崇禎帝愕然。鞏永固奏道："臣等已積薪第中，當闔門焚死，以報皇上。" 崇禎帝說："朕志決矣，朕不能守社稷，朕能死社稷。" 劉文炳和鞏永固，悲愴涕泣，發誓效死，各馳歸第。

十九日，劉文炳弟弟文照正在侍奉母親杜氏吃飯，家人急入道："城陷矣！" 文照碗落地，直看母親。母親起身登樓，文照及二女隨從，文炳妻王氏也登樓。一家人對著崇禎帝母親劉太后像，劉母率眾哭拜，各自縊死。家人焚樓，人樓俱焚。

劉文炳歸來，火勢大，不得入，到後園，恰見申湛然、黃尼麓趕到，說："鞏都尉已焚府第，自刎矣。" 劉文炳說："諾。" 將投井，忽停止，說："戎服也，不可見皇帝。" 申湛然脫下自己的頭巾給劉文炳戴上，劉文炳投井死。劉繼祖歸來，也投井死。劉繼祖妻左氏見大宅起火，登樓自焚死，妾董氏、李氏也自焚死。劉文燿見府第焚，大哭道："今至此，何生為！" 找到劉文炳死的地方，在井旁木板上書寫 "左都督劉文燿同兄文炳畢命報國處"，也投井死，劉氏闔門死者四十二人。

崇禎帝的妹妹樂安公主，下嫁鞏永固。永固，字洪圖，宛平人，好讀書，負才氣。十八日，崇禎帝密召鞏永固及劉文炳護行。鞏永固叩頭言："皇帝近親之臣家裏不藏武器，臣等難以空手搏鬥。" 皆相向涕泣。十九日，都城陷。時公主已薨，未葬，永固以黃繩縛子女五人繫柩旁，曰："此帝甥也，不可污賊手。" 舉劍自刎，闔室自焚死。

後申湛然被獲，軀體糜爛以死。被子孫們藏匿在申湛然家中的太夫人徐氏（崇禎帝外祖母），最後也是悲劇。

隆慶帝女兒瑞安大長公主，萬曆帝同母妹，崇禎帝的姑奶奶，其駙馬萬煒和兒子長祚都被農民軍殺死，長祚妻子和次子弘祚都投井死。

萬曆帝女兒壽寧公主，下嫁冉興讓。都城陷，冉興讓死於農民軍的戰火。

在生死關頭，崇禎帝選擇既不能守社稷，卻能死社稷，國破家破人亡。外戚劉家、鞏家等，國難當頭，雖不能率兵禦抗，卻做到以死報國。崇禎帝在吊死煤山之際，應當是有一絲寬慰的。

士人殉國

　　在明末清初，為維護明朝江山而殉難者，為反抗清朝入主而殉國者，據乾隆朝《欽定勝朝殉節諸臣錄》，共收錄明末殉節之士四千餘人。其人數之多，其悲壯之情，邁越前代，影響至今。僅舉張銓、孫承宗和史可法三個故事，其愛國精神，以見一斑。

忠節張銓

　　張銓（？～1621年），山西人，萬曆三十二年（1604）進士（《明史》有兩個張銓，另一是安徽定遠人，隨朱元璋有戰功，封永定侯）。張銓任遼東巡按御史，同遼東經略袁應泰駐守遼東首府 ── 遼陽城。城破被俘後，原撫順遊擊、投降後被努爾哈赤招為額駙的李永芳前來勸降，張銓不予理會；天命汗努爾哈赤誘以高爵厚祿，張銓山立而不跪，就是像山一樣挺立，拒絕跪降。並聲言："我身為天子大臣，豈能屈膝！"後金貝勒舉刀相逼，張銓引頸而待。問將他送回明朝如何？張銓說："力不能殺賊，無顏求歸！"皇太極敬佩他的忠誠精神，引宋徽宗和欽宗做例子，說從前徽、欽二帝被大金天會帝所擒，屈膝叩見，受封公侯的故事，勸他不必執迷不悟。張銓仍不為所動，只求速死。他說："我當今皇帝，天下一統，共主稱尊，我豈屈膝而損大國之體耶？"我受朝廷厚恩，如降你們，遺臭萬年。我有母

有妻，還有五個兒子，你們要是生我，必致覆宗絕祀。"我一死之外，無他願也！"（《清太祖實錄》卷七）

最後，四貝勒皇太極見張銓志不可奪，命將張銓用繩勒死。但也有人說他是自縊而死。《明史·張銓傳》記載："守三日，城破，被執不屈，欲殺之，引頸待刃，乃送歸署。銓衣冠向闕拜，又遙拜父母，遂自經。"崇禎帝下詔為他在北京宣武門外建祠祭祀。

忠 心 承 宗

孫承宗（1563～1638年），今河北高陽人，相貌奇偉，鬍髯戟張。說起話來，聲音清亮。萬曆三十二年（1604），高中榜眼。有謀略，大學士吳道南問他："梃擊案"當怎麼辦？孫承宗說："事關東宮，不可不問；事連貴妃，不可深問。龐保、劉成而下，不可不問也；龐保、劉成而上，不可深問也。"天啟帝即位，充日講官，就是皇帝老師。皇帝每聽承宗講課後，都說"心開"，就是講得精彩。不久，官禮部侍郎。他還"知兵"，熟悉軍事。明失陷遼陽後，拜承宗為兵部尚書兼東閣大學士，仍兼帝師。廣寧失陷後，王在晉任兵部尚書、遼東經略，駐山海關，要在關外八里地方再建一座城，加強防守。六品小官袁崇煥反對，認為應在寧遠建城。王在晉不聽，袁崇煥便寫信給首輔葉向高，未回復，再寫信。葉向高跟孫承宗商量，孫說我前去調查一下。首輔同意，皇帝准許。孫承宗騎馬出關，袁崇煥陪同，到中前所，城內僅存兩間破屋，滿目所見，一片淒涼，不禁潸然淚下。他登上城樓，向東北眺望，遙見寧遠形勢，"天設重關，以護神京"；他認為寧遠是山海關的天然"重關"，寧遠不可不守。回到關上，同王在晉有一段對話：

孫問：舊城外八里建新城，舊城外"品"字坑、地雷為敵人設，為自己設？新城如守不住，數萬新兵怎麼辦？

王答：將在山上建三個寨，以待潰卒！

孫問：兵未潰而築寨以待之，不是教他們潰敗嗎？

王答：兩座城比一座更保險。

太師文華殿大學士高陽孫文忠

孫承宗像

　　孫說：不想恢復大計，而將關外屏障都撤掉，躲在關內圖一時安逸，遼東豈不被敵人控制？

　　王在晉雖無言以對，卻堅持在關外修築重城。孫承宗和王在晉推心置腹地談了七天七夜，王在晉仍不同意。但孫承宗、葉向高都支持袁崇煥主守寧遠的意見，並在給皇帝講課之暇，面奏所聞所見，順便說了一句：王在晉不堪重用。隨之，調走王在晉。遂有之後的寧遠大捷。

　　孫承宗在閹黨與東林黨的黨爭中，雖為人忠正，胸有韜略，又為帝師，終被排擠，回到家鄉。

崇禎二年（1629）皇太極率軍入犯，進攻北京，孫承宗重被啟用，再任督師，經袁崇煥等軍民奮力，皇太極受挫回師，北京得以保全，並收復永平等四城，關內土地，得以完整。

崇禎十一年（1638），清睿親王多爾袞等率軍破長城、入內地，十一月初九日，清軍兵攻高陽。縣令雷之渤聞警先逃，告老還鄉的原大學士、兵部尚書、督師孫承宗，本無守土之責，卻率領全家兒孫、重孫、曾孫和鄉民，登城拒守，以示與城共存亡。清兵攻城不下將退去，環繞城牆，吶喊三周，守城兵民，也三次呼應。清軍說：「此城笑也，於法當破。」就是說呼喊時，帶著勝利的歡笑，這座城可以攻破。於是，清軍再次合圍高陽城。激戰一天一夜，城陷。大學士孫承宗被執，勸降。孫承宗說：「我天朝大臣，城亡與亡，死耳，無多言。」說完面北，望闕叩頭，投繯而死，年七十有六。隨之，其子、孫、從孫都戰死，婦女等自殺，闔府三十餘人，全都殉於社稷（《明史·孫承宗傳》）。

忠 誠 可 法

史可法（1602～1645年），字憲之，北京大興籍，祥符（今河南省開封市）人。可法短小精悍，目炯有光。崇禎元年（1628）進士，官鳳陽巡撫、南京兵部尚書，「廉信，與下均勞苦；軍行，士不飽不先食」，士兵都願意以死效力。

崇禎帝自縊後，鳳陽總督馬士英與阮大鋮計議，要立福王為君，張慎言等說：立福王朱由崧有七不可，即貪婪、荒淫、酗酒、不孝、虐下、不讀書、干預有司。史可法贊同。但還是立了福王。五月，議戰守。史可法說：「王宜素服郊次，發師北征，示天下以必報仇之義。」升史可法為禮部尚書兼東閣大學士，仍掌兵部。史可法請督師，出鎮淮安、揚州。史可法議分江北為四鎮，駐鎮揚州。

時朝廷上下極度混亂。為爭官位，殿堂之上，大吵大鬧，甚至拔刀互相追逐。史可法上疏：陛下……若躬謁二陵，親見泗、鳳蒿萊滿目，雞犬無聲，當益悲憤。願慎終如始，處深宮廣廈，則思東北諸陵魂魄之未安；享玉食大庖，則思東北諸陵麥飯之無展；膺圖受籙，則念先帝之集木馭杇，何以忽遘危亡？早朝晏罷，則念先帝之克儉克勤，何以卒隳大業？戰兢惕厲，無時怠荒，二祖列宗將默佑中興。若晏處東南，不思遠略，賢奸無辨，威斷不靈，老成投簪，豪傑裹足，祖宗怨恫，天命潛移，東南一隅未可保也。(《明史‧史可法傳》)清軍南下，形勢嚴峻。史可法每繕寫奏疏，循環諷誦，聲淚俱下，聽到的人，無不感泣。

清順治二年（1645）正月，南明諸軍缺餉，諸軍皆飢。高傑到睢州，為許定國所殺。部兵大亂，屠掠睢州附近二百里殆盡。可法聞變，流涕頓足，歎道："中原不可為矣！"

清軍攻陷盱眙，援兵全軍敗沒。史可法連夜趕回揚州。城中人斬關出逃，舟楫一空。史可法傳檄援兵，無一至者。二十日，清兵至。明日，總兵李棲鳳拔營出降。揚州官民，分陣拒守。舊城西門險要，史可法奮自親守，並作書寄母妻說："死葬我高皇帝陵側。"兩天後，清兵到揚州城下，炮擊城西北隅，城破。可法自刎未遂，被執。勸降，拒絕，被殺。揚州知府任民育、同知曲從直，江都知縣周志畏，兩淮鹽運使楊振熙等，都死於難。清軍因揚州兵民拚死抵抗，大肆屠殺，"揚州十日"，慘絕人寰，流傳至今。

史可法德高品潔。他因功所加少保、太子太保、少師、太子太師等，全都力辭不受。他身為督師、兵部尚書、大學士，但"行不張蓋，食不重味，夏不箑，冬不裘，寢不解衣"。如除夕，寫文書到夜半，疲倦索酒。廚師報告：肉已分給將士，沒有下酒菜餚。他便取鹽粒豆豉佐酒。可法善飲，數斗不醉，但在軍中絕飲。是夕，進數十觥，伏思先帝，汯然淚下。

史可法面對敵軍，堅強不屈。壯烈殉難，無法尋屍。一年後，家人以他生前袍笏招魂，葬於揚州城外梅花嶺（《明史‧史可法傳》）。有史公祠紀念。

《明史》讚道："忠義奮發，提兵江滸，以當南北之衝，四鎮棋佈，聯絡聲援，力圖興復。然而天方降割，權臣掣肘於內，悍將跋扈於外，遂致兵頓餉竭，疆圉日蹙，孤城不保，志決身殲，亦可悲矣！"有《史忠正公集》傳世。

揚州史可法祠

改號大清

崇禎皇帝的天敵，分別是大順的李自成、大西的張獻忠和清朝的皇太極。下面講皇太極改國號後金為大清。

少 年 勵 志

皇太極於明萬曆二十年（1592）出生在一個特殊的大家庭裏，生母和庶母有十六位，兄弟十六個、姐妹八個，還有許多堂兄弟。皇太極少年勵志，文武兼長。

女真人習俗，男兒五六歲學習騎馬射箭，七八歲就馳騁山林、挽弓射獵。皇太極像許多女真少年一樣，從小鍛煉，嫻熟弓馬。史書記載他回憶兒時生活：“昔太祖時，我等聞明日出獵，即豫為調鷹蹴球。若不令往，泣請隨行。”每個人“牧馬披鞍，析薪自爨”。這番話反映了他青少年時受過艱苦的騎射訓練。史書又記載：“朕自幼隨太祖出獵，未嘗奪人一獸；軍中所有俘獲，未嘗私隱一物。朕以存心正直，獲承天眷。”這說明皇太極在青少年時，極力培養自己“存心正直”的道德品格。

皇太極很幸運，在他七歲時，滿文創立，並開始推廣。努爾哈赤給兒子們請了師傅，教授滿文。皇太極是最早學會滿文的一批滿洲少年之一。那時，努爾哈赤身邊有一位浙江籍漢人，做漢文的文書工作。皇太極既學會滿文，也粗通漢文。朝鮮史籍記載：“聞胡將中惟紅歹是僅識字云。”紅歹是就是皇太極。所以，皇太極既

清太宗皇太極像

精通滿文，也粗通漢文，在他的兄弟和諸將中算是文化素養最高的。

皇太極七歲之後，努爾哈赤就“委以一切家政，不煩指示，即能贊理，巨細悉當”。這段話可能有些誇大，但可說明皇太極青少年時就幫助父親處理家政。皇太極管理這個大家庭、處理各種複雜關係是很不容易的，說明皇太極在青少年時期受到了實際管理的鍛煉。

有人覺得：皇太極出身帝王之家、子承父業、嗣承汗位應是順理成章的事情，其實不然。皇太極雖是努爾哈赤的第八子，但他繼承大位，歷程複雜，因他有六個不利條件。

第一，幼年喪母。皇太極的母親葉赫納拉氏孟古哲哲，十四歲嫁給三十歲的努爾哈赤。皇太極十二歲時喪母，是皇太極繼承大位的第一個不利條件。

第二，父親太忙。努爾哈赤起兵前十年，內憂外患，強敵四逼，日理萬機，無暇顧及，也沒有時間照顧他，皇太極少年生活有著極大困難。這是皇太極繼承大位的第二個不利條件。

第三，外公仇家。皇太極外公家葉赫部與建州部為敵。葉赫貝勒布寨曾糾合九部聯軍進攻建州，結果兵敗。有書記載：努爾哈赤下令將布寨屍體劈為兩半，一半歸還葉赫，一半留在建州。從此，葉赫與建州結下不共戴天之仇。這是皇太極繼承大位的第三個不利條件。

第四，排行居中。皇太極兄弟十六人，還有兩個堂兄弟（阿敏和濟爾哈朗），他既不居長，也不居幼。按滿洲習俗，居長榮立軍功，居幼則受到優待（如幼子繼承制）。皇太極卻是兩邊好處都沾不到。這是皇太極繼承大位的第四個不利條件。

第五，沒有同胞。皇太極的兄長，褚英與代善是一母同胞；他的五兄莽古爾泰，有胞弟德格類、胞妹莽古濟格格；他的十四弟多爾袞，既有胞兄阿濟格，又有胞弟多鐸。皇太極則頗為孤單，沒有同母兄弟擁戴他。這是皇太極繼承大位的第五個不利條件。

第六，母未封后。孟古哲哲生前沒有做大福晉，就是沒有皇后的名分。她的皇后位號是皇太極做大清皇帝後給追封的。皇太極既不是長子，又不是嫡子。這是皇太極繼承大位的第六個不利條件。

皇太極少年生活的六個不利因素，促使他養成了重要的品格：一是自立，既然失去一些依靠，只有靠自己勵志奮鬥；二是協調，他為了生存和發展，便要協調上下左右關係，爭取同情者和支持者；三是心計，在家庭兄弟、內外群臣複雜關係的夾縫中求生存、求發展；四是奮爭，學文習武，多立戰功，在父汗、兄弟和群臣中樹立威信。

謀 略 制 勝

皇太極二十歲隨父征戰，不久成為主旗貝勒，參與國家機務。皇太極"勇力絕倫，頗多戰功"，二十四歲位列四大貝勒之一。皇太極，其騎射技藝，其文化素養，其管理才能，其辦事公允，其心計韜略，其地位威望，都是滿洲諸貝勒中的精英，有可能繼承努爾哈赤的大位。

但是，努爾哈赤身後的大位，由誰來繼承？當時沒有嫡長繼承制，女真人又有幼子繼承傳統。努爾哈赤為著鞏固權位，先幽死胞弟舒爾哈齊，又殺死長子褚英。他在天命朝前沒有立太子，臨終前也沒有留下傳位遺詔。他晚年宣佈《汗諭》：實行八和碩貝勒共議制 —— 由八大貝勒推舉新汗和廢黜大汗。努爾哈赤死後，屍骨未寒，汗位之爭，非常慘烈。當時諸貝勒中以四大貝勒 —— 大貝勒代善、二貝勒阿敏、三貝勒莽古爾泰、四貝勒皇太極的權勢最大、地位最高；還有多爾袞和多鐸。皇太極在四大貝勒中，座次和年齒均列第四，為何能登上大位？

二貝勒阿敏是皇太極的堂兄，其父舒爾哈齊獲罪被圈禁而死，自己也犯下大過，自然沒有資格、也沒有條件爭奪大位繼承權。

三貝勒莽古爾泰是皇太極的五兄，有勇無謀，生性魯莽，軍力較弱。這種人，可做統兵大將，但沒有條件爭奪大位。

大貝勒代善有資格、有條件、也有可能繼承汗位。代善性格寬柔、深得眾心，軍功多、權勢大，努爾哈赤曾暗示日後由其襲受汗位。天命汗說過："百年之後，我的幼子和大福晉，交給大阿哥收養。"大阿哥就是代善。皇太極懷大志、藏玄機，有帝王之才，但同乃兄代善爭奪汗位繼承，各方面均處於不利的地位，於是不得不施展謀略。這裏有一個歷史故事：努爾哈赤小福晉德因澤，訐告大福晉兩次備佳餚送給大貝勒，大貝勒接受並吃了；又送給四貝勒，四貝勒不接受也沒有吃；大福晉經常派人去大貝勒家，還在深夜外出宮院。努爾哈赤派人調查，情況屬實，但不願家醜外揚，便借故修理了大福晉。這件事在滿洲貴族中曝光後，大貝勒代善的威望大降，已無力爭奪汗位。皇太極借大福晉同大貝勒代善難以說清道明的“隱私”，施一箭雙雕之計：既使大貝勒聲名狼藉，又使大福晉遭到修理。大福晉是多爾袞的生母大妃阿巴亥（一說為富察氏）。大福晉在這次事件中只是受了點“傷”，但沒有“死”，不久又重新得到努爾哈赤的寵愛。皇太極要爭奪汗位，還要致大妃於死地。

同皇太極爭位的還有多爾袞三兄弟。要削弱多爾袞的力量，就要處死大妃阿巴亥。大妃三十七歲，正值盛年，有三個兒子：阿濟格二十二歲、多爾袞十五歲、多鐸十三歲。在皇太極等四大貝勒的威逼下，她自縊而死（一說被用弓弦勒死）。阿巴亥死後，多爾袞三兄弟年幼，失去了依靠，沒有力量同皇太極爭奪大位。

南 面 獨 坐

代善失勢、多爾袞失母，皇太極在大位爭奪中處於有利地位。新汗的推舉議商，在廟堂之外進行。大貝勒代善的兒子貝勒岳托、薩哈廉到其父代善的住所，說：“四大貝勒（皇太極）才德冠世，深得先帝之心，眾皆悅服，當速繼大位。”代善說：“是吾心也！”於是父子三人議定。第二天，諸王、貝勒聚於朝，代善將他們的意見告訴二貝勒阿敏、三貝勒莽古爾泰及諸貝勒。大家沒有爭議，取得共識。於是皇太極登上大位。皇太極從舒爾哈齊死到繼位，中間經過長達十五年的心智謀略，終於登上了大位。爾後又除掉了二貝勒阿敏、三貝勒莽古爾泰，協服大貝勒代善，改變了“四尊佛”並坐的局面，“南面獨坐”，大汗位獨尊，穩固了權力。

皇太極取得汗位後，繼承父業，經過八年奮爭，實現女真統一，完成東北統一。於是，改族名女真為滿洲，改國號後金為大清。他死後第二年，清軍進關，定鼎北京，入主中原。

白玉 "大清受命之寶"

清朝入主

明崇禎十七年，即清順治元年（1644），歷史上演了富有戲劇性的一幕。大明、大清、大順三方的角鬥白熱化，大順先覆滅大明，大清又覆滅大順，最後大清勝出。

十七世紀四十年代，發生了兩件現象相似而又性質不同的歷史事件：清順治元年三月十九日（1644 年 4 月 25 日），中國北京被李自成軍隊攻破，明崇禎帝在煤山（今景山）披頭散髮，覆面倉惶，吊在樹上，自殺身亡。清順治五年十二月十八日（1649 年 1 月 30 日），英格蘭倫敦的上千名市民，走向白廳廣場，目睹了國王查理一世被送上斷頭台。查理一世身首異處，悲慘而死。

這兩個重要歷史事件，時間只差五年；但兩個事件的後果不同：崇禎帝上吊後，清朝取代明朝，中國歷史仍沿著封建體制路線運行；而查理一世被議會判決處死後，英國歷史，幾經曲折，後沿著資本主義路線運行。

歷史車輪滾動近兩百年，出現了一個誰也沒有想到的變局：強盛的大英帝國，以堅船利炮打開了大清帝國的國門。清政府被迫簽訂《南京條約》，割地賠款——曾經盛極一時的大清帝國，逐漸變成了任西方列強宰割的羔羊。

所以，清朝是中國歷史上一個難解難讀的朝代：一方面，從歷史縱向坐標來看，它曾經文緯武，寰宇一統，創造過“康乾盛世”的輝煌；另一方面，從歷史橫向坐標來看，它同列強的差距，愈拉愈大，蒙受了喪權辱國的恥辱。

改 朝 換 代

順治元年三月十九日，崇禎帝在煤山自縊，李自成率軍進入北京，佔領皇宮。

四月十三日，李自成率軍與投降清朝的原明朝總兵吳三桂以及清軍，在山海關大戰。

四月二十六日，李自成兵敗，回到北京。

四月二十九日，李自成在武英殿舉行即皇帝位典禮。典禮草草結束，放火焚毀部分宮殿和部分城樓，撤離北京。

五月初二日，清攝政睿親王多爾袞率領清軍佔領北京，入主明朝紫禁城。

十月初一日，順治帝在明紫禁城皇極門舉行登極大典。從此，清朝遷都北京，開啟了二百六十八年的清朝歷史，皇宮的主人也從明朝的皇帝換成了清朝的皇帝。

順治帝入主紫禁城後，對故明三大殿進行修繕。順治二年（1645），將修建後的皇極殿、中極殿、建極殿，依次改名為太和殿、中和殿、保和殿，突出一個"和"字。

武英殿

明代皇城的城門，正門為承天門，後門為地載門。順治八年（1651），承天門重修竣工，改其名為“天安門”，突出一個“安”字。第二年，皇城北門重修竣工，改其名為“地安門”，也突出一個“安”字。再加上皇城的東安門、西安門、長安左門、長安右門。這樣，皇城的城門都突出“安”字。

清代皇宮三大殿的名稱突出“和”，北京皇城城門的名稱突出“安”，從一個側面反映出清朝的執政者力求國家安定、民族和合的願望。

皇 位 之 爭

清朝前兩任大汗努爾哈赤和皇太極父子，都是叱咤風雲的雄傑，但在北京皇宮舉行登極大典的順治帝，只有七歲，還是個乳臭未乾的孩子。這是怎麼回事呢？有人說，順治帝是因他母親孝莊太后與多爾袞的關係才繼位的，實際情況是這樣嗎？

清崇德八年（1643）皇太極突然病故，由誰接班，未作交代。這時清朝的親王、郡王有七人：皇太極長兄禮親王代善，皇太極的弟弟睿親王多爾袞、英郡王阿濟格、豫郡王多鐸，皇太極長子肅親王豪格，堂兄鄭親王濟爾哈朗和姪子穎郡王阿達禮，聚集在瀋陽皇宮，秘密會議，商討新君。

皇太極的長兄代善提出：豪格是“帝之長子，當承大統”。豪格謙讓說：“福少德薄，非所堪當！”多鐸提出立自己，多爾袞說：還有大哥代善呢！多鐸便說：當立禮親王代善。禮親王代善辭說自己年老。多鐸馬上提出立多爾袞。這樣，就把注意力集中到皇太極的兒子、兄弟這個方向上來了。

這時，皇太極的長子豪格有些生氣，便退出會場。會議休會，進行磋商。

繼續開會後，濟爾哈朗提出由皇太極六歲的皇子福臨繼位，再由睿親王攝政。多爾袞順勢提出肅王豪格既然“無繼統之意”，那就立先帝之子福臨，不過他年齡還小，自己和濟爾哈朗左右輔政，待幼君年長之後，當即歸政（《瀋館錄》卷六）。濟爾哈朗和多爾袞唱了一出雙簧，把豪格排斥在外了。他們最後達成共識：由六歲的皇子福臨繼位，由濟爾哈朗和多爾袞輔政。

這個過程可以看出，這時清朝的皇位繼承，採取的是貴族公推制。清世祖福臨，是由貴族會議推選的，是經過諸王貝勒大臣認真討論、反覆醞釀、彼此協調、政治平衡的結果。

定 都 異 議

清順治元年（1644）五月，睿親王多爾袞率清軍佔領北京。多爾袞建議遷都北京，但他的胞兄英親王阿濟格表示反對，提出：

> 初得遼東，不行殺戮，故清人多為遼民所殺。今宜乘此兵威，大肆屠戮，留置諸王，以鎮燕都。而大兵則或還守瀋陽，或退保山海，可無後患。（《李朝仁祖大王實錄》卷四五）

多爾袞堅決主張遷都北京。他給順治皇帝奏言：

> 燕京勢踞形勝，乃自古興王之地，有明建都之所。今既蒙天畀，皇上遷都於此，以定天下，則宅中圖治，宇內朝宗，無不通達。可以慰天下仰望之心，可以錫四方和恆之福。（《清世祖實錄》卷五）

在這個奏疏裏，多爾袞說了三個意思：

第一，燕京北面是燕山，東面是渤海，西面是太行山，南面是中原大地，西北是蒙古大漠，形勢險要，遼、金、元都是帝都，明朝也在這裏建都，有宮殿壇廟。

第二，國都設在北京，各地朝貢，四通八達。

第三，天下人都希望把都城設在北京，這樣四面八方和平、安定、幸福的局面，就可以得到保障。

多爾袞的意見得到大部分八旗諸王、貝勒的贊成，奏報順治帝，也獲得同意。同年十月初一日，順治帝因皇極殿（今太和殿）被李自成焚毀，便在皇極門（今太和門）舉行大典，頒詔天下，定鼎燕京，開啟了清朝二百六十八年的歷程。

太和、中和、保和三大殿

　　清朝遷都燕京是一項重大決策。歷史上，中國大一統王朝的新政權都要拋棄舊
王朝都城與宮殿：縱觀中國歷史上大一統王朝——商、周、秦、漢、隋、唐、宋、
元、明，清朝之前，所有大一統王朝興國之君，宸居前朝宮殿，沒有先例。然而，
清攝政睿親王多爾袞卻一反歷代大一統王朝對前朝宮殿焚、毀、拆、棄的做法，對
故明燕京紫禁城宮殿下令加以保護、修繕和利用。明清皇宮從建成到 2020 年，恰
好六百年，現已被列為世界文化遺產。

董妃之謎

順治帝是清朝第一位在皇宮舉行大婚典禮的皇帝。他的后妃,《清史稿·后妃傳》記載有兩后、十五妃。其中,他和最寵愛的董鄂妃,演繹了一段皇帝愛情的傳奇,也留下了後人津津樂道的歷史之謎。

任 性 廢 后

順治帝先後冊立了兩位皇后。第一位博爾濟吉特氏,是順治帝母親孝莊太后的姪女、蒙古科爾沁部卓禮克圖親王吳克善之女,聰明而美麗,由孝莊太后和多爾袞做主定婚、聘娶。順治帝親政後,她被冊為皇后。皇后博爾濟吉特氏,生長在蒙古科爾沁貴族之家,有著成吉思汗的高貴血統,父親是親王,姑奶奶是皇太極的皇后,姑姑是皇太極永福宮妃,也就是當時的孝莊皇太后,另一個姑姑是皇太極的關雎宮妃。她自幼生活優裕,嬌生慣養,史書說她"嗜奢侈",而順治帝"好簡樸"。這對姑表姐弟小夫妻,都有個性,都不懂事。小皇后屢屢"忤上",讓順治小皇帝很不開心。

順治十年(1653)八月,也就是新婚後的第三年,順治帝命大學士馮銓等,上奏前代廢后故事。馮銓等疏諫,順治帝嚴拒。馮銓等奏問廢后理由。順治帝回答說:"無能!"又說:"無能,故當廢。"當天,順治帝奏告孝莊太后,降皇后為靜

清世祖福臨像

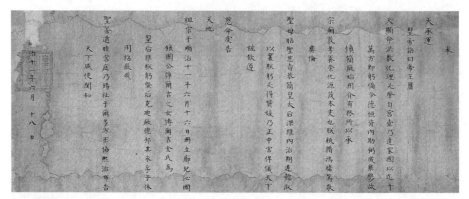

順治帝冊立第二位皇后的詔書

妃，改居側宮。下禮部，禮部員外郎孔允樾等十三人，分別具疏，據理力爭。孔允樾略言：皇后正位三年，未聞失德，特以"無能"二字定廢嫡之案，何以服皇后之心？何以服天下後世之心？順治帝命諸王等再議。集議的意見奏上："仍以皇后位中宮，而別立東、西兩宮。"順治帝不許，令復議。諭禮部："朕惟自古帝王，必立后以資內助。然皆慎重遴選，使可母儀天下。今后乃睿王於朕幼沖時，因親定婚，未經選擇。自冊立之始，即與朕志意不協，宮闈參商，已歷三載。事上御下，淑善難期，不足仰承宗廟之重，謹於八月二十五日，奏聞皇太后，降為靜妃，改居側宮。"（《清世祖實錄》卷七十七）皇后博爾濟吉特氏就這樣被廢掉了。她遷居的這個側宮，就是西六宮的永壽宮。

另一位皇后是孝惠章皇后，也姓博爾濟吉特，順治十一年（1654）五月，年十四，聘為妃。六月，被冊為皇后。她不久又受到順治帝的責斥。但這位皇后因能委屈圓通，又有太后呵護，才沒有被廢掉。後來這位皇后受到了康熙帝的百般孝敬，晚運很好。

身份之謎

經歷了廢后又立后的折騰之後，順治帝的後宮很快就增添了一位妃子 —— 董鄂妃。

董鄂氏，生年不詳。關於董鄂氏的身份，有三種說法。

第一種是官書。《清史稿・后妃傳》記載：“孝獻皇后，董鄂氏，內大臣鄂碩女。年十八入侍，上眷之特厚，寵冠後宮。”

第二種是野史。說董鄂氏是晚明秦淮名妓、冒闢疆（襄）之妾董小宛。董小宛、李香君、柳如是、卞玉京是當時江南四大名妓。清軍南下，將董擄獲，送到北京，獻給順治。我查過許多資料，這種說法主要是年齡不符。據記載：順治八年（1651），董小宛二十八歲，病死於冒府。這不僅有冒闢疆的筆記，還有當時文人的悼詞。董小宛比順治帝大十四歲，又死於順治帝十四歲之時。所以董小宛即董鄂氏之說當屬捕風捉影。

第三種是傳記。西方人寫的《湯若望回憶錄》說：順治皇帝對於一位滿洲籍軍人的夫人，起了一種火熱愛戀，當這位軍人因此申斥他的夫人時，竟被天子親手打了一個耳光，這位軍人因為氣憤而死，或許竟是自殺而死。順治帝將這位軍人的未亡人收入宮中，封為貴妃。這位貴妃，於順治十六年（1659）生下一子，皇帝要定他為將來的皇太子。但是數星期之後，這位皇子竟然去世，而他的母親 —— 董鄂妃在之後不久也薨逝了。

這位滿洲將軍，有學者認為是順治帝同父異母的皇十一弟博穆博果爾。他的生母為麟趾宮貴妃博爾濟吉特氏，是蒙古察哈爾部林丹汗的遺孀。博穆博果爾於崇德六年（1641）生，順治十二年（1655）封襄親王，翌年七月死，十六歲。

關於董鄂妃的身份，因為說法很多，又涉及宮闈秘密，所以至今仍舊是一個歷史之謎。

紅 顏 薄 命

襄親王博穆博果爾於順治十三年（1656）七月死，十八歲的董鄂妃於同年八月冊為賢妃，十二月晉為皇貴妃，行冊立典禮，頒赦。順治十四年（1657）十月生皇四子榮親王（《清皇室四譜・后妃傳》）。母子受到順治帝寵愛。順治帝對董鄂妃的恩寵，可從以下史實看出端倪。

一是晉升之速、典禮之隆。董鄂氏在順治十三年（1656）八月二十五日被冊為"賢妃"，僅一月有餘，就被晉為"皇貴妃"，這樣的升遷速度，歷史上十分罕見。十二月初六日，順治帝還為董鄂妃舉行了十分隆重的冊妃典禮，並頒詔大赦天下。在有清一代近三百年的歷史上，因為冊立皇貴妃而大赦天下的，這是僅有的一次。她父親鄂碩也沾光，被賜爵三等伯。

二是盡改惡習、專寵一人。據當時的傳教士湯若望記述，順治帝少年時沾染了滿洲貴族子弟好色縱淫的惡習，可是自從遇到董鄂妃後，便專寵其一人，兩人情投意合，心心相印。

三是隆遇董鄂妃生的皇四子。董鄂氏冊為貴妃不久就懷孕了，順治十四年（1657）十月初七日，生下一位皇子。順治帝高興至極，認為有了皇位繼承人。但小皇子出生三個多月，尚未命名，便夭折。這對董鄂妃打擊太大了。順治帝也非常悲傷。為了安慰董鄂妃，他追封這位早夭的皇子為和碩榮親王，並修建"榮親王園寢"。墓碑刻：和碩榮親王，朕第一子也。本來是皇四子，卻被稱為第一子，說明這位皇子及其生母董鄂妃在順治帝心目中的重要地位。

董鄂妃於順治十七年（1661）病死。順治帝不僅超越規格為她辦理喪事，還封她為皇后。茆溪森和尚在景山壽皇殿主持董鄂後火化儀式，順治帝親自為董鄂氏收取靈骨（骨灰）。順治帝請大學士撰擬祭文，"再呈稿，再不允"。後由張宸具稿，"皇上閱之，亦為墮淚"。

順治帝還親撰董鄂氏的生平事跡，歷數董鄂氏嘉言懿行，潔品慧德，洋洋灑灑，達數千字。命大學士金之俊給董鄂妃作傳。順治帝回憶寫董鄂氏：

待孝莊皇太后：極盡孝敬，禮數周全，悉心奉養，無微不至。

待夫君順治帝：晨夕伺候起居、飲食服御，十分周到。朕回後宮，必迎問寒暑，趣具餐，躬進之，命共餐，則辭。朕值慶典，舉數觴，必誡侍者，勸少飲酒。

襄助夫君理政：朕覽奏章，雖已深夜，必在身側。令她同閱，起謝："不敢干政。"覽批死刑案件，不忍下筆，后問是什麼內容，朕告訴她，則泣曰："豈盡無冤？求可憫者全活之！"

勸朕勤政愛民：朕偶爾不上朝，則諫切毋倦勤。日講後，與言章句大義，輒

董鄂妃居住的承乾宮

逛一逛

承乾宮

內廷東六宮之一，始建於明永樂十八年（1420）。原名永寧宮，崇禎五年（1632）改名承乾宮。清沿明舊稱，順治十二年（1655）重修，道光十二年（1832）修葺。建築形制與景仁宮相同。

喜。偶遺忘，則諫："當服膺默識。" 蒐狩，親騎射，則諫：注意安全。

嚴於對待自己：后至節儉，不用金玉。誦 "四書"、《易》已卒業；練習書法，未久即精。

生病之後勸慰：皇太后派宮女問安，必曰："安。" 臨死之際說："吾殆將不起，妾死，陛下宜自愛！惟皇太后必傷悼，奈何？" 又令不要以珍麗寶物隨葬。

順治帝哀傷過度，竟至尋死覓活，人們不得不晝夜守著他，使他不得施行自殺。《天童寺志》記載：當年冬日，順治帝給木陳忞和尚御書唐朝岑參《春夢》詩一幅云：

> 洞房昨夜春風起，遙憶美人湘江水。
>
> 枕上片時春夢中，行盡江南數千里。

癡情天子，寵愛美人，感情篤深，躍然紙上。

寵妃董鄂氏，讓順治帝神魂顛倒，讓許多歷史學家費盡心思，苦心考索。她的身世至今依然是個歷史之謎。特別是她死去不久，二十多歲的順治帝竟也死去，撲朔迷離，謎上加謎。

順治出家

順治帝在愛妃董鄂氏去世後不久，也去世了，年僅二十四歲。順治帝最後的歸宿，官書記載是患天花病死；還有一種說法是：順治帝哀悼過度，由哀悼而厭世，脫離塵世，遁向空門，到五台山出家，成為萬古鐘情天子的佳話。

因苦結佛

順治帝親政後，前七年因耶穌會士湯若望而受基督教影響較大，後四年因親近和尚而受佛教影響較大。我著重說一下順治帝同佛教的關係。

順治帝崇奉佛教，有生活環境的影響。他的祖父努爾哈赤在時，佛教已傳到赫圖阿拉。努爾哈赤常手持唸珠，尊崇佛教，並在赫圖阿拉建立佛寺。到皇太極時，為處理同蒙古的關係，崇奉喇嘛教，"重教"是一項重要的國策，所以在盛京（今遼寧省瀋陽市）興建實勝寺，崇奉瑪哈噶喇佛，藏傳佛教在後金已產生很大影響。順治帝的母后孝莊皇太后是蒙古族人，自幼受到佛教的薰陶，又年輕寡居，以信佛解脫內心的孤獨與苦悶。這些，對年幼的順治帝有深刻的影響。

然而，真正促使順治帝與佛門結緣，是在董鄂妃去世後，傷心欲絕的順治帝在太監的安排下，同憨璞聰和尚在海會寺見面，兩人相談甚歡。後召憨璞聰在西苑萬善殿對話。順治帝問："從古治天下，皆以祖祖相傳，日對萬機，不得閒暇，如今

西苑萬善殿

逛一逛

西苑萬善殿

始建於明代，原名崇智殿，在嘉靖年間是西苑法事的活動場所。清順治帝改名為萬善殿，供奉禪宗三世佛像。清代皇家多信奉藏傳佛教，萬善殿是少數的供奉漢族佛教的皇家佛堂之一。

順治帝御筆《敬佛》碑（拓片）

好學佛法，從誰而傳？"憨璞聰答："皇上即是金輪王轉世，夙植大善根、大智慧……不化而自善，不學而自明，所以天下至尊也！"憨璞聰的巧言阿諛，讓順治帝很開心，多次被召到宮裏，賜以"明覺禪師"封號。後來憨璞聰推薦了南方來的三位高僧——玉林琇、木陳忞、茚溪森。

玉林琇，江蘇人，俗姓楊，出身於名門大族。他受父親影響從小就虔誠奉佛，十八歲時入磐山寺，二十三歲就任浙江湖州報恩寺住持，聲名遠揚。經憨璞聰推薦，順治十五年（1658）九月，順治帝遣使宣詔玉林琇入京說法，經三次邀請，到十六年（1659）二月十五日入京見帝。玉林琇施展高深禪理，機敏奏對，甚蒙順治帝尊崇。順治帝屢到玉林琇館舍請教佛理，以禪門師長相待，並請他給自己起法名，說："要用醜些字樣。"玉林琇擬十餘字進覽，"世祖自擇癡字"，取法名"行癡"，法號"癡道人"。玉林琇稱讚順治帝是"佛心天子"。順治帝初賜玉林琇以"大覺禪師"稱號，後加封為"大覺普濟能仁國師"。

木陳忞，廣東茶陽人，出身於書香門第，幼年修行，後住持寧波天童寺。木陳忞是比玉林琇陪伴順治帝更久、影響更大的名僧。木陳忞在京八個月，受到順治帝尊崇，下榻於西苑萬善殿，被賜封"弘覺禪師"尊號。一次順治帝對木陳忞說："朕想前身一定是僧人，所以一到佛寺，見僧家窗明几淨，就不願意再回到宮裏。要不是怕皇太后掛念，那我就要出家了！"木陳忞說：皇上是和尚轉世來的。順治帝對他講想出家，以致終宵失眠、身體瘦弱等。

茚溪森，廣東博羅人，父曾任明朝刑部侍郎。茚溪森出家為僧後，為玉林琇的大弟子。茚溪森與順治帝相處時間最長，奏對默契，甚得帝寵。順治帝親筆大書"敕賜圓照禪寺"的匾額，以示榮寵。在愛妃董鄂氏死後，順治帝萬念俱灰，決心遁入空門。有記載統計，從該年九月到十月兩個月中，順治帝曾先後訪問茚溪森館舍三十八次，相訪論禪，徹夜交談，完全沉迷於佛的世界。命令茚溪森為他剃度，決心"披緇山林，孑身修道"，要放棄皇位，身披袈裟，身入佛門。茚溪森開始勸阻，不聽，最後削髮為僧了。這一下孝莊皇太后著急了，火速叫人把茚溪森的師傅玉林琇召回京城。玉林琇到北京後大怒，下令叫徒弟們架起柴堆，要燒死弟子茚溪森。順治帝無奈，只好讓步，再次蓄髮。

　　這件事過去不久，順治帝命選僧一千五百人，在阜成門外八里莊慈壽寺，從玉林琇受菩薩戒，並加封他為"大覺普濟能仁國師"。有一次，順治帝和玉林琇在萬善殿見面，一個是光頭皇帝（新髮尚未長出），另一個是光頭和尚，於是二人相視而笑。這說明順治帝有出家做和尚的想法。

　　但是，順治帝同玉林琇這次談話兩個月後，皇家辦喪事，噩耗傳天下。

出 家 之 說

　　順治帝出家說，有三個證據：

　　第一，所謂詩文證據。吳梅村《清涼山讚佛詩》云："房星竟未動，天降白玉棺。惜哉善財洞，未得誇迎鑾。"這四句詩，有人說是指順治帝沒有歸天，而是"西行"到西天出家了。

　　第二，康熙幸五台山，先後五次。康熙帝去五台山最早的一次是康熙二十二年（1683），離史書記載的順治死已經過去二十二年。如果是去看他父親，應當早去，何必在懸離二十二年之後才去呢！

　　第三，康熙帝在他父親死了二十二年之後才到五台山，太皇太后只去五台山一次且未上菩薩頂。這些說明：康熙帝、太皇太后孝莊去五台山顯然不是為了看出家在五台山的順治皇帝。試想，如果順治帝出家在五台山，康熙帝和孝莊太皇太后早就去探望他了。

　　順治帝沒有出家，他的結局是怎樣的呢？

患痘而死

　　順治十八年（1661）正月初七日，順治帝駕崩，年僅二十四歲。實際壽命只有二十二歲十一個月。他的死因引起人們種種猜測。人們猜測最多的，是他沒有死，而是出家了。但事實上，順治帝是出天花病死。這有根據嗎？

　　第一，《清世祖實錄》記載。順治十八年（1661）正月初一日，順治帝沒有上朝，初二日“上不豫”，初四日“上大漸”，初七日“上崩於養心殿”。

　　第二，當事人記載。內閣官員張宸記載：“傳諭民間勿炒豆，勿燃燈，勿潑水，始知上疾為出痘。……十四日，焚大行皇帝御冠袍、器用、珍玩於宮門外。時百官哭臨未散，遙聞宮中哭聲，仰見皇太后黑素袍，哭極哀。諸宮娥數輩，俱白帕首、白衣從哭。”（張宸《青琱集·雜記》）

　　第三，兩位高僧記載。《玉林國師年譜》記載：順治十八年（1661）正月初三，中使馬公二次奉旨至萬善殿云：“聖躬少安。”初四，李近侍言：“聖躬不安之甚。”初七亥刻，駕崩。初八日，皇太后慈旨，請師率眾即刻入宮，大行皇帝前說法。二月初二，奉旨到景山，為世祖安位。玉林琇和尚親臨順治帝的大殯。

　　《敕賜圓照茚溪森禪師語錄》記載：順治十八年（1661）二月初三日，欽差董定邦奉世祖遺詔到圓照（指杭州圓照寺），召師進京舉火。……四月十六日，茚溪森奉旨到京，過了幾天，“詣世祖金棺前秉炬”火化。火化時，茚溪森在景山壽皇殿“秉炬”，顧左右曰：“壽皇殿前，官馬大路，遂進炬。”（《佛事門記》卷六）順治帝遺體，由茚溪森和尚主持，在景山壽皇殿，秉炬火化。“大清國裏度天子，金鑾殿上說禪道！”說的就是這種情景。

　　第四，《王熙自定年譜》記載。翰林院掌院學士王熙記載：順治十八年（1661）正月初六日夜，召王熙到養心殿，說：“朕患痘，勢將不起。爾可詳聽朕言，速撰詔書。”王熙在榻前書寫，然後退到乾清門下西圍屏內，根據順治帝的意思，撰寫

《遺詔》，寫完一條，立即呈送。一天一夜，三次進覽，三蒙欽定。至夜，聖駕賓天，泣血哀慟。當夜，順治帝就去世了。

第五，西洋人《湯若望傳》記載。湯若望得知順治帝病了，立即親赴宮中，流著眼淚，請求容許他覲見萬歲。……順治病倒三日之後，於一六六一年二月五日到六日之夜間崩駕，享壽還未滿二十三歲。

第六，儲君條件。孝莊太后在選定順治帝繼位者玄燁時，已經出過天花居然成為玄燁繼位的一條重要條件而被提出來。可見順治帝因患天花而早逝，深深震動了他的母后以至朝廷。

綜上，官方記載與私人記述，當時中國人與外國人，中央官員與出家和尚，都一致說順治帝死於天花。所以，我認為，順治帝不是出家了，而是患病死了。

太后下嫁

　　我所到國內外各地，被問到最多的問題，就是："孝莊太后是不是下嫁多爾袞了？"這段皇家叔嫂關係，引出許多猜測、議論和故事，也成為清史研究中的一個疑案。

孝 莊 太 后

　　孝莊太后（1613～1688年），姓博爾濟吉特，名布木布泰，是蒙古科爾沁部貝勒塞桑的女兒。後金天命十年（1625），十三歲的布木布泰與三十五歲的皇太極成婚。這時皇太極早已同她的姑姑哲哲結婚十一年了，後來她的姐姐海蘭珠也嫁給了皇太極。姑姑與姪女三人都嫁給了同一個男人。布木布泰嫁過來的第二年，皇太極繼承汗位，她從貝勒福晉變成大汗福晉。十年以後，皇太極建國號大清，改元崇德，她又成為崇德皇帝的永福宮莊妃。

　　皇太極有十一個兒子、十四個女兒。布木布泰生下三女一子 —— 崇德三年（1638）二十六歲的莊妃生下皇九子福臨，就是後來的順治皇帝。這支血脈延續了清朝的帝胤。

　　布木布泰經歷三次皇位之爭，身歷天命、天聰、崇德、順治、康熙五朝，青年時幫助丈夫皇太極，中年時輔佐兒子福臨，老年時輔佐孫子玄燁。她享年七十五

孝莊皇太后像

歲，是一位非凡的女性，雖從未走到政治的前台，但她的一生對清初政治影響重大，為清初守成兼創業做出過重大貢獻。

清朝有個很有意思的歷史現象：孝莊太后身歷清朝前四帝（太祖、太宗、順治、康熙），慈禧太后身歷清朝後四帝（咸豐、同治、光緒、宣統）。所以有人說清朝以太后始，以太后終。

皇 叔 攝 政

多爾袞（1612～1650 年），是努爾哈赤第十四子，先後兩次參加爭奪汗位的鬥爭。

第一次，多爾袞與哥哥皇太極等四大貝勒爭奪汗位，因母親烏拉那拉·阿巴亥被逼死，自己和同母兄弟年歲尚小，而輸給皇太極。

第二次，多爾袞和皇二兄代善（長兄已死）、皇長姪豪格爭奪汗位。後由他的姪子順治帝即位，多爾袞與鄭親王濟爾哈朗共同輔政。

清朝遷都北京，順治帝封多爾袞為叔父攝政王。順治五年（1648）十一月，被尊為皇父攝政王。順治七年十二月（1650 年 1 月），多爾袞到塞外圍獵，初九日死於塞外喀喇城，才三十九歲。

多爾袞攝政前後七年，怎樣評價多爾袞的功過？多爾袞死後一百一十三年，乾隆帝給多爾袞作了歷史評價："定鼎之初，王實統眾入關，肅清京輦，檄定中原，前勞未可盡泯。" 但多爾袞攝政有 "六大弊政"：即剃髮、易服、圈地、佔房、投充、逋逃。擾亂社會秩序，破壞中原經濟，挫傷漢人情感，帶來嚴重後果。"揚州十日"、"嘉定三屠"，慘絕人寰，是其罪惡。二百多年後，辛亥口號 "驅除韃虜，恢復中華"，就是對其弊政的不滿與反抗。

皇太后與多爾袞，一個是順治帝的母親、皇太后，一個是順治帝的叔叔、攝政王，共同輔佐年幼的小皇帝七年。關於 "太后下嫁" 的說法，從當時一直流傳到現在。

多爾袞像

並 未 下 嫁

"太后下嫁"的說法，早在順治年間就有了。主要疑點有四：

第一，清初抗清志士張煌言《建夷宮詞》："上壽觴為合巹尊，慈寧宮裏爛盈門。春官昨進新儀注，大禮恭逢太后婚。"說皇帝生日變成太后婚禮，太后住的慈寧宮變成了她的新婚洞房。

第二，順治帝尊多爾袞為"皇父攝政王"。

第三，多爾袞死後追討其罪時，有一條罪狀是"又親到皇宮內院"。蔣良騏《東華錄》和朝鮮《李朝實錄》也做了相同的記載。但後來修的《清世祖實錄》裏卻刪掉了這句話。

第四，孝莊太后死後沒有和自己的丈夫皇太極合葬，而是葬在清東陵的風水牆之外。

先輩清史學家孟森先生早就寫過《清初三大疑案考實》，就以上四個疑點提出看法：

其一，張煌言當時並沒有在北京，而在江南抗清。那麼"遠道之傳聞，鄰敵之口語，未敢據此孤證為論定也！"（孟森《明清史論著集刊·太后下嫁考實》）出在敵人之口，記在異鄉之文，不能成為史證。

其二，關於皇父攝政王，這個"父"字，不是親屬的稱謂，是君對臣的尊稱，不能理解為已經成為順治帝的"父親"。

其三，關於"皇宮內院"。官方文獻把這個內容寫上又刪去，說明多爾袞到"皇宮內院"確有其事。但最多只能反映多爾袞有瀆亂之事，而不能說明太后下嫁給多爾袞了。

其四，關於未合葬。皇太極的昭陵，已有正宮皇后合葬，孝莊太后作為第二后，不與合葬，康熙、雍正、乾隆、嘉慶、道光、咸豐等朝第二后都沒有合葬。這也屬正常。

孟森先生的論證非常詳盡。我再補充幾條：

第一，說喜事在慈寧宮裏辦的。根據歷史檔案記載，慈寧宮在李自成臨撤出皇宮時被焚毀。順治十年（1653）修葺而成，皇太后才搬居慈寧宮，多爾袞則死於順治七年（1650），多爾袞與皇太后怎能在此舉行結婚典禮呢！

第二，關於"未葬昭陵"。清朝的皇帝陵分三處：一處是關外三陵——永陵、福陵（瀋陽東陵）、昭陵（瀋陽北陵），另一處是河北遵化的清東陵，再一處是河北易縣的清西陵。

康熙二十六年十二月二十五日（1688 年 1 月 27 日），孝莊太皇太后去世，而皇太極已經逝世四十四年，早已在昭陵入土為安。她對自己後事，向皇孫康熙帝有交代："太宗文皇帝梓宮安奉已久，不可為我輕動。況我心戀汝父子，不忍遠去，務於孝陵近地安厝，則我心無憾矣。"就是說，她不願意驚動太宗皇太極的亡靈，而願意同英年早逝的兒子順治帝在一起。

清東陵全景

清東陵

清王朝入關後建在關內的第一組皇室陵墓，位於河北省遵化縣，因地處北京以東一百二十五公里的位置，所以被稱為清東陵。這裏埋葬著五位皇帝、十五位皇后、一百三十六位妃嬪、一位皇子，共計一百五十七人。清東陵是中國現存建築中規模宏大、陵墓體系完整的帝王陵墓群之一，現建築保存完好。

皇太后死後葬在清東陵，這就給皇孫康熙帝出了一道難題，康熙帝採取了一個臨時舉措，把太皇太后生前在紫禁城裏最喜歡住的寢宮拆了，搬到東陵風水牆外，修起一座“暫安奉殿”，來暫安孝莊的梓宮（棺材）。直到康熙逝世，他一直沒有解決祖母陵寢的難題。

　　雍正即位以後著手解決這個難題。雍正二年（1724）確定孝莊文皇后陵為昭西陵，將暫安奉殿改建為陵。雍正三年（1725）孝莊文皇后梓宮下葬於昭西陵地宮。這既表明了孝莊太后和皇太極昭陵的關係，又表明了墓主的崇高地位，還實現了孝莊太后陪伴兒子順治和孫子康熙的遺願。這時，孝莊太后已經逝世整整三十七年。

　　第三，關於“青梅竹馬”。有人說莊妃與多爾袞是“青梅竹馬”。莊妃出生在蒙古科爾沁，多爾袞出生在建州赫圖阿拉，兩地相距遙遠，兩人少時並不認識，不存在青梅竹馬的客觀條件。

　　第四，關於“保兒皇位”。說皇太后為了保兒皇位，不得不委身於多爾袞。順治帝繼位，我前面已經講過，這是當時多種政治勢力複雜鬥爭和相互妥協的結果，而不是由皇太后依靠多爾袞一個人的決定。事實上，皇太后對多爾袞既重用、又牽制，採取了非常複雜的政治手段，才使多爾袞最終沒有突破攝政王的圈子，從而保證了幼小順治帝的地位。當然，因為皇帝年幼，國事家事都要依靠攝政王，所以皇太后注意協調與多爾袞的關係。但是由此作為太后下嫁的依據，顯然站不住腳。

　　第五，多爾袞屍骨未寒就被順治帝定罪懲罰，有人以此作為太后下嫁的反證。這是一種推測，不能作為太后下嫁的依據。

　　總之，到目前既沒有過硬的材料證明太后下嫁了，也不能完全消除關於太后下嫁的疑問。所以，三百年來，太后下嫁，一直是人們議論的一個話題，成為清宮史上的一樁疑案。

　　至於辛亥以來，《清朝野史大觀》、《多爾袞軼事》、《清史通俗演義》、《清宮十三朝》等野史、小說，對太后下嫁的演繹，這是野史和小說家言，姑且聽之，不必當真。

　　最後，我們探討太后下嫁疑案的意義：第一，弄清事實真相，廓清戲說歷史迷霧，是歷史研究者的責任；第二，孝莊太后和多爾袞以大局為重，和衷共濟，結成合力，共渡難關，取得勝利，給後人留下寶貴的歷史經驗；第三，我認為，孝莊太后同攝政王多爾袞的情愫可能有，"太后下嫁"之事確實無。

孝莊文皇后的昭西陵

昭西陵

順治帝生母孝莊文皇后的陵墓，位於河北遵化順治帝孝陵以南的風水牆外。建造於清康熙二十七年（1688），開始是停放孝莊文皇后棺槨的地方，稱暫安奉殿。直到雍正二年（1724）才定暫安奉殿為陵寢，尊為昭西陵。雍正三年（1725）底孝莊文皇后正式葬入昭西陵地宮。

耄耋者說四

開創與鼎盛　　皇宮的主人是清世祖愛新覺羅福臨順治帝（在位十八年）、清聖祖愛新覺羅玄燁康熙帝（在位六十一年）、清世宗愛新覺羅胤禛雍正帝（在位十三年）、清高宗愛新覺羅弘曆乾隆帝（在位六十年）。這段時期，從皇宮視角看，是清朝達到鼎盛的時期。

本部分為 66～85 講，共一百三十四年（康熙元年至乾隆六十年）。經過清前期"三祖三宗"的經營，清朝入主中原，統一華夏，基本完成東北森林文化與中原農耕文化、西北草原文化、西部高原文化、沿海暨島嶼海洋文化之統合，出現繼秦、漢、唐、元、明之後，最後一個封建大帝國。

北京故宮平面圖

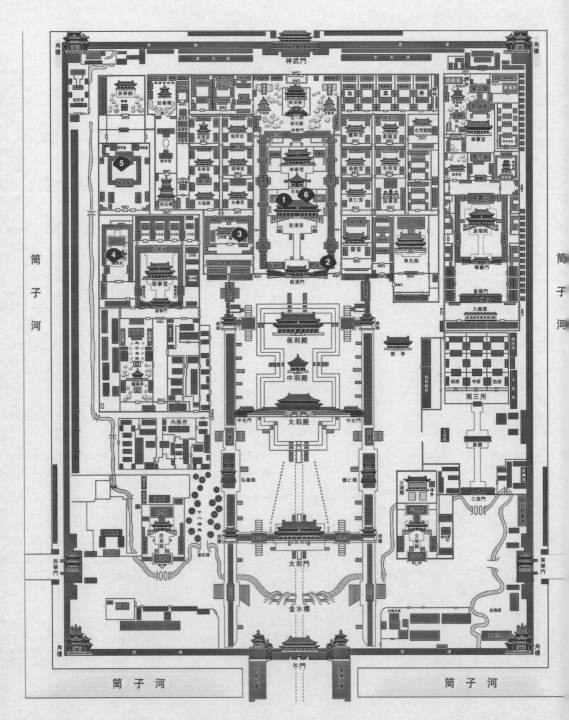

① 乾清宮的弘德殿　③ 養心殿　⑤ 壽安宮
② 清宮上書房　　　④ 壽康宮　⑥ 交泰殿

童年玄燁

康熙帝有一個不平凡的童年，對他的一生影響深遠。他生於順治十一年三月十八日（1654 年 5 月 4 日），時皇父順治帝十七歲，皇母佟妃十五歲。他是順治帝的第三個兒子，取漢名玄燁。

三 種 血 緣

康熙帝出生在清朝帝王之家，他身上有滿洲、蒙古和漢人的三種血緣。

第一，滿洲血緣。玄燁曾祖父是清太祖努爾哈赤，祖父是清太宗皇太極，父親是清世祖福臨，這是他的滿洲血統。玄燁在童年時期，跟從滿洲師傅學習滿語文和騎射，受到滿洲森林文化和騎射精神的影響。這是形成康熙大帝勇敢品格、尚武精神的文化基因。他後來多次到承德避暑山莊、到木蘭圍場秋獮，三次塞外親征，其文化與血緣根由也在於此。

第二，蒙古血緣。玄燁的祖母孝莊太皇太后，是蒙古族，為成吉思汗後裔，所以他有四分之一的蒙古血統。玄燁從小跟著祖母，深受其教誨和影響。這對他了解蒙古習俗、通曉蒙古語文、熟知草原文化、處理蒙古問題、鞏固滿蒙聯盟，有著重大的影響。

第三，漢人血緣。玄燁的母親佟氏（後為佟佳氏）為漢人（一說，佟氏原為遼

清聖祖玄燁像

東女真）。幼年入宮，後為皇妃。

　　佟氏家族原為遼東望族，以經商為生。佟氏的叔爺爺佟養性曾經被明朝逮捕下獄，脫獄後，舉族投奔努爾哈赤。皇太極時，佟養性在瀋陽主持研製紅衣大炮，組建烏真超哈（即炮兵），並為第一任漢軍都統。佟養性的從兄，即佟佳氏的爺爺佟養真（正）守鎮江城（今遼寧省丹東市），一天夜裏，被明軍抓住，不屈而死。佟養真（正）次子佟圖賴襲職。佟圖賴就是佟佳氏的父親、玄燁的外祖父，任漢軍正藍旗都統。清軍入關，佟圖賴隨軍南征北戰，屢立軍功，死後兒子佟國綱襲爵。佟國綱就是佟佳氏的哥哥、玄燁的舅舅，在抗禦蒙古噶爾丹的烏蘭布通之戰中犧牲。佟國綱的弟弟佟國維，就是康熙帝的岳父。佟國維被封為內大臣、領侍衛內大臣、議政大臣、一等公。康熙帝命將母親佟佳氏家族從漢軍正藍旗抬入滿洲鑲黃旗，以提高其家族的政治地位。在順治、康熙時期，佟姓在朝中做官的很多，有“佟半朝”的民諺。

　　康熙帝繼承的三種血緣，使他從小受到三種文化的熏陶，養成了三種品格：勇武與奮進，繼承了滿洲人的性格；高遠與大度，受到了蒙古人的熏陶；仁愛與韜略，來自漢族儒學的營養。康熙帝身上有三種血緣、三種文化和三種品格 —— 這種文化素養，在中國秦始皇以來兩千年大一統皇朝的皇帝中是少見的。這也為中華各民族在歷史發展長河中的血脈聯繫，提供了鮮活的例證。但他的童年生活，也不是一帆風順的。

生 活 磨 煉

　　玄燁生來就貴為皇子，他的童年生活，可以說是錦衣玉食，讓普通百姓羨慕不已。其實，他所遭受的磨難，也是普通百姓想象不到的。

　　第一，缺失父愛。玄燁從兩歲到七歲的六年間，他的皇父順治帝上演了與董鄂氏的愛情悲喜劇，根本無心、也無暇顧及他，這使他沒有享受到父親的關愛與教育。到八歲時，又痛失皇父。玄燁給皇父守靈、默哀、祭拜、哭號，幼小的心靈受到巨大的打擊和創傷。

康熙帝的避痘所福佑寺

　　第二，難享母愛。清朝內廷制度，皇子、皇女出生之後，母親不能撫養，要交給乳母、保姆養育。玄燁出生之後，不僅沒有一個同父母同居一室的家，而且連母親也不在身邊。他是獨居一處，由乳母、保姆等哺育、照顧，由宮女、太監等服侍、陪伴。到他十歲時，生母佟氏就病死了，玄燁晝夜守靈，"擗踴哀號，水漿不御，哭無停聲"（《清聖祖實錄》卷八），一個才九周歲的孩子，兩年之間，父母雙亡，形影相弔，實在可憐，這是人生幼年的最大不幸。

　　第三，天花磨難。玄燁在兩三歲時，搬到皇宮外去避痘（天花）。世居山林和草原的滿洲人、蒙古人來到中原後，容易感染痘症（天花），而當時對這種病沒有特效藥。這種病傳染厲害，死亡率高，所以宮廷裏談"痘"色變。四五歲時出天花，發燒、疼痛、煩躁、恐懼，沒有特效藥，全靠玄燁自身的抵抗力和乳母、保姆、宮女、太監的精心照料，才九死一生，躲過一劫。這場病災，使玄燁臉上留下痘痕，就是麻子。童年就經受生死磨難，這是多麼不幸！

總之，玄燁的童年很少享受到家庭的親情和溫暖，他為自己沒有在父母膝下享受過一天歡樂而遺憾終生。直到晚年時他還說："世祖章皇帝（順治帝）因朕幼年時，未經出痘，令保姆護視於紫禁城外，父母膝下，未得一日承歡，此朕六十年抱歉之處。"（《清聖祖實錄》卷二九○）

《孟子·告子下》說："生於憂患而死於安樂也。"憂患既使人痛苦，憂患也激人奮進。

自　強　律　己

玄燁的童年雖然物質生活優裕，但也遭受了人間之大不幸。玄燁在"不幸"面前，沒有怯餒、退縮、消沉、頹廢，而是變"不幸"為"有幸"，勤奮學習，磨煉意志，培養了自信、自立、自強、自勵的精神，成為前進中的寶貴動力。

第一，祖母教誨。玄燁童年時期，特別得到祖母孝莊太皇太后教誨。祖母教育他做人的規矩，如"凡人行為坐臥，不可回顧斜視"。康熙帝後來回憶說："朕自幼齡學步能言時，即奉聖祖母慈訓，凡飲食、動履、言語，皆有規度。雖平居獨處，亦教以罔敢越軼，少不然即加督過，賴是以克有成。"（《康熙帝御製文集·二集》卷四十）祖母對他"撫育教訓"，給他講祖宗艱苦創業的故事。後來康熙帝回憶說："朕自八歲世祖皇帝賓天，十歲慈和皇太后崩逝，藐茲沖齡，音容記憶不真，未獲盡孝，至今猶憾。藉聖祖母太皇太后鞠養教誨，以至成立。"（《康熙起居注》）

玄燁出宮避痘，祖母太皇太后心疼他，經常派蘇麻喇姑去照料。蘇麻喇姑原是孝莊的陪嫁女，經歷天命、天聰、崇德、順治、康熙五朝，為人祥和厚道，宮廷閱歷豐富。小玄燁不僅從她那裏學到不少知識，而且受到潛移默化的影響。

第二，五歲讀書。玄燁五歲開始讀書寫字。史書說他："自五齡後，好學不倦"。除了學習滿洲語文、蒙古語文之外，還學習漢語文。漢語文中的"三百千千"，就是《三字經》、《百家姓》、《千字文》、《千家詩》，"四書"即《大學》、《中庸》、《論語》、《孟子》等，對他的幼小心靈產生了深刻的原生性影響。玄燁從小意志堅強，耐性過人。他學習漢族傳統文化"四書"，按照傳統的學習方法，先唸，就是朗讀；後背，就是背誦。他給自己規定：每一段、每一篇，都要朗誦一百二十遍，然後背誦一百二十遍，直到滾瓜爛熟、融會於心。

磨難使玄燁自律。他說："幼齡讀書，即知酒色之可戒，小人之宜防，所以至老無恙。"（《清聖祖實錄》卷二七五）玄燁從小決心"三戒"——戒酒、戒色、戒小人。他終生不酗酒、不荒淫、不親昵小人。

一天，順治帝問皇二子福全、皇三子玄燁、皇五子常寧（長寧）長大之後有什麼志向。皇五子常寧，因剛三歲，不能回答；皇二子福全回答說："願為賢王。"皇三子玄燁從容答道："待長而效法皇父，黽勉盡力。"皇父聽了，稱讚他有遠大的志向，對他另眼相看。

第三，因痘繼位。玄燁童年患天花，臉上留下麻子，但這正成為他繼承皇位的一個優勢條件。玄燁的皇父順治帝患天花不治去世，因此，考量他的皇位繼承人時，就把曾經出過天花（終生免疫）作為一項重要條件。玄燁因禍得福，榮登大位。

從玄燁的童年看來，一個人小時候吃點苦，受點罪，經過坎坷，受過磨難，可能對他以後人生的成長、事業的成功，會產生巨大的積極影響。吃苦與磨難可以錘煉人的品質、意志、見識和勇氣。所以，小孩子吃點苦頭，受點磨難，應是好事，不是壞事。

一個人在青少年時，立下鴻鵠大志："立心以天下為己任，許死而後已之志。"（《清聖祖實錄》卷二七五）這就是玄燁少年時期立下的志向和價值觀。玄燁在"治國、平天下"的高遠理想下，再加上後天的好學不輟，勤勉努力，終於成為一代偉人、千年一帝。

終身讀書

康熙帝是一位終身讀書學習的皇帝。他是怎樣讀書的呢？

融 入 人 生

康熙帝的讀書學習，從五歲開始，到六十九歲故去，其間六十五年，經歷了四個階段 —— 少年好學，青年苦學，盛年博學，老年通學。

第一，少年好學。康熙帝少年時期非常好學，由祖母、蘇麻喇姑、保姆教他滿語、蒙古語，由略通文化的張、林二位太監教他認漢字。玄燁從五歲開始到書房讀書，漢人師傅教他讀 "三百千千" ——《三字經》、《百家姓》、《千字文》、《千家詩》，滿洲師傅教他滿語騎射。他有時讀書癡迷，忘了寢食。祖母見他勤奮好學，說道：你貴為天子，還要像生員那樣苦讀嗎？

童年讀書，重在識字、句讀和背誦。"句讀" 就是斷句，古時候沒有標點符號，要靠老師教給斷句，就是教給句讀。這樣，能識字，會斷句，有了閱讀能力，再背誦，就記在腦子裏。

康熙帝回憶說："逐日未理事前，五更即起誦讀，日暮理事稍暇，復講論琢磨，竟至過勞，痰中帶血，亦未少輟。朕少年好學如此。"（康熙《庭訓格言》）他認為，幼年所讀的書，終身受益："朕七八歲所讀之經書，至今五六十年，猶不遺忘。"

第二，青年苦學。康熙帝十七歲時，舉行“經筵大典”，就是由講官給皇帝講解“四書”、“五經”等。康熙帝不滿足於隔日進講，命大臣們“日侍講讀，闡發書旨，為學之功，庶可無間”。經筵改為每天舉行。他不滿足於只是聽講，而主動提出師生互講，加強討論。

每日大清早，康熙帝到乾清宮弘德殿，聽講官進講，講畢，辰時（7～9時），到乾清門聽政，從不間斷。康熙十二年（1673）三月，乾清宮修繕，他搬到西苑瀛台暫住，也不廢講。酷暑寒冬，奏請停講。他讓講官暫停，但“講章仍照常進呈”——老師停講，他並不停學。在平定三藩之亂時，軍報頻奏，也乘間隙，進講經史。在南巡途中的御舟上，他帶著書卷讀，經常到三更。在親征噶爾丹時，他晚上常手不釋卷，在帳篷裏讓傳教士張誠等給他講解幾何學，還做算題。他說：“一刻不親書冊，此心未免旁騖。朕在宮中，手不釋卷，正為此也。”（《康熙起居注》）

第三，盛年博學。盛年康熙帝的讀書學習，重在博覽眾取。他讀儒家經典外，也涉獵史部的《史記》、《漢書》、《資治通鑑》以及諸子百家。將經、史、子、集打通，汲取儒學的治道、歷史的治鑒、諸子的智慧、文學的涵養，提高自己的素養，提升治國的能力。他還遍讀道、釋、醫、藥、農、地理、治河之書，並學習西方的天文、數學、物理、化學、地理、醫學、藥學、測繪、語言、音樂、繪畫、人體解剖等知識，在當時堪稱學貫中西。

第四，老年通學。康熙帝老年的讀書學習能夠融會貫通。康熙帝強調：“書不貴多而貴精，學必由博而致約。”（康熙《庭訓格言》）說明他讀書學問，愈老愈純，愈老愈通。他說：“人君講究學問，若不實心體認，徒應故事，講官進講之後，即置之度外，是務虛名也，於心身何益？”（《康熙起居注》）

經常有人問我：應當怎樣學習？康熙帝的讀書人生很值得借鑒。少年讀書，要在培養興趣，重在養成習慣；青年讀書，要在打下基礎，重在扎實讀懂；盛年讀書，要在博覽群書，重在融會貫通；老年讀書，要在回眸人生，重在養生養心。康熙讀書，值得學習。

乾清宮的弘德殿

逛一逛

弘德殿

乾清宮之西小殿。南向三間,建於明朝,初名雍肅殿,明萬曆十四年(1586)改名弘德殿。明代為召見臣工之處。清代時為皇帝傳膳、辦理政務及讀書的地方。

康熙書房

康熙十六年（1677），在乾清宮院落正式創立南書房。最初動因是：其一，康熙帝身邊的太監等，沒有文化，不能同其研討經史，切磋書法；其二，各大臣都有職務，也不能隨時陪伴身邊，日侍左右；其三，大臣住地離皇宮較遠，隨時諮商，很不方便，每日派員，輪流值班，所以要設南書房。

康熙帝自幼酷愛書法，臨摹唐太宗、黃庭堅、米芾、趙孟頫、董其昌等書帖，以趙、董為多。特別受到書法家沈荃的指點。

沈荃（1624～1684年），江南華亭（今上海）人，順治朝探花。先在地方做官，書法聞名海內，以擅長書法，入值南書房，官至國子監祭酒、禮部侍郎銜。沈荃在南書房，給康熙帝講解古今各體書法，先做示範，並做指導。御製碑文、屏風、楹聯等，多由沈荃書寫。他特別敢於指出康熙帝寫字的毛病："公每侍聖祖書，下筆即指其弊，兼析其由。"（《郎潛紀聞三筆》）他不但指出毛病，還分析其緣由。他的兒子沈宗敬也在南書房。一天，康熙帝感慨說："朕初學書，宗敬父荃指陳得失。至今作字，未嘗不思其勤也。"（《清史稿·沈荃傳》）沈荃為人正直，康熙十八年（1679）大旱，求直言。時更定新例，罪人當流者徙烏喇，下廷臣議。沈荃說："烏喇去蒙古三四千里，地極寒，人畜多凍死。今罪不至死者，乃遣流，而更驅之死地，宜如舊例便。"康熙帝不接納。他又說："此議行，三日不雨者，甘服欺罔罪。"果然，兩天後下雨。康熙帝採納了這個諫議。

除了得到高人指點，康熙帝苦練書法。他說："朕自幼嗜書法，凡見古人墨跡，必臨一過，所臨之條幅、手卷將及萬餘，賞賜人者不下數千。天下有名廟宇禪林，無一處無朕御書匾額，約計其數亦有千餘。"（康熙《庭訓格言》）康熙帝對書法，頗下功夫，"聽政之暇，無間寒暑，惟有讀書寫字而已"（《康熙起居注》）。宮中法帖甚多，他都賞閱臨遍。在五十歲後，曾向大臣們說："朕自幼好臨池，每日寫千餘字，從無間斷，凡古名人之墨跡、石刻，無不細心臨摹，積今三十餘年。"（《清聖祖實錄》卷二一六）

南書房有一批通天算、明音律的人才，如戴梓，杭州人，以布衣從軍，獻連

南書房

珠火銃法，平定叛亂，立有功勞。康熙帝命戴梓入值南書房。這是清朝以火器製造技藝入南書房的唯一之人。戴梓所造的連珠銃，形如琵琶，火藥鉛丸，可以連發二十八發子彈。戴梓還奉命仿造子母炮、“威遠將軍”炮。康熙帝在實戰中，用以破敵，效果很好（《清史稿·戴梓傳》卷五百五）。

可以說，康熙帝得到了最高明的老師的指教，這個條件是得天獨厚的。

讀 書 四 要

康熙帝讀書，有四條經驗——要持久，要思悟，要知行，要著述。

第一，要持久。一個人，讀點書並不難，難的是長久堅持；一個人，平時讀書並不難，難的是動蕩時靜心堅持讀書。

康熙帝寫字像

第二，要思悟。康熙帝說："凡看書不為書所愚始善。即如董子（仲舒）所云'風不鳴條，雨不破塊'，謂之昇平世界，果使風不鳴條，則萬物何以鼓動發生？雨不破塊，則田畝如何耕作佈種？"（康熙《庭訓格言》）不能盲目聽信。

第三，要知行。他說："明理最是緊要，朕平日讀書窮理，總是要講求治道，見諸措施。故明理之後，又須實行。不行，徒空談耳。"（《康熙起居注》）怎樣知行呢？如南巡的船，他親自參與設計、製作。如行軍路上，運糧困難，"將士每日一餐，朕亦每日進膳一次"。演算題，搞測量，做實驗，如他派人考察黃河源頭、解剖冬熊胃中食物等。他讀書不為表現，不徒虛名，而是對書中道理真正有興趣，真想做探討。因此，他後來成為一位學術造詣很深的君主。

第四，要著述。康熙帝重視編書、寫書。如編修《康熙字典》、《古今圖書集成》、《律曆淵源》等；又勤於筆耕，著《康熙帝御製文集》一百七十六卷，《御製詩集》收錄一千一百四十七首詩詞。他的《幾暇格物編》共九十三篇文章，是一部學術著作。如蝗蟲滋生的規律，各地農作物像水稻、小麥、西瓜、葡萄等等生產的情形。又因為他學過西洋的科學知識，他對自然界的若干現象也有所論述，例如他注意到黑龍江西部察哈延山"噴焰吐火，氣息如煤"的奇特現象。他從瀚海的螺蚌殼，推知遠古蒙古大沙漠曾是水鄉澤國。康熙帝探討人體生理構造，命令西洋人把西文《人體解剖學》譯成滿文本（《張誠日記》）。

康熙帝的《庭訓格言》，以他一生體驗為主，告訴後人一些有益的做人處事道理。全書兩萬七千四百一十九字，共二百四十六條，講述養心、修身、齊家、治國、平天下的經驗與道理。

孝愛祖母

康熙帝從小生活在一個龐大的皇帝家庭裏，他又營造了一個更龐大的皇帝家庭。這個家庭高峰時有六代人：太皇太后、太后太妃，皇后妃嬪五十五人，子女五十五人，孫、曾孫一百五十餘人。

《大學》說："為人子，止於孝。" 對長輩，做到孝順，不算很難；做到孝敬，不算太難；做到孝愛，心靈相通，的確很難。我重點講康熙帝對祖母孝莊太皇太后的孝順、孝愛和孝哀。

平 時 孝 順

在康熙帝心目中，分量最重的是祖母孝莊太皇太后。他八歲，皇父賓天；十一歲，皇母又病逝。這麼小就失去父母，沒有得到依偎父母膝下的幸福，全靠太皇太后撫養教育。於是，康熙帝將作為兒孫的親情和孝敬，合在一起，全給了祖母，三十餘年，拳拳孝愛。

祖母孝莊太皇太后，身歷天命、天聰、崇德、順治、康熙五朝，閱歷豐富，見多識廣。康熙帝十四歲親政時，還是少年，他在政事方面，求教祖母。《康熙起居注》記載，康熙帝每日下朝後第一件事，就是到慈寧宮向祖母請安。早晚問安，親睹慈顏，面稟朝事，聆聽訓誨。少年天子十分珍視每日與祖母的會面，這是他日理萬機生活中盡享親情的時刻，更是他以政事求教祖母的機會。處理好國家大事，使社稷長治久安，是對祖母最大的孝。

康熙九年（1670），康熙帝打算先往關外拜謁太祖、太宗山陵，再到遵化拜謁世祖山陵。但太皇太后說："世祖升遐十年，未得一詣陵寢。"建議皇孫先去拜謁孝陵，自己和皇太后博爾濟吉特氏、皇后赫舍里氏同往。康熙帝順應祖母的心意，改變行程。這樣，十七歲的康熙帝，陪著祖母太皇太后、嫡母孝惠皇太后等前往祭謁順治帝的孝陵，皇后赫舍里氏隨行。像這樣，祖、母、孫媳三代四人一起謁陵，有清一代，僅此一例。

康熙帝陪同皇祖母去五台山禮佛，完成皇祖母的又一個心願。山西五台山是中國四大佛教名山之一。元、明以來，大批蒙古信徒來到這裏，在菩薩頂修建了多座喇嘛廟。清初皇家對五台山喇嘛廟極為重視。孝莊太皇太后自幼信奉喇嘛教，去五台山是她多年的心願。

為陪祖母到五台山進香，康熙帝先往五台山，抵達菩薩頂，住了四天。其間，道路、行宮、食宿、日用、物資等，都親自安排，做了準備。其最險要路段長城嶺，康熙帝"特赴長城嶺，用輦親試"。果然，山勢太陡，抬轎人站立不穩，難以攀登。康熙帝返回後如實稟告祖母，但孝莊仍不願放棄多年的願望，還是要去五台山。

康熙二十二年（1683）九月，三十歲的康熙帝陪同太皇太后前往五台山。行到長城嶺，因山路崎嶇，乘車不穩，改為八人暖轎，他本人親自侍從，前後扶掖，左右照顧。太皇太后念及抬轎步履艱難，便提出還是換為乘車。康熙帝勸請再三，孝莊不允，不得已，便順從祖母，乘車前往，但是他悄悄命轎子跟在後面。走了幾里路後，康熙帝見祖母乘車太不安穩，便請乘轎。祖母說："我已經換車了，轎哪能馬上就到呢？"康熙帝說："轎子就在後面跟著呢。"祖母高興地拊著康熙帝後背說："車轎細事，且道途之間，汝誠意無不想到，實為大孝。"

道路愈走愈險，祖母終於對康熙帝說："嶺路實險，予及此而止，積誠已盡。五台諸寺應行虔禮者，皇帝代我行之，猶我親詣諸佛前也。"（《清聖祖實錄》卷一一二）康熙帝令皇兄福全等扈從祖母先行返京，他本人擇日再到菩薩頂，遵慈旨

“代禮諸寺”。七天後，祖孫平安回京。

後來，康熙帝以自己的體會告誡兒孫們：“凡人盡孝道，欲得父母之歡心者，不在衣食之奉養也，惟持善心，行合道理，以慰父母，而得其歡心，斯可謂真孝者矣”（康熙《庭训格言》）。

康熙帝出巡時總想著祖母。康熙帝每次出巡，得到新鮮食品或地方風味，都不遠千里，送給孝莊吃。他行圍時獵獲的飛禽走獸、採集的山珍野味，也恭進祖母：“遣使呈鮮味，須令馬迅飛。”

康熙帝對祖母的孝心，盡現在他三十多年“期盡孝養，朝夕事奉”的行動中。盡一日三朝禮，無一心不孝敬，無一時不盡敬，無一事不竭誠。

病 時 孝 愛

康熙帝對祖母的孝愛，集中體現在他對祖母病中的關切，竭誠盡意，無以複加。

康熙帝相信“坐湯”就是溫泉浴，能治很多病。他先後六次陪祖母到各地溫泉小住，為祖母治病。一次去宣化赤城湯泉，兩次去昌平小湯山溫泉，三次去遵化福泉山溫泉。時間最長一次達七十三天，最短一次四十五天。如康熙十一年（1672）正月，十九歲的康熙帝陪祖母去宣化赤城湯泉。途中進膳時，他親視祖母降輦，陪祖母一起到進膳處，親自安排。飯後，又到祖母行宮，侍祖母登上乘輿，並親扶轅駕，行走數十步，才上馬跟隨。過八達嶺時，康熙帝下馬，親手為祖母“扶輦整轡”。祖母心疼孫子，幾次勸他說：“汝步行勞苦，其乘馬前行。”康熙帝執意不肯：“此處道險，必扶輦整轡，於心始安。”經過九天翻山過嶺，長途跋涉，終於抵達赤城溫泉。由於溫泉附近地方狹隘，康熙帝住在七里以外的地方。他每天前去請安，並陪伴祖母說話。返京路過長安嶺時，狂風勁吹，大雨滂沱，康熙帝不顧孝莊的勸阻，下馬步行，護持輦轅。這次往返六十五天的行程中，康熙帝表現出對祖母的虔誠孝愛。

康熙二十四年（1685）八月二十八日深夜，祖母突然中風，右肢麻木，舌頭

北京白塔寺舊影

逛 一 逛

白塔寺

始建於元朝,位於北京市西城區阜成門內大街 171 號。初名"大聖壽萬安寺",後稱妙應寺,為藏傳佛教格魯派寺院。寺內白塔建於元朝,是中國現存年代最早、規模最大的喇嘛塔,俗稱白塔寺。

發硬，言語不清。康熙帝為孝莊"親侍進藥，侍奉至夜半"。此後數日，康熙帝每日兩三次去祖母宮中問安。康熙帝決定前往白塔寺（位於今北京阜成門內）進香為祖母祈福，正準備從宮中動身時，突然電閃雷鳴，大雨如注。近侍請求等雨停後再去，康熙帝不允，毅然冒雨前往。

康熙二十六年（1687）十一月二十一日，孝莊太皇太后發病，康熙帝諭令："非緊要事，勿得奏聞。"他在慈寧宮孝莊的床邊，席地奉侍，晝夜不離，"衣不解帶，寢食俱廢"。孝莊入睡後，康熙帝"隔幔靜候，席地危坐，一聞太皇太后聲息，即趨至榻前，凡有所需，手奉以進"。侍湯藥三十五晝夜，"衣不解帶，目不交睫，竭力盡心，惟恐聖祖母有所欲用而不能備，故凡坐臥所須，以及飲食餚饌，無不備具，如糜粥之類，備有三十餘品"（康熙《庭訓格言》）。十二月初一日，隆冬凌晨，寒風刺骨，康熙帝率王公大臣從乾清宮出發，步行前往天壇祈願。康熙帝讀祝版時，跪在壇前，涕淚滿面，淚滴成冰。陪祀大臣，無不感泣。

孝莊臨終，拊著孫兒康熙帝的後背，流著眼淚讚歎說："因我老病，汝日夜焦勞，竭盡心思，諸凡服用，以及飲食之類，無所不備，我實不思食，適所欲用不過藉此支吾，安慰汝心，誰知汝皆先令備在彼，如此竭誠體貼，肫肫懇至，孝之至也。惟願天下後世，人人法皇帝如此大孝可也。"（康熙《庭訓格言》）

死後孝哀

《中庸》說："愛其所親，事死如事生，事亡如事存，孝之至也。"孝敬長輩，既在生前，也在身後。康熙二十六年十二月二十五日（1688年1月27日），太皇太后病逝，享年七十五歲。康熙帝一連十餘晝夜，流涕嗚咽，號哭不止，居住圍帳，水漿不入，以致昏迷。將孝莊梓宮安放在慈寧宮內，直到來年正月十一日發引，晝夜不離，日夜哀哭。孝莊梓宮遷到朝陽門外殯宮，發引之時，他堅持步行；途中每次更換杠夫時，他"必跪於道左痛哭，以至奉安處，刻不停聲"。孝莊臨終及病故後，他連續六十天衣不解帶，也不盥洗。到正月下旬，御門聽政時，還要人扶掖前行。康熙帝晚年的高血壓及心臟病等疾患，就是因祖母大喪和太子廢立的憂傷而落下的病根。

　　康熙帝從祖母死到自己故去，其間三十五年，前往遵化祭謁暫安奉殿、孝陵共二十六次，時刻緬懷祖母的慈恩。他對庶母孝惠皇太后的孝，也是如此。

　　康熙帝既要孝奉太皇太后，又要孝侍皇太后，長達五十六年。可以說，康熙帝的一生幾乎都是在給太皇太后和皇太后盡孝中度過的。《孝經》說：“天地之性，人為貴；人之行，莫大於孝。”孝子事親，“居則致其敬，養則致其樂，病則致其憂，喪則致其哀”。孝子必忠國家，孝子必愛百姓。連父母都不愛，能熱愛人民嗎！

清孝陵石牌坊

看一看

清孝陵

　　清世祖順治帝福臨的陵墓，位於河北遵化，是清東陵內建造的第一座帝陵，規模宏大，體系完整，是清諸陵之首。

六下江南

康熙帝從康熙二十三年（1684）到四十六年（1707），也就是從三十一歲到五十四歲期間，六次下江南，共 520 天。第五次南巡時間最長，118 天。他是清朝十二位皇帝中，第一位航經大運河、海河、黃河、淮河、長江、錢塘江六條大江河的皇帝，開創了清帝南巡的先例。

明亡清興的歷史大變革，激起強烈的滿漢民族矛盾和文化衝突，到康熙時，整整一百年間，沒有完全化解。努爾哈赤的"屠殺漢儒"，皇太極的七掠中原，多爾袞的強令剃髮，使得中原漢人對立情緒強烈。這是康熙帝從三代先祖手中接過來的一個沉重的歷史包袱。這個歷史包袱，至少打著三個死結，一是文化之結，二是君臣之結，三是官民之結。

化 文 化 結

康熙帝南巡，第一個期待是：化解文化差異之結。為此，他主要做了四件事：

第一，祭孔子。康熙帝從小就讀《論語》，孔子在他心目中是至聖先師。康熙帝第一次南巡，到曲阜孔廟，步入大成門，進入大成殿，向孔子塑像和牌位行三跪九叩大禮。康熙帝還御書"萬世師表"，懸額殿中。接著，參觀杏壇和孔林，行三叩禮。

《康熙南巡圖》中拜祭禹陵場景

第二，祭岱廟。泰山是五嶽之首。秦皇、漢武等都曾封禪泰山。這是中華文化的傳統。康熙帝到泰安，躬祀泰山之神，登泰山極頂，到日觀峰。表明他對儒家傳統文化的認同景仰、頂禮膜拜。

第三，祭明陵。康熙帝南巡，連續三次親祭明太祖孝陵。他說："明太祖，一代開創令主，功德並隆。"在第三次南巡時，為明孝陵題寫"治隆唐宋"碑。

第四，祭禹陵。康熙帝第二次南巡到了紹興會稽山麓。他到大禹陵前，親撰祭文，祭奠禹陵，行三跪九叩禮。

康熙帝的"四祭"——祭孔子、泰山、明陵、禹陵，向天下宣告：接受漢族儒家文化。

在南巡中，康熙帝御書匾額，頒給大儒董仲舒、周敦頤祠堂——表達對儒學的尊崇。他又御書匾額，頒給為抗金憂憤而死的宗澤，頒給在厓山（今廣東省江門市新會區）背負八歲南宋末帝趙昺投海而死的陸秀夫，這展現了康熙帝的博大胸懷。

康熙帝在南巡途中，如看戲，觀燈船，遊覽江南園林，享用江南美食等，所聞所見，耳濡目染，接受漢文化的熏陶，表現出對漢文化的尊重、吸收和喜愛。

化君臣結

康熙帝南巡，第二個期待是化解君臣隔膜之結。

清朝滿洲官員佔主導地位，漢官常有不滿情緒。康熙帝通過南巡活動，盡量緩解漢族官員的不滿，採取如賜匾、賜字、賜宴、賜物、賜銀、賜食、賜見、賜官等諸多懷柔、籠絡措施，表示對漢官的信任和器重。

康熙帝賜致仕（退休）大學士張英、陳廷敬等御書匾額。將軍馬三奇、江寧織造曹寅、中堂張玉書恭進御宴一百桌。這些面對面的交流溝通，密切了君臣情感。

康熙帝南巡到德州，聽說安徽宣城梅文鼎（1633～1721 年）的天文、數學造詣很深，便讀他的《曆學疑問》三卷，並帶回宮中仔細閱讀，親筆圈點並貼簽批注。康熙帝第五次南巡時，將梅文鼎召到御舟上，"從容垂問，至於移時，如是者三日"，稱讚他為"真僅見也"！但因梅年老，不便到京任職，便賜御書、匾額等。梅文鼎在數學方面的成就尤為突出，不僅能吸收西方數學的成就，還對《明史·曆法志》正其誤、補其缺。他平生勤奮，手抄雜書不下數萬卷，年八十九而卒。今安徽省宣城市有梅文鼎紀念館，館前樹立梅文鼎塑像，以紀念這位科學家。

康熙帝第五次南巡到江寧（今江蘇省南京市），遇上一件事。江寧知府陳鵬年是個清官，下令將暗娼老窩端掉，改為鄉約講堂，堂內張寫《聖諭十六條》，懸掛"天語叮嚀"匾。有人告發他對皇帝大不敬，定罪"論斬"。江寧織造曹寅向康熙帝免冠叩頭，為陳鵬年求情：階石有聲，至血被額。康熙帝將陳鵬年免死，令其到皇宮武英殿修書處效力，後任官河道總督。黃河決口，"自請前往堵築，寢食俱廢，風雨不辭，積勞成疾，歿於工所。""聞其家有八旬老母，室如懸磬"，雍正帝說："此真'鞠躬盡瘁，死而後已'之臣！"（《清史列傳·陳鵬年》）。

康熙帝通過南巡，消除同漢官、特別是江南漢官的隔膜，增進了君臣感情。這裏講一個康熙帝同宋犖的故事。宋犖的父親宋權，河南商丘人，任明朝順天巡撫，剛上任三天，崇禎帝吊死。他投降清朝，仍任原官。後上書三條建議：一是給崇禎帝發喪，二是免除明末加派糧餉，三是選賢任能，都被採納。他的兒子宋犖，十四歲得蔭三等侍衛。康熙朝歷官知府、布政使、巡撫、尚書等，幾與康熙一朝相始終。康熙帝與宋犖，君臣關係親近。康熙帝第三次南巡，正值宋犖任江蘇巡撫，他送的蘇州太湖洞庭山出產的綠茶，康熙帝很喜歡，賜名"碧螺春"。從此碧螺春茶天下聞名。

康熙帝還給宋犖送老花鏡，又見他年老牙口不好，就賜給其內府所製豆腐，並派御廚到宋犖衙署廚房，向他的廚師傳授做法，以便宋犖後半輩子食用。宋犖感激涕零，以此為殊榮。宋犖三次接駕康熙帝南巡，年老致仕回鄉，享年八十。

康熙帝與宋犖之間，不似君臣拘謹，而是交互往來，情誼日增。康熙帝六次南巡，廣泛接觸漢族官員，對增進君臣了解、消解君臣隔膜，起了不可估量的作用。

化 官 民 結

康熙帝南巡，第三個期待是化解官民，特別是滿官與漢人的夷夏之結。

漢人，特別是江南漢人，對多爾袞的"留髮不留頭，留頭不留髮""揚州十日"、"嘉定三屠"等，非常不滿，刻骨銘心。康熙帝南巡一個期待是，籠絡士紳，維繫民心，化解歷史積怨，消解官民之結。

康熙帝到南京，經明故宮，往明孝陵，荊榛滿目，一片蒼涼，遂下令加以保護與修整。

他每到一地，都減免田賦。如第三次南巡，命將全省積欠錢糧盡行蠲免。第四次南巡，遇村民失火，派侍衛等撲滅後，命被火燒毀房屋，每間償銀三兩（《清聖祖實錄》卷二一一）。

他每到一地，都轟動輿情。

到山東，連年饑荒，民生困苦，康熙帝命發銀數百萬兩賑濟，蠲免所欠地丁錢糧。當第五次南巡入山東境，"山東紳衿軍民數十萬，執香跪迎道左"，御舟經過，"夾岸黃童白叟，歡呼載道，感恩叩謝者，日有數十萬"（《清聖祖實錄》卷二一九）。

到宿遷，過白洋河，居民老幼數千，跪迎堤畔，對年老貧寒者，各賜白金。

到南京，縉紳士民數十萬，於兩岸跪送。

到揚州，闔郡士民迎駕。民間張燈結彩，盈衢溢巷，夾道跪迎，且隨船追趕。

到蘇州，闔郡士民迎駕（《清聖祖實錄》卷一三九）。

到杭州，駐防官兵，闔郡紳衿，普通士庶，跪迎聖駕。

以上，難免有官員組織民眾夾道歡呼，也難免有官方誇大輿情。但康熙帝南巡，畢竟在一定程度上起到了化解君民心結的積極作用。

康熙帝六下江南，前後跨度二十四年，基本達到了化解文化、君臣、君民三結的期待，取得良好效果。但其鋪張浪費，亦不可忽視。

康皇帝每次南巡，不是輕車簡從幾十人，而是成千上萬人，地方接待費用極多，如《紅樓夢》趙嬤嬤所說："把銀子花的像淌海水似的。"皇帝南巡，確有"苦累官民"的一面。

《康熙南巡圖》中山東免賦場景

三帝國師

下面講清朝康熙帝、雍正帝、乾隆帝三位皇帝的國師徐元夢。分作三點，簡述如下。

品 學 醇 正

徐元夢（1655～1741 年），比康熙帝小一歲，滿洲正白旗人。徐元夢生活在清朝定都北京之初。這是一個由弓馬馳騁，到以文治國的時代。許多滿洲人陶醉在以軍功立業的舊夢中。但徐元夢是滿洲人中最早認識到重視文化、以文治國的先行者之一。康熙十二年（1673），徐元夢十九歲中進士，改庶吉士。徐元夢沒有沉醉於清初官場生活，而是認真讀書，精讀漢文儒家經典，充任日講起居注官，不久升為侍講 —— 給康熙帝講課的師傅。

徐元夢精通滿洲語文，兼蒙古語文和漢語文，學力深厚，又會講課，效果很好，頗負聲譽。康熙帝評價徐元夢說："徐元夢翻譯，現今無能過之。"就是說，徐元夢是當代滿、蒙、漢文之間翻譯的第一人。康熙帝自己精通滿、蒙、漢文，他對徐元夢做出如此高的評價，實屬難得。也可以說，徐元夢是整個有清一代，在額爾德尼、達海創立和改進滿文之後，成為滿洲語文學術水平和翻譯水平，成就最高的第一人。

徐元夢受命，在上書房教授諸皇子讀書，又專任皇太子胤礽的老師。後來的雍正帝、乾隆帝以及一批親王等都是徐元夢的學生。他還兼任翰林院掌院學士。他在擔任這個職務期間，進士考庶吉士（讀研）和庶吉士散館（畢業），也都是他的學生。他還做過順天鄉試、禮部會試的考官，這些考中的學子也都是他的學生。

徐元夢的學問越來越深，功力越來越厚，地位越來越高，影響越來越大。當朝大學士、權臣明珠要籠絡徐元夢為自己門下，先向康熙帝推薦他擔任經筵講官，就是給皇帝講課，但徐元夢"以明珠方擅政，不一至其門"（《清史稿·徐元夢傳》）。一次也不登門拜見，明珠也無可奈何。後明珠擅權、貪腐，受到御史郭琇彈劾而罷官，許多依附明珠的官員受到牽連，徐元夢則安然無事。

徐元夢走的道路，並不平安順利，也受到過挫折。

堅 韌 忠 謹

徐元夢受到三次沉重打擊：

第一次，因徐元夢不投附明珠，明珠編造和傳播流言蜚語，中傷徐元夢。康熙帝召徐元夢等在乾清宮作文賦詩，考試成績。徐元夢的考卷沒有按規定時間答完，本應受罰，但因皇太子老師湯斌極力推薦，才過了這一關，並受命教授諸皇子讀書。

第二次，有人奏劾德格勒私抹起居注，並說徐元夢與德格勒互相標榜，刑部命將二人免官下獄。擬判決："德格勒立斬，徐元夢絞。"這就是說，二人都擬判死刑，德格勒最重，斬首；徐元夢其次，絞死。康熙帝命徐元夢免死，戴枷三個月，鞭一百，入辛者庫，就是犯罪之奴。後康熙帝考察，知徐元夢忠誠，仍復其入值上書房裏，教諸皇子讀書。

第三次，康熙帝在西苑（今中南海）瀛台，考察諸皇子射箭，命徐元夢也射箭。射箭拉開的弓，分力大、力中、力小等級別。徐元夢是文人，可以彎弓射箭，但不能拉開強弓。康熙帝指著一張強弓讓他拉開，徐元夢推辭說：臣不能力挽強弓。康熙帝不高興，譴責徐元夢。徐元夢解釋、辯白，結果康熙帝更加憤怒，立命

清宮上書房

侍衛將徐元夢撲倒在地，並用鞭子狠抽他。康熙帝越說越生氣，命抄他的家，流放他的父母。當天夜裏回宮之後，康熙帝火氣消了，略有反思，派御醫到徐元夢家，給他治療創傷。第二天，命徐元夢照常給諸皇子講課。徐元夢奏道：臣父母被遣送，請求赦免。康熙帝派官前去赦免，但他的父母已經押解上路，特派侍衛騎快馬將他父母追回。

徐元夢經受如此沉重的打擊，仍然身心平靜，潛心讀書，諄諄教書，一如既往。康熙帝經過考察，升他為內閣學士，免除罪奴身份，歸還滿洲正白旗的旗籍。

澤 被 五 代

徐元夢出任浙江巡撫後上奏請修復舊書院，康熙帝賜匾"敷文書院"。回京後，吏部提出高官人選，康熙帝指示選拔條件是："不畏人"和"學問優"，意思是敢於直言，學問優秀。後命徐元夢為工部尚書兼翰林院掌院學士。康熙帝晚年賜徐元夢御製詩，並說："徐元夢乃同學舊翰林，康熙十六年以前進士只此一人。"

雍正帝繼位後，命徐元夢署大學士、兼署左都御史，調任戶部尚書，任纂修《明史》總裁。

乾隆帝繼位後，命徐元夢與修《八旗滿洲氏族通譜》，仍在上書房教皇子讀書。徐元夢八十歲以後，仍在朝廷任職。後來患病，乾隆帝命皇長子前去他家裏探視、慰問。不久，病重。乾隆帝諭曰：

> 徐元夢踐履篤實，言行相符。歷事三朝，出入禁近，小心謹慎，數十年如一日。壽逾大耋，洵屬完人。（《清史稿·徐元夢傳》）

徐元夢病危，乾隆帝又派人問他有什麼話要說。徐元夢伏枕流涕說："臣受恩重，心所欲言，口不能盡！"呼曾孫取《論語》，看了很久。第二天，病故，享年八十七。乾隆帝命和親王弘晝及皇長子親臨祭奠，並出庫銀辦理喪事。贈太傅，謚文定。

徐元夢的孫子舒赫德，沿襲祖父文士家風，"日必記事作詩"；又能習武統兵，兩次圖形紫光閣。曾任戶部、兵部、工部尚書，陝甘總督、伊犁將軍、武英殿大學士。重孫舒常，官出為湖廣總督、兩廣總督，入為工部尚書，並因軍功圖形紫光閣。

徐元夢身歷順治、康熙、雍正、乾隆四朝。徐元夢的一生告訴人們：人生成就功名，既要有天時地利，更要有堅韌忠謹。

康熙治河

從明朝遷都北京以來，京師軍民需用，主要靠京杭大運河運輸。京杭大運河穿越黃河、淮河等五大河流，其中黃河和淮河經常氾濫，而一旦黃河或淮河出了問題，就直接影響到運河通航，也直接影響漕運。1966 年，我騎自行車，從北京出發，沿京杭大運河，進行考察。行程 3500 里，途經八個省（直轄市），歷時一個月，最後到達杭州。在江蘇淮陰（今在江蘇省淮安市）境，看到黃河、淮河、運河的交匯處，清朝叫"清口"。前幾年我又去清口考察，那裏建立了博物館。康熙帝治河、通漕的一個關節點，就在清口。

通漕首先要治河，治河重點是黃河。康熙帝是怎樣做的呢？

親 理 河 務

黃河為害的自然原因之一是，黃河水從上游夾帶大量泥沙，泥沙淤積，河床升高，逢到雨水過大，使河水漫溢，河堤潰決。黃河為害的社會因素，又加重了黃河水患。金初攻宋，決黃河豫北段，河道南移，生民遭殃。蒙古滅金，與南宋爭開封，決寸金澱，黃河氾濫。明朝末年，決開封黃河堤，水灌開封城。（《黃河水利史論叢》）

元、明、清三代的黃河水患，屢決大堤，為害一方。清朝所謂"河務""漕

拉錫等主持繪製的《星宿海河源圖》（局部）

運"，首先要保證漕運暢通，所以康熙帝治理黃河是以保漕運為主。

康熙帝治河，貴在親自抓。抓什麼？抓考察。康熙帝派侍衛拉錫等去往黃河源頭，到星宿海，往返萬餘里，並繪成輿圖。這是中國歷史上第一幅經過實際踏查而繪成的黃河圖。康熙帝六次南巡，巡視黃河，親自考察，閱讀方志，訪問耆老，扯繩測量，指授方略。

康熙帝重視治河，要在選擇能臣、廉臣做河道總督。明朝以都御史總督河道，清朝始設專職河道總督。雍正定制，分工管理——江南一人，稱南河總督，駐清江浦（今在江蘇省淮安市）；山東一人，稱東河總督，駐濟寧州（今山東省濟寧市）；直隸一人，稱北河總督（時間較短），由直隸總督兼，駐保定府（今河北省保定市）。靳輔任河道總督時，河道總督只一人，其職任重要，任務繁巨。

康熙朝河道總督十二人，這裏重點講靳輔，以了解康熙帝治河的決心、治策、智慧和風範。

重 用 靳 輔

靳輔（1633～1692 年），遼陽（今在遼寧）人，隸漢軍鑲黃旗。初為官學生，後任學士（五品）。康熙十年（1671），任安徽巡撫。靳輔在離京赴任途經邯鄲時，因呂翁祠詩，結識了陳潢。

陳潢（1637～1688 年），錢塘（今浙江省杭州市）人。為人聰穎，懷才不遇，屢試不中，落魄京華。他飽讀治河之書，研究治水，顛沛流離，暫居邯鄲，在呂祖祠的牆壁題詩：

> 四十年中公與侯，雖然是夢也風流。
> 我今落魄邯鄲道，要替先生借枕頭。

靳輔見而驚異，訪見陳潢，遂相見恨晚，引為幕僚，協助他治河。康熙十六年（1677），靳輔受命任河道總督。官員們以河道總督為畏途，"聞者心驚，見者膽

靳輔像

落"（《靳文襄公奏疏》卷八）。靳輔猶豫，不敢承命。但陳潢勸說靳輔："盤根錯節以別利器，河久失治必有人起而任之，膺斯任者，非公莫屬！"（陳文述《頤道堂文鈔》卷九）

靳輔決定上任。靳輔同陳潢沿河考察，訪問耆老，日夜奔波。經過考察，胸有成竹，一天上八封奏疏，建言治河方略：統審全局，河運並治，浚河築堤，束水攻沙，量入為出。

其一，束水攻沙，就是繼承和運用前明潘季馴"以堤束水，以水攻沙"的經驗，築堤束水，沖刷黃河水中夾帶的泥沙。

其二，修築遙堤，就是在主堤（縷堤）外三四里處再築一道遙堤，洪峰大時，河水在遙堤裏下瀉，避免決口，氾濫成災；

其三，新開中河，就是從江蘇淮安到邳州，新開 300 里的運河 —— 中河。原來船行到這裏，要借一段黃河，再進入運河。因風大浪險，水流湍急，每條船要增加 20 多名縴夫，日行二三十里。遇到淺灘，還要將貨物卸下，陸運過淺灘後，再重新裝船。新開中河後，漕船避開黃河驚險，從中河通過，無風浪之憂，順利通行。這裏我前些年去考察過，河道還保存著。

靳輔和陳潢督率民工，日夜辛勤，大有成效。但多次受到無辜指責，屢遭磨難。

清初，黃河決口，造成洪澤湖淤高湖底，潰漫堰堤，下河局面嚴重。靳輔偕同陳潢，在洪澤湖的堤壩高家堰展開護堤工程，後來還在堰堤上建造了仁、義、禮、智、信五個減水壩，在大堤上建造石頭堡，以便觀察水勢。當時還在堤壩同一水平線上澆鑄了九牛二虎一隻雞，企盼金雞報曉，警示堤防；借用"九牛二虎"之力來維土制水，鎮奠淮揚。今日，栩栩如生的鐵牛尚在。這裏現在是大運河沿線重要的文化遺產點。

康熙二十一年（1682），一位官員上書否定靳輔的治河方案。康熙帝派官前往調查。靳輔申辯：工程將要告竣，不應隨便變更。康熙帝命朝廷會議討論，並召靳輔到北京答辯。靳輔又說：工程就要完工，不應變更。康熙帝同意，命靳輔趕回工地。第二年春天，蕭家渡工程完工，黃河回歸故道。康熙二十三年（1684），康熙帝南巡，閱視河工，賜詩讚美。

康熙二十七年（1688），御史郭琇彈劾靳輔治河無績，內外臣工，群起附議。康熙帝交九卿會議裁決：靳輔被罷官；陳潢被削職，逮京師，未入獄就憂憤致死。康熙帝命：停止修築重堤，免去靳輔河道總督，以閩浙總督王新命代之。

康熙二十八年（1689），康熙帝南巡，巡閱高家堰，見水勢回緩，非常高興。沿途聞江淮百姓，稱頌原任河道總督靳輔，感念不忘。回京後，召開六部九卿會議，侍郎博濟等疏稱：靳輔束水攻沙，獲得明顯效果。康熙帝說："前革職屬過，可照原品致仕官例，復其從前銜級。"（《康熙起居注》）康熙三十一年（1692），重新任命靳輔為河道總督。當年冬，靳輔卒，年六十。康熙帝得到靳輔病死的奏報，臨軒歎息；命其靈柩，先入都城，再運回家。這是前所未有的殊榮。靳輔死後，命于成龍為河道總督。

康熙三十三年（1694），康熙帝召見于成龍，君臣有一段對話：

《康熙南巡圖》中巡視河工的場面

康熙帝問：減水壩果然可以塞嗎？

于成龍答：不宜塞，仍然按照靳輔的方案做。

康熙帝問：那你為何不早陳述呢？你排陷他人容易，身任河道總督則難，這不是明驗嗎？

于成龍答：臣那時妄言，現在還是按照靳輔的辦法去做。

靳輔是康熙朝治河的能臣、名臣、功臣、廉臣。靳輔治理河運，三十年無大災。《靳文襄奏疏》（八卷）等著作傳世。靳輔以後司河者能規隨成法，晏安數十年，沒有大災害。

慎 待 爭 議

康熙帝治河，重要經驗：第一，親理河務；第二，慎重用人；第三，慎待爭議。

如康熙二十四年（1685），康熙帝命安徽按察使于成龍修治海口等工程，聽靳輔節制，但二人意見分歧——于成龍力主浚海口，泄河水；靳輔堅持應修築長堤，束水趨海。靳輔說：開海口雖可泄水，但有海水倒灌之憂。于成龍說：河決築堤，無數百姓，將飽魚腹。怎麼辦？

其一，朝廷多次會議上于、靳二人辯論，康熙帝靜聽而不表態。

其二，康熙帝先召問身邊經筵講官等徵求意見，有的說于成龍對，有的說靳輔對。

其三，康熙帝又派尚書薩穆哈等到當地查議。薩穆哈回京說：于成龍意見不對。

其四，江寧巡撫湯斌回京就任尚書，康熙帝垂詢。湯斌說：于成龍議恐怕不便。

其五，命在京家在沿河官員，單獨上疏陳述己見，還是兩種意見的都有。

其六，康熙帝再派員往沿河兩岸官民現場調查，支持于、靳兩種意見的都有。

康熙帝慎待爭議，廣泛聽取意見，從而大大提高了中樞決策的準確性與可行性。

康熙治河，貴在謙虛。河道總督張鵬翮疏請將治河諭旨編纂成書，以便永久遵行。康熙帝說：

> 凡前代有關河務之書，無不披閱，大約泛論則易，而實行則難。河性無定，豈可執一法以治之？（《清聖祖實錄》卷二三〇）

這表現了康熙帝可貴的科學態度。

御史彈相

　　康熙朝廷上發生過一次"政治地震"，這就是左僉都御史郭琇，彈劾當朝大學士、權臣明珠。郭琇為什麼要彈劾明珠，康熙帝對此是怎樣的態度，其後果如何？

樹 大 招 風

　　康熙朝最著名的大學士有兩位，一位是索額圖，另一位是納蘭明珠。明珠（1635～1708 年），那拉氏，滿洲正黃旗人，比康熙帝年長十九歲。明珠出身葉赫部，曾祖父、祖父都是葉赫貝勒。葉赫部滅亡，明珠的父親尼雅哈投降努爾哈赤，後來立功，做了佐領，隨軍入關。明珠初任侍衛，在皇帝身邊，精明強幹，敬業勤懇，升為內務府總管大臣（二品），後升刑部尚書。康熙帝擒鰲拜、掌朝綱後，明珠充任給皇帝講解經典的經筵講官，和康熙帝接觸多，不久升兵部尚書。康熙帝在南苑舉行盛大閱兵及軍事演習，部伍整肅，秩序井然。康熙帝很高興，命以此為例。不久，發生三藩之亂，明珠力主撤藩、堅決平叛，受到康熙帝信任。他任兵部尚書時，每天處理緊急軍務，深得康熙帝的器重。康熙十六年（1677），正當平叛高潮時，明珠為武英殿大學士（從康熙十六年到二十七年，共十二年），入閣辦事。

　　明珠為人聰睿，勤奮讀書，文化涵養，在滿洲上三旗貴族中，特別在正黃旗貴族中，可謂翹楚。當時重要典籍如《清太祖實錄》、《清太宗實錄》、《明史》等，

內閣大堂

明珠都擔任總裁官。

　　明珠廣泛結交漢人名儒、名士。他的兒子納蘭性德，被讚為"滿洲第一詞人"。他的另一兒子揆敍官國子監祭酒、翰林院掌院學士、左都御史。南書房的徐乾學、高士奇、王鴻緒等都是明珠的人。徐乾學兄弟三人又是"一狀元、二探花"，師生僚友，佈滿朝廷。高士奇在南書房，頗受皇帝信賴。王鴻緒官左都御史，其兄王頊齡為日講起居注官、姪子官左都御史。

　　明珠從一名宮廷侍衛，而升為刑部、兵部、吏部的尚書、內閣大學士，說明他才智非凡，但他捲入當時的政治漩渦之中，樹大招風，也有過錯，終被彈劾。

鐵 面 御 史

明珠勢力膨脹，皇權受到影響。恰在這時，御史郭琇挺身而出，彈劾權臣明珠。

郭琇（1638～1715 年），山東即墨人，出身於詩文之家。他九歲喪父，十歲喪繼母，幼年坎坷，曾在即墨城東四十里深山仙姑庵苦讀。茅舍三間，沒有圍牆，每當風雨之夜，狐嘯狼嚎，悲涼嚇人，郭琇卻夜以繼日，學習不輟，"宿火中宵，且泣且讀"（《華野府君行述》）。三十二歲，考中進士。後鄉居八年，為吳江（今在江蘇省蘇州市）知縣。郭琇居心恬淡，辦事精銳，九年縣令，兩袖清風。後來康熙帝南巡時說："原任左都御史郭琇前為吳江縣知縣，居官甚善，百姓至今感頌。"（《清聖祖實錄》卷一九三）

康熙二十三年（1684）六月，皇太子師傅湯斌任江蘇巡撫，很欣賞縣令郭琇。經湯斌推薦，並經考試，郭琇任江南道監察御史，後升左僉都御史。

郭琇做了一件大事。康熙二十七年（1688）二月某一日，明珠壽誕，賓客滿堂。依慣例，御史不給當朝官長賀壽。但這天郭琇來到明珠府第。明珠格外高興，將郭琇迎到大堂。郭琇當眾從袖中取出彈章，示意要彈劾當朝大員，說完轉身而去。隨後立即奏上彈章。眾官嘩然，舉朝震驚，事已公開，不便阻攔。郭琇這封彈章就是《糾大臣疏》，彈劾大學士明珠等，要點如下：

第一，結為死黨，把持閣務；

第二，市恩立威，挾取賄賂；

第三，賣官鬻爵，士風大壞；

第四，控制言路，泄露機密。

郭琇奏章上去之後，直聲振天下，人稱"鐵面御史"。不久，郭琇被升為都察院左都御史。

康熙帝得到郭琇彈劾明珠的奏疏後，可以採取幾種辦法：一是當眾公佈；二是大開殺戒；三是置若罔聞。康熙帝沒有這麼做，他舉重若輕，半年之間，做了處置：

第一，解除大學士。當時有大學士七人，解職四人，明珠革職。第二，處置諸尚書。康熙帝採取以上措施，削弱明珠集團，以加強皇權。

言 官 難 當

明珠集團為打擊報復郭琇，先後製造了"三案"——"私書案"、"冒名案"和"錢糧案"。

第一案：私書案。康熙二十八年（1689），山西道御史張星法疏參山東巡撫錢珏貪贓劣跡。錢珏大怒，揭發郭琇曾寫信給自己，囑託推薦山東知縣高上達，因為自己沒照著做，便唆使張星法誣劾自己。康熙帝命審理此案。用夾棍審訊張星法，逼迫他供認由郭琇指使。定刑：郭琇被革職，杖一百，准其折贖；張星法被革職，杖一百，准其折贖。康熙帝諭旨：郭琇從寬免革職治罪，降五級調用；張星法從寬免革職治罪，降二級留任；錢珏既接私書，不行奏報，今始舉出，以原品解任。（《康熙起居注》）

郭琇以自己的性格、名聲、地位，敢參權臣，遍論巡撫，何須假手於人。此案不能排除明珠黨羽暗中左右之可能。這裏可以看出，作為言官，疏參別人，必嚴律己。

第二案：冒名案。前明珠案內被參革職的戶部尚書佛倫，已改任山東巡撫。他對郭琇懷恨在心，尋找機會報復。佛倫誣劾稱：郭琇父親郭景昌，原名爾標，曾經在明末清初倡亂伏法，郭琇私改父名，冒請誥封。這是欺君之罪。身為大學士的佛倫，張冠李戴，無中生有，加罪郭琇，以泄私忿。然禮部不待核實，就將誥命追奪。康熙帝接到佛倫揭發郭琇的奏章後，命大學士伊桑阿於無人之處，詢問郭琇實情。郭琇回答伊桑阿：是誣告。

十年後，郭琇以湖廣總督入京覲見，就冒名案上《辨白冤誣疏》，請求皇上敕問佛倫，並請求與佛倫對質。康熙帝詢問大學士佛倫，佛倫回答說：當年下面上報的情況有誤。之後康熙帝決定重新頒發誥命。郭琇被誣，十年申冤。（《郎潛紀聞二筆》卷三）

第三案：錢糧案。郭琇任吳江知縣時，縣丞趙炯經收康熙二十二、二十三等年漕米 2300 石，雖具印結存，但實際虧空。郭琇當時並未覺察，在離任時具結移交署印官張綺梅。後因趙炯降調，真情暴露。郭琇得知，即派家人代買糧食還倉。此案本易了結，但因江蘇按察使高承爵為明珠的姪女婿，借此報復。

高承爵嚴刑逼訊張綺梅，逼迫他誣指郭琇虧空漕糧，但未得逞。當高承爵聲稱給張綺梅"上腦箍"時，郭琇憤怒地對張綺梅說："若輩不過欲死我耳！何不誣承而自苦若是！"高承爵問郭琇："爾不畏死耶？"郭琇笑曰："我畏死不至此，畏死者方坐堂上。"高承爵等不敢恣肆，擬遣戍陝西。當郭琇遣戍陝西之訊傳到即墨時，其妻屈氏泣血草疏，要騎著毛驢上北京申冤。疏將上，康熙帝特恩旨寬免，釋郭琇回鄉。後命郭琇任湖廣總督。

以上三案中，"冒名案"純屬誣陷，"私書案"和"錢糧案"屬於小題大做，借題發揮。這三案實由明珠等興風作浪，必欲置郭琇於死地，以報"彈劾"之仇。但郭琇頑強抗爭，的確是一位堂堂正正的監察名臣。

康熙帝在對待郭琇疏劾明珠集團案件中，有三點做法，值得思考。

第一，留中不下。郭琇彈劾明珠的奏章，康熙帝沒有公開下發。清國史館修《明珠傳》時，找不到郭琇彈章的原件。康熙帝這麼做是為了避免事態擴大化。

第二，保護郭琇。面對明珠黨人報復郭琇，康熙帝對"冒名案"，命人私下調查，從容處理；對"私書案"，康熙帝定降五級調用；對"錢糧案"原擬遣戍陝西，恩旨寬免。

第三，執兩用中。郭琇與明珠，在彈劾與被彈劾的天平上，是對立的兩極。康熙帝既利用郭琇牽制明珠，制約明珠集團勢力；又利用明珠牽制郭琇，限制郭琇勢力。後來，明珠任內大臣二十餘年，用其才能而殺其威勢；郭琇先在家閒居，後任湖廣總督，既保護其人，又不忘其功。乾隆帝說："我皇祖聖明英斷，刑賞持平，實為執兩用中之極則。"（《清高宗實錄》卷九一九）

康熙、明珠、郭琇，君主、宰輔、言官，結成複雜的關係。為君難，為臣難，為言官尤難。郭琇幸遇英君康熙帝，尚坎坷不斷，可見諫官難當，忠言難吐，劾章難上，直路難行。

立廢太子（上）

康熙帝晚年最煩惱的，就是關於皇太子的事情。康熙帝在位時間長，兒子多，又重視皇子教育，兒子之間暗鬥格外激烈。康熙帝二十二歲就立了皇太子，五十五歲廢皇太子，五十六歲又立皇太子，五十九歲再廢皇太子，直到他六十九歲去世，都沒有明確宣佈皇位繼承人，這引起康熙後期和雍正前期的政壇震盪。康熙帝文治武功，英明一世；皇太子兩立兩廢，糊塗一時。

三 十 五 子

康熙帝的子女，在清帝中是最多的，共有三十五子、二十女。三十五個兒子中，排序的有二十四位，實際上成人（年滿十六歲）的有二十位。

皇子命名。康熙帝皇子的名字，按照滿洲習慣，通常只用名，不用姓。比如多爾袞，這是名字，並不姓"多"，而是姓"愛新覺羅"。滿洲著名的姓氏有愛新覺羅、伊爾根覺羅、瓜爾佳、那拉、赫舍里、鈕祜祿等。入關後，順治帝給皇子取名，還是只有名不貫姓，是用滿文取名，再音譯成漢字，比如玄燁、福全。康熙帝前九個皇子起名，主要是採納了太皇太后的意見，也是用漢字取名，但個別又恢復老辦法，如老大叫承瑞、老二叫承祜、老三叫承慶、老四叫賽音察渾、老五叫保清、老六叫保成、老七叫長華、老八叫長生、老九叫萬黼。這種現象反映了滿洲漢化的一個過程。康熙二十年（1681）以後，康熙帝一方面堅持滿洲只取名不貫姓的傳統，同時正式採用漢人的取名方法，規定他的皇子取名，第一個字用"胤"字排行，表示輩分，第二個字用"示"字偏旁。如原老五保清排序皇長子改名胤禔，原老六保成為皇太子改名胤礽。

清朝藩王。明朝藩王，分封而不賜土，列爵而不臨民，食祿而不治事。清承明制，又有變化：藩王一是內襄政本，親理國務；二是諸王統兵；三是在北京開府；四是有錢糧不務實業；五是讀經典，擅長書畫。康熙帝對皇子教育，首選為成龍，其次為襄政，其三為領兵，其四為務學，其五為書畫。康熙帝對皇子教育，不僅制定嚴格的制度，而且進行嚴格的管理。

早 立 太 子

皇后赫舍里氏十二歲嫁給康熙帝，兩人恩愛。康熙十三年（1674）年五月初二日，皇后在生育嫡長子胤礽時難產而死，年僅二十一歲。康熙帝非常痛惜這位早逝的皇后。五月初五日，赫舍里氏去世後的第三天，梓宮遷於紫禁城西，直到二十七日，康熙帝幾乎每天都去舉哀；後來他親自將梓宮送往昌平鞏華城，從六月到十二月，去鞏華城三十四次，第二年又去了二十四次，第三年去了十五次。有學者統計，從康熙十三年到十六年（1674—1677），他一共去了鞏華城八十次。這四年裏，每逢臘月二十九，他都去鞏華城陪伴亡靈。母因子死，子以母貴。康熙帝對胤礽這位嫡長子格外器重和關愛，決定立他為皇太子。清朝的前兩代皇位繼承，採取的是貴族公推制，是經過諸王貝勒大臣認真討論、反覆醞釀、彼此協調、政治平衡的結果。康熙帝深悉預立儲君有利於皇權的連續性與穩定性，是鞏固清王朝統治的頭等政治大事。他接受歷代皇位繼承的經驗，特別是明朝皇位嫡長（正妻長子）繼承皇位的歷史傳統。

康熙十四年十二月十三日（1676 年 1 月 27 日），只有二十二歲的康熙帝親臨太和殿，以孝莊太皇太后之命，冊立剛滿周歲的嫡長子胤礽為皇太子，"以重萬年之統，以繫四海之心"。

精 心 教 育

康熙帝對子孫通過多種方式進行教育。包括言傳、身教，如讓子孫參加祭祀、打獵、巡幸、出征等，而上學是康熙帝教育子孫的基本方式。康熙帝曾在乾清宮院裏設立上書房，又以暢春園"無逸齋"為上書房，供皇子們讀書。

太子教育。康熙帝特別關心皇太子的成長，對他傾注了更多的心血。太子幼小時候，康熙帝就開始親自為他授課：在宮中親為東宮講授"四書"、"五經"，每日御門聽政之前，必令將前一日所授書背誦、復講一過，務精熟貫通乃已（《清宮述聞》）。太子稍長，康熙帝向他傳授治國之道，教導皇太子以祖宗為楷模，守成基業，能文能武；又傳授經史，借鑒歷史經驗，體察人心向背，並帶他外出視察。

皇太子六歲拜師入學，先後有張英、李光地、熊賜履、湯斌等名儒，任皇太子的老師。皇太子十三歲時，康熙帝仿照明朝教育東宮的做法，正式讓皇太子出閣讀書，多次在文華殿與滿、漢大臣講解儒家經典。

皇太子胤礽天資聰穎，學業進步很快。史載：皇太子"通滿、漢文字，嫻騎射，從上行幸，賡詠斐然"（《清史稿·允礽傳》），而且身體健壯，眉清目秀，一表人才，康熙帝非常喜愛。

太子一日。康熙二十六年（1687）六月初十日，皇太子一天讀書的情狀：

寅時（3～5時），皇子在書房讀書，複習前一天的功課，準備師傅到來上課。

卯時（5～7時），滿文師傅達哈塔、漢文師傅湯斌等人進入無逸齋，皇太子誦讀《禮記》章節。胤礽遵照皇父"書必背足一百二十遍"，背足數後，再請師傅湯斌聽他背書。湯斌聽完之後，一字不錯，用朱筆點上記號，然後重劃一段，給胤礽再讀。皇太子再寫楷字一紙，約數百字。

辰時（7～9時），康熙帝上完早朝，向太皇太后請安之後，來到無逸齋。問湯斌："皇太子書背熟否？"湯斌奏道："很熟。"康熙帝接過書後，皇太子朗朗背誦，一字不錯。康熙帝囑咐他們對皇太子不要過分誇獎，而應嚴加要求。

巳時（9～11時），時值初伏，驕陽似火。皇太子不搖扇，不解衣冠，伏案寫字，寫好滿文一章，讓滿傅達哈塔傳觀批閱校對。皇太子又溫誦《禮記》新畫定的篇章一百二十遍。

午時（11～13 時），皇太子進午膳。膳後，接著正襟危坐，又讀《禮記》。讀過一百二十遍，再由湯斌接書，聽皇太子背誦。

未時（13～15 時），侍衛端進點心。皇太子吃完點心後，步出門外，站在階下，運力挽弓，扣弦射箭。這既是體育課，又是軍事課。皇太子射完箭，回屋入座，開始疏講。先生翻書出題，學生依題講解。

申時（15～17 時），康熙帝又來到無逸齋。皇長子胤禔、三子胤祉、四子胤禛、五子胤祺、七子胤祐、八子胤禩，同來侍讀。康熙帝說：“朕宮中從無不讀書之子。向來皇子讀書情形，外人不知。今特召諸皇子前來講誦。”湯斌按照康熙帝的旨意，從書案上信手取下經書，隨意翻書命題。諸皇子依次進前背誦、疏講。康熙帝親自書寫程顥七言律詩一首，又寫“存誠”兩個大字一幅，給皇子們示範。

酉時（17～19 時），侍衛在院中安置箭靶之後，康熙帝令諸子依次彎射，各皇子成績不等。又命諸位師傅射箭。隨後，康熙親射，連發連中。

天色已暮，諸臣退出。皇太子等在暢春園無逸齋一天的功課完畢。

實踐歷練。隨著皇太子步入青年，開始在實踐中鍛煉皇太子。康熙帝三次親征，先後有十多個月不在京城，他命二十二歲的皇太子胤礽坐鎮京師，處理朝政。皇太子不負眾望，克盡職責，“舉朝皆稱皇太子之善”（《清聖祖實錄》卷二三五）。康熙帝也很滿意，他給皇太子的朱批說：“皇太子所問，甚周密而詳盡，凡事皆欲明悉之意，正與朕心相同，朕不勝喜悅。且汝居京師，辦理政務，如泰山之固，故朕在邊外，心意舒暢，事無煩擾，多日優閒，冀此豈易得乎？朕之福澤，想由行善所致耶！朕在此凡所遇人，靡不告之。因汝之所以盡孝以事父，凡事皆誠懇惇切，朕亦願爾年齡遐遠，子孫亦若爾之如此盡孝，以敬事汝矣。因稔知爾諸事謹慎，故書此以寄。”（《宮中檔案康熙朝奏摺》第八輯）

分封皇子。康熙三十七年（1698）三月，康熙帝分別冊封：皇長子胤禔為直郡王，皇三子胤祉為多羅誠郡王，另封皇四子胤禛、皇五子胤祺、皇七子胤祐、皇八子胤禩，俱多羅貝勒（皇六子胤祚早殤未封）。受封諸子參與國家政務，並分撥佐領，各有屬下之人。

而這時皇太子已經二十五歲，做太子也二十三年了，身邊逐漸形成一股力量，這對康熙帝的皇權形成潛在威脅，特別表現於索額圖黨之種種形跡。

立廢太子（下）

下面接著講“立廢太子”下篇。

廢 斥 太 子

矛盾發生。康熙帝立胤礽為皇太子後，朝中逐漸形成聚集在皇太子身邊的政治勢力，即太子黨，以大學士、領侍衛內大臣索額圖為首。索額圖是康熙帝幼年首輔索尼之子，也是太子母親的叔父。他曾受命同沙皇代表談判並簽訂《尼布楚條約》。康熙帝覺察到皇太子逐漸驕縱、威脅皇權，便拿索額圖開刀。康熙四十二年（1703）五月，康熙帝令將索額圖拘禁，後索額圖死於禁所；又命逮捕其弟和諸子及其親近大臣（《清史稿·索額圖傳》）。這是給皇太子敲警鐘。

康熙四十七年（1708）五月十一日，康熙帝巡幸塞外，命皇太子、皇長子、十三子、十四子、十五子、十六子、十七子、十八子等八個兒子隨駕。在巡幸期間，發生了幾件事：

第一，皇長子胤禔等向皇父說了皇太子的許多壞話，引起康熙帝對皇太子非常不滿。

第二，康熙帝巡幸途中，七歲的皇十八子胤祄得了急病，康熙帝心情焦慮，皇太子卻無動於衷。胤礽可能根本沒有意識到皇父的不滿。

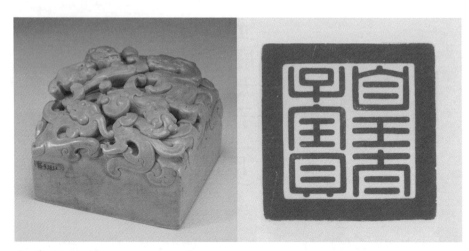

胤礽的"皇太子寶"

康熙帝御筆"避暑山莊"匾額

 逛 一 逛

避暑山莊

清代康熙、乾隆年建造的大型皇家園林,原名為熱河行宮,康熙時有三十六景,乾隆時又增造三十六景,共稱七十二景。是清代皇帝避暑及政事活動的重要場所。山莊既具有皇家建築的氣派,又具有江南園林的秀麗,是宮殿建築與園林景觀相互融合的著名皇家園林之一。

第三，在返京途中，康熙帝發現皇太子夜晚靠近他的帳篷，從縫隙向裏面窺視，便懷疑皇太子可能要"弑逆"，就是暗殺。這件事刺激康熙帝下決心要廢掉皇太子。

　　匆忙廢儲。康熙四十七年（1708）九月初四日，康熙帝在避暑山莊返京途中的布爾哈蘇台，召集諸王、大臣等於行宮前，垂淚宣佈皇太子胤礽的罪狀：第一，專擅威權，肆惡虐眾，將諸王、貝勒、大臣、官員恣行捶撻；第二，窮奢極欲，遠過皇帝，吃穿所用，恣取國帑，猶以為足；第三，對親兄弟，無情無義；第四，皇太子"每夜逼近布城，裂縫向內竊視"。康熙帝認為："從前索額圖助伊潛謀大事，朕悉知其情，將索額圖處死。今允（胤）礽欲為索額圖復仇，結成黨羽，令朕未卜今日被鳩，明日遇害，晝夜戒慎不寧。似此之人，豈可付以祖宗弘業。"（《清聖祖實錄》卷二三四）

　　康熙帝又說：不能讓這不仁不孝的人將來成為國君。康熙帝且諭且泣，至於仆地。諭畢，命將胤礽即行拘執。同一天，康熙帝命將索額圖的兩個兒子及胤礽左右的人"立行正法"。

　　康熙帝廢斥皇太子之後，憤怒、怨恨、失望、憐愛，複雜的心情，交織在一起。他一連六日，"未嘗安寢"，對諸臣談起此事，猶"涕泣不已"（《清聖祖實錄》卷二三四）。

　　康熙帝回到北京後，命在皇帝養馬的上駟院旁設氈帷，給胤礽居住，又命皇四子胤禛與皇長子胤禔共同看守。當天，康熙帝召集諸王、貝勒、大臣等於午門內，宣諭廢黜皇太子胤礽之事，並告祭天地、宗廟、社稷。後將廢太子幽禁在咸安宮。

　　皇太子胤礽從初立到初廢，長達三十三年。這時康熙帝五十五歲，皇太子三十五歲。康熙帝廢掉皇太子後，皇子之間的爭鬥，不僅沒有和緩，反倒愈演愈烈。

諸 子 爭 儲

　　廢斥皇太子引起諸皇子更加爭奪未來皇位。這時，康熙帝三十五個兒子中，除去年幼的、夭折的、出繼的，可以考慮繼承皇位的有十四人。他們按照年齡段，可分為兩個梯隊。

1672～1681年出生的七人：從皇長子胤禔到皇八子胤禩。他們年齡在二十六歲到三十七歲之間。

1683～1693年出生的七人：從皇九子胤禟、到皇十五子胤禑。他們年齡在十四歲到二十四歲之間。

首先跳出來的是皇長子胤禔。第一，爭取立長。他錯誤地認為皇父立嫡不成，勢必立長。第二，利令智昏，請殺胤礽。第三，鎮魘胤礽，推薦皇八子胤禩。

康熙帝得知皇長子胤禔與胤禩結黨謀取儲位，竟想殺害胤礽。皇長子胤禔雖然母親出身微賤，但原大學士明珠是他的外堂叔祖父，皇八子胤禩小時候也為胤禔生母惠妃所撫養，所以康熙帝對皇長子和皇八子結黨非常警惕，而對於皇長子背後大學士明珠的勢力，更加敏感。惠妃是胤禔生母，奏請將胤禔正法。康熙帝不忍殺親生兒子，令革其王爵，終身幽禁。

康熙四十七年（1708）九月，康熙帝痛斥皇八子胤禩，說他柔奸性成，妄蓄大志，黨羽相結，謀害胤礽，將他鎖禁。十四阿哥胤禎知道後，急忙營救胤禩。康熙帝大怒，拔出佩刀，將殺胤禎，五阿哥胤祺上前跪地抱著康熙帝勸止，才沒有被殺。這件事情表明：索額圖勢力受到了打壓，而明珠勢力膨脹，並在皇子中結黨。

再立再廢

康熙帝後來認識到胤礽的罪名原多不實。如胤礽奏訴說："皇父若說我別樣的不是，事事都有，只弒逆的事，我實無此心。"康熙帝聽了，令將胤礽脖子上的鎖鏈取下。

自廢皇太子後，康熙帝每日流淚，寢食不寧。他夜間夢見已故祖母孝莊太皇太后，臉色不高興。康熙帝不久病倒。當日回宮，召見胤礽。後又召見，每"召見一次，胸中疏快一次"。

於是，他打算試探一下大臣們的態度。一天，康熙帝召滿漢文武大臣到暢春園，令從諸皇子（皇長子除外）中舉奏一位堪任皇太子的人，說：「眾議誰屬，朕即從之。」大臣們誤以為康熙帝矚意皇八子，因而推薦了皇八子（《清史稿·馬齊傳》）。康熙帝說皇八子近又罹罪，母家出身微賤，不宜立為太子。這時諸臣才恍然大悟，原來康熙帝有過再立胤礽的暗示。

康熙帝考慮必須盡快把皇太子缺位補上，以堵塞諸子的爭儲之路。他當時能想到的辦法，只有讓嫡長子復立。後來他說：「諸大臣保奏八阿哥，朕甚無奈，將不可冊立之胤礽放出。」（《清聖祖實錄》卷二六一）

康熙四十七年（1708）十一月十五日，康熙帝召滿、蒙大臣入宮，宣佈：「皇太子前因魘魅，以至本性汨沒耳。因召置左右，加意調治，今已痊矣。」命人將御筆朱書，當眾宣讀。又召廢太子、諸皇子及諸王、大臣等，宣諭澄清事實，說胤礽「雖曾有暴怒捶撻傷人事，並未致人於死，亦未干預國政」，「胤禔所播揚諸事，其中多屬虛誣」。接著，當眾將胤礽釋放。胤礽表示：「皇父諭旨，至聖至明。凡事俱我不善，人始從而陷之殺之。」（《清聖祖實錄》卷二三五）

再立太子。康熙四十八年（1709）三月初九日，以復立皇太子胤礽，遣官告祭天地、宗廟、社稷。次日，分別將皇三子胤祉、皇四子胤禛、皇五子胤祺，晉封親王等。康熙帝試圖以此促進諸皇子之間的團結。然而，事與願違，皇儲爭奪，愈演愈烈。

矛盾激化。皇太子再立，朝中黨爭更激烈。這次的犧牲品是索額圖一黨的步軍統領托合齊和刑部尚書齊世武。康熙五十年（1711），康熙帝以托合齊有病為由將其解職。七天後，康熙帝召見諸王、大臣，宣稱：「諸大臣皆朕擢用之人，受恩五十年矣，其附皇太子者，意將何為也！」（《清聖祖實錄》卷二四八）當場質問刑部尚書齊世武等，眾人否認結黨。康熙帝令將他們鎖拿候審。又命拘禁托合齊。到次年四月，又借一件貪污受賄案，將尚書齊世武「以鐵釘釘其五體於壁，號呼數日而後死」（《悔逸齋筆乘》）。《滿洲名臣傳》說他後被發配死。這是康熙帝將要再廢皇太子的前奏。

再廢太子。康熙五十一年（1712）九月三十日，康熙帝向諸皇子宣佈：「皇太子胤礽自復立以來，狂疾未除，大失人心。祖宗宏業，斷不可託付此人。朕已奏聞皇太后，著將胤礽拘執看守。"(《清聖祖實錄》卷二五一）再宣諭廢胤礽的理由，主要是：從釋放後，乖戾之心，即行顯露；數年以來，狂疾未除，大失人心；飲食服用，陳設等物，有倍於朕；是非莫辨，秉性兇殘，結黨小人。

康熙帝第二次廢黜皇太子，雖然並非如他自己所說"毫不介意，談笑處之"，但已不像第一次時那麼痛苦。因為他發現，立皇太子就難免有矛盾，不立皇太子可能更好。一次，康熙帝說：宋仁宗三十年未立太子，我太祖、太宗都未預立皇太子。今眾皇子學問、見識，不後於人，但年俱長成，已經分封，即使立了，能保將來無事乎？(《清聖祖實錄》卷二五三）

其實，康熙帝明白，立、廢皇太子是失敗的。康熙帝改革了清朝皇位繼承制度，從滿洲傳統貴族公推制，改為漢人嫡長繼承制，後雍正帝改為秘密立儲制，慈禧太后又改為懿旨立儲制，都終究走不出"家天下"的死胡同。康熙帝到死也沒有公開明確皇位繼承人，而皇子們骨肉相殘的悲劇，在他死後更為慘烈。

在眾皇子上下鑽營之時，皇四子胤禛卻不露聲色，暗自韜晦，觀察窺測，等待時機。

雍正奪位

　　清雍正帝胤禛，康熙十七年（1678）十月三十日生，屬馬，四十五歲登極，在位十三年，雍正十三年（1735）八月二十三日死，廟號世宗，謚號憲皇帝，葬泰陵。享年五十八歲。

　　雍正帝是清朝"康乾之治"時代，上承康熙，下啟乾隆，具有特殊歷史地位的人物。他盛年登極，年富力強，學識廣博，閱歷豐富，剛毅果決，頗有作為。雍正帝的年號雍正，就是雍親王得位之正的意思。雍正帝是否"得位之正"？這恰恰是三百多年來，清宮的一件疑案。

突　然　繼　位

　　康熙六十一年十一月初七日（1722 年 12 月 14 日），康熙帝在南苑圍獵時患感冒，回暢春園養病。十五日冬至的祭天大禮，由皇四子胤禛代行。

　　十三日清晨，康熙帝病重，急召皇三子胤祉、皇七子胤祐、皇八子胤禩、皇九子胤禟、皇十子胤䄉、皇十二子胤祹、皇十三子胤祥共七個皇子和步軍統領隆科多，宣佈："皇四子人品貴重，深肖朕躬，必能克成大統，著繼朕即皇帝位。"（《大義覺迷錄》）又命從天壇齋所召回皇四子胤禛。這時，康熙帝其他的幾位皇子，長子胤禔被監守，次子即廢太子胤礽被禁錮，五子胤祺被派往孝陵行祭禮，十四子胤禵

暢春園圖

逛一逛

暢春園

始建於明神宗年間，原址名為"清華園"。清康熙二十三年（1684），康熙皇帝南巡後，利用清華園殘存的水脈山石仿江南山水營建暢春園，作為在郊外避暑聽政的離宮。暢春園佔地約九百畝。清末暢春園逐漸失修，英法聯軍火燒圓明園時被焚毀，後殘存建築被拆用於圓明園重建，至民國時期，僅留恩佑寺、恩慕寺琉璃山門。

正在西部領兵作戰，而幾位年幼的皇子當時跪在殿外，沒有聆聽皇父諭旨。

當天上午，雍親王胤禛從天壇趕到暢春園，在這一天裏，他被康熙帝召見了三次，但是康熙帝並沒有提及皇位繼承的事。

當晚戌時（19～21時），康熙帝駕崩。步軍統領隆科多向胤禛"口授末命"，傳達了康熙帝由他承繼大位的遺詔，胤禛聽了之後又驚詫，又悲痛，昏倒在地。誠親王皇三子胤祉等即向胤禛叩首，勸他節哀（《大義覺迷錄》）。從這一刻起，胤禛雖然沒有繼承大位，但是已擔負起新君的責任。當天夜間，胤禛指揮將康熙帝遺體運回紫禁城乾清宮。相傳隆科多護皇四子回朝哭迎，身守闕下。諸王非傳令皆不得進。

十四日，宣佈大行皇帝龍馭上賓；傳大行皇帝留下遺詔，命雍親王嗣位；命胤禩、胤祥、大學士馬齊和尚書隆科多為總理事務大臣；召十四子胤禵回京；九門關閉，禁止出入。

十六日，頒佈大行皇帝遺詔。

十九日，遣官告祭天壇、太廟、社稷壇，京城九門開禁。

二十日，雍正帝在太和殿舉行登極大典，改年號為"雍正"。

雍正帝繼位，無論是遺詔繼位，還是奪位篡位，他畢竟坐上了皇帝的寶座。那麼，康熙帝眾多皇子，都想繼承皇位，為什麼唯獨胤禛心想事成？在長達四十五年的皇子生涯中，胤禛是怎麼一步一步地攀緣，最後登上皇帝寶座的？

雍 正 其 人

胤禛的母親烏雅氏，滿洲正黃旗、護軍參領威武的女兒。烏雅氏生了三個兒子，就是皇四子胤禛、皇六子胤祚（六歲殤）和皇十四子胤禵。胤禛從小受孝懿皇后（康熙生母孝章皇太后的姪女）養育，年幼的胤禛因她而尊貴。皇子胤禛，有以下特點：

第一，好學上進。胤禛從七歲開始，同他的三位阿哥，到上書房讀書。他的師傅主要有大學士張英、徐元夢和侍講顧八代等人，都是當朝一流的學者。他受過嚴格的儒家傳統教育，也有滿洲的"國語騎射"的訓練，就是滿洲語文與騎馬射箭。

第二，結婚封王。康熙三十年（1691），十四歲的胤禛，奉父命同內大臣費揚古的女兒烏拉那拉氏成婚。清制規定，皇子封爵，依次為親王、郡王、貝勒、貝子等。康熙三十七年（1698），二十一歲的胤禛受封為貝勒。次年，康熙帝為諸皇子建府邸。"禛貝勒府"（又稱四貝勒府）建成後，胤禛就搬到府邸居住。康熙四十八年（1709），三十二歲的胤禛被封為雍親王，這裏就成為雍親王府。後來乾隆帝將其改為雍和宮，就是今北京雍和宮。

第三，勤慎敬業。胤禛結婚之後，多次受康熙帝之命，參與重大政治與祭祀活動。胤禛的足跡所至，遍及東、西、南、北、中：東向，至少五次到東陵祭祀，還到關外祭祀三陵 —— 永陵、福陵和昭陵；西向，隨康熙帝西巡五台山；南向，隨

清世宗胤禛像

埋葬努爾哈赤遠祖、曾祖、祖父和父親的永陵

康熙帝兩次南巡；北向，康熙三十一年（1692）隨康熙帝巡視塞外，以後到康熙六十一年（1722），先後十餘次到塞外；京畿，五次隨康熙帝巡視京畿，治理永定河，察看水利。此外，他還察勘倉儲糧穀。特別是在康熙三十五年（1696），他跟隨康熙帝遠征噶爾丹，領正紅旗大營，軍旅生活使他受到了鍛煉。在文的方面，他也受到磨練。康熙六十年（1721）三月，胤禛受命同三阿哥胤祉率大學士王頊齡等磨勘（覆核）會試中式的原卷。總之，自結婚後三十年的實際磨煉，使他對社會、對人生有了深刻的認識與深切的體驗，為其後來登上皇位奠定了一定的基礎。

第四，性格磨煉。胤禛性格有兩個特點：一是喜怒不定，二是遇事急躁。胤禛曾經是個喜怒不定的皇子。康熙四十七年（1708），胤禛央求說：今臣年逾三十，請將諭旨內"喜怒不定"四字，恩免記載。康熙帝同意："十餘年來，實未見四阿哥有'喜怒不定'之處"，因諭："此語不必記載！"可見他這時已經基本上改掉了這個毛病。胤禛還曾是個性格急躁的皇子。他曾對大臣說："皇考每訓朕，諸事當戒急用忍。屢降諭旨，朕敬書於居室之所，觀瞻自警。"（《清世宗實錄》卷十九）可見康熙帝不止一次地訓誡他要"戒急用忍"。胤禛繼位後，命做"戒急用忍"吊牌，為座右銘，用以警示。

韜光養晦

從康熙四十七年到六十一年（1708~1722 年），康熙帝廢太子、再立太子、再廢太子，引起政局震蕩。時逢胤禛從三十一歲到四十五歲的盛年，在這十四年間，他韜光養晦，以誠孝皇父、友愛兄弟，博得皇父的信任。

胤禛的心腹戴鐸分析當時形勢是：皇上強勢，諸王並爭。應對的謀略是：誠孝事上，適露所長，掩蓋所短，避免引起皇父疑惑；友愛兄弟，大度包容，和睦忍讓，讓有才者不嫉妒，無才者以為依靠。（《文獻叢編·戴鐸奏摺》第三輯）

誠孝皇父。胤禛說："四十餘年以來，朕養志承歡，至誠至敬，屢蒙皇考恩諭。諸昆弟中，獨謂朕誠孝。"（《大義覺迷錄》）他知道，受到皇父的信賴和喜歡，是自己一生中最重要的事情。他抱定主旨，誠孝皇父。在兄弟爭奪皇位時，胤禛極力表現出對皇父的"誠"與"孝"，既不明於競爭，又勸皇父保重。康熙帝第一次廢皇太子後，大病一場。胤禛入內，奏請選擇太醫及皇子中稍知藥性者胤祉、胤祺、胤䄉和自己檢視方藥，服侍皇父吃藥治療。康熙帝服藥後，病體逐漸痊癒。康熙帝最早對皇太子胤礽產生不滿，就是因為在生病時，年少的胤礽不懂得對康熙帝示孝。

不結黨。他在處理兄弟關係時，"不結黨"，"不結怨"。胤禛沒有參加皇太子黨，也沒有參加皇長子和皇八子黨，超然於兄弟的朋黨之外。或者說，他在兄弟角逐皇儲時，採取一種不附合、不排斥的中庸態度。這使他躲避皇父與兄弟兩方面的矢鏃，而安然無恙。

友愛兄弟。如皇太子第一次被廢，胤禛非但沒有落井下石，還給予關照。胤礽初被幽禁在上駟院旁所設的氈帷裏，皇長子胤禔和皇四子胤禛看守。胤礽提出皇父所斥"弒逆"一事，實為烏有，請代奏明。胤禔不答應，胤禛說："你不奏，我就奏。"胤禔只好代奏。康熙帝聽了說奏得對，命將胤礽身上的鎖鏈去掉。後來，康熙帝曾說："前拘禁胤礽時，並無一人為之陳奏，惟四阿哥性量過人，深知大義，屢在朕前為胤礽保奏。"（《清聖祖實錄》卷二三五）胤禛的幾位弟弟胤䄉、胤䄡、胤䄰等封為貝子時，他啟奏說，願意降低自己的爵位，以提高弟弟們的世爵。胤禛這樣乖巧的做法，既博得康熙帝的歡心，也討得諸弟的好感。

在康熙帝臨終的關鍵時刻，胤禛善於並緊緊地抓住歷史機遇，果敢地登上皇帝寶座。

繼位疑案（上）

雍正帝是遺詔繼位，還是乘機奪位，當時就議論紛紛，留下歷史疑案。雍正初，宮廷鬥爭，異常激烈，手段殘酷，眾說紛紜，引起人們說他得位不正，以致殺人滅口。讓我們做個分析。

謀 父 逼 母

第一，"謀父"。雍正帝即位不久，就有人說：聖祖皇帝在暢春園病重，皇上進一碗人參湯，聖祖皇帝就駕崩了。意思是說雍親王用一碗有毒的人參湯毒死了康熙帝。康熙帝說過："北人於參不合。" 他一般是不會喝人參湯的。康熙帝身邊，防衛嚴密，毒死康熙帝，恐怕太難。康熙帝晚年時，頭暈目眩、手抖頭搖、腿腳腫脹，能活到近七十歲，已算高齡，所以病死的可能性比較大。

第二、"逼母"。雍正帝上台剛半年，生母烏雅氏突然死去。有傳言說，雍正帝繼位後，把十四弟允禵（雍正即位後，諸皇子為避聖諱，皆將"胤"字改為"允"，十四子胤禵，改名為允禵）調回來囚禁，太后要見兒子，雍正帝大怒，太后就撞死在鐵柱上。

允禵回到北京城外，問：先賀新皇登極，還是先祭奠皇父？雍正帝把他派到遵化去守景陵，後圈禁在景山壽皇殿。太后烏雅氏對小兒子允禵自然心痛。新皇帝登極大典，要向皇太后行禮，但烏雅氏說，這有什麼要緊的？經勸說，不接受。雍正帝親自向她再三叩求，她才淡淡地表示：知道了。從這件事可以看出，烏雅氏對大兒子雍正帝是有不滿和埋怨的。結果，十四子剛被圈禁一個月，她就死去了。她是不是撞鐵柱自殺的，沒有歷史證據。

景山壽皇殿

逛一逛

景山壽皇殿

始建於明代中後期，為統領後苑的遊賞建築群，清代初期轉為安奉帝后梓宮的場所。康熙六十一年（1722）康熙帝駕崩後，雍正帝命令修景山壽皇殿，到乾隆十五年（1750）完成組群移建並提升規格，成為規制最高的皇家祭祖建築群之一，室內供奉列帝列後聖容御像。

弒 兄 屠 弟

原來爭奪太子之位佔上風的，是皇長子、皇八子、皇九子、皇十子和皇十四子，他們最先推皇長子，後推皇八子，再後推皇十四子。雍正繼位以後，強烈反對他的也是這幾位兄弟。其中：

皇大阿哥允禔，早被康熙帝奪爵，關在家裏。

皇八弟允禩，先封親王，後削王爵，高牆圈禁，改其名為"阿其那"，侮辱他，最終將他害死。

皇九弟允禟，被削去宗籍，逮捕囚禁，改其名為"塞思黑"，侮辱他。給他定二十八條罪狀，關到保定獄裏，最後以腹部疼死幽所，傳說是被毒死的。

皇十弟允䄉，雍正元年（1723），哲布尊丹巴胡圖克圖來京病故，送靈龕還喀爾喀（今蒙古國），命允䄉前往賜奠，走到張家口，允䄉稱有病，將其奪爵，逮回京師拘禁。

皇十四弟允禵，先不許其進京弔喪，又命其看守景陵，再將其父子禁錮於景山壽皇殿。

除了最恨這五位兄弟，雍正帝最忌憚的應當是廢太子允礽。廢太子允礽一家被禁錮在皇宮裏的咸安宮。康熙晚年在北京昌平鄭各莊修建王府和行宮，打算將來讓廢太子在此安度餘生。雍正繼位後，封允礽子弘晳為理郡王、後晉為理親王，命舉家遷往昌平鄭各莊王府。第二年，允礽在宮中孤獨死去。

剩下的幾位兄弟中，如三阿哥允祉被發配到遵化守陵，後將他奪爵，幽禁於景山永安亭而死。五弟允祺，雍正十年（1732），死。十二弟允祹，降為"在固山貝子上行走"，就是從郡王降為貝子，不給實爵，僅享受貝子待遇。不久，又降為鎮國公。十五弟允禑，命其守景陵。

雍正帝對十三弟、十七弟非常好。十三弟允祥，封為怡親王，格外信任。十七弟允禮，後為果親王、管戶部。允祥和允禮顯然早就加入"胤禛黨"，只是康熙帝在世時，十分隱秘，未加暴露。

這裏補充一點。有人發現記載皇室譜系的《玉牒》中，皇十四子胤禎的名字做

了挖改，改成允禵了。因此有人說：康熙帝遺囑是傳位給"胤禛"，因"胤禛"、
"胤禎"字形、字音相近，胤禛遂取而代之。這個說法比較牽強。雍正帝名字叫胤
禛，他的皇十四弟叫胤禎。兩人的名字在讀音和字形上的確容易混淆。胤禎改名為
允禵，是因為胤禛做了皇帝之後，名字要避諱，字形要避諱，字音也要避諱。所以
就把他兄弟們名字中的"胤"字，都改為"允"字，以示避諱；同時，為避 zhēn
這個字音，就把十四弟胤禎的"禎"字改為"禵"字，這樣胤禎就改叫允禵。這個
跟篡改遺詔似乎沒什麼關係。

殺 掉 寵 臣

雍正初最炙手可熱的寵臣是隆科多和年羹堯。這是因為雍正帝"內得力於隆科
多，外得力於年羹堯"。雍正帝殺了這兩位寵臣，又被人懷疑是殺人滅口，欲蓋彌

彰。事實真是這樣嗎？

一殺隆科多。外界傳言說雍正帝得位"內得力於隆科多"，這話還真有道理。康熙帝諭皇四子胤禛繼承皇位的遺詔，是隆科多跟雍親王胤禛說的。雍正帝繼位，隆科多是個關鍵性的人物，人們不禁要問，隆科多何許人也，傳達這麼重要的諭旨？

隆科多，滿洲鑲黃旗人，是康熙帝舅父佟國維的兒子、康熙帝的舅表兄弟，又是康熙帝生母孝章皇太后的姪子、孝懿皇后佟佳氏的弟弟。隆科多在康熙晚年任理藩院尚書、步軍統領，負責京城防衛和皇帝安全。雍正帝小時候曾經在佟妃宮裏養育，應當跟隆科多關係比較近，但隆科多注意結交皇長子、皇八子，對皇四子並不親密。有人認為隆科多"隱匿"了真諭旨，使十四子失去繼位機會，又襄助皇四子登上大位。

雍正帝繼位後，立即任命隆科多為總理事務大臣、吏部尚書，封一等公。但兩年後，解除了隆科多步軍統領職位，將其發往阿拉善等處修城墾荒。雍正五年（1727），命奪隆科多爵，召還京，王大臣會審。隆科多奏稱："白帝城受命之日，即死期將至之時。"這更使雍正帝大怒，以四十一條大罪，命在暢春園外築屋三間，永遠禁錮；來年，隆科多死於禁所。

二殺年羹堯。年羹堯父親年遐齡官至湖廣總督。他是康熙時進士，入翰林院，侍讀學士。康熙四十八年（1709），年羹堯的妹妹被選為雍親王胤禛的側福晉，年家也因此從漢軍鑲白旗，抬旗為漢軍鑲黃旗，並撥歸到雍親王府門下。康熙晚期，年羹堯先後任四川巡撫、定西將軍，兼理四川陝西總督。

年家被撥屬雍親王府，但靠向皇八子一邊。年羹堯娶大學士明珠的孫女為妻，可見他是皇長子、皇八子一黨的。康熙帝將皇十四子胤禛派到西北任撫遠大將軍，年羹堯便極力靠近胤禛。雍正帝繼位後，召撫遠大將軍允禵還京師，命年羹堯管理撫遠大將軍印務。

雍正帝即位不久，年羹堯回到北京，向雍正帝講了許多西北戰局和皇十四子的情況，令雍正帝非常滿意，後加年羹堯太保，獨攬西疆軍權，後為二等公。他的妹妹年氏封為皇貴妃。

雍正二年（1724），雍正帝任命年羹堯為撫遠大將軍，平定了青海羅布藏丹津作亂，進一等公爵；雍正帝還親自御午門受俘。年羹堯受到的恩寵達到極點。雍正帝說："我二人做個千古君臣知遇榜樣，令天下後世欽慕流涎！"年羹堯被捧暈了。年羹堯師出屢有功，便驕縱。入覲，令總督李維鈞、巡撫范時捷跪道送迎。到京師，王公大臣郊迎，不為禮。在邊，蒙古諸王公見必跪。

雍正三年（1725）正月，雍正帝召見了被年羹堯彈劾的署四川巡撫蔡斑，奏年羹堯暴貪誣陷狀，特宥斑罪。這是雍正帝對年羹堯翻臉的前奏。

二月庚午（初二日），日月合璧，五星聯珠，羹堯疏賀，用"夕惕朝乾"語，雍正帝大怒，責年羹堯有意將"朝乾夕惕"倒過來。到了八月，這位年大將軍被調職、降級，革去所有職銜。十二月，被從杭州將軍任上押到京師。

年羹堯的妹妹年貴妃為他求情，雍正帝沒有接受，年貴妃隨即突然死去。雍正帝以大逆、欺罔、僭越、貪黷等九十二條大罪，令年羹堯獄中自裁，並斬其子年富，令諸子年十五以上戍極邊。

從雍正帝和大舅子年羹堯密切交往這三年的情況看，雍正帝繼位時，並沒有得到年羹堯的幫助，說他得位"外得力於年羹堯"，是不符合事實的。雍正帝殺年羹堯，也並不存在殺人滅口理由，以此來反證雍正得位不正，似乎並不成立。但是年羹堯對雍正帝鞏固帝位還是有大功的。一是對皇十四子的告密，讓雍正帝對競爭對手了解得更深入；二是在西北用兵取得勝利，維護了清朝的穩定。但他跟皇八子、皇十四子的關係還是讓雍正帝心存芥蒂。

隆科多以元舅之親，受顧命之重；年羹堯以貴妃之兄，獲多戰之功。雍正初，隆科多與年羹堯，文武權臣，內外夾輔。《清史稿》論者謂：隆、年二人憑藉權勢，無復顧忌，即於覆滅而不自怵，古聖所誡。他們知進不知退，知顯不知隱，由此來說，是自釀禍。

上面從雍正謀父逼母、弒兄屠弟、殺掉寵臣三個方面，做了分析。乍一聽，似乎疑竇叢生，指向雍正得位不正，但仔細分析，且不說有些說法與事實不符，而且沒有一條過硬的材料能證明雍正這麼做是因為得位不正。

疑問，還是集中在所謂"康熙遺詔"上。

繼位疑案（下）

我們繼續探討雍正繼位疑案。雍正繼位的最大疑點，還是來自於所謂"康熙遺詔"。

遺 詔 版 本

康熙帝的遺詔，目前看到的有五個版本。

一是中國第一歷史檔案館和台北故宮博物院保存的《康熙遺詔》各一份，內容相同。

二是《清聖祖實錄》康熙五十六年（1717）十一月辛未（二十一日）《上諭》。

三是《清聖祖實錄》康熙六十一年（1722）十一月甲午（十三日）的《康熙遺詔》。

四是康熙六十一年（1722）十一月甲午（十三日）康熙帝向七位皇子宣佈的遺詔。

五是康熙六十一年（1722）十一月甲午（十三日）康熙帝去世後隆科多向雍親王口授的"康熙遺詔"（《大義覺迷錄》）。

真 假 之 爭

圍繞 "康熙遺詔"，主要有以下議論。

第一，關於擅改遺詔。雍正帝剛剛即位，就有傳言說，康熙帝原打算將天下傳給十四阿哥胤禵，雍正把 "十" 字改為 "於" 字。……先帝欲將大統傳與胤禵，聖祖不豫時，降旨召胤禵來京，其旨為隆科多所隱，先帝殯天之日，胤禵不到，隆科多傳旨遂立雍親王。（《大義覺迷錄》）

這個傳言流傳很廣，乍一聽有道理，但是經不住分析。如果康熙帝真有 "傳位十四子" 的遺詔，按照當時行文習慣，應當寫作 "傳位皇十四子"，如果把 "十" 字改成 "于" 或 "於"，就變成 "傳位皇于四子"，或 "傳位皇於四子"，根本不通。況且當時如此重要的遺囑，應同時以滿、漢兩種文字書寫，漢字還可以修改，滿文又豈能改 "十" 為 "於"？

儘管皇十四子是康熙帝矚意的太子人選之一，但目前還沒有發現康熙帝確定要傳位給胤禵的文獻或檔案的證據。康熙帝病重時，他緊急召回的是在天壇的胤禛，並沒有召回遠在西北的皇十四子胤禵和在東陵的皇五子胤祺。中國歷史檔案館現存的遺詔檔案，也根本沒有改動的痕跡。所以，雍正帝擅自塗改遺詔的說法，不能確定。

第二，康熙的遺詔是真是假。胤禛繼位的主要依據是《康熙遺詔》。現在能看到的四份遺詔，海峽兩岸保存的檔案，無法證明是真是假，既可能是真的，也可能是後來偽造的。

能夠確定是真的，就是《清聖祖實錄》記載的康熙五十六年（1717）十一月辛未（二十一日）《上諭》，因為這是在康熙帝去世五年前就公佈了的。但是康熙帝雖然說這可以作為他的遺詔，但是其中並沒有寫明接班人的事情。

還有一份就是《清聖祖實錄》記載的康熙六十一年（1722）十一月甲午（十三日）《康熙遺詔》。這份《康熙遺詔》有學者認為是真的，因為《清聖祖實錄》和檔案都可以證明它的存在；有的學者認為是假的，因為 "實錄" 和 "檔案" 都是雍正帝掌權後出台的，可以編造。那麼，這份詔書是真、是假？我認為是半真半假，為什麼？

《康熙遺詔》的文字，可以分為前後兩個部分。說它是真的，因為前一部分，就是把康熙五十六年（1717）十一月二十一日的上諭加以文字修飾，移植到傳位詔書裏。康熙帝在這份上諭中回顧了自己的一生，最後說：“此諭已備十年，若有遺詔，無非此言。披肝露膽，罄盡五內，朕言不再。”（《清聖祖實錄》卷二七五）這大段文字在康熙五十六年就當著諸皇子、文武大臣親自公開宣佈的，且記錄在案，所以是真的。

說它是假的，因為《康熙遺詔》最後也是最關鍵的一句話：“皇四子胤禛，人品貴重，深肖朕躬，必能克承大統，著繼朕登基，即皇帝位。”無法證明這是真的，所以說它是半真半假。

第三，關於康熙帝向七位皇子宣佈遺詔。記載這個情節的兩本書 ——《清聖祖實錄》和《大義覺迷錄》，都是雍正帝繼位後御用官員編寫的，而且出版時當事人基本上都已不在人世，無法核對。當時人所寫的《皇清通志綱要》和《永憲錄》兩書中，都沒有相關記載，所以引起懷疑這個情節是否編造。而且康熙帝怎麼會在病重時不召集大臣王公們一起來聽他的遺詔呢？

另外，雍正帝說過兩位皇弟在康熙死後的反常表現：皇八弟允禩在暢春園中“並不哀戚，乃於院外倚柱，獨立凝思，派辦事務，全然不理，亦不回答，其怨憤可知”；而皇九弟允禟“突至朕前，箕踞對坐，傲慢無禮，其意大不可測，若非朕鎮定隱忍，必至激成事端”。學者們認為這兩位兄弟的表情與行為，正是說明他們在毫無心理準備下，突然聽到隆科多的“口授末命”，才有如此憤恨心態與冒失行動的。如果他們早已聽到皇父親口說過這個安排，恐怕不會是這種反應。既然這個情節是否真實都存疑，那麼所謂康熙帝向七位皇子宣佈的遺詔也令人懷疑。

第四，關於隆科多口授末命。胤禛在康熙帝病危當天，曾三次到暢春園清溪書屋病榻前，康熙帝說“朕病勢日臻”，可見還沒有糊塗。但為什麼康熙帝可以把指定他為繼承人的事告訴其他七位皇子，而不當面告訴他本人呢？“口授末命”的人為什麼是隆科多一位大臣？其他大臣為什麼沒有在場？所以這個情節的確令人生疑，口授的末命也就更令人懷疑。

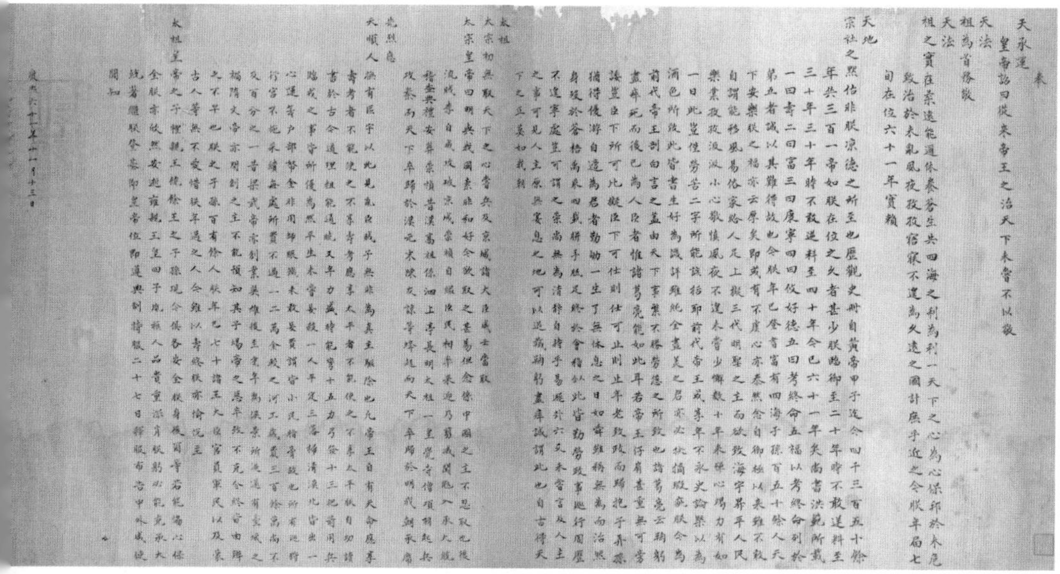

現存的《康熙遺詔》

上述康熙遺詔的五個版本，只有一部分是真的，卻沒有涉及雍正繼位。而涉及雍正繼位的《康熙遺詔》，都不能確定是真的。

還 有 疑 點

既然《清聖祖實錄》記載的康熙五十六年（1717）十一月辛未《上諭》，可以確定是真的，讓我們看一下其中是怎麼說到接班人的。《上諭》說："十年以來，朕將所行之事，所存之心，俱書寫封固，仍未告竣。立儲大事，朕豈忘耶？"這裏說從第一次廢太子之後，康熙帝就把所做所思，都書寫下來，封固起來，而且，還要一直寫下去，立儲的大事，朕能忘掉耶！

所以，接班人的事情，康熙帝不可能沒有安排，也不可能沒有書面安排。有這樣一件事可以做旁證。雍正即位不久，跟他的弟弟允祺、允祹等說："爾等母親都上了年紀了，先前父皇也在兩處寫有朱筆諭旨，見今你們將妃母各自迎接回家，也可得以問安侍養，盡爾孝心。"這件事在雍正四年（1726）又被提起，雍正帝說："朕即位後，恭檢皇考所遺朱批諭旨，內有料理宮闈家務事宜一紙，皇考諭令有子之妃嬪，年老者各隨其子，歸養府邸，年少者暫留宮中。"（《雍正朝起居注》）這件事也證明了康熙帝確實安排了一些身後之事，並且用朱批諭旨的形式親筆寫下。

這樣，就讓人引出聯想，那份真的由康熙帝親筆寫下的關於接班人的諭旨，在哪裏呢？

按照這個思路可以聯想到，雍正繼位，儘管目前還沒有看到令人信服的《康熙遺詔》，但康熙帝晚年對雍親王還是信任的，病危之時也是召雍親王從天壇三次來到他的身邊。就在康熙帝去世當年的暮春三月，康熙帝來到雍親王的圓明園，在牡丹盛開的樓台前，見到了十二歲的皇孫弘曆。回宮後就開始著人了解這個皇孫的情況，包括生辰八字。在過完六十九大壽後沒幾天，又來到圓明園，隨後就宣佈將弘曆帶回宮中養育。當時，只有廢太子的兒子弘皙養育在宮裏。四月，康熙帝到避暑山莊住夏，弘曆也隨駕扈從。在夏秋兩季的五個月裏，祖孫二人幾乎朝夕相處，遊歷山莊。他親手教弘曆練習書法，還寫下條幅和扇面賜給弘曆。在木蘭圍場圍獵，弘曆差點兒被受傷的黑熊撲倒，幸虧爺爺用虎槍打死黑熊。也就在這段時間，康熙帝帶著孫子弘曆，來到避暑山莊雍親王的獅子園，並傳見了弘曆生母鈕祜祿氏，稱讚鈕祜祿氏是“有福之人”，留下康熙、雍正、乾隆祖孫三代皇帝歡聚一堂的歷史佳話。

　　雍正帝的皇位，是正取還是逆取？從胤禛登極至今近三百年來，既是學術界激烈爭議的問題，也是演藝界火爆炒作的題目。歷史是勝利者的記錄，正史不會、也不可能對雍正帝逆取皇位做出記載。雍正帝畢竟是一位政治家，對他的歷史評價，主要應看其政治功過。

木蘭圍場 “將軍泡子”

逛一逛

木蘭圍場

清代皇家獵苑，位於今河北省東北部，地處內蒙古草原。公元 1681 年清康熙帝為訓練軍隊騎射，在這裏開闢了一萬多平方公里的狩獵場。清朝前半葉，皇帝每年都要率王公大臣、八旗勁旅來這裏舉行圍獵，史稱“木蘭秋獮”。

雍正年窯

雍正帝在政壇以果斷堅韌著稱，殊不知他的審美情趣有 —— 精緻、雅致、極致，影響到雍正御製 "年窯" 瓷器等藝術品，也因此出現了高雅精緻之風，洋溢著恬淡超然的文化氣息。

審 美 高 雅

胤禛登位之後，一反乃父之風。如宸居，不在乾清宮，改在養心殿；陵寢，不在清東陵，建在清西陵。而他高雅的審美情趣，也跟康熙樸厚的風格不同，帶來當時宮廷藝術的變化。

雍正帝曾諭造辦處：朕看從前造辦處所造的活計好的甚少，爾等再造時，不要失其內廷恭造之式。這個 "內廷恭造之式"，其核心就是帝王之尊、廟堂之貴，皇家氣派、高雅氣質。

雍正帝多年潛邸的經歷，造就了藝術審美 —— 精緻、雅致、極致的意趣，而這種意趣的一點，是寄託在對宋代名窯瓷器的嗜好之上。雍正帝喜好宋瓷，舉兩個例子說明。

圓明園是康熙帝送給雍親王的別墅花園，有一套雍親王時期繪製的《十二美人圖》，用在圓明園 "深柳讀書堂" 的屏風上，每張繪一美人，主題各不相同。其中有一幅"鑒古圖",畫一位美女斜坐在斑竹椅上,若有所思;身前的華貴桌案、周圍的黃花梨多寶格,陳設著各色古物。什麼樣的古物才配得上這位美人呢?有宋汝窯水仙盆和天青釉三足洗,體現出雍親王欣賞宋瓷淡雅高貴的品位。

雍正三年(1725)九月十八日,檔案記載:員外郎海望交來鑲嵌鈞窯盆景一件,盆裏的景有纏金藤鍍金樹一棵、珠子七十三顆、寶石二十一塊、紅瑪瑙壽星一件、珊瑚二支、珊瑚靈芝一件、珊瑚福一個、珊瑚花頭一個、蜜蠟山子一件、蜜蠟鹿一件、蜜蠟花頭一件、綠苗石二塊、紫檀木座一件、象牙仙鶴一隻。這件盆景的"景",是由黃金、珍珠、寶石、瑪瑙、珊瑚、蜜蠟、象牙等做成,輝煌燦爛,奢華

養心殿正殿

逛 一 逛

養心殿

始建於明嘉靖年間。清自雍正帝之後為皇帝居所,共八位皇帝先後居住,成為清廷實際上的政治中心。

459

至極。但雍正帝不滿意：將它的鑲嵌地景起下來，另配雲母盆，而把"盆"命單獨呈進。皇帝沒看上"景"，卻看上了"盆"，這生動地反映了雍正帝對宋瓷的喜好。

宋代名窯瓷器散發出內斂、清雅、平和、精緻的氣韻，與雍正帝所追求的雅致之風暗合，受到雍正帝的酷愛。藝術講究以物寄情、以形寄趣。雍正帝喜愛宋代瓷器，體現了他恬淡超然的旨趣。這種旨趣形成於雍親王在潛邸時期。究其原因，一在時運，二在抱負。

先說時運。出人頭地，需要天時。身為皇子，出路不多：要麼習帝王術，入承大統；要麼學文武藝，建功立業；兩條路都走不通，只能吟風弄月，閒散一生。胤

雍親王《十二美人圖》之"鑒古圖"

禛出生時，康熙帝已立胤礽為太子。後雖有太子廢而復立的風波，卻看不到即位希望。胤禛成年時，已是康熙後期，戰事基本結束，政治波瀾不多，國家比較安寧，很難找到一展身手的機會。時運如此，不與命爭，胤禛只有修身養性、淡泊明志一途。

再說抱負。胤禛不甘寂寞，覬覦大位，暗中籌謀，以圖進取。他懷才不遇，不免苦悶，需要排遣；心懷野望，擔憂泄露，需要掩飾；運籌帷幄，不免緊張，需要疏解；心潮洶湧，戒急用忍，需要克制。他曾經在圓明園或避暑山莊獅子園，自稱是"天下第一閒人"。

雍正帝喜歡秀氣的物件，應是多年的習慣。雍正元年（1723）正月初九，他命怡親王允祥傳旨內務府琺瑯作：燒造琺瑯鼻煙壺的時候，"要做雅秀些"。允祥是雍正帝最親近的弟弟，熟悉乃兄喜好。何謂雅秀？力戒粗大豪放，代以纖巧含蓄；力戒生硬折角，代以平滑轉角；力戒四面直線，代以曲線圓邊。這都是既高雅又秀氣的特點。

古人講，凡事要"十分"。雍正帝把這"十分"精神傾注到藝術，對藝術品要求精益求精，雅中求雅。舉北京景山內關帝廟塑像的事例。

太監李英傳旨：將景山東門內廟裏供奉騎馬關公像，著照樣造一份。要先撥蠟樣呈覽，獲准再造。

一個月後，蠟樣關公一尊，關平、周倉從神等六尊，呈覽。雍正帝說：關公臉像撥得不好，照圓明園佛樓供的關公臉像撥。

十天後，呈送改撥後關公、從神等蠟樣一份。奉旨：關公臉像特低，仰起些來；腿甚粗，收細些；馬鬃少，多添些；廖化的盔不好，另撥好樣式盔。

六天後，將改撥的蠟樣呈覽。奉旨：關公的硬帶勒的甚緊，再撥鬆些；身背後沒有衣褶，做出衣褶來；手並上身做秀氣著。

四天後，將改的關公蠟樣呈覽。奉旨：帥旗往後些，旗上火焰不好，著收拾；馬胸及馬腿也不好，也要收拾。

兩天後，再將改得的一份蠟樣呈覽。奉旨：甚好，准造；旗做繡旗。

一尊關公像，蠟樣五次呈覽，歷時近兩個月，連關公衣褶都有旨，真是精緻、雅致、極致之至！同樣的，造辦處活計，除非已有成例，否則都要先製樣呈覽，根據聖意，反覆修改，直到皇帝滿意為止。

雍正帝即位後，乾綱獨斷，埋首公務，通宵達旦，批覽奏章。然而在萬幾之暇，又寄情藝術，怡情靜心，關心御窯瓷器的燒造，促成琺瑯彩瓷器的高峰。

琺 瑯 彩 瓷

琺瑯彩瓷器，是借用西方銅胎畫琺瑯的技法，用琺瑯料在瓷胎上描畫圖案而燒製的瓷器。琺瑯彩瓷燒製始於康熙末年；雍正時達於極盛；乾隆末年後停止，持續七十餘年。現存留御製琺瑯彩瓷器約數百件，如耀眼星斗，洋溢光彩。

雍正時琺瑯彩瓷有突破，得益於六個方面 —— 料、胎、釉、地、畫、燒的進步。雍正朝琺瑯彩瓷以上六個突破，使得琺瑯彩瓷達到四絕：質地之白，白如冬雪，為一絕；薄如卵幕，口噓之欲飛，映日或燈光照之，背面能辨正面之筆畫彩色，為二絕；以極精之顯微鏡窺之，花有露光，鮮豔纖細，蝶有茸毛，且莖莖豎起，為三絕；小品而題極精之楷篆，各款細如蠅頭，四絕。就是說，琺瑯彩瓷器，瓷胎白、胎骨薄、彩繪生動、題款精細，合稱為 "四絕"。

雍正御窯瓷器，最享盛名的，當屬 "年窯"。

年 窯 盛 名

雍正朝的琺瑯彩瓷器達到高峰，其條件很多，包括帝王修養、工藝革新、國力支持、督陶官員以及工匠精神等，但最重要的條件是用人。其中之一，是督陶官年希堯。

年希堯（1671～1738 年），漢軍鑲黃旗人。他是雍親王門下，父年遐齡官湖廣總督，弟羹堯官川陝總督、署撫遠大將軍，妹是雍正帝貴妃。希堯官內務府總管，管淮安榷稅、加左都御史，兼督景德鎮御窯廠。因其弟年羹堯之案，全家蒙難，年希堯獲罪但幸免一死。年希堯崇尚西學，文化高雅，精於書畫，擅長撫琴，

雍正時期的琺瑯彩三友橄欖瓶

很會品硯，又好收藏。文化素養深厚，藝術品位高雅。

年希堯以內務府總管監督景德鎮御窰廠，將雍正帝的審美旨趣落實到每件藝術品之中，主要表現在兩個方面：

一是在宮廷造辦處燒造的琺瑯彩瓷器。琺瑯彩瓷的燒製，由內務府造辦處統管，養心殿、慈寧宮、圓明園等地都有作坊，景德鎮御窰、廣東海關、江南織造也有參與，需要協調指揮。雍正帝即位之後，年希堯總管內務府；他對琺瑯彩瓷器比較熟悉，為之做出了很大的貢獻。

另一是在江西景德鎮御窰廠燒造的瓷器。年希堯兼任景德鎮御窰廠督陶官，長達九年。年希堯奉旨窰燒製瓷器，選料奉造，精品甚夥，極其精雅，極為難得，世稱"年窰"。

清康雍乾時期，以景德鎮御窰廠燒造的瓷器為最優、最美、最精，其中康熙時郎廷極的"郎窰"、雍正時年希堯的"年窰"、乾隆時唐英的"唐窰"均是其典型代表。這是清代康雍乾時期中國瓷器史上的三座高峰，領先於世界瓷器；而"郎窰"、"年窰"、"唐窰"又分別是這三座高峰的頂峰。年希堯同郎廷極、唐英一樣，在中國瓷器史上，甚至在世界瓷器史上，都佔有一席之地。

瓷器是"瓷器之路"對外交流的重要藝術品。年希堯跟他之前的郎廷極、之後的唐英一樣，為"郎窰"、"年窰"、"唐窰"瓷器做出貢獻，也為中國瓷器史書寫華美篇章。

生母之謎

乾隆帝的生母是誰？清朝正史說，乾隆帝的生母鈕祜祿氏，出生在一個滿洲普通官宦家庭，父親叫凌柱。從清末以來，特別是民國年間，有說她不是乾隆帝的親生母親，或說她不是滿洲人，以此說明乾隆帝血統不純、出身不高貴，這就出現一件乾隆帝生母是誰的疑案。

海 寧 陳 家

清末民初，傳得最盛行的一種說法，是說弘曆是海寧陳世倌的兒子，被雍親王府用女兒調包，才成為雍親王的兒子。

海寧在清朝屬杭州府濱海的一個小縣，在這裏可以觀賞氣勢磅礴的海潮。這裏有一個“海寧陳家”。陳家始祖高諒，遊學到海寧，落入水中，被一賣豆腐的店主救了上來，這位救命恩人陳明遇，老而無子，便以女妻高諒，高諒生子，遂姓陳氏，後出了舉人。萬曆朝陳家出了進士、布政使等。陳其元《庸閒齋筆記》記載，海寧陳家三百年間“舉、貢、進士二百數十人”。其中兩榜為兄弟三人同榜。最出名的是陳世倌，官左都御史、工部尚書、文淵閣大學士，被廣為傳說是乾隆帝生父的海寧陳閣老。

這個故事來自清末天嘏的《滿清外史》，書中說：康熙年間，胤禛和陳世倌關係好，兩家各生一個孩子，恰是同年同月同日同時辰，胤禛非常高興，命陳家把孩子抱來看看。孩子送回陳家後，發現陳家的男孩被調包為胤禛家的女孩。陳家不敢吭聲，極力保密。不久，胤禛繼位，特擢陳氏數人官至顯位。到乾隆時，優禮於陳家者尤厚。曾經南巡至海寧，即日幸陳氏家，升堂垂詢家世。

浙江海寧人金庸（查良鏞），從小就聽說有關乾隆帝的種種傳聞，他的第一部武俠小說《書劍恩仇錄》也就緊緊圍繞著乾隆帝身世之謎展開。

乾隆帝生母是陳世倌夫人，經清史研究專家孟森先生在《海寧陳家》一文中考訂，這件事為子虛烏有。

第一，乾隆帝六度南巡，四到海寧，主要為修海塘工程。當時海潮北趨，海寧告警，一旦沖破海塘，將浸淹蘇、松、杭、嘉、湖等全國最富庶之地，嚴重影響政府賦稅和漕糧的徵收。我去海寧做過考察，海塘工程，雄偉壯觀，大功告成，厚惠於民。

第二，乾隆帝每次都駐蹕陳家私園，是因為此園景致絕佳，還能聽到海濤聲，而海寧縣城確實沒有比它更體面的房子可以迎駕。他每次都未召見陳家子孫，更談不上“升堂垂詢家世”。乾隆帝初幸隅園後，賜其名為“安瀾園”，以志此行在使海水安瀾。後乾隆帝在圓明園建“安瀾園”，並寫《安瀾園記》。

第三，海寧陳家有清帝御書“春暉堂”匾額。“春暉”取自唐孟郊的詩：“慈母手中線，遊子身上衣。臨行密密縫，意恐遲遲歸。誰言寸草心，報得三春暉。”有人便說：乾隆帝若不是陳家之子，為何報答慈母如春暉般的深恩呢？但是，經孟森先生考證：陳家確有“春暉堂”匾，此匾是康熙帝賜書，而“非高宗所書也”。

第四，沒有蔣氏“公主樓”。有人說那個被換到陳家的雍親王之女，嫁給了蔣溥。蔣溥的陳夫人在老家常熟所居之樓，當地稱“公主樓”。蔣溥，其父蔣廷錫為康熙朝文華殿大學士。蔣溥甚得雍正帝恩遇，入值南書房，官戶部、禮部、吏部尚書、翰林院掌院學士、協辦大學士。此說也靠不住：常熟人和蔣氏後人都不知有“公主樓”，更不能證明蔣溥是雍正帝的女婿。

第五，胤禛沒必要抱子為帝嗣。弘曆出生時，雍親王胤禛的長子、二子雖早殤，但第三子弘時已八歲。另一格格耿氏又為他生下第五子弘晝，後來他又有了幾

清高宗弘曆像

個兒子。所以胤禛根本沒必要抱別人的兒子為帝嗣。

以上，從五個方面分析了"弘曆的母親是陳世倌夫人"之說，是生動故事，卻不是事實。但是，關於弘曆的生母，還有疑問。

山 莊 草 房

承德避暑山莊獅子園，是當年康熙帝送給雍親王胤禛的山莊別墅，其中有三間樸素的茅草房，在殿堂軒館與亭台樓榭中，顯得與眾不同。而且，雍正帝親筆御題"草房"的匾額。

在乾隆六年（1741）秋獮時，乾隆帝曾去自己幼時問安讀書之處獅子園一遊。後每年進駐山莊後十餘日，乾隆帝即乘馬前往獅子園遊覽，每去必到"草房"小憩，並賦詩志其事，而詩題皆為"草房"二字。他一生留下的"草房"詩有數十首之多，如此之多，實所罕見。

於是，有人便把這三間草房，附會成當年乾隆帝誕生的"草廠"，說他的生母是一位李姓宮女，跟胤禛野合後在此生下弘曆。這樣就又帶出一個問題，弘曆的生母成了出身寒微的漢人，出生地從雍和宮變成了避暑山莊。那麼，官書是怎樣記載的呢？

疑 案 難 解

乾隆帝的生母究竟是誰？

第一，《玉牒》記載：世宗憲皇帝（雍正）第四子高宗純皇帝（乾隆），康熙五十年八月十三日，由孝聖憲皇后鈕祜祿氏、凌柱之女，誕生於雍和宮。《玉牒》就是清朝皇家的家譜。無論宗室還是覺羅，一旦生有子女，三月報掌管皇族事務的宗人府一次，要寫明其子女出生的年月日時，生母是嫡是庶，姓氏為何，宗室入黃冊，愛新覺羅入紅冊。每過十年，經宗人府題請，由宗令、宗正，及滿漢大學士、禮部尚書、侍郎、內閣學士等充當正副總裁官，把黃冊、紅冊所載的子女資料匯入

雍和宮鳥瞰圖

《玉牒》。如有歧義，要由皇帝作裁斷。《玉牒》按十年一修的制度，關於弘曆出生的記載，應當在弘曆十歲或十歲以前修，存在雍正帝繼位後修改的可能性。

第二，《清世宗實錄》和《清史稿·后妃傳》記載，乾隆帝的生母是鈕祜祿氏；格格鈕祜祿氏，被封為熹妃。《清實錄》由下一代皇帝主持纂修，《清史稿》是民國初年纂修的。雖然都為官方史書，具有權威性，但是，也都存在後人修改或杜撰的可能性。

第三，清宮檔案記載。《雍正朝漢文諭旨匯編》裏收錄當時檔案的記載，卻不相同：雍正元年二月十四日（1723 年 3 月 20 日）奉上諭：遵太后聖母諭旨："格格錢氏封為熹妃"等（《雍正朝漢文諭旨匯編》雍正元年二月十四日）。在這份重要檔案裏，雍正元年二月十四日被封為熹妃的，不是格格鈕祜祿氏，而是格格錢氏。

第四，《永憲錄》記載熹妃姓錢。《永憲錄》記述："雍正元年十二月丁卯，午刻，上御太和殿。遣使冊立中宮那拉氏為皇后。詔告天下，恩赦有差。封年氏為貴妃，李氏為齊妃，錢氏為熹妃。"也就是說在當時有人就對乾隆帝的親生母親是誰提出了懷疑。

第五，據乾隆朝編修的《八旗滿洲氏族通譜》，書中載錄了滿洲姓氏 1115 個，記錄人物超過兩萬人，但沒有一位姓錢的。

從以上五份資料看，乾隆帝的生母出現了兩種記載：其一是鈕祜祿氏，原任四品典儀官、加封一等承恩公凌柱之女；其二是熹妃錢氏。

以上連官方記載都不一樣，難怪人們對乾隆帝的生母是誰產生了疑惑。我對這種歷史文獻與檔案記載的差異，做出如下解釋。

第一，熹妃只能有一人。按清宮規制，皇妃的封號只能有一個，不能有重名。所以"熹妃"在清朝只能有一人。因此，格格錢氏與格格鈕祜祿氏應當是同一個人。

第二，在這五份官私記載中，清宮諭旨檔案是當時的第一手資料，比較可信。所以證明弘曆的母親熹妃就是錢氏。這正是"夜半橋頭無孺子，人間猶有未燒書"。雍正帝、乾隆帝、嘉慶帝萬萬沒有想到，還有一份宮廷檔案留存在人世，塵封在內閣大庫的檔案裏。

第三，錢氏被改成了鈕祜祿氏。錢氏出身低微，她從生下弘曆到冊封為熹妃，

《慈寧燕喜圖》中，乾隆帝為孝聖皇太后舉觴祝壽

中間十二年都是"格格"。弘曆既然被秘密立儲，將來就是大清皇帝。他的生母怎能出現漢姓錢氏呢？需要一個高貴純正的滿洲血統。所以，有可能由"滿洲鑲黃旗人四品典儀凌柱"認作乾女兒，改姓鈕祜祿氏，這樣就解決了身份與姓氏的難題。

總之，關於乾隆帝生母的傳說，並不是空穴來風，但仍然是一樁歷史疑案。

乾隆膳單

乾隆帝享年八十九歲，是中國自秦始皇以來二千一百三十二年皇朝史上歷代帝王中壽命最長的一位。很多人關心乾隆帝長壽的秘訣是什麼。讓我們通過他的三份膳單，也就是食譜，探討一下這位長壽天子的飲食之道。

吃 遍 天 下

皇帝君臨天下，吃遍天下山珍海味、美食佳餚。僅常用的貢品就有：東北的黏高粱米粉子，山西的飛羅白麵，陝西的紫麥，寶雞的玉麥，蘭州、西安的掛麵，山東的抻麵、博粉，廣西的葛仙米，河南的玉麥麵，河北的 "福"、"壽" 字餑餑，山東的耿餅，安徽的青餅，北京的黃、白、紫三色老米，直隸進奶豬、乳羊、雞、野雞、鴨，崇文門每年春季進的黃花魚、秋季的銀魚，直隸保德州冬季進的石華魚，山東進的麒麟菜、海帶、紫菜、吉祥菜、魚翅，兩淮進的風乾豬肉、糟鵝蛋、糟鴨蛋，湖廣進的銀魚乾、蝦米，外藩蒙古進的鹿肉乾，長蘆鹽政進的豬、羊、雞、鴨、魚等。小菜方面有：山東的扁豆、鳳尾菜，浙江的醬菜，江蘇的小菜，福建的閩薑等。還有貢鮮魚，如江蘇鎮江貢鰣魚。每年第一網鰣魚，送皇帝嘗鮮。宮廷在桃花盛開的時候，舉行 "鰣魚宴"，皇帝賜朝廷重臣一同品嘗。鰣魚捕到後，用冰船和快馬，分水、旱兩路，沿途設冰窖、魚場保鮮，行程三千里，限三天內送到。

鰣魚一到，立即烹調。

可以說，全國最好的東西，都是優先供應皇帝。但乾隆帝是怎樣用膳的呢？

御膳時間。滿洲習俗，一日兩餐。早膳卯正（6時）二刻，晚膳午正（12時）二刻（《養吉齋叢錄》）。隨季變化提前或推後。除正餐外，還有小吃、點心，隨時需要，另行承應。

御膳地點。康熙以前，皇帝住在乾清宮，用膳地點主要在乾清宮及其附近。雍正開始住在養心殿，經常在養心殿東暖閣進膳。但膳隨帝走，皇帝走到哪兒，傳膳就跟到哪兒。皇帝身邊總有幾個"背桌子"的侍從。皇帝想吃飯，一聲"傳膳"令下，侍從立即將三張膳桌一字擺開。傳膳太監從御膳房到皇帝用膳的地方，一溜小跑，魚貫而入，把御膳房已準備好的御膳擺在膳桌上。皇帝用膳都是一個人，沒有妻妾子女陪同，除非下旨讓誰一起吃飯。只有年節才可能和家人一起用餐，也是單獨一張餐桌。

清宮御膳以滿洲傳統風味為主，蒸、燉、煮、燒居多，也有明朝御廚留下的傳統魯菜、江南御廚的淮揚菜，到康熙以後偶爾也有西餐。皇帝進膳有膳單，就是食譜、菜譜，御膳所用食品及烹調廚師，逐日開單，具稿畫行。每日用膳前，膳單要寫明某菜為某廚師烹製，以備核查。膳單彙總，月成一冊。所以現在還能看到這方面的檔案。

御膳供應豐厚，皇帝、太后、皇后標準：每次進全份膳四十八品；每天用盤肉十六斤、湯肉十斤、豬肉十斤、羊兩隻、雞五隻、鴨三隻、蔬菜十九斤、蘿蔔六十個、蔥六斤、玉泉酒四兩、青醬三斤、醋兩斤和米、麵、香油、奶酒、酥油、蜂蜜、白糖、芝麻、核桃仁、黑棗等。

過於優越的飲食條件、過於充分的飲食供應，對皇帝的健康膳食也是一種考驗。大多數人在這種情況下，恐怕都很難禁住美食佳味的誘惑，沒有吃出健康，反倒吃出疾病。

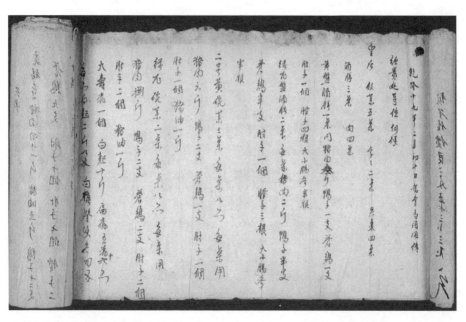

宮中膳單（乾隆十九年）

中 年 膳 單

乾隆十六年（1751）六月初四日，乾隆帝這年四十一歲。先看他的早膳吃些什麼？

四個熱菜：芙蓉鴨子、羊肉燉倭瓜、羊肉絲、韭菜炒肉；

一個涼菜：清蒸鴨子額爾額羊肉；

五個小菜：葵花盒小菜一個、銀碟小菜四個；

三種主食和點心：竹節捲小饅頭、匙子餑餑紅糕、蜂糕。

後來乾隆帝又傳了肉絲湯膳、豬肉餡餛飩、果子粥、雞湯老米膳。

再看當天他的晚膳：

五個熱菜：燕窩肥雞歇野鴨、蔥椒肘子、鴨子火燻燉白菜、炒木須肉、肉片炒扁豆；

兩個涼菜：蒸肥雞燒麅肉、腿羊肉；

五個小菜：銀葵花盒小菜一個、銀碟小菜四個；

四種主食：象眼小饅頭、白麵絲糕、糜子麵糕、豬肉餡湯麵餃子。

後來乾隆帝又傳了粳米乾膳、芙蓉鴨子、羊肉絲。從以上這幾份膳單可以看出乾隆帝的飲食習慣：

第一，與宮廷規定的 48 個品相比，乾隆帝的膳食比較簡單，種類不是很多，但是已經足夠豐富。看來他日常吃飯方面講求實際，不搞擺看的菜品。

第二，有葷有素、有熱有涼、有主有副、有乾有稀，葷素搭配，以葷為主。主食米麵雜糧搭配，以麵食為主。烹調方法豐富，蒸、燉、煮、燒、炒都有。

第三，再參照其他膳單，乾隆帝自己傳膳的飯食，早膳後以湯水為主，晚膳後又補充一頓簡餐，相當於每天兩頓正餐再加兩頓簡餐或點心，既補充能量不足，又不至於過剩。這個時候他正值壯年，工作時間長，消耗體能大，兩頓正餐顯然不足，再加兩頓簡餐，是個好辦法。

第四，膳食中肉食比例很大。這原因是森林文化飲食以飛禽走獸之肉為主。滿洲入關已過百年，常食含熱量高的鹿肉、熊掌，濕熱相搏，容易得病。乾隆帝對飲食結構進行了調整。但肉類特別是鴨、雞、羊肉、豬肉等，每頓必有，麅子肉出現過一次，蔬菜相對較少。

老 年 膳 單

乾隆四十四年（1779），乾隆帝六十九歲，他的晚膳這麼吃：

熱菜八個：燕窩蓮子扒鴨、鴨子火燻蘿蔔燉白菜、扁豆大炒肉、羊西爾占（羊的某個部位）、鮮蘑菇炒雞，後來又加了燕窩鍋燒鴨絲、羊肉絲、小羊烏叉（小羊後臀肉）；

涼菜一個：蒸肥雞麅肉；

小菜五個：銀葵花盒小菜一個、銀碟小菜四個；

主食五種：象眼小饅頭、棗糕老麵糕、甌爾糕（一種米糕）、螺螄包子，隨送豇豆水膳；

乾隆帝自己又傳膳：拌豆腐、拌茄泥。

這頓飯，有葷有素、有熱有涼、有主有副、有乾有稀，葷素搭配。主食米麵雜糧搭配，以麵食為主。烹調豐富，蒸、燉、煮、燒、炒都有。肉食有鴨、羊、雞、豬、麅五種肉食，但蔬菜增多，有白菜、蘿蔔、扁豆、鮮蘑菇，皇帝又增加了茄子。副食有燕窩、蓮子、豆腐等。主食和副食綿軟，便於咀嚼消化。其中拌豆腐和拌茄泥，本是農家菜，也進入皇帝膳桌。

乾隆五十六年五月二十日（1791 年 6 月 21 日），乾隆帝已是八十一歲老人，他的早膳是這樣的：

熱菜三個：山藥雞羹、燕窩口蘑鍋燒鴨子、羊肉絲；

涼菜兩個：清蒸鴨子燒豬肉捲、糊豬肉；

主食兩種：竹節捲小饅頭、孫泥額芬白糕（奶餅白糕）。

晚膳：

熱菜四個：炒雞大炒肉燉茄子丸子、燕窩火燻鴨絲、羊他他士（羊的某個部位肉）、扁豆炒肉；

涼菜一個：蒸肥鴨燒雞肉捲；

主食兩種：象眼小饅頭、紅豆水膳。

從這份膳單可以看出，八十一歲高齡的乾隆皇帝，飲食品種方面有所減少，但還是有葷有素、有熱有涼、有主有副、有乾有稀。烹調方法還是蒸、燉、煮、燒、炒都有。肉食佔比還是較大。但是兩頓正餐之後，都沒有加餐。雞蛋也少見列入正餐。

從以上膳單可見：清宮御膳有兩大禁忌，一是不吃牛肉，二是不吃狗肉。水產品少見。

乾隆帝吃飯有節制，重養生，講究葷素搭配。另外，乾隆帝不抽煙、不喝酒，偶爾喝一點宮中自釀的玉泉酒。乾隆帝不暴飲暴食、更不酗酒、嗜茶。清宮有喝奶茶、吃奶製品習慣。

多數皇帝，雖享盡天下珍鮮美味，但其飲食缺乏節制，缺乏科學，缺乏平衡。這是帝王多短壽的一大原因。乾隆帝能節制飲食，且持之以恆，這是他健康長壽的秘訣之一。

錫製一品鍋

痛懲貪官

　　康熙晚期，吏治日趨鬆弛，官員貪污嚴重。雍正懲貪，雷厲風行，但是後期鬆弛。乾隆治貪，親抓大案要案，嚴懲而不手軟。

皇 親 貪 案

　　皇親國戚貪污案，先從高樸說起。高樸的爺爺高斌，滿洲鑲黃旗人，官康熙朝文淵閣大學士、軍機大臣、內大臣、吏部尚書等，女兒是乾隆帝的皇貴妃。高斌一生，勤奮兢業，以七十三歲高齡，累死在治河工地上，與靳輔同受廟祀。

　　俗話說："老子英雄兒好漢"，有的如此，有的未必。高斌的兒子高恆，父親是軍機大臣，妹妹是乾隆的皇貴妃，他沒有經過科舉，由國子監蔭生起，做淮安等稅關長官、署長蘆鹽政，後任內務府總管大臣，都是美差、肥差。經諸鹽商告發：高恆貪污銀四百六十七萬餘兩。全國一年徵收的鹽稅銀 —— 康熙六十年（1721）為三百七十七萬餘兩，雍正十二年（1734）為三百九十九萬餘兩，高恆竟然貪污四百七十六萬餘兩！經刑部調查審理，事實清楚，證據充足。諭旨：高恆，伏誅。就在乾隆帝要定高恆死罪時，大學士傅恆為高恆求情：請皇上看在皇貴妃面上，免其死。乾隆帝說：皇貴妃兄弟犯法免死，皇后兄弟犯法當奈何？傅恆的姐姐是乾隆帝皇后富察氏。傅恆一聽，話外有音，這是"敲山震虎"，警告我的！由是戰慄，

內務府

全稱"總管內務府",是清代掌管宮廷事務的機關。下屬機構主要有內務府堂、廣儲司、都虞司、掌儀司、會計司、營造司、慶豐司、慎刑司七司和武備院、上駟院、奉宸苑三處和造辦處等。其職能為掌管皇家的財務、典禮、扈從、守衛、司法、工程、織造、作坊、飼養牲畜、園囿行宮、文化教育、帝后妃嬪的飲食起居及宮廷雜務,太監、宮女管理等。

不敢再說。

　　高恆的兒子高樸,也不是科舉正途出身,以祖、父、姑三重關係,初為員外郎,逐步升到左副都御史、兵部侍郎,都是副部級。後出任新疆葉爾羌辦事大臣。這裏有座密爾岱山,產美玉,當時已封禁。高樸到葉爾羌後,疏請開採,每年一次。兩年後,新疆阿奇木伯克色提巴勒底,奏訴高樸役使當地民眾三千餘人上山採玉,婪索金銀,盜賣官玉。乾隆帝得到奏報,命將高樸免職調查,發現高樸在葉爾羌存銀一萬六千餘兩、黃金五百餘兩,並將美玉寄回家。乾隆帝說:"高樸貪婪無忌,罔顧法紀……較伊父高恆尤甚,不能念係慧賢皇貴妃之姪、高斌之孫稍為矜宥也。"(《清史列傳·永貴傳》)就是說,不能因高樸是皇貴妃的姪子,就可以免受處罰。乾隆帝命:殺高樸,籍其家。

群 體 貪 案

　　群體貪污案之首是總督勒爾謹、巡撫王亶望。案情經過是這樣的:甘肅地區常有災荒,陝甘總督勒爾謹上疏,請求在肅州、安西等地,捐糧獲得國子監生員資格,就可以應試做官,叫作"監糧"。也就是以糧食買監生文憑,籌集糧食,備用賑災。當時主管戶部的首輔軍機大臣、大學士于敏中極為贊同,說服乾隆帝允准。乾隆帝強調只准納糧捐監,不能以銀代糧,以確保達到儲糧的目的。為慎重起見,將浙江巡撫王亶望調去,協助勒爾謹經辦此事。王亶望的父親王師是個清官,乾隆帝以為王亶望能謹守家風,也做個清官。

王亶望到任後半年左右，拿出了可觀的成績：安西、肅州捐監的人已達到一萬九千零一十七名，收到各種糧食八十二萬七千五百石（《清高宗實錄》卷九七一）。當時就引起乾隆帝懷疑，提出：甘肅民貧地薄，怎麼能有近兩萬人捐監？怎麼會有這麼多餘糧？捐監舉行三年，王亶望報告，一共有十五萬商民納糧而稱為監生，收到監糧六百多萬石，超過甘肅省每年的賦稅收入七八倍之多，可謂成績斐然。

總督勒爾謹、巡撫王亶望等貪污腐敗，激發了甘肅蘇四十三民變。勒爾謹督師兵敗，被逮捕下獄。大學士阿桂、尚書和珅先後出師甘肅，連日遇到大雨，延期入境。乾隆帝因此產生懷疑，甘肅不是連年都報告大旱，旱情是否存在呢？於是，令阿桂等調查，具實奏聞。

第一，勒爾謹、王亶望根本就沒有收納捐糧，而是收納捐銀，這些銀子直接就被大小官員私分了。既不存在捐監糧食入庫——根本沒有捐糧食，但賬面上有糧食，只是空賬；也不存在所謂以糧賑災——賬面上發糧賑災，但實際上沒賑災，只是遊戲。他們全是賬面遊戲，銀子卻落入各級官員私囊。

第二，本案貪污一千兩以上的官員共一百零二人，全省大小官員無不染指，前後冒賑七百萬至八百萬石"監糧"。侵吞監糧銀兩萬兩以上的有二十人，一萬兩以上的有十一人，一千兩至九千兩的二十六人，一位六品官貪了十五萬多兩銀子。王亶望貪了約三百萬兩。這批貪官侵吞約一千多萬兩白銀，相當於國家一年總收入的三分之一。

乾隆帝下令：王亶望立即正法，王亶望之子王裘發伊犁，幼子下獄到年滿十二歲時逐個流放。勒爾謹先命自盡，後改斬監候，死於獄中。布政使王廷贊論絞，蘭州知府蔣全迪斬首，州縣官貪污賑濟銀兩萬兩以上者二十二人全斬首。甘肅被處死的官員五十六人，免死充軍的四十六人，使得當地大小衙門陷於癱瘓，朝廷不得不緊急調整官員，才度過這場危機。

此案還牽連乾隆三年（1738）狀元、軍機大臣、文華殿大學士兼戶部尚書于敏中。于敏中當時極力支持甘肅捐監之事，時于敏中已死，並入祀賢良祠。乾隆帝命"于敏中著撤出賢良祠"，遭身後之辱。

這次案發之後，乾隆帝在承德避暑山莊，問訊阿揚阿當年前往甘肅盤查糧倉之事。阿揚阿奏稱：在甘省盤查時，逐一簽量，按冊核對，俱係實儲在倉，並無短缺。"乾隆帝對此毫不相信，他認為：此等簽量人役，即係該地方官所管之人。阿揚阿彼時雖逐倉查驗，亦止能簽量廒口數尺之地，至裏面進深處所，下面鋪板，或攙和糠土，上面鋪蓋穀石。此等弊竇，阿揚阿能一一察出，不受其蒙蔽乎？（《清高宗實錄》卷一一三七）最後，阿揚阿革職。

冒死彈劾

國泰是紈綺子弟，家教不嚴。其父文綬，歷官湖廣總督、陝甘總督、四川總督等，曾三次因徇庇貪污犯等罪而被免官，並發往伊犁效力。國泰官山東巡撫，非常驕橫。當時身任山東布政使的于易簡，見了國泰竟然"長跪白事"，就是跪著說事，後來兩人沆瀣一氣。

乾隆四十七年（1782），御史錢灃彈劾山東巡撫國泰和布政使于易簡貪縱營私，搜刮百姓，州縣庫空。乾隆帝命尚書和珅、左都御史劉墉前往調查處理，並令錢灃同往。錢灃、劉墉、和珅三個人態度不同：錢灃因揭發此案，堅持嚴查，不屈不撓；劉墉主持正義，偏向錢灃；和珅暗裏袒護國泰，事先透露消息。國泰得到信息後，就借來市銀（市場流通銀子）補足庫銀虧空。和珅到濟南後，立即盤查歷城銀庫，令抽看庫銀數十封，足數無缺，於是馬上起身，返回行館。（《清史稿·和珅傳》）

而實際上，帑銀和市銀的規格和包裝是有區別的，帑銀以五十兩為一鋌，市銀則不是。劉墉先同錢灃商量，共同定下舉措。於是，錢灃請立即封庫，第二天再查。第二天他們來到銀庫，很容易就發現庫銀是用外借的市銀充數。錢灃按問得實，召來商人，歸還所借，銀庫為之一空。劉墉和錢灃再查章丘、東平、益都三州縣的銀庫，全都虧缺（《清史稿·錢灃傳》）。經查，山東各州縣銀庫虧兩百多萬兩銀子，都是國泰、于易簡在官時的事。

在審問時，國泰對錢灃罵道："汝何物，敢劾我耶！"意思是你是什麼東西，竟敢彈劾我！劉墉大怒道："御史（錢灃）奉詔治汝，汝敢罵天使耶？"當即命人

避暑山莊煙波致爽殿

抽國泰嘴巴。國泰害怕，跪在地上（《清稗類鈔》）。

此案經進一步審理，國泰承認貪取數輒至千萬。于易簡諂媚國泰，督撫夥同貪污。獄定，皆論斬，乾隆帝命改斬監候，下刑部獄。命國泰在獄中自裁（《清史稿·國泰傳》）。

錢灃在彈劾國泰前，做了被戍邊的準備。對好友邵南江翰林說：“家有急用，需錢十千，可借乎？”邵答：“錢可移用，將何事也？”錢說：“子勿問何事。”借了錢三天後，錢灃上彈劾國泰的奏章。事後，錢灃對邵南江說：“我想彈劾國泰必被譴戍，故預備點錢用。我喜食牛肉，在路上可以不用僕從，以五千錢買牛肉，每天吃肉充飢，其餘錢我自己預備，能到達戍地就行。”聽到這番話的人無不震驚。錢灃反貪，得罪和珅，後死，有說是被和珅毒死的。

做個言官，堅持正義，剛正直言，多不容易！

有福之人

康熙六十一年（1722），在避暑山莊發生了一個有趣的故事。康熙帝帶著養在宮裏的皇孫弘曆，來到皇四子胤禛的獅子園，胤禛和嫡福晉烏喇那拉氏恭迎。康熙帝令帶弘曆生母來見。當康熙帝見到這位兒媳鈕祜祿氏時，不禁連稱"有福之人"。這一年她三十歲。

健 康 高 壽

弘曆生母鈕祜祿氏，父凌柱，四品官。她生於康熙三十一年（1692），十三歲時，經選秀進入皇四子胤禛府邸。胤禛嫡妻那拉氏是一品官費揚古的女兒，而鈕祜祿氏因出身不高，多年以來，勤理家務，地位比較低，被稱為"格格"。康熙五十年（1711）八月她為雍親王生下弘曆，但地位並沒有改變。直到雍正登極，才被封為熹妃，後晉封為熹貴妃。雍正帝逝世，乾隆帝繼位，她被尊為崇慶皇太后。

崇慶皇太后不僅享受到乾隆帝孝敬，而且母子雙雙壽高體健，是清朝最有福氣的皇太后。

第一，健康長壽。崇慶太后出身雖然不高，父親四品京官的俸祿，也足以保證衣食所用，她從小沒有過苦日子。出嫁後，因地位低，每天忙碌家務瑣事，不參與家長裏短，內心平靜而適當勞力，於是有個健壯的身體。出身高貴的皇后、年妃都死在雍正帝之前，所謂富貴榮華過眼煙雲。崇慶太后則目睹了國家全盛，見到曾孫、玄孫，五世同堂，以八十六歲高壽離世。

第二，有個好兒。好兒子，一個就夠了。崇慶太后有乾隆帝這一個兒子，擁有至高無上權力，至孝至敬母親。崇慶太后居住在慈寧宮，明亮寬敞，前有花園，花繁葉茂，亭台錯落，小路平整，佛堂靜肅。還有壽康宮、壽安宮，都供崇慶太后使用。吃飯，有專門的廚房廚師，人間美味盡情享用；餐具，有景德鎮御窯特供；穿著，有江南三織造特供；日常用品和文玩擺設，有內務府特供。除物質享受外，乾隆帝經常來到母親身邊，問寒暖，敘家常。她還有一大享受，就是跟著兒子乾隆帝外出巡遊，先後一次巡遊嵩（山）洛（陽）、兩次東巡、三上五台山、四下江南，圓明園賞月、山莊避暑、木蘭秋獮則是每年必去的。

第三，知足知止。崇慶太后地位高，兒子孝，但她並沒有昏頭，而是謹守家法，保重國體。一天，太后偶然說有一座廢棄寺廟應當重修，乾隆帝聽太監傳話後，立即照辦。太后說：“你們伺候過聖祖（康熙皇帝），幾時見過昭聖太后令聖祖修蓋廟宇？趕緊上奏皇上停止修廟！”每次太后弟弟到內廷來謝恩，太后都會制止。有福還得會享福。崇慶太后知福惜福，知足知止，一輩子平平安安。

聖 壽 慶 典

皇太后的生日被稱為聖壽節。每年太后聖壽節，乾隆帝都要率領兒孫和大臣給太后奉觴稱慶。特別是崇慶太后五十、六十、七十和八十大壽，賀壽慶典，無比隆重。

乾隆六年（1741），皇太后五十大壽，普天同慶。日子還沒到，就日進壽禮九九。先獻上乾隆帝御製詩文、書畫，再奉上各種禮物，如意、佛像、冠服、簪飾、金玉、犀角、瑪瑙、水晶、玻璃、琺瑯、彝鼎、瓻器、書畫、綺繡、幣帛、花果，還有來自外國的珍品。

乾隆十六年（1751），皇太后六十大壽。皇帝率皇后、皇子、皇孫等，侍皇太后於壽安宮，看戲，壽宴，連著慶祝九天（《國朝宮史》卷七）。外省老民老婦，冒著嚴寒，千里迢迢，來京祝釐。在京官員，設立經壇，誦經祝壽。乾隆帝奉皇太后到萬壽寺瞻禮，祈願萬壽無疆（《清高宗實錄》卷四〇三）。還頒諭二十條：在京滿漢文武大小官員，都各加一級；在京八旗兵丁、太監等，都賞給一月錢糧；八十以上者給絹一匹、棉一斤、米一石、肉十斤，九十以上者加倍，百歲者給銀建牌坊。

乾隆二十六年（1761），太后七十大壽。乾隆帝行九拜大禮。乾隆帝大宴壽安宮，躬舞太后壽筵前，率皇孫、皇曾孫聯舞、敬酒。

乾隆三十六年（1771），皇太后八十大壽。這一次更加隆重。給皇太后上尊號。

首先，乾隆帝到暢春園，給皇太后恭進奏書。陳設彩亭，御仗前導，導迎樂作，群臣山呼。乾隆帝御禮服，到暢春園，問皇太后安，恭進奏書。奏書稱："恭逢八旬萬壽之昌辰，春暉正永；喜愜五代一堂之盛事，慈蔭方長。"（《清高宗實錄》卷八九七）而後，乾隆帝奉皇太后御輦，乘騎前導，迎接皇太后還宮。到聖壽節的正日子，乾隆帝先到壽康宮，王大臣於慈寧門，眾官於午門，行大禮。然後乾隆帝到慈寧宮，侍皇太后宴。跳彩衣舞，奉觴。皇子、皇孫、皇曾孫、額駙等，以次進舞。

珍 貴 遺 產

乾隆皇帝為給崇慶太后盡孝，可以說是無所不用其極。他送給母親的賀壽大禮，有的一直存留到當今，成為珍貴的文化遺產。其中有四件大禮。

第一，清漪園。清漪園是頤和園的前身。為什麼要修這個園子呢？乾隆帝的《萬壽山昆明湖記》說，目的之一是為慶賀皇太后六十大壽。乾隆十四年（1749），乾隆帝興建清漪園，改甕山為萬壽山，改西湖為昆明湖。在今佛香閣的位置上建有九層寶塔，後湖沿岸一帶建有仿照江南蘇州水鄉的街市房屋，後山興建喇嘛廟和藏式碉樓。另外，還疏浚長河水道，引湖水出閘，沿長河入城。帝后可以乘輦出宮，到西直門外高樑橋附近的倚虹橋，棄輦登舟，溯長河至清漪園遊幸。清漪園暨昆明湖的景色更為秀麗："何處燕山最暢情，無雙風月屬昆明。"從空中俯瞰，昆明湖像一個壽桃。傳說乾隆帝以湖為蟠桃，為母親祝壽。

乾隆帝到清漪園共一百三十二次，但從不在園裏過夜。為什麼呢？乾隆帝說過，修園勞民傷財，他為此自責："園雖成，過辰而往，逮午而返，未嘗度宵，猶初志也，或亦有以諒予矣。"（《日下舊聞考》）就是說，每次早上去，過午返回，不曾在園裏過夜，以此自律和反思，或可得到天下對自己的諒解。後到光緒年間，慈禧皇太后為慶賀自己生日，重新修園，改名為頤和園。現在頤和園被列入世界文化遺產。

　　第二，壽安宮。乾隆十六年（**1751**），為皇太后六十歲生日，將舊宮改建，更名壽安宮。乾隆二十六年（**1761**），為皇太后七十大壽，壽安宮再次重修。所以，壽安宮是乾隆帝送給母親六十大壽和七十大壽的禮物。主要是為了給太后舉辦慶典活動，三進三跨的大四合院，院內還建了一座三層的大戲台。太后大壽慶典，在這裏盛宴、看戲，不亦樂乎。

　　第三，萬佛樓。是一座三層高的大殿堂，乾隆帝為母親八十大壽而建造。萬佛樓陳設佛龕：底層四千九百五十六個，中層三千零四十八個，上層兩千零九十五個，共有一萬零九十九個。故名"萬佛樓"，寓意太后萬壽。乾隆帝曾下令文武大臣和封疆大吏各捐造金佛一尊，大金佛五百八十八兩八錢，小金佛五十八兩，也都含"八"字。這些金佛均被八國聯軍中的日本軍隊搶奪得一乾二淨。語云："鳥來鳥去山色裏，人歌人哭水聲中"。萬佛樓閱盡人世滄桑。

逛一逛

壽康宮

清代皇太后起居之地。位於慈寧宮西側，清雍正十三年（1735）建，乾隆元年（1736）建成。為南北三進院，正門是壽康門，門內正中是壽康宮，坐北朝南，面闊五間，進深三間。

壽安宮

始建於明代，位於壽康宮之後。原名咸熙宮，嘉靖十四年（1535）改咸安宮。清雍正年間於此辦咸安宮官學。至乾隆十六年（1751）為皇太后慶典將其修葺後，改稱壽安宮。

壽康宮

壽安宮

第四，金髮塔。乾隆四十二年正月二十三日（1777 年 3 月 2 日），崇慶皇太后病逝於圓明園長春仙館，享年八十六。乾隆帝下詔製作金髮塔一座，塔高一百四十七厘米，使用黃金三千多兩，鑲嵌珠寶、綠松石、珊瑚等。塔肚內置一盛髮金匣，珍存太后的頭髮。塔下承以紫檀木蓮花瓣須彌座。製成後安放在壽康宮東佛堂內。這座金髮塔，今在故宮博物院珍藏。

　　乾隆帝給他母親祝壽，所花掉的金銀，所揮霍的財富，都是賦稅人的血汗。他所未料到的是，這些禮品卻也成為——民族文化精粹、世界文化遺產。

　　人們常說：五福同享。"五福"：一是壽，二是富，三是康寧，四是修好德，五是考終命（正常老病而死）。這五福，崇慶皇太后都享受到了。她是一個勤勞、健康、樂觀、知足的女人，又生了乾隆皇帝這個孝順兒子，便享盡人間榮華富貴。她對兒子最大的回饋，應該就是她的長壽基因。她享年八十六歲，她兒子享年八十九歲，是中國古代帝王有文字記載壽命最長的一位。乾隆帝以他祖父康熙帝為榜樣，像康熙帝孝敬孝莊太皇太后一樣，孝敬崇慶皇太后，也為後代樹立了榜樣。孝，是中華傳統美德，孝的內涵有"六孝"：孝敬、孝順、孝養、孝心、孝言、孝行。《漢書·藝文志》說："夫孝，天之經，地之義，民之行也。"

金髮塔

和珅兒媳

大家所熟知的和珅，有一位特殊的兒媳，她就是乾隆帝的第十女和孝公主。所以，和珅和乾隆帝既是君臣關係，又是兒女親家。

和 孝 公 主

乾隆帝有十個女兒，十公主出生時，乾隆帝已經六十五歲。老來得女，非常寵愛。十公主長大後，長相酷似父親，性格剛毅，能挽十力弓，曾女扮男裝隨駕秋獮，"射鹿麗龜，上大喜，賞賜優渥"。乾隆帝視她如掌上明珠，曾對十公主說："汝若為皇子，朕必立汝儲也。"（昭槤《嘯亭續錄·和孝公主》）意思是如果你是男孩，我一定立你為太子。

十公主六歲時，乾隆帝為他選了一個婆家，將她指婚給和珅的長子，還特別為她這位未來額駙賜了一個滿文名字，漢譯叫豐紳殷德，是有福、祝福的意思。十公主十四歲時，乾隆帝又封她為固倫和孝公主，視同皇后生的女兒。

乾隆五十四年（1789），十五歲的和孝公主受賜金頂轎，舉行隆重的婚禮，下嫁與她同歲的豐紳殷德。下嫁這天，乾隆帝先在保和殿大宴額駙豐紳殷德及王公大臣，然後接受十公主拜別。據說十公主穿著金黃色繡龍朝褂，頭戴貂皮朝冠，朝冠上鑲著十顆大東珠。東珠，來自東北江河，非常稀缺，極為名貴。在清朝，東珠鑲嵌在冠服上，象徵權力和尊榮。到達婆家，和珅夫婦在門口跪迎兒媳十公主。在那前後的日子裏，裝載公主嫁妝的車馬絡繹於道。婚後第九天，公主和額駙回宮謝恩。公主入宮行禮，皇父賞了三十萬兩白銀。額駙則在乾清門外行禮，不能進入後宮。而在結婚之前，乾隆帝因快過八十大壽，賞給五位皇子、兩位公主，各五千兩白銀。可見三十萬兩是巨大財富。不久，乾隆帝親自到和珅府邸去看望十公主。

按照清朝制度，在京居住公主俸銀，固倫公主四百兩、額駙三百兩（光緒朝《欽定大清會典事例》卷二四八）。額駙豐紳殷德很聰明，善作小詩，瀟灑倜儻，俊逸可喜。因娶了和孝公主，官升都統兼護軍統領、內務府大臣。有時額駙恃寵驕縱，公主說：“汝翁受皇父厚德，毫無報稱，惟賄日彰，吾代為汝憂。他日恐身家不保，吾必遭汝累矣！”一日積雪，額駙做玩雪遊戲，公主立即責備說：“汝年已逾冠，尚作癡童戲耶？”額駙長跪，請罷乃已（昭槤《嘯亭續錄·和孝公主》）。

公 主 婆 家

和孝公主的婆家，就是和珅府邸，在北京西苑三海西北的什剎海畔，與北海水系相通。元代這裏是重要的漕運碼頭，清代逐漸在什剎海周邊建起許多大宅院。這裏區位高貴，水道蜿蜒，楊柳成蔭，環境優美。乾隆四十一年（1776），和珅在這裏建府，五十四年（1789）和孝公主下嫁到這裏，後逐漸形成三路四進、前邸後園的格局。中路用於禮儀，東西兩路用於居住：公主和額駙居東路，和珅夫婦居西路。

中路的三進院，其主要建築，由南到北依次是：大門、二門、正殿、二殿、後罩樓。後罩樓有兩層，東西長一百五十六米，計一百零九間，據說是和珅夫人馮氏居所。

東路的三進院，主要建築，南有延禧堂，北有樂道堂。延禧堂，是和孝公主和額駙豐紳殷德的居所。樂道堂，是和孝公主的寢室，室內樑架上至今保存著乾隆時的鳳凰貼金彩繪。金色的鳳凰之間綻放著華貴的牡丹，盡顯和孝公主的尊貴身份。她在此居住了三十四年。

西路的三進院，主要建築也是前後兩處，後院是嘉樂堂，為和珅的起居室。

和珅府（今恭王府）花園流杯渠

和珅仿照紫禁城裏寧壽宮的檔次精心裝修，安設金絲楠木仙樓，材料昂貴，精雕細琢，再配合金色花紋的火山岩地磚，滿目華麗，多有逾制，後被列為大罪之一。和珅府邸，同時也是公主府第，在和孝公主嫁過來的十年裏，這裏充滿了高貴與財富、歡樂與喜慶。

和孝公主的知名度遠沒有其公爹和珅大。和珅因兒子豐紳殷德娶乾隆帝十公主而更加顯赫。和珅為什麼能成為寵臣、佞臣，又能專權、貪腐？原因很多，其中之一，就是和珅"善伺意"、"巧彌縫"。什麼叫"善伺意"呢？就是善於揣摩、迎合乾隆帝的意圖。和珅能夠把握、抓住、佔有、利用乾隆帝的心。當年楊貴妃把握住唐明皇，萬貴妃把握住成化帝，都是因為"善伺意"。乾隆帝將要喜歡的，和珅能先猜到，並做到；乾隆帝決心要做的，和珅立刻遵辦，並辦得妥帖；乾隆帝想做而不該做的，和珅不反對，並順遂；乾隆帝應做而沒想到的，和珅不顯露出比主子更聰明而使主子做到。所以，乾隆帝認為和珅是自己看得見、信得過、用得上、離不開的人。

和珅做官做到了極致：由乾清門侍衛，升到"六大臣"即大學士、軍機大臣、議政大臣、領侍衛內大臣、內務府大臣、御前大臣、兼都統、步軍統領，管戶部三庫、充崇文門稅務監督，任吏部、戶部、兵部尚書，兼管刑部尚書、理藩院尚書事，翰林院掌院學士，充四庫全書館正總裁，"寵任冠朝列"（《清史稿·和珅傳》）。私宅軍人供役者千餘人。但應了《老子》所說："福兮，禍之所伏。"和珅落了個身敗名裂的下場，幸有和孝公主這位兒媳，才保住了兒子豐紳殷德的一條小命和一隻飯碗。

劫 後 餘 生

和孝公主二十五歲時，遭家難。嘉慶四年（1799），和珅伏誅。廷臣議奪其子爵職。嘉慶帝詔以公主故，留襲伯爵。不久因籍沒家產，發現朝珠等不應臣下所應有的物品，審訊其家人，說和珅經常於燈下臨鏡懸掛。嘉慶帝大怒，剝奪豐紳殷德伯爵，仍襲舊職三等輕車都尉。

和珅府邸，東路仍為公主府第，和孝公主和額駙仍是這裏的主人。後花園被沒收，由嘉慶帝賜給成親王永瑆。西路，由嘉慶帝賜給他的幼弟慶僖親王永璘。這裏有一個故事。永璘相貌豐偉，皮膚黧黑，不愛讀書，喜歡音樂，尤好遊嬉。少時嘗微服出遊，到小巷尋樂，乾隆帝討厭他，降為貝勒。後燕居府邸，以聲色自娛。乾隆末年，皇子覬覦皇位，永璘笑道："使恩賜多如雨落，亦不能滴吾頂上，惟求諸兄見憐，將和珅邸第賜居，則吾願足矣！"（昭槤《嘯亭續錄·慶僖王》）嘉慶帝籍沒和珅家產後，果然將其府宅賜給他。

在一段時間裏，慶僖王和他幼妹共同居住在這處府邸。和孝公主居東路，慶僖王永璘居西路，公主和慶僖王死後，慶僖王的兒子降為郡王，這裏便成為郡王府。

嘉慶七年（1802），授豐紳殷德散秩大臣。沒多久，公主府長史奎福奏報豐紳殷德演習武藝，謀為不軌，欲害公主。廷臣會審，認為是誣告。嘉慶帝詔以"豐紳殷德與公主素和睦，所作《青蠅賦》，憂讒畏譏，無怨望違悖；惟坐國服內侍妾生女罪，褫公銜，罷職在家圈禁"（《清史稿·和珅傳》）。十一年，授豐紳殷德頭等侍衛，擢副都統，賜伯爵銜。十五年，病，乞解任，賜公爵銜，不久死。和孝公主繼續生活在府第，得到嘉慶與道光兩任皇帝的關照。道光三年（1823），公主病死，享年四十九歲，她的皇姪道光帝親臨祭奠。

可歎這位和孝公主，生在帝王之家，受到皇父寵愛，公爹為權臣，算是有福吧！但她的公爹獲罪自裁，家財被抄；丈夫沒有出息，國服內還養妾生女，英年去世；兒子夭折。

南京博物院收藏著一件精美的藝術品：一隻栩栩如生的金蟬，安然地棲息在一片潔白無瑕的玉葉上。蟬，俗稱"知了"，"知"諧音"枝"。這是"金枝玉葉"的形象詮釋。金枝玉葉，中國古代特指皇家女兒為公主。皇家公主金枝玉葉，一直被人們所羨慕。現在獨生子女多，流傳一種說法：女兒要富養，把女兒當成金枝玉葉。其實作為公主，既享受著常人享受不到的榮華富貴，也承受著常人不用承受的禮法約束。特別是在宮裏嬌生慣養的公主，一旦嫁為人婦，要面對反差巨大的生活環境和身份轉換，很難享受到常人的天倫之樂，更要聽任朝廷動蕩的命運擺佈。

咸豐帝繼位後，將和孝公主府賜給皇六弟恭親王奕訢居住，從此這裏就成為"恭親王府"。奕訢去世後，世襲罔替，直到民國初年。王府花園直到同治年間才建成，與王府保存至今。

恭王府天香庭院

御製唐窯

　　清御窯廠瓷器，康熙郎窯、雍正年窯、乾隆唐窯，名貫中西，唐窯更優。唐英是中國瓷器史上，既有著作、又有精品，既懂管理、又會操作，既傾心敬業、又清廉自守的督陶官員。

唐英家世

　　唐英（1682～1756 年），遼寧瀋陽人，是八旗滿洲正白旗包衣。包衣，是滿語譯音，意思是家內奴，終身不變，子孫世襲。他的父親隨清軍入關。唐英七歲入學讀書。十四歲被編入內務府八旗滿洲正白旗包衣。十六歲到養心殿造辦處供奉，後任職宮廷畫樣。唐英聰明、忠誠、細心、勤奮，得到了康熙帝的信任。他能看到內廷的名器、名書、名畫、名家，耳濡目染，積澱了豐厚的文化底蘊。這為唐英日後在御窯廠督陶期間，揣摩上意，推陳出新，而燒造出精美的“唐窯”瓷器，打下了良好的文化基礎。

　　雍正六年（1728），唐英四十七歲，以內務府員外郎身份，被派到景德鎮協理年希堯督陶。內務府總管大臣，多是內閣大學士、軍機大臣兼任，下面有郎中、員外郎等。出任景德鎮督陶官，這是唐英人生的重大轉折點。

唐英塑像

唐 英 督 陶

　　唐英初到御窯廠，完全外行，茫然無措。心裏惴惴不安，唯恐有辱使命。怎麼辦呢？學習，學習，再學習！放下官架子，向工匠學習。他用杜門，謝交遊，聚精會神，苦心竭力，與工匠同其食息者三年。這就是說：

　　第一，閉門謝客，不應酬，不唱和，不訪客，不出遊；

　　第二，放下架子，與工匠，同吃飯，同勞作，同休息；

　　第三，刻苦鑽研，用三年，學製胎，學色釉，學燒製；

　　第四，成為內行，會製胎，會彩繪，會釉料，會窯火。

三年之後，唐英學會全部七十二道製瓷工藝，得心應手，成為專家。

唐英督窯創造輝煌。他先後管理淮安關、九江關、粵海關，遙領陶務。到乾隆二十一年（1756）才獲准辭職，同年去世。唐英於景德鎮御窯及相關工作，乾隆朝時長達二十一年，加上雍正朝七年，共二十八年。在有清一代景德鎮御窯督陶官員中，唐英任事最久，工作最勤，業務最精，貢獻最大，燒製出舉世聞名的"唐窯"瓷器。唐英於御窯，有三大貢獻：

第一，製瓷工藝貢獻。唐英在二十八年的御窯管理與燒製過程中，親自督導和燒製的瓷器，數量大，質量優，精品多，影響大，因而被譽為"唐窯"。

雍、乾二帝追慕宋瓷。於是複製宋代名窯瓷器，就成為唐英的任務。如雍正帝好鈞窯，唐英就派幕友吳堯圃赴鈞窯舊址，調查釉料配置方法。除了仿古，還有創新。乾隆時期的瓷母、轉心瓶、轎瓶、西洋畫瓷等，創新瓷器，不勝枚舉。在唐英時，釉上彩、釉下彩、顏色釉均有新的突破。在他主持下，景德鎮御窯廠創燒顏色釉幾十種，各種色彩瓷器，幾乎都能燒製。

唐英能文能詩，善書善畫，兼事篆刻，精通製瓷。有一年乾隆帝寫了一首詩，讓唐英把這首詩燒到轎瓶上，掛在乘輿中，以便邊覽轎外景觀，邊賞轎內玩物，以詩配瓶，相得益彰。唐英當即返回景德鎮。時已入冬，天寒地凍，工匠回家，窯廠停工。唐英緊急召集工匠，又急召"眾多好手"，經過十七天，而成完器十二件。南京博物院收藏一對乾隆藍錦地粉彩蝠桃如意雲紋開光詩句雙耳轎瓶，主題是福壽：瓶繪蝙蝠，寓意多福；又繪瑞桃，寓意長壽；合圖寓意，福壽雙全。蝙蝠呈紅色，旁繪雲紋，如在天空飛翔，寓意洪福齊天。下部繪山石、海浪，寓意福山壽海。在福壽環繞下開光題詩，唐英把所有美好祝願都獻給了皇上。

第二，學術創新貢獻。唐英之前，瓷器工匠沒有文化，不會著書立說；文人有文化，但不懂製瓷工藝。唐英既懂燒造瓷器工藝，又有較高文化素養，先後編寫出《陶務敘略》、《陶冶圖說》、《陶成紀事碑記》、《瓷務事宜諭稿》等著作，從而對御窯瓷器製作及其發展創新，做出了開創性的貢獻。學苑出版社出版《唐英全集》對唐英的相關資料進行了全面、系統的整理。

關於《陶冶圖說》，先是，乾隆帝命宮廷畫師孫祐、周鯤、丁觀鵬，繪製《陶

清人《製瓷圖》之〝畫坯〞

冶圖》二十幅，記錄了御窯製瓷的工藝過程。乾隆帝命將此圖交給唐英，按製瓷工藝順序編排，並為每張圖畫撰寫說明。唐英完成，二十幅圖，四千五百字說明，這就是著名的《陶冶圖說》。它以圖像與文字的形式，完整地記錄了陶瓷製作工藝過程，這是中國古文獻中第一本完整記錄景德鎮製瓷工藝的專著。唐英瓷藝著作，為當時御窯燒造五十七種陶瓷產品的工藝實錄和經驗總結。

其三，製瓷精細管理。在他任內，人事、財務、生產、工藝，方方面面，都立規矩，既約束下級，也約束自己。這裏著重講財務制度。御窯開支浩大，財務制度不清。錢花了多少，花到哪裏去了，缺乏統計；什麼錢該花，什麼錢不該花，缺乏標準。唐英制定《燒造瓷器則例章程》。唐英在兩百年前就實施成本核算，觀念超前，制度完備，切實可行，成績斐然。

在景德鎮，唐英受到敬重。他從粵海關調回九江關，首次巡視御窯廠："抵鎮日，渡昌江，闔鎮士民工賈，群迓於兩岸，靡不諮嗟指點，歎餘之龍鍾老憊者，且歡騰鼓舞，頗有故舊遠歸之意。"（唐英《重臨鎮廠感賦志事》）唐英取得重大成就、受到尊敬的同時，也有內心的萌動與肺腑的心語。

唐 英 心 語

唐英寫過一本文集《陶人心語》，收錄他的主要文學作品。唐英的人生，在外人看來，可謂風光，一輩子工作在康、雍、乾三位皇帝身邊，創作了太多的藝術精品，官也做到"局級"。但他自稱"蝸寄"。蝸寄，就是像蝸牛一樣寄生在硬殼裏。他為什麼會有這樣的感歎呢？

一是忍勞。積勞成疾，說的就是唐英。乾隆初，唐英短暫卸去窯務，赴淮關履新，卻大病一場；乾隆十一年（1746），唐英已六十五歲，不辭勞苦，巡視窯廠，卻患上眼病，在鎮上療養兩個月才痊癒。後調任粵關，氣候不適，患了重病，又調回景德鎮，直到七十五歲，才准他辭職。唐英無福頤養天年，去職當月就過世了。

二是忍怨。唐英盡職盡責，乾隆帝並不體諒，反而經常指責。瓷器的數量少了、質量差了、破損多了、工期遲了、花錢超了，不管唐英是否有責任，都會受到指責，而且還要捱罰。有一次被罰：責令賠補二千一百六十四兩五錢三厘三絲五忽三微。唐英並未撲責一人，沒有拿屬下泄火。一切委屈，自己忍耐。

三是忍貧。歷朝陶官都是肥差，因為可以貪污。唐英不僅不貪，還自掏腰包，補貼公用。他試製新器型，用工資墊付燒造費用。進項少、開支多，捉襟見肘，自然要窮。他說：「六十五年半賤貧，賤貧琢練老精神。」

四是忍賤。唐英身為包衣，「淵深臨戰慄，冰薄屢彷徨」，從未辦過出格事、說過出格話。即使這樣，遇到位高權重的人，他還要「冷熱面前陪色笑」，指望對方伸手不打笑臉人。這種低賤身份，必定心受煎熬。

唐英一生，酷愛讀書。他說：「予性喜讀書，每漏下四五，披閱不休。」留下詩文編入《唐英全集》。其詩作實際有六百多首。唐英平生最快樂之事，大概是懸賞徵詩。他在九江任職時，捐款重修琵琶亭。史載：「唐蝸寄英榷九江，置紙筆於亭上，令過客賦詩，開列姓名，交關吏投進。唐讀其詩，分高下以酬之。投贈無虛日。」（梁紹壬《兩般秋雨庵隨筆‧琵琶亭》）文人騷客，紛至杳來，真是：「一角琵琶亭，千秋翰墨叢。公今既往矣，何人繼高風？」著名文人袁枚曾躬逢其盛，多年後舊地重遊，對於當日置酒高會、徹夜茶敘和詩的盛況，仍然記憶猶新。

唐英把希望寄託於兒孫，考功名、有成就。長子文保，繼承父職，在內務府造辦處供奉。次子寅保，考中進士。唐英欣喜萬狀，以為從此可以擺脫包衣身份，不料乾隆帝卻讓寅保學習陶務，準備接班。眼看兩個兒子都走上自己的老路，唐英黯然神傷。

唐英一生，脫不掉包衣身份，洗不掉俗務風塵，換不掉陶人身份，忘不掉心靈宏願。唐英一生清白：「真清真白階前雪，奇富奇貧架上書。」御窯千秋史，唐英第一人。

宮中三寶

乾隆在位時間長，國家富裕，皇帝重視文化藝術，給皇宮增添不少寶貝。

保 和 石 雕

我們都知道，故宮的中軸線上，由南而北，矗立著六座宏偉的建築，它們是太和殿、中和殿、保和殿、乾清宮、交泰殿、坤寧宮，就是前三殿、後三宮。這六座建築，是紫禁城的核心，也是皇帝、皇宮、皇權的象徵。乾清門是外朝和內廷的分界。門前有一條橫街，俗稱"天街"——往東，出景運門通太上皇的寧壽宮；往西，出隆宗門通皇太后的慈寧宮；往北，是乾清宮，往南，迎面是保和殿。

我要說的這件保和殿大石雕，就鋪在保和殿北面的台階中路。從永樂十八年（1420）皇宮啟用，數百年間，保和殿幾經大修，但殿後大石雕，卻保留著明永樂建紫禁城宮殿時的原物。乾隆時把石雕原來圖案鑿去約 0.4 米厚，又重新雕刻了流雲立龍圖案。這件十分珍貴的文物，當中刻著九條蟠龍，四周為纏枝蓮花紋，下部為海水江崖，中雕流雲，氣勢磅礴。

這塊大石雕，長 16.75 米，寬 3.07 米，厚 1.7 米，重 200 噸，為宮中石雕之最，俗稱"大石雕"。經測算，大石雕毛坯重量約為 300 噸。石料採自今北京房山大石窩。這裏距紫禁城一百多里，當時沒有起重吊車，沒有運輸機械，巨石是怎

保和殿

逛一逛

交泰殿

內廷後三宮之一,位於乾清宮與坤寧宮之間中軸線上,面南,明嘉靖年間建。清沿舊制,於順治十二年(1655)、康熙八年(1669)重修。殿平面呈方形,形式與中和殿同。

保和殿後大石雕

樣運來的？有學者研究運輸方法是：運道路旁，每隔一里，打一眼井，寒冷冬季，汲水潑路，結成冰道；工匠民夫們，將石料放在冰船上，用大批騾馬拉著，在冰道上往前滑動，緩慢行進，運到工地。《清聖祖實錄》記載，康熙帝聽故明太監講故事說：保和殿初建時，採買搬運巨石到京，不能運入午門，運石太監參奏此石不肯入午門，便命太監將石綑綁，打六十御棍。當然打御棍巨石也不能進午門，還是得靠智慧才運進來的。這塊巨石，在紫禁城三大殿建成之前先運到，就地雕刻，安裝到位。

三大殿御路上的石雕，最重要的有兩塊：一塊在太和殿前，另一塊在保和殿後。按常理說，太和殿前石雕比保和殿後石雕更重要、更顯眼。但這塊最大的石雕，為什麼沒有安放在太和殿前，而是放在保和殿後呢？

有一種看法是：這塊大石雕主要是給皇帝看的，安放在什麼位置，其效果最佳呢？皇帝居住在乾清宮，出了乾清門，這塊大石雕立即映入眼簾。大石雕的寬度，恰是御轎的寬度，兩旁是抬轎太監行走的小台階。皇帝乘坐御轎，在大石雕上經過，何等氣勢，何等莊嚴！保和殿後大石雕，是紫禁城中軸線上遊客必看的一個景觀。

大 禹 治 水

故宮的東北部有一處高牆圍護的獨立區域，這就是著名的寧壽宮區，這裏在明代曾是崇禎懿安皇后等養老處所。清康熙二十八年（1689）改建寧壽宮，孝惠章太后在此頤養天年。乾隆帝為歸政後養老休憩而增建為太上皇宮，但他並未入住這裏。慈禧皇太后晚年居住在這裏。明清帝后認為這塊福地是宮中養老的理想宮殿。

寧壽宮最南端是九龍壁，壁的北面有兩重門：皇極門和寧壽門。門內是獨立庭院，前為皇極殿，後為寧壽宮。這裏的樂壽堂，原來是準備作為太上皇乾隆的寢宮。在樂壽堂後門內，有一座大禹治水圖玉山。

乾隆四十一年（1776），乾隆帝命高貴妃的姪子高樸任新疆葉爾羌辦事大臣。距葉爾羌四百餘里，有座密爾岱山，產美玉。據說這件"大禹治水圖"玉山，就是用密爾岱山出產的青白玉料製作而成的。從和田到北京一萬一千一百里，需製作特大專車，前用一百多匹馬拉車，後用若干夫役扶推，逢山開路，遇水架橋，冬則潑水成冰路，如果日行五六里，需三年才能運到。

玉石到京後，乾隆帝選用宮中珍藏宋人名畫《大禹治水圖》為藍本，派畫師照圖摹畫在玉山上。先做玉山蠟樣，怕蠟樣融化，又刻做木樣。再經運河，載往揚州，能工巧匠，照樣雕造。

自乾隆四十六年（1781）九月開工，到乾隆五十二年（1787）六月完成，歷時六年零八個月。玉山從採玉到製成，長達十年，僅雕刻就用了十五萬個工。同年玉山運到北京，安設在樂壽堂。

這件玉山，高二點二四米，寬零點九六米，重約五噸。雕刻大禹治水的壯觀情景：崇山峻嶺，古木叢立，洞壑溪澗，地勢險惡，大禹在山腰勞作，民眾鑿石開山，使水下流。這幅生動圖景，按玉材天然色彩，做藝術加工而成。背面刻有乾隆帝御製詩，歌頌大禹治水，功德萬古不朽。詩中告誡子孫，像這樣大的玉材，用來製造一般器物，會大材小用，但製成玉山，便久存不朽。如為追求珍玩，今後不要再做。這座由一塊整玉四面雕琢成的《大禹治水圖》玉山，構思巧妙，雕工精絕，充滿動感，鬼斧神工，堪稱中華藝術奇珍，也是世界文化瑰寶，顯示出中國人民的智慧和藝術水準。

《大禹治水圖》玉山

琺 琅 佛 塔

在紫禁城，東北部的寧壽宮，是太上皇的居所；西北部的慈寧宮，是皇太后的宮殿。寧壽宮，有梵華樓，為二層樓，面闊七間，一樓明間，供旃檀佛銅像，而另六間，每間供奉掐絲琺琅大佛塔一座，共六座琺琅佛塔。塔周圍三面牆掛通壁大幅唐卡，畫護法神像五十四尊。同樣，慈寧宮，有寶相樓，為二層樓，面闊七間，一樓明間，供釋迦牟尼佛立像，其餘六間，每間供奉掐絲琺琅大佛塔一座，共六座琺琅佛塔，塔周圍三面牆掛通壁大幅唐卡，畫護法神像五十四尊。

陳設在梵華樓和寶相樓的十二座琺琅佛塔，每座高二點三一米，由宮廷造辦處琺琅作，於乾隆三十九年（1774）和乾隆四十七年（1782）製造，造型各異，豪華精美。釉色均不相同，圖案富於變化，塔身結構嚴謹，結合部位不露痕跡。通體填釉飽滿，很少砂眼，充分體現出乾隆時期掐絲琺琅精湛高超的技術，是前所未有的新成就，也成為難能可貴的寶物。

其實，在規格最高的太和殿皇帝寶座前面和兩側，有四對陳設：寶象、甪端、仙鶴、香亭各一對。寶座前端台階上，還陳設著四件鼎爐。這些都是乾隆時期掐絲琺琅的極品。而在皇帝的寢宮乾清宮，皇帝寶座前面和兩側，同樣陳設著掐絲琺琅的鼎爐、香薰、仙鶴、甪端等。

中國的琺琅工藝，是元代以後由西域和歐洲傳入的外來技術，然後融合中國的傳統文化創作而成。琺琅，是外來名稱的音譯。在中國古代文獻中常記錄為"佛郎"、"拂郎"、"發藍"，今人熟悉的名稱叫景泰藍。它以銅、金等金屬為胎，以多種工藝敷塗琺琅彩料，經烘燒，而成為色彩繽紛、瑩潤華貴的琺琅器。

乾隆時期琺琅技術的最大成就，莫過於對大型器物的燒造，開創了琺琅技術領域的新天地。這種大型的琺琅製品的燒造，較之小型器物，在技術上更是造型美、工藝精、難度大，它不僅需要大型的窯爐，還要對燒造技術的熟練掌握，控制銅胎加熱後不會變形，並要嚴格掌握通體釉料呈色一致。乾隆時期，對於這類技術的掌握和運用，可以說達到了爐火純青的程度。

金屬胎琺琅器有著黃金和寶石般的華美和瑰麗。因其製作工藝複雜，釉料配製

梵華樓內琺瑯佛塔

繁難，琺瑯顏料昂貴，燒造技術極難，生產成本太高，所以很長時期內主要作為御前用器，由宮廷內皇家御用作坊製作，除少量琺瑯器作為貴重禮物由皇帝賞賜給王公大臣和饋贈禮品送給外國使臣外，民間很少流傳，而且難得一見。所以到故宮一遊，不要忘記欣賞一下乾隆時期留下的大型琺瑯器。

　　總之，保和殿後大石雕、寧壽宮的大玉雕，梵華樓和寶相樓的琺瑯佛塔，是故宮珍寶的點點明珠。它們是中華藝術精華的展現，也是中華藝術苑裏的奇葩。

耄耋者說五

屈辱與覆亡 　　皇宮的主人是清仁宗愛新覺羅・顒琰嘉慶（在位二十五年）、清宣宗愛新覺羅・旻寧道光帝（在位三十年）、清文宗愛新覺羅・奕詝咸豐帝（在位十一年）、清穆宗愛新覺羅・載淳同治帝（在位十三年）、清德宗愛新覺羅・載湉光緒帝（在位三十四年）、清末帝愛新覺羅・溥儀宣統帝（在位三年），共一百一十六年（嘉慶元年至宣統三年）。

另，第 96、97、98、99 四講帶有綜合性、總結性，附於本部分。

這個時期，清朝由衰轉亡。內憂外患，亂象四起。它包括：

宮之憂：嘉慶宮憂是大內兩次遇刺—這是漢唐宋明以來所未有之事件；

國之憂：五省白蓮教民起義，動搖了皇清的社會根基；

外之憂：中英鴉片戰爭、英法聯軍侵入北京，並火燒圓明園。八國聯軍入侵，這標誌著清朝已近日落西山。

本部分為 86～99 講，重點關注清朝面臨衰亡的癥結是“心衰”——作為清朝最高統治核心的慈禧太后，先後帶著六歲的同治、四歲的光緒以及三歲的宣統，去面對美國林肯、英國女皇、德國俾斯麥和日本伊藤博文。朝廷頑固保守，拒絕改革，漠視民意，悖逆潮流，無能無知之輩當國，阿諛諂媚之臣主政，帝國大廈傾倒，大清國祚覆亡。

北京故宫平面圖

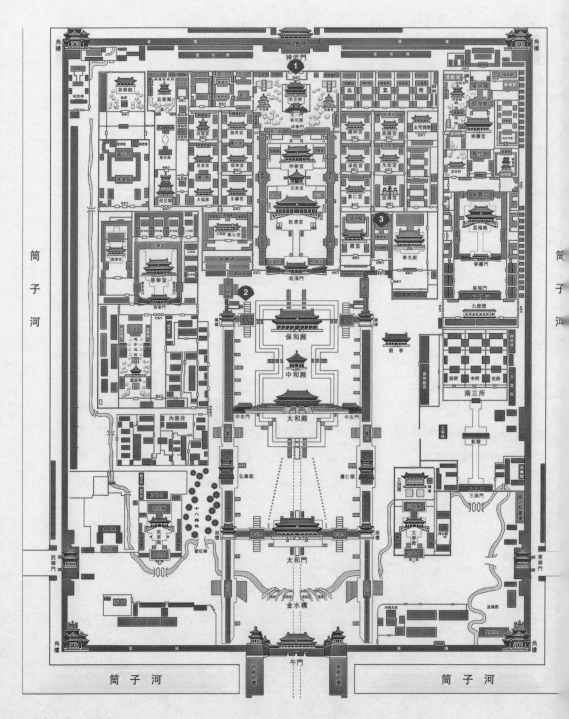

①順貞門　③毓慶宮
②隆宗門

馬戞爾尼

乾隆帝處理同近鄰的關係，很有經驗；處理同西方的關係，卻很陌生。英使馬戞爾尼來華，乾隆帝在避暑山莊接見，是他處理中外、東西關係的一次重大政治事件。

盛 世 危 機

我在前面說到，17 世紀 40 年代，在中國和英國，發生了兩件重要歷史事件：

明朝崇禎皇帝在萬歲山（今景山公園），自縊身亡。五年之後，英格蘭倫敦的上千名市民走向白廳廣場，目睹了國王查理一世被送上斷頭台。

在中國，清承明制，中國仍沿著封建體制 "路線圖" 運行。到乾隆時期，進一步鞏固並開拓了中國的疆域版圖，維護並加強了中華的多民族統一，繼承並弘揚了中華傳統文化。清代的 "康乾之治"，被稱為中國皇朝史上的一個 "黃金時代"，但也潛藏著 "盛世的危機"。

在英國，查理一世被議會判決處死後，英國歷史，幾經曲折，沿著資本主義路線圖運行。就在乾隆朝同一時期，西方世界發生了劃時代的巨大變化：一是英國發生工業革命，二是美利堅合眾國成立，三是法國大革命。這三件大事加上以前的英國資產階級革命，再加上後來 1861 年（清咸豐十一年）俄國廢除農奴制，1868

年（清同治七年）日本明治維新，1871 年（清同治十年）德國統一，改變了整個世界的面貌。其中，英國走在西方的最前列。

中國和英國這兩艘巨輪，在時代浪潮的航行中終於靠近。

英國先後擊敗了葡萄牙、西班牙、荷蘭，軍艦游弋，稱霸海上，成為當時世界強國。但英國是個島國，要拓展海外貿易，進行殖民擴張。英國人早在明崇禎年間，就曾抵達澳門附近的橫琴島。明末，他們將船駛向廣州，闖入虎門，聲言求市，同守軍交火。事後英國派人到廣州談判失敗後，英軍佔虎門炮台，明軍進行反擊。英艦失利，退回澳門。明廷規定："英商永遠不許來廣州。"英國想用武力打開明朝大門的舉動失敗後，便改用外交手段，以達到在中國通商與殖民的目的。但是，明廷的閉關政策，是英國實現上述目的的障礙。

清統一台灣後，放寬海禁，允許在廣州、漳州、寧波等四個口岸對外通商。後英國在廣州建立商館，又想在廣州以北開港。乾隆二十年（1755），英國武裝商船駛至寧波，引起乾隆帝的關注。乾隆帝閱兵巡防，隨後下令只准英商在廣州貿易。英國想通過同乾隆帝進行談判，取消清廷對英貿易的禁令與限制。於是，英國決定派遣以馬戛爾尼為首的外交使團訪清。

禮 節 之 爭

馬戛爾尼（George Macartney, 1737～1806 年），曾任英殖民地馬德拉斯省總督、駐俄國彼得堡公使，是一位經驗豐富的高級外交官。這個使團以向清廷"進貢"和補祝乾隆帝八十大壽為名，乘坐裝有六十四門大炮的第一流軍艦"獅子"號，載著包括秘書、翻譯、醫生、軍事、化學、天文、曆算、製圖、航海等方面的專家，以及官兵等，共八百多人，還有六百箱禮物，自英國樸次茅斯港起航，經大西洋、印度洋和南海，於乾隆五十八年（1793）六月二十一日過澳門。廣東巡撫郭世勳奏報英使馬戛爾尼的到來。船隊經福建、浙江、江蘇、山東沿海北上，於八月初五日（9 月 9 日）在天津大沽登陸，通過運河經通州到北京，應乾隆帝邀請到避暑山莊。

清帝同西方國家打過交道，如順治帝同耶穌會士湯若望交往、康熙帝同俄簽訂《尼布楚條約》、雍正帝同俄簽訂《恰克圖條約》等。但是同西歐外交使團正式接觸，乾隆帝缺乏經驗。

乾隆帝下諭隆重接待英國使團，指示直隸總督梁肯堂和長蘆鹽政徵瑞接待英國使團。使團沿途受到各地接待和款待，一次就給使團送去牛羊豬二百六十頭、雞鴨二百隻、麵粉一百六十袋、大米一百六十包、茶四十箱，以及蔬菜、瓜果、酒類等，裝了七船。

乾隆帝在避暑山莊看到英國使團的禮單，首先是覺得禮物並不像自吹的那樣，天朝原亦有之；特別是看到禮單內有"遣欽差來朝"這樣的話，認為不可。該國遣使入貢，怎麼會是欽差？於是將使團的正副使臣稱為貢使。這樣，英國禮物也就變成了貢物，是向皇帝進貢的貢物。

接著問題來了：既然是貢使進貢，乾隆帝下諭給總督梁肯堂和鹽政徵瑞各處藩封，到天朝進貢覲見者，不特陪臣俱行三跪九叩首之禮，即國王親自來朝，亦同此禮。

梁肯堂和徵瑞在陪同使團往避暑山莊路上，勸說馬戛爾尼，先派出官員給使臣做跪拜示範，又安排傳教士當著使臣面給徵瑞行禮。經過訓練，徵瑞覺得可以了，奏報乾隆帝說，使臣連日學習，漸能跪叩。軍機處通知徵瑞：該貢使到後，先學習禮節，跪拜嫻熟，方可瞻觀。

事實上，馬戛爾尼僅答應以覲見英王的禮節來覲見乾隆皇帝，拒絕學習三跪九叩的跪拜禮。他們為此寫了致大學士和珅的備忘錄請徵瑞轉遞。備忘錄提出，可以按照中國提出的禮節謁見乾隆皇帝，但條件是乾隆帝派一名跟馬戛爾尼同樣級別的官員，穿著朝服在英王畫像前行同樣禮節。馬戛爾尼堅持他是西方一個獨立國家所派的欽差，和中國的附庸國家所派的貢使完全不同，所以拒絕行中國的禮節。

馬戛爾尼一行到承德後，以疲勞為由，僅派代表特使謁見和珅，並把英王致中國皇帝信件的翻譯件交給和珅過目，根本不理睬徵瑞的勸告。乾隆帝對此很不高興，下諭減少供給，取消格外賞賜，在萬壽節宴會後就讓他們回去。乾隆帝說：朕於外夷入覲如果誠心恭順，必加以恩待，用示懷柔。若稍涉驕矜，則是伊無福承受

英吉利國夷人

英吉利亦荷蘭屬國夷人服飾
相似國尚富男子多著哆囉絨
喜飲酒婦女未嫁時束腰欲其
纖細披髮垂局短衣重裙出行
則加大衣以金鏤合貯鼻煙自
隨

《皇清職貢圖》之"英吉利國夷人"

514

恩典，亦即減其接待之禮，以示體制。

眼看使團就要被遣送出境，於是馬戛爾尼和清朝大臣密商，終於受到乾隆皇帝的接見。

錯 失 良 機

八月初十日（9月14日），乾隆帝在避暑山莊萬樹園，接見了英王正使馬戛爾尼、副使斯當東。清晨，盛裝的英使、王公大臣、蒙古諸王等齊集萬樹園。至時，乾隆皇帝在禮樂中升座。由禮部尚書引導馬戛爾尼到御座左首，馬戛爾尼向乾隆皇帝行雙膝跪之禮後致辭，並呈遞英王國書給乾隆帝。乾隆帝以玉如意回贈英王，又分贈馬戛爾尼和斯當東綠色如意。他們二人又以金錶和氣槍回贈乾隆帝。觀見儀式完畢後，乾隆帝賜宴。第二天，乾隆帝命和珅、福康安陪英使遊覽避暑山莊。十三日，乾隆帝八十三歲生日慶典，馬戛爾尼又隨同王公大臣等到澹泊敬誠殿，向乾隆皇帝"行慶賀禮"。當天舉行八旗軍隊參加的閱兵盛典，還有歌舞雜技與燃放焰火等祝壽活動。馬戛爾尼在參加上述"萬壽節"活動後離開熱河，到京師等待乾隆帝回京。

乾隆帝回北京後，和珅同馬戛爾尼在圓明園舉行會談。馬戛爾尼提出他奉命準備作為英國大使"久駐北京"，英王政府也歡迎清朝派遣使臣到英國的建議等，和珅沒有當面答覆。會談後第三天，和珅在皇宮會見馬戛爾尼，面交乾隆帝致英王的覆信。其來信與覆信的主要內容是：英方要求派使臣常駐北京，答覆："此與天朝體制不合，斷不可行"；英方要來寧波、珠山（舟山）、天津開口貿易，答覆："皆不可行"；英方要求在北京設立洋行，答覆："京城從無外人等開設貨行之事"；英方要求在珠山附近一小島存放貨物，答覆：天朝尺土俱歸版籍，即島嶼沙洲，亦不便准行；英方要求在廣州附近撥給一小塊地方居住英商，答覆：自應仍照定例，在澳門居住等。乾隆帝對英使提出的各項要求，逐一駁回。

九月初三日（10月7日），馬戛爾尼帶著乾隆帝回贈英王的信件與禮物，離京往廣州，返回英國。

由於中、英傳統文化不同，生活方式不同，兩國利益不同，因而導致彼此觀念的衝突，引發禮儀與貿易問題。而這種衝突的擴大與結果就是四十多年後的中英鴉片戰爭。

　　乾隆帝以中國歷朝防堵“夷狄”的傳統政策，來防堵西方文化的擴張，而且擴張的力量方興未艾，防堵的力量卻日漸減弱，終至會沖潰堤防而氾濫成災。中國以農立國，對工商可以富國利民的觀念早已陌生，而對科技可以富國利民的觀念更覺新奇。乾隆帝只能略窺一點西方科技的神奇，沒有了解並把握中國近代化的契機，這是中英正式接觸後，中國方面的最大損失。馬戛爾尼一行雖然沒有達到他們的直接目的，但他們獲取了清朝的各方面情報，特別是清軍裝備，尤其是海軍落後的情報，為發動侵略戰爭埋下伏筆。

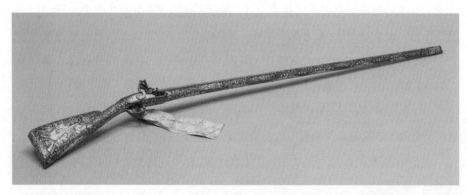

馬戛爾尼進獻的火槍

得寵秘訣

一個連舉人都沒有考取的和珅，卻得到乾隆帝寵信，是近三百年清史上空前絕後的一件奇事。

和珅的官：武職——鑲藍旗滿洲都統、正白旗滿洲都統、鑲黃旗滿洲都統、步軍統領；文職——內務府大臣、御前大臣、議政大臣、領侍衛內大臣、軍機大臣、協辦大學士、文華殿大學士；戶部、吏部尚書兼辦理藩院尚書事；學職——殿試讀卷官、日講起居注官、《四庫全書》館正總裁、石經館正總裁、國史館正總裁、翰林院掌院學士；錢官——崇文門稅務監督、管理戶部三庫；內職——兼管太醫院、御藥房事務；爵位——太子太保、伯爵、公爵；"寵任冠朝列"。還是乾隆皇帝的兒女親家。人們不禁要問，和珅如此得寵，有什麼秘訣呢？

宮 廷 侍 衛

和珅從一個皇帝的侍衛為起點，最後到一人之下，兆民之上，其原因在哪裏呢？

和珅出身滿洲，聰明機敏。和珅生於乾隆十五年（**1750**），比乾隆帝小三十九歲，鈕祜祿氏，滿洲正紅旗人。家原住在北京西直門內驢肉胡同。和珅十來歲時，有幸進皇宮咸安宮官學，學習儒家經典和滿洲、蒙古文字，受到良好的教育。乾隆三十五年（1770），他二十五歲時參加了順天府鄉試，但沒有考中舉人。雖然如此，和珅因為出身滿洲，便做了宮廷三等侍衛，開始接近皇權的核心入口。這個差事給和珅接近乾隆帝提供了機會，是和珅人生的一個重要起點。

乾隆帝的侍衛很多，為什麼會欣賞一個低等侍衛和珅呢？野史筆記中有三段記載：

薛福成的《庸庵筆記》記載：有一次乾隆帝要出巡，突然找不到儀仗用的黃傘蓋，就問這是誰的責任？很多侍衛嚇得不敢吭聲，和珅在一旁說："管此事者，當負此責。"這件事給乾隆帝留下一個很深的印象。

《清朝野史大觀》記載：有一次乾隆帝坐在轎子裏背誦《論語》，突然忘了下文，轎旁跟班的和珅脫口而出，就給接上了，乾隆帝由此很喜歡他。

《歸雲室見聞雜記》記載：乾隆四十年（1775），乾隆帝臨幸山東，和珅扈從。

和珅像

乾隆帝喜歡乘一種騾子駕馭的小車，"行十里，一更換，其快如飛"。有一天，碰巧和珅跟這種小騾車隨侍，於是乾隆帝與和珅君臣二人，有了下面這段交談：

上問："是何出身？"

對曰："文生員。"

問："汝下場乎？"意思是你參加過科舉考試嗎？

對曰："庚寅（乾隆三十五年）曾赴舉。"

問："何題？"

對："孟公綽一節。"

上曰："能背汝文乎？"和珅便隨行隨背，矯捷異常。

上曰："汝文亦可中得也。"意思

是你可以考中啊！

這次乾隆帝同和珅的談話，成為和珅政治生涯的轉折點。和珅聰明伶俐，又幹練瀟灑，年輕身健，口齒清晰，得到乾隆皇帝的賞識和器重，官運從此亨通，青雲直上。

兩 面 人 物

和珅既有學問、又能實幹，還會權術。

乾隆四十五年（1780）正月，三十五歲的和珅接受了一項重要任務，就是遠赴雲南查辦大學士、雲貴總督李侍堯貪污案。和珅一到雲南，首先拘審李侍堯的管家，取得實據後，迫使精明強幹的李侍堯不得不認罪。和珅從接受這個任務，到乾隆下御旨處治李侍堯，前後只用了兩個多月。和珅這次查辦李侍堯貪污案子辦得很出色，確實表現了他出眾的才華和幹練的能力，所以和珅在回京的途中，就被提升為戶部尚書。

乾隆帝曾說：用兵西藏和廓爾喀時，所有的諭旨都是兼用滿、漢文下達；頒給達賴喇嘛和廓爾喀的敕書，則兼用藏文和蒙古文。只有和珅能把這些諭旨敕書，用滿文、藏文、蒙古文、漢文等各種文字撰寫出來，並把事情都辦理得很好。

和珅執掌大權愈久，對乾隆帝的心思揣摩得愈透。他就藉此作威作福，凡是不順從他的人，他就找機會挑撥激怒皇帝，藉皇帝的手去整那個人；而向他行賄的，他就盡量幫其打馬虎眼，或者故意把事情拖住不辦，等乾隆帝慢慢地消了火氣，再大的事也就不了了之。比如極力拉攏軍機大臣福長安。福長安是乾隆帝孝賢皇后的親姪子，他的父親傅恆和哥哥福康安都曾經任軍機大臣等高官，他本人沒有什麼本事，但對和珅言聽計從。和珅對那些正直大臣，加以排擠和打擊。如大學士松筠在和珅面前從來不屈服，所以松筠就被發配到邊遠地區任職。

乾隆帝做太上皇之後，仍緊緊把持著實權。和珅審時度勢，在乾隆與嘉慶之間採取四手：第一手是緊緊依靠乾隆太上皇，第二手是討好嘉慶皇帝，第三手是限制嘉慶皇帝的權勢，第四手是防止嘉慶日後對自己進行懲處。所以他在乾隆和嘉慶之間、在嘉慶面前和背後，都表現了“兩面派”。

投 上 所 好

和珅在朝二十多年間，重要的升官和封爵就達五十次之多。其原因之一，是和珅對乾隆帝的四點心術：揣摩其旨意，迎合其所好，滿足其欲求，博得其歡心。

第一，陪乾隆帝和詩。乾隆帝一生喜愛作詩，和珅為迎合乾隆皇帝的這個愛好，下功夫學詩、寫詩，並造詣很深。和珅經常與乾隆帝和詩，歷史留下了當年和珅與乾隆和詩的摺子。

第二，仿乾隆帝書法。乾隆帝酷愛書法，和珅就刻意模仿乾隆的字，他寫的字酷似乾隆。乾隆帝後期的有些詩匾題字，乾脆交由和珅代筆。

第三，同乾隆修密宗。乾隆帝信奉喇嘛教，對佛教經典頗有研究。和珅也學佛經。有的書說和珅同乾隆帝一起“修持密宗”。

第四，體貼侍奉乾隆。乾隆帝是老人，喜歡別人奉承、照顧，和珅就陪伴在乾隆左右，對其照顧、服侍，體貼周到。朝鮮《李朝實錄》記載：和珅雖貴為大學士、軍機大臣，但每當乾隆帝咳嗽吐痰時，他就馬上端個痰盂去接。隨著乾隆帝愈來愈老，執政時間愈來愈長，身邊的宮女、妃嬪、太監都沒有文化，不能同他交談詩文、書畫、佛經，也不能幫他處理軍國大事、進行多種語言文字交流。所以，和珅對老年乾隆帝來說，是不可替代的。

第五，滿足乾隆奢欲。乾隆晚年生活奢華，大興土木，大張筵宴，太后六十、七十、八十大壽，自己六十、七十、八十大壽，大量犒賞，大肆鋪張，花費巨大。這都需要大量銀子。當時國庫拮据，銀子從哪裏來呢？靠和珅。和珅想盡各種辦法聚斂錢財，比如侵吞、賄賂、索要、放債、開店、加稅等。對官員也不放過，好官被強制進獻，有過失的官被收“議罪銀”，用交納罰銀代替處分，這些錢不入國庫，而是交到內務府，供乾隆享用。和珅搜刮勒索，使得原來入不敷出的內務府，很快就扭虧為盈。乾隆帝隨意享樂，對和珅就更加依賴。

以上從五個方面分析了和珅得寵的秘訣，其實說來也簡單，讓乾隆皇帝看得見、信得過、用得上、離不開。《左傳》說："君以此始，必以此終。"和珅能登上"一人之下"的高位，靠的是緊緊地傍著皇帝，最後也是以二十大罪被皇帝賜死。

正直和奸佞相伴相生。直臣往往身遭劫難而流芳千古，佞臣往往直上青雲而被人唾棄。

嘉慶四年正月初三日（1799 年 2 月 7 日），乾隆帝崩於皇宮養心殿。顒琰即日親政，是為嘉慶帝。嘉慶帝在辦理大行皇帝喪事期間，採取斷然措施，懲治權相和珅，舉朝上下，大為震驚。短短十五天裏，就把被先帝恩寵三十年的"二皇帝"乾淨利索地懲治了，舉措得體，取得勝利。這是嘉慶帝一生處理重大政治事件中最為精彩的一筆，也是他作為政治家的唯一傑作。

大內遇刺

　　嘉慶皇帝二十五年的皇帝生涯，其帝王使命雖是一件一件地解決乾隆盛世留下的危機，卻也一步一步地使清朝陷入更加衰落的危機。盛世下的危機，嘉慶年間更加深重。其中一個典型例子，就是在皇宮大內，嘉慶帝居然兩次遇險。

入 宮 行 刺

　　嘉慶八年閏二月二十日（1803 年 4 月 11 日），嘉慶帝從圓明園回到皇宮，在進了神武門要進順貞門時，有一位壯漢突然跑來，犯駕行刺。這就是當年震驚朝野的陳德行刺嘉慶帝事件。

　　陳德，曾典給鑲黃旗人、山東青州府海防同知松年家為奴。松年故去後，十四歲的陳德跟隨父母在青州、濟南等地，給人服役，或做傭工，辛勞度日，勉強餬口。陳德娶妻後，攜妻子到北京，投靠到外甥、內務府正白旗護軍姜六格家。後陳德隨鑲黃旗包衣常索，在內務府服役，幫辦配送嘉慶帝妃子劉佳氏的碗盞等什物。劉佳氏是一位資深的妃子，在後宮很有地位，後來被晉封為貴妃、皇貴妃。嘉慶朝冊封為貴妃的，只有劉佳氏一位（另一位貴妃鈕祜祿氏是嘉慶帝死後尊封的）。陳德因給貴妃跑腿，而得以進出紫禁城、圓明園。

　　後來，陳德與妻子典給孟明家做廚役。但妻子病故，留下了兩個兒子，他又被

清仁宗顒琰像

神武門舊照

524

順貞門

逛 一 逛

順貞門

御花園北門。始建於明初，位於紫禁城中軸線上。原稱坤寧門，明嘉靖十四年（1535）改稱順貞門。神武門內即順貞門，是通往宮外重要通道。明朝從此處運送病故宮人。清代皇后往先蠶壇行祭祀禮或往圓明園、壽皇殿等地由此處出入。順貞門也是清代後宮親眷奉旨會親場所。

孟家解僱。陳德生活在社會底層，貧窮苦悶，作為奴僕，跟官服役，飽嚐辛酸，受盡欺凌。陳德看到貴族的腐朽生活，也親歷皇室的窮奢極慾，體察到人間不平，激發起反抗情緒，精神也不太正常，時常喝酒，在院裏歌唱哭笑。就在陳德實在窮苦難過，要尋死路之時，求籤說有“朝廷福分”。他在街上看到黃土墊道，聞知嘉慶帝將於二十日進宮，便“起意驚駕”，謀刺嘉慶帝。陳德心想：犯了驚駕之罪，必將我亂刀剁死，圖個痛快，也死個明白。

陳德帶著年僅十五歲的長子陳祿兒，進入皇宮東門東華門，又繞到北門神武門，潛伏在順貞門外西廂房山牆後，等待嘉慶帝鑾輿到來。當嘉慶帝一行乘轎將要進順貞門時，陳德突然躍出，手持小刀，衝了過來。這突如其來的襲擊，嚇得嘉慶帝匆忙逃入順貞門內。在場侍衛、護軍多達百餘人，都被陳德的突然行刺嚇著了，神情驚愕，呆若木雞，竟然沒有人上前攔阻。只有御前大臣定親王綿恩、乾清門侍衛蒙古喀喇沁公丹巴多爾濟等六人，尚屬鎮定，上前捉拿。經過一番搏鬥，綿恩的袍袖被刺破，丹巴多爾濟被刺傷。陳德力竭被抓，陳德的長子陳祿兒則乘亂溜走回家。

嘉慶帝對陳德行刺事件異常震驚，命軍機大臣會同刑部尚書，日夜嚴審陳德。二十四日，陳德被處以磔刑，立即執行；其長子陳祿兒年十五，次子陳對兒年十三，被同時處絞。

紫禁城內發生陳德行刺事件十年之後，又發生了天理教眾攻入紫禁城的事件。

箭 扎 隆 宗

我們今天參觀故宮，還可以看到隆宗門的門額上留有清晰的箭痕。相傳這是嘉慶十八年（1813）九月，天理教民眾攻入皇宮留下的歷史印記。

白蓮教起事，困擾嘉慶朝。其中一支天理教，在京畿大興縣（今北京大興區）活動，首領叫林清，他與河南滑縣的李文成相呼應，約定九月十五日同時起事，要將嘉慶帝趕出關外，恢復漢人統治。

已投靠林清的八旗漢軍正黃旗曹福昌，透露說嘉慶帝木蘭秋獮返程，將於十七

留有箭頭的隆宗門門額

日抵達白澗行宮，到時留京大臣會出城迎駕；建議是日乘虛而發，成功把握較大。但林清認為九月十五日的起事日期為"天定"，不宜更改。於是決定如期舉事，攻打皇宮。

林清倚恃內應太監熟悉宮廷，決定派二百人，分作兩隊——東隊進東華門，太監劉得才、劉金為嚮導；西隊進西華門，太監張太、高廣福為嚮導；太監王得祿等則居中應援。並約定以"白帕"為標誌，在十四日化裝成小商販等，各備兵器混雜於酒肆、行商中，分別在菜市口、珠市口、鮮魚口等處會合，待十五日午時一到，即向皇宮發動進攻。林清則在黃村坐鎮。

十五日早晨，二百多名天理教教眾由宣武門潛入，然後分成東、西兩隊，潛伏在東華門、西華門外。午時一到，由宮內太監接應，開始分別攻闖東華門和西華門。

東華門一路，被守門官兵察覺，只有五名起事者闖入東華門內。雙方展開激烈搏鬥，天理教教眾全被擒殺。西華門一路約五十人，衝入門內後，反閉城門，向裏

紫禁城東華門

紫禁城西華門舊照

衝進，沿咸安門、武英門、右翼門到隆宗門。守軍發現後，關閉隆宗門，於是在隆宗門外激戰。

正在上書房讀書的諸皇子聞變，皇次子綿寧（後更名為旻寧，即後來的道光帝）"急命進撒袋、鳥銃、腰刀，飭太監登垣以望"，發現有起事者由廊房越牆，手舉白旗衝向養心殿，已經靠近養心門。旻寧"發鳥銃殪之，再發再殪"。皇三子綿愷緊隨皇兄之後，衝到蒼震門，也發槍射擊。留京的禮親王昭槤等聞警，急率禁兵，自神武門入衛。一千多名火器營等官兵，調入皇宮內，投入戰鬥。教眾退至武英殿前，寡難敵眾，全被擒殺。後經過一番搜索，內應太監也全被擒獲。十七日晨，林清在黃村宋家莊被捕。至此，天理教教眾進攻皇宮的舉事失敗。

嘉慶帝在結束木蘭圍獵後，原定回鑾去遵化謁其父乾隆帝裕陵，驚聞宮內之變，改變行程，徑直回京。十九日回到北京城，諸王大臣迎駕於朝陽門內。嘉慶帝感慨地說："此實非常未有之變！寇賊叛逆，何代無之？今事起倉猝，擾及宮禁，傳之道路，駭人聽聞！"

嘉慶十八年（1813）是癸酉年，這一事件又稱為"癸酉之變"。

心 有 餘 悸

如果說十年前的陳德行刺案，只是個案，具有一定的偶然性，那麼癸酉之變使清朝皇帝第一次認識到自入關一百七十年來，大清的江山，發生了危機。

嘉慶帝在回宮的路上就頒佈《遇變罪己詔》，稱此為"漢、唐、宋、明未有之事"！然"變起一時，禍積有日"。就嘉慶帝的《遇變罪己詔》，可做幾點分析：

第一，態度尚好。嘉慶皇帝這個人，遇到大的事變，總是反省自己。不像有的人，文過飾非，功勞歸己，過錯責人，甚至不惜偽造文件，表明自己一貫正確。

第二，表彰功者。他說："綿寧係內廷皇子，在上書房讀書，一聞有警，自用槍擊斃二賊，餘賊始紛紛潛匿，不敢上牆，實屬有膽有識……綿寧身先捍禦，實屬忠孝兼備，著封為智親王。"

第三，批評臣工。他說："當今大弊，在因、循、怠、玩四字。"這四個字——

因上、循舊、怠惰、玩職，道出其時官場的普遍現象。提出要麼"赤心報國"，要麼"掛冠致仕"，而不要尸位素餐，誤國誤民。

第四，淚隨筆下。天理教教眾，手無寸鐵，二百餘人，攻紫禁城。他說：這是漢、唐、宋、明以來所未有之事，並為此而"筆隨淚下"。真是動了心！但作為政治家，在重大事變面前，哭天抹淚，不算英雄。要有氣魄、有格局、有毅力、有辦法，勇於克服積弊，敢於進行改革。

後嘉慶帝在中南海豐澤園，親自審訊林清和太監劉得財、劉金，命將劉得財、劉金二人夾打後處決；繼審林清，命將林清凌遲處死，並將其首級送到直、魯、豫地區示眾。此後，處決林清的姐姐、妻子等。

嘉慶帝加強皇城的防衛措施：嚴密執行保甲法；對太監嚴加管束，禁止隨便出入紫禁城；不准八旗宗室、旗人居住城外；在京師城內及紫禁城、圓明園增設哨卡，添置、整修防禦工事和設備，增加駐防軍隊；嚴守紫禁城內值班大臣的交接班制度；等等。

這一年嘉慶帝五十四歲生日，他也沒有心思過了。他說："十月初六日，為朕壽辰，國家典禮，自初三日至初九日，俱穿蟒袍補褂；正日，御正大光明殿受賀，此定例也。今歲突遇此禍，若仍照常年典禮而行，朕實無顏受賀。況軍書交馳，邪氣未靖，尚有何心宴樂乎！"（《清仁宗實錄》卷二七五）

直到臨終的前一年，他還在大臣奏摺中朱批："有天良之大臣，永不忘十八年之變；喪盡天良之輩，早已付之雲煙之外！"

皇帝在大內遇刺，大內被外人攻入，這在明清五百年紫禁城宮廷史上，先例沒有，後例也無。這預示著大清皇朝正在迅速走向衰敗。

道光繼位

清道光帝旻寧，原名綿寧，三十九歲登極，在位三十年，享年六十九歲。年號道光，意為道統光大。他在歷史上有兩個第一：清朝唯一以嫡子身份繼承皇位的皇帝；中國兩千年帝制史上，第一個同西方殖民者簽訂喪權辱國條約的皇帝。

有 福 皇 子

道光帝旻寧的生母孝淑睿皇后喜塔拉氏，為副都統、內務府總管大臣和爾經額之女。乾隆三十九年（1774），被乾隆帝冊為永琰（即顒琰）福晉，這年永琰十五歲。乾隆四十七年八月初十日（1782 年 9 月 16 日），喜塔拉氏在擷芳殿中所，生下一位皇子，名旻寧（綿寧），就是後來的道光皇帝。

旻寧六歲開始讀書，受到儒家教育，"經史融通，奎藻日新"，以此自詡，學而有成。旻寧十歲那年，有一件吉祥的事。這年，他初次隨祖父乾隆帝木蘭秋獮。他引張小弓，射獲一鹿。乾隆帝大喜，賦詩一首：

> 堯年避暑奉慈寧，樺室安居聰敬聽。
> 老我策驄尚武服，幼孫中鹿賜花翎。

清宣宗旻寧像

是宜志事成七律，所喜爭先早二齡。

家法永遵綿奕葉，承天恩貺慎儀刑。

　　這詩說的是乾隆帝十二歲時，隨同祖父康熙帝前往木蘭行圍，初圍得熊，此次旻寧則初圍就獲鹿，比當年乾隆還小兩歲。

　　旻寧十四歲，祖父乾隆帝宣諭永琰為皇太子，全家大喜。十五歲，雙喜臨門。正月初一日，嘉慶帝在太和殿登極，成為清朝入關後第六代皇帝，這是一喜。另一喜是嘉慶帝為他娶親成婚。新娘鈕祜祿氏，是戶部尚書布彥達賚之女。因為父親做了皇帝，自己的妻子便被冊封為嫡福晉。

　　旻寧十六歲，家裏發生了大不幸，生母皇后喜塔拉氏病故。但他成長很快，舉止得體。

　　旻寧十八歲，嘉慶帝遵照秘密建儲家法，"親書上名，緘藏鐍匣"，旻寧成為秘密立儲的皇太子。從此，"壽皇展拜，則命隨行；裕陵敷土，則命恭代"，皇父對他格外教育和關懷。旻寧被密建皇儲之後，嘉慶帝經常囑咐他"屏窺測，杜猜疑"，要他靜心讀書，修身養性。旻寧更加嚴格要求自己，"日與詩書相砥礪"，寫成了《養正書屋詩文》四十卷。他親筆書寫了"至敬"、"存誠"、"勤學"、"改過"四個條幅，掛在屋中，以提示自己要修身養性，也是向嘉慶帝表露心跡。

　　旻寧三十二歲，發生了天理教教民攻入皇宮的突發性事件。他機智勇敢，登牆上房，射死兩名天理教徒。這使他在內廷上下、朝野內外，威望大增。嘉慶帝在回京途中得到奏報後，即封旻寧為智親王。

　　儘管旻寧有出色的表現，又被秘定為儲君；但在皇位繼承時，仍出現了風波。

鐍 匣 風 波

　　嘉慶二十五年（1820）七月，旻寧隨駕嘉慶帝到熱河秋獮。二十四日，嘉慶帝身體不適。二十五日，病危。《清宣宗實錄》記載："是日，仁宗疾大漸。召御前大臣賽沖阿、索特納木多布齋，軍機大臣托津、戴均元、盧蔭溥、文孚，總管內務府大臣禧恩、和世泰，公啟鐍匣，宣示御書：嘉慶四年四月初十日卯初，立皇太子（旻寧）朱諭一紙。戌刻，仁宗崩。"

當然，嘉慶和道光兩部《實錄》，都是事後精心編纂的。如果真同上面的記載，就不存在麻煩。事實上當時確實發生了一場風波，這場風波是由裝著立儲諭旨的鐍匣引起的。

按照雍正帝的諭定，皇帝立儲的御書，緘封在鐍匣裏，懸放在乾清宮"正大光明"匾額的後面。乾隆帝當年繼位，就是從"正大光明"匾額之後取下鐍匣，得到立儲諭旨的。道光帝的秘密立儲御書，自然也應該放在那裏。嘉慶帝在避暑山莊崩逝後，本應立即派大臣急馳北京，到皇宮取下乾清宮"正大光明"匾後的鐍匣。但是，當時並沒有這樣做。

第一，太后懿旨。嘉慶帝的孝和睿皇后在皇宮驚悉嘉慶帝崩於熱河行宮的噩耗，傳下懿旨："皇次子智親王，仁孝聰睿，英武端醇，見隨行在，自當上膺付託，撫馭黎元。但恐倉卒之中，大行皇帝未及明諭，而皇次子秉性謙沖，予所深知。為降諭旨：傳諭留京王大臣，馳寄皇次子，即正尊位。"（《清史稿·宣宗本紀》）本來皇后就在宮裏，應該派人去取正大光明匾後面立儲諭旨，但是皇后卻直接傳下懿旨，這說明鐍匣御書不在正大光明匾後面。

第二，宗室建議。《清史稿·禧恩傳》載述："仁宗崩於熱河避暑山莊，事出倉猝，禧恩以內廷扈從，建議宣宗有定亂勳，當繼位。樞臣托津、戴均元等猶豫。禧恩抗論，眾不能奪。會得秘匱朱諭，乃偕諸臣奉宣宗即位。"

禧恩是睿親王淳穎之子，由頭等侍衛、御前侍衛晉為內務府大臣。禧恩出身宗室，地位重要，但他本來並無權力建言皇儲大事，所以他的建議未得軍機大臣認同，他雖抗論，但不能定。這說明當時禧恩等跟隨在嘉慶帝身邊的大臣，並沒有聽到嘉慶帝對儲位的安排。

第三，金盒御書。包世臣所撰《大庾戴公墓碑》，記載當時尋找並開啟鐍匣的情狀。其碑文說：嘉慶二十五年春，戴均元拜文淵閣大學士，晉太子太保，管理刑部。七月，"公（戴均元）偕滿相托文恪公（托津）扈灤陽圍。甫駐蹕，聖躬驟有疾，不豫。變出倉猝，從官多皇遽失措。公與文恪（托津）督內臣檢御篋十數事，最後近侍於身間小金盒，鎖固無鑰。文恪擰金鎖，發盒得寶書。公即偕文恪（托津）奉今上即大位，率文武隨瑞邸（綿忻）成禮。乃發喪，中外晏然。"原來裝御書小金盒，由嘉慶帝隨行攜帶。經過周折，總算找到。大學士托津偕戴均元，開啟金盒，宣示御書。立旻寧為皇太子，奉嗣尊位，然後發喪。

在找不到鐍匣御書的情況下，皇后鈕祜祿氏明明有綿愷、綿忻兩個親生皇子，但她下懿旨由不是己出的旻寧繼位；而宗室禧恩也斗膽建議由旻寧繼位，這些都說明旻寧繼位是人心所向的。

乾清宮"正大光明"匾

535

喪 權 辱 國

道光帝執政三十年，既算是勤政，也算是節儉。他做了不少事情，如懲治貪污、整頓吏治、治河通漕、清厘鹽政、開通海運等，都或多或少有所成績。他一生中，最大的政績，是鞏固了新疆的社會秩序；最大的悲苦，是鴉片戰爭失敗，並簽訂喪權辱國的《南京條約》。

道光帝面對英國的鴉片侵略，禁煙銷煙，搖擺不定；應對英國入侵的鴉片戰爭，主戰主和猶豫不定，首鼠兩端；最終，簽訂《南京條約》，喪權辱國。

道光二十二年（1842）七月初七日，欽差大臣耆英到達江寧（今江蘇省南京市）。英艦已駛至南京下關江面，陳兵南京城下。十五日，耆英同璞鼎查（即缽甸乍，Henry Pottinger）在英艦"康華麗"號上會見。十九日，耆英同璞鼎查又在靜海寺會談。二十四日，欽差大臣耆英、伊里布受道光皇帝之命，與英國全權代表璞鼎查，簽訂結束鴉片戰爭的中英《江寧條約》，即《南京條約》。八月初二日（9月6日），道光帝批准《南京條約》。《南京條約》共十三款，主要內容有：

（一）中國向英國賠款兩千一百萬銀圓；

（二）割讓香港島；

（三）開放廣州、福州、廈門、寧波、上海五處為通商口岸；

（四）中國進出口稅率由中英雙方共同議定等。

《南京條約》是中國近代史上第一個喪權辱國的不平等條約。從此，西方侵略者用武力打開了中國的大門，使中國逐步地淪為半殖民地半封建社會。道光帝是中國兩千年帝制史上，第一個同西方殖民者簽訂喪權辱國條約的皇帝。

梅妻鶴子

　　"梅妻鶴子"這個題目，讀者會覺得奇怪，怎麼會以梅花做妻子、以仙鶴做兒子呢？這是個神話吧！不，這不是神話故事，而是一個真實的故事。

真 實 故 事

　　北宋有個名士林逋（967～1028年），字君復，浙江錢塘（今杭州）人。他少年失去雙親，生活極端艱難，但學習很努力。

　　他的學習，不重文章，而重詩畫；他的為人，不重名利，而重友善；他的性格，不好張揚，而尚恬靜；他的脾氣，不急不躁，溫文爾雅。

　　家裏雖然貧苦，缺衣少食，但林逋毫不在乎，讀書自樂。稍長，在長江、淮河之間，樂山樂水，遊蕩交友。後回到杭州，他在西湖孤山，搭巢居閣，避風雨，夜寢居。林逋很奇特，整天在孤山，不仕不娶，賦詩作畫，觀梅放鶴，長達二十年未到杭州城裏。

　　林逋有一件怪事，常人很難理解。一般人是"男大當婚，女大當嫁"，林逋卻是不結婚也不生子。他常說：梅是我的妻，鶴是我的子。所以，人們說他是"梅妻鶴子"。那麼林逋是怎樣打發日子呢？看書，寫詩，撫琴，舞墨，繪畫，種地，採藥，養梅，育鶴，仰觀藍天，俯視綠地，觀賞孤山，蕩槳西湖，被范仲淹戲稱"山

杭州放鶴亭

中宰相"。

清幽的生活，恬淡的性情，使得林逋寫出詩來，自有韻味。他的詠梅詩《山園小梅》有句：疏影橫斜水清淺，暗香浮動月黃昏。有人評論說，這不僅把梅品與人品，而且把梅花的清影和神韻寫絕了。這麼好的詩，現代人會把它放到網上，讓其流佈天下。但林逋寫出佳作名句，剛寫完，就拋棄。朋友問他："為什麼不謄清，傳於後世？"他說："我隱逸山林，並不想以詩名一時，況後世乎！"有的好事者，往往暗自記下，後來集結為傳世的三百一十三篇。《宋史·藝文志》記載《林逋詩》七卷，又《詩》二卷，還有《句圖》三卷。

林逋的事跡傳到宋真宗趙恆那裏，他"命賜杭州草澤林逋粟、帛"（《宋史·真宗本紀》）。杭州知府薛映、李及等，也常去拜訪，每到林逋住處，清談終日而去。林逋養了兩隻仙鶴。有時，林逋自蕩小舟，遊放西湖，觀青山，賞游魚。來了客人，怎樣通報？書童一面待客，一面開籠——放飛仙鶴。林逋見鶴，知道來客，櫂舟而歸。林逋死後五十多年，蘇軾到杭州，因仰慕林逋植梅養鶴，脫俗高節，造訪林逋遺跡。他讚揚林逋：以湖光為呼吸，以山綠為飲食，神清骨冷，雙眸如炬。他讚歎林逋詩文清淨而富意蘊，書法秀逸而藏勁健；甚至自我期望化作修竹、寒泉和秋菊，與林逋為伴。蘇軾在林逋遺詩後的詩跋，現藏於北京故宮博物院。

在兩宋三百二十年間，官場傾軋，日處險境，清逸之士，尋求超脫，避喧趨靜，居山水之間，觀日出日落。《宋史》列傳中的隱逸之士傳四十三人，喧囂宮殿之外，構築學林小景。宋朝士林，重君子，鄙小人："言其所善，行其所善，思其所善，如此而不為君子者，未之有也；言其不善，行其不善，思其不善，如此而不為小人者，未之有也。"（《宋史·徐積傳》）

今孤山有舞鶴賦刻石、放鶴亭、林逋墓和乾隆行宮遺跡，是為"西湖十八景"之一。

乾 隆 傾 慕

林逋的清逸生活，引起厭倦宮廷生活的乾隆帝的興趣。乾隆帝六下江南，其中有五次攜帶林逋詩卷，在杭州孤山行宮，他熏香品茗，展卷欣賞，尋訪遺跡，冥思懷古。詩中寫道：

> 乘閒試步孤山陰，一泓碧水浸群玉。
> 其間知有處士墳，無神道碑已絕俗。
> 依然梅樹護墓門，千秋地下安漆燭。
> ……
> 攜來卷冊相印證，朗潤那借招隱曲。
> 徘徊半晌命歸與，掃塵跡動清風竹。
> 竹風拂徑菜花黃，雖弗柴桑亦疑菊。

在這個過程中，乾隆帝又得到了林逋的《手劄二帖》，他喜出望外，視如珍寶，從此將詩卷和手劄一併帶在身邊，每下杭州西湖，必訪林逋遺跡。

乾隆四十九年（1784）第六次下江南的乾隆皇帝，年逾古稀，仍到孤山尋訪林逋遺跡，第五次賦詩：

> 幸哉孤山山之陰，又得重來撫松竹。
> 卻惜柴桑未經到，淵明孤醉東籬菊。

值得深思的是，乾隆帝攜林逋的《自書詩》卷和《手劄二帖》，到杭州孤山尋訪、賦詩，連續五次，延續二十八年，並將其著錄於《石渠寶笈續編》，珍藏在自

逛一逛

孤山

杭州西湖中一座小孤島，在西堤以東，西泠印社之旁，沿孤山路可達。西湖海拔十三米，孤山海拔三十五米，所以孤山高二十二米，面積約二十萬平方米。諺語說：西湖有三怪——斷橋不斷，長橋不長，孤山不孤。林逋的遺跡，在孤山西麓，主要有放鶴亭、林逋墓、乾隆行宮遺跡等。

己養老之所的寧壽宮。

人們不禁要問，乾隆皇帝對林逋為什麼會如此動情、動真？其一，林逋史跡，為世代文人景仰，亦為乾隆皇帝心之所動。其二，林逋和蘇軾詩書相和（林為蘇所敬仰，並不是同時代人），詩書並美，文人雅興與風骨，為乾隆皇帝情之所鍾。正如他所寫："頃來湖上，重展是卷，緬高風於千載，抒雅興以重賡。"

林逋"梅妻鶴子"的隱士生活，是中國古代知識分子追求的一種理想模式，雖有消極遁世的一面，但淡泊寧靜、超凡脫俗、不慕虛榮、不求利祿的高潔情操，千年以來受到文人雅士的追慕，包括蘇軾，包括乾隆帝，也包括林則徐。

千 年 相 通

林則徐的父親林賓日，仰慕同族遠祖林逋，也在家中養鶴，並繪《飼鶴圖》，以陶冶性情。他給第一個兒子起名"鳴鶴"。父親淡泊高雅的品格，對林則徐影響很深，成為林氏家風的一個重要特徵。林則徐在父親去世後，不僅把父親所繪《飼鶴圖》帶在身邊，而且又添繪第二圖、第三圖。在二十年間，先後有六十五位名宦、名士、名友，在這三幅高雅的《飼鶴圖》上留下墨寶。林則徐為此賦詩：

> 我從塵海感升沉，何日林泉遂此心。
> 墓表大書前處士，家風遙愧古長林。
> 湖山管領誰無負，梅鶴姻緣已漸深。
> 便似攜鋤種明月，結廬堤上伴靈襟。

林逋祠、墓在杭州孤山。林則徐任職杭嘉湖道時發起修茸、補種梅樹三百六十株，並購二鶴豢養於墓前，還為墓表題額。他為林逋祠題寫柱聯：

> 我憶家風負梅鶴，天教處士領湖山。

"梅妻鶴子"的林逋，在林則徐幼年時就進入他的心田，在為學、為官的人生旅途中，一直影響著他。林逋孤高自好、清潔高雅的情操，甚至隱士的生活方式，都為林則徐所景仰。

　　林則徐在國難之時，以身許國，慷慨赴義，他的骨子裏有一種什麼樣的精神？這就是我講的"梅妻鶴子"的精神。

　　林則徐出生於福州左營司巷。他回憶小時候"每際天寒夜永，破屋三椽，朔風怒號，一燈在壁，長幼以次列坐。誦讀於斯，女紅於斯，膚粟手皸，恆至漏盡"（《雲左山房文鈔·先考行狀》）。林則徐剛四歲，就被父親帶到其任教的羅氏試館，坐在父親腿上讀書。家境雖然清寒，但他的父親林賓日是一位品德高潔的讀書人，他為家庭樹立了一個榜樣，就是同為林姓的宋朝隱士林逋。

　　道光十八年（1838），鴻臚寺卿黃爵滋請禁鴉片煙，下中外大臣議。林則徐請用重典，他慷慨激昂言："此禍不除，十年之後，不惟無可籌之餉，且無可用之兵。"道光帝聽了之後，雖然心裏不高興，卻暗表讚賞。隨後，命林則徐朝見，先後在紫禁城召對十九次。這十九次，史無前例。後命林則徐為湖廣總督、欽差大臣，馳往廣東，嚴厲禁煙。林則徐向座師沈維僑（鼎甫）辭行時，慨然表示："死生，命也；成敗，天也。苟利社稷，不敢不竭股肱以為門牆辱！""師生相顧，遂出都。"（《續碑傳集》卷二四）前往廣東途中，他給妻子鄭夫人寫信："明知禁煙妨礙奸夷大利，必有困難，而毅然決然，不敢稍存畏葸之心者，蓋以身許國，但求福國利民，與民除害。自身生死且尚付諸度外，毀譽更不計及也。"（《林則徐家書·致鄭夫人》）

　　道光朝的重臣林則徐，以欽差大臣於虎門銷煙的壯舉，維護了中華民族的尊嚴，向世界宣示了中華民族反對外來侵略的堅強意志。虎門銷煙，不僅成為中國近代史的開端，而且影響至今。聯合國將虎門銷煙結束翌日即 6 月 26 日，定為"國際禁毒日"。而林則徐更是"名節播宇內、彪炳煥史冊"。

　　林則徐的名句："苟利國家生死以，豈因禍福避趨之。"這成為中華文化的名句，激勵多少英雄豪傑披荊斬棘，拋頭顱灑熱血，為國為民，死而後已！

愛國英雄

前面講到林則徐仰慕宋朝隱士林逋"梅妻鶴子"的精神境界,在任職杭嘉湖道時,修葺林逋墓。在杭州,林則徐還修葺了明朝于謙墓;而在福州任職時,他修葺了宋朝李綱墓。林則徐用這些舉動,來追慕英雄,教育後人,而他自己,也成為中國近代史上著名的愛國英雄。

銷 煙 壯 舉

清代康熙帝御書"慎、勤、清"三個大字,刻石賜內外諸臣,清代各衙署公堂多寫這三個字作匾額。林則徐以一生三十餘年的為官實踐,踐行這三字官箴。

林則徐從二十八到三十五歲,在京師做了七年小京官。他刻了一枚閒章:"讀書東觀,視草西台"八個字,概括了他這段時間的為官之道,即勤於學習,善於觀察,清要之職,重在"清"字。

嘉慶二十五年(1820)至道光十八年(1838),林則徐三十五到五十三歲的官場生涯進入上行道。林則徐為官,多在江浙等富庶之區,官職也多為肥缺。他先後任浙江杭嘉湖道、署浙江鹽運使、江南淮海道、江蘇按察使、署江蘇布政使、陝西按察使、江寧布政使、湖北布政使、河南布政使、東河河道總督、江蘇巡撫、署兩江總督、湖廣總督。可以看出,道光帝對林則徐是比較看重的。

林則徐像

道光十八年（1838）十一月，道光帝命林則徐入覲，召對十九次，授欽差大臣，赴廣東禁煙。五天之後，林則徐前赴廣州，查禁鴉片。當時有忌阻者，也有為他擔憂者。

道光二十年（1840）正月初一日，林則徐接任兩廣總督，投身禁煙第一線。他派人翻譯外文書報，編成《四洲志》。主張對外商分別對待，孤立煙販。與總督鄧廷楨協力查辦，嚴令英、美煙販繳出鴉片兩百三十七萬多斤。六月，在虎門海灘當眾銷毀；並積極籌備海防，倡辦義勇，屢次打退英軍挑釁。鴉片戰爭爆發後，嚴密設防，使英軍在粵無法得逞。

林則徐虎門銷煙的壯舉，維護了中華民族的尊嚴，向世界宣示了中華民族反對外來侵略的堅強意志。

九月，林則徐、鄧廷楨被嚴加議處，接著被革職。道光二十一年（1841）五月，林則徐被遣戍伊犁。

遣 戍 新 疆

林則徐從事業的巔峰跌入谷底，忍辱負重，遠戍新疆。短暫的氣餒之後，在五十七歲到六十五歲，他生命的最後八年裏，他遠在新疆以及中國的西北、西南，仍然做出了重大貢獻。

道光二十二年（1842）二月，林則徐由河南治河工地發往伊犁，七月由西安登程赴戍。林則徐寫下《赴戍登程口占示家人》詩二首，其中，就有傳頌百年的詩句：「苟利國家生死以，豈因禍福避趨之。」意思是如對國家有利，我願犧牲自己生命，難道會躲避危險、迎取好處嗎？

十一月初九日，林則徐帶領十九歲的聰彝和十七歲的拱樞兩個兒子，經連續四個月艱苦跋涉，終於抵達新疆首府伊犁惠遠城（今新疆維吾爾自治區伊犁州霍城縣）。老友鄧廷楨陪同進城，一同來到伊犁將軍府拜見將軍布彥泰和參贊慶昌等。

道光二十三年（1843）年底，林則徐向伊犁將軍布彥泰提出捐資興辦惠遠城東阿齊烏蘇廢地墾務的要求，並即開始籌備。墾復，須開挖一條大灌渠。林則徐提出“分段承修”的施工原則，並主動捐資承修整個工程中最困難的龍口首段，歷時一年完工。其間，林則徐帶領他的兩個兒子，日夜奮戰在工地上。大渠全長四百三十餘里，橫貫伊犁河北岸的農田灌區約二十餘萬畝。這是清代伊犁開屯以來最大的水利工程，也是乾嘉兩代未竟之業，被當地人民稱為“林公渠”，至今還在發揮作用。

道光二十四年（1844）夏，林則徐的舊友金眉生等發動淮、揚一帶同官舊屬，為他捐資納贖，很快便集白銀巨萬。林則徐給舊友一一郵書婉謝，表示寧願繼續在新疆建功立業。

道光二十五年（1845），林則徐的足跡踏遍南疆八城及吐魯番、哈密，行程三萬里。其間，浚水源，開溝渠；父子扯繩，進行測量，墾田近六十九萬畝，提議給當地民眾耕種，得到允准，為新疆開發建設做出貢獻。同時，林則徐以政治家的敏銳，研究西部局勢，提出海防和塞防並重，並預見：“為中國患者，其俄羅斯乎！”

後清廷起用林則徐，任陝西巡撫、雲貴總督。道光二十九年（1849），他因病辭職回籍。第二年，居福州，進行反英人入城活動。九月，清廷任林則徐為欽差大臣往廣西，途中病逝。

良 師 益 友

林則徐重視交友，以正直的人格結交正人君子為友，肝膽相照，相互感召，志同道合，同舟共濟。這種君子之交，為當時渾濁的官場注入汩汩清流。

第一，鄧廷楨（1775～1846 年），江寧（今江蘇省南京市）人，道光十九年（1839）與林則徐協力整頓海防，查禁鴉片。二十年（1840）調閩浙總督。六月，率軍擊退進犯廈門的英國艦隊。九月，與林則徐同奪職。翌年四月，與林則徐同戍伊犁。二十二年（1842）十月，迎接並陪同林則徐進入伊犁惠遠城。二十三年（1843）閏七月召回任甘肅布政使。鄧廷楨被起用後，林、鄧和詩，希望林則徐也被起用。鄧廷楨離開伊犁後，林則徐搬到他的宅子居住。

第二，魏源（1794～1857 年），清末思想家、史學家、文學家。道光二十一年（1841）七月，林則徐在遣戍伊犁途經鎮江時，會見魏源。二人同宿一室，對榻傾談。林則徐把有關《四洲志》的全部資料交給魏源，希望他編纂《海國圖志》。當魏源聽聞林則徐改役河工時，又趕來再度相會，作詩回憶兩人"乘槎天上事，商略到鷗鳧"，定下《海國圖志》之約，表達肝膽相照的情誼，"不辭京口月，肝膽醉輪舷"。後《海國圖志》成書。魏源主張"師夷之長以制夷"，學習西方技藝，抵抗外國侵略。

第三，王鼎（1768～1842年），今陝西蒲城人。少貧，力學，性耿直，尚氣節。嘉慶元年（1796）進士，以才幹和品行得到嘉慶帝的信任，逐步晉升，屢任要職。早在嘉慶二十一年（1816），年輕的林則徐到南昌充江西鄉試副主考官，便與時任江西學政的王鼎結識，得到王鼎器重。後王鼎得到道光帝信任，先後任左都御史、軍機大臣、直上書房、東閣大學士。道光二十一年（1841）八月，黃河在開封祥符決口。道光帝命原擬赴疆的林則徐折回治河工地效力，同時派大學士、軍機大臣王鼎前往督辦河工。經過半年的艱苦努力，到次年二月，工竣。王鼎晉太子太師，而林則徐則仍發往伊犁效力贖罪。王鼎相送於河干，依依不捨，老淚縱橫，涕泣不已。林則徐賦詩安慰他："幸瞻巨手挽銀河，休為羈臣悵荷戈。""塞馬未堪論得失，相公且莫涕滂沱。"

王鼎憤憤不平，還朝力爭。道光帝慰勞之，命休沐養疴。越數日，王鼎自草遺疏，劾大學士穆彰阿誤國，閉戶自縊，冀以屍諫。但遺疏被軍機章京陳孚恩毀滅。道光帝對王鼎突然死去雖有懷疑，但沒有證據，便給予優詔憫惜。史載："鼎清操絕俗，生平不受請託，亦不請託於人。卒之日，家無餘貲。"（《清史稿·王鼎傳》）

第四，布彥泰（1791～1880年），滿洲正黃旗人。他的一生幾乎在西北邊陲度過，先後任喀什噶爾參贊大臣、烏什辦事大臣、喀什噶爾總兵、哈密辦事大臣、塔爾巴哈台參贊大臣、陝甘總督、葉爾羌幫辦大臣、伊犁將軍等，偕將軍奕山會議俄羅斯通商事宜。直至咸豐四年（1854）才回京。享年九十歲。林則徐、鄧廷楨等被遣戍新疆，受到伊犁將軍布彥泰的關照。布彥泰經常向他們虛心諮詢，在生活上盡量給予照顧。他幫助林則徐完成捐資修渠開墾，又上疏朝廷為林則徐表功。

第五，左宗棠（1812～1885年），清末洋務派和湘軍首領。道光二十九年

（1849）十一月，林則徐由滇歸閩途中，特意將行船在長沙嶽麓山下湘江邊拋泊，派人招左宗棠來舟中見面。左宗棠和林則徐在舟中徹夜暢飲傾談。時林則徐六十五歲，左宗棠三十七歲，兩人神交已久，素未謀面，但一見如故。"湘江夜話"的經歷對左宗棠產生很大影響，後來他經略西北，反抗沙俄侵略，做出重要貢獻。林則徐逝世後，左宗棠寫下長聯悼念：

　　　　附公者不皆君子，間公者必是小人，憂國如家，二百餘年遺直在；

　　　　廟堂依之為長城，草野望之若時雨，出師未捷，八千里路大星頹。（《左文襄公全集·聯語》）

　　林則徐生逢中國社會大變革時代。他睜眼看世界，挺身抗侵略，以錚錚鐵骨維護國家獨立和民族尊嚴，是偉大的愛國民族英雄。

　　最後，我們要記住林則徐的名言：苟利國家生死以，豈因禍福避趨之。

辛酉政變

　　咸豐十一年七月十六日（1861 年 8 月 21 日），咸豐皇帝在避暑山莊煙波致爽殿召見怡親王載垣等八人，諭："立皇長子載淳為皇太子。"又諭："著派載垣、肅順等八位顧命大臣，贊襄一切政務。"咸豐帝此時因病在身，已不能握筆，遂命廷臣承寫朱諭。隨之，咸豐帝又授予皇后鈕祜祿氏"御賞"印章，授予皇子載淳"同道堂"印章，由葉赫那拉氏執掌。咸豐帝的意思是，在他死後，由皇后鈕祜祿氏、懿貴妃葉赫那拉氏與八大臣聯合執政，避免出現八大臣專權的局面，也避免出現皇后鈕祜祿氏或懿貴妃葉赫那拉氏一人專權的局面。第二天清晨，咸豐帝病逝。

　　咸豐帝臨終前所做的精心安排，很快就被打破，這就是辛酉之變。

三 股 勢 力

當時，朝廷的主要政治勢力，分為三股。

　　第一，朝臣勢力。其集中代表是咸豐臨終顧命、贊襄政務的八大臣。主要為兩部分人：載垣、端華、肅順等三人，為宗室貴族，景壽為額駙，係姻親貴族；穆蔭、匡源、杜翰、焦佑瀛四人，為朝廷大員、軍機大臣。

　　第二，帝胤勢力。咸豐帝死時，道光帝九個兒子中，健在的還有五阿哥惇親王奕誴（過繼）、六阿哥恭親王奕訢、七阿哥醇郡王奕譞、八阿哥鍾郡王奕詥、九

清文宗奕詝像

阿哥孚郡王奕譓等。恭親王奕訢這時三十歲，正年富力強。當大敵當前，咸豐帝和一干大臣都逃到避暑山莊，沒有一個人身臨前線。恭親王奕訢是空有爵位的閑散親王，既不是大學士，也不是軍機大臣，更不是御前大臣，卻要挺身在第一線，處理那麼一個亂攤子；提出到承德奔喪又遭到拒絕；作為咸豐帝的血親而未列入顧命大臣。於是，奕訢就同諸位兄弟們聯合起來，同帝后勢力聯合。

第三，帝后勢力。就是六歲的同治皇帝和兩宮太后 —— 慈安太后和慈禧太后，雖然他們是孤兒寡母，卻是帝制時代皇權的核心。咸豐帝在臨終之前，將"御賞"章，交皇后鈕祜祿氏收掌；而將"同道堂"章，交皇太子載淳收掌，實際上是由其生母慈禧皇太后掌管。持有這兩枚印章，就是掌握了最後否決權。如果她們不加蓋這兩枚印章，八位顧命大臣是發不出"詔書"和"諭旨"的。因此，帝后勢力是朝廷中最為重要的政治勢力。

在對待顧命大臣的態度上，帝后一方同帝胤一方的利益是共同的，他們聯合起來共同對付顧命大臣，這就在三個政治集團的力量對比上，以二對一，佔有優勢。

發 動 政 變

這時，朝廷大臣實際上分為兩半：一半在承德，另一半在北京。因此，主要分為兩個派別：以肅順為首的"承德集團"和以奕訢為首的"北京集團"。在北京的大臣，又發生了分化，一部分傾向於顧命大臣，大部分則傾向於帝胤和帝后勢力，從而出現錯綜複雜的局面。"承德集團"隨駕，主要人物有贊襄政務八大臣載垣、肅順等。"北京集團"以恭親王奕訢為首，其支持者除了奕誴、奕譞、奕詥、奕譓之外，還有軍機大臣文祥、桂良、寶鋆等人。

"北京集團"的特點，一是漢儒老臣多，二是正直不阿之臣多，三是對西方了解之臣多，四是力議咸豐在京主政者多，五是主張議和後請皇帝回鑾者多，六是官員年富力強者多。特別是他們得到兩宮皇太后與同治皇帝的支持。

以上兩個朝廷集團，在咸豐承德駕崩之日，便是開始較量之時。

咸豐十一年（1861）八月：

初一日，恭親王奕訢獲准趕到承德避暑山莊，叩謁咸豐的梓宮。《我的前半生》記載：相傳奕訢化裝成薩滿，在行宮見了兩宮皇太后，會面約兩個小時，密商決策與步驟後，返回北京，準備政變。此時，咸豐皇帝剛駕崩十三天。

初五日，醇郡王奕譞為正黃旗漢軍都統，掌握實際軍事權力。

十一日，兩宮太后召見八大臣，討論御史董元醇所上請太后權理朝政、簡親王一二人輔弼的奏摺。肅順等以咸豐遺詔和祖制無皇太后垂簾聽政故事，擬旨駁斥。雙方激烈辯論。《越縵堂國事日記》記載：肅順等人恣意咆哮，"聲震殿陛，天子驚怖，至於涕泣，遺溺后衣"，小皇帝嚇得尿了褲子。相持逾日，八大臣只好先答應兩宮太后，回到北京再說。

九月：

初四日，醇郡王奕譞任步軍統領，掌握了京師衛戍的軍權。不久，奕譞又兼管善捕營事。

二十三日，大行皇帝梓宮由避暑山莊啟駕。同治帝與兩宮皇太后，奉大行皇帝梓宮，從承德啟程返京師。第二天以皇帝年齡小、兩太后為年輕婦道為借口，從小道提前趕回北京。

二十七日夜，肅順等被醇郡王奕譞等抓捕。肅順咆哮不服，械繫，下宗人府獄，見載垣、端華已先在。

二十九日，同治帝奉兩宮太后回到北京皇宮，即在大內召見恭親王奕訢等。

三十日，發動政變。同治帝與兩宮皇太后，宣佈載垣等顧命大臣罪狀，把英法聯軍入侵北京、圓明園被焚掠、皇都百姓受驚、咸豐皇帝逃到熱河的政治責任全扣到載垣等八大臣頭上。

十月：

初一日，同治帝與兩宮皇太后命恭親王奕訢為議政王、軍機大臣，命大學士桂良、戶部尚書沈兆霖、侍郎寶鋆、文祥為軍機大臣。

初三日，大行皇帝梓宮到京。兩宮太后和恭親王利用提前到京的四天，完成了這場政變。

初五日，改年號"祺祥"為"同治"。翌日，詔賜載垣、端華在宗人府空室自盡，肅順被處斬，褫景壽、穆蔭、匡源、杜翰、焦祐瀛職。據記載："將行刑，肅順肆口大罵，其悖逆之聲，皆為人臣子所不忍聞。又不肯跪，劊子手以大鐵柄敲之，乃跪下，蓋兩脛已折矣。遂斬之。"（《薛福成《庸庵筆記》》）

初九日，載淳在太和殿即皇帝位。

後，同治帝奉慈安皇太后、慈禧皇太后御養心殿垂簾聽政。垂簾聽政設在養心殿東間，同治帝御座後設一黃幔（初為黃屏），慈安皇太后與慈禧皇太后並坐在垂簾後面，恭親王奕訢立於左，醇郡王奕譞立於右。

養心殿東暖閣太后垂簾聽政處

這次政變，因載淳登極後擬定年號為祺祥，史稱"祺祥政變"；這年為辛酉年，又稱"辛酉政變"；因政變發生在北京，也稱"北京政變"。其時，發動政變的四個主要人物——慈安皇太后二十五歲，慈禧皇太后二十七歲，恭親王奕訢三十歲，醇郡王奕譞二十二歲。

機 智 果 敢

發動政變的以上四人中，兩宮太后年輕新寡，深居宮中，王爺年輕氣盛，孤立無援，同治帝沖齡孩童，本來處於劣勢。但是他們機智果敢，乾脆利落地取得辛酉政變的勝利。其主要原因是：

第一，抓住並利用官民對英法聯軍入侵北京、火燒圓明園的強烈不滿，對咸豐皇帝和"承德集團"不顧民族、國家危亡而逃到避暑山莊的不滿，把全部歷史責任都推到顧命八大臣頭上，取得政治上的主動，顧命八大臣則成了替罪羊。

第二，充分利用掌握"御賞"、"同道堂"兩枚印章的否決權。

第三，帝后勢力與帝胤勢力結合，合二為一，佔據優勢。

第四，利用顧命大臣的麻痺思想，搶佔先機，先發制人，果斷出手，一網打盡。

辛酉政變是君權與相權的一次大衝突，表現了兩宮皇太后和恭親王奕訢的機智果敢，深邃謀略。它的重大結果是清朝體制的一大改變。經過辛酉政變，否定由顧命大臣贊襄政務，而由兩宮太后垂簾聽政，由帝胤貴族擔任議政王、軍機大臣，這個體制最大的特徵是皇太后與奕訢聯合主政，後來演變為慈禧太后獨攬朝政的局面。隨之產生一個制度：軍機大臣領班由親貴擔任，軍機大臣滿洲兩人、漢人兩人，在同治朝大體維持這種五人軍機結構的局面。不久，便開始推行同治新政。

同治新政

同治朝遇上難得的歷史機遇：在國內處於"太平天國"與"義和團"兩次重大社會動盪之間，在國際處於英法聯軍與八國聯軍兩次入侵之間，如同處在兩次大風暴中間的緩衝地帶。同治之前的道光、咸豐，之後的光緒、宣統，都沒有這樣有利的條件。這就給同治朝實行新政提供了一個難得的機遇。這幾乎與日本明治維新同時。

兩宮太后垂簾聽政，議政王奕訢主持政務，互相配合，推行新政，史稱"洋務運動"，又稱"同治新政"。新政的主要措施是：成立專門處理洋務的總理各國事務衙門，開辦洋務教育，開展洋務事業等。這標誌著清朝開始邁出開放和近代發展的一小步。

辦 理 洋 務

同治元年（1862）二月，清朝成立總理各國事務衙門，這是兩千年來第一個專門處理外事的中央機構。它不僅掌管清廷與各國間的外交事務，而且總攬"新政"的所有洋務事務，所以實際上它是清廷的內閣兼外交部。

總理各國事務衙門下設英國股、法國股、俄國股、美國股和海防股等機構。其中，俄國股，兼理俄、日兩國；英國股，兼理奧地利；美國股，監理美、德、秘

總理各國事務衙門舊影

魯、意大利、瑞典、挪威、比利時、丹麥、葡萄牙;法國股,兼理法國、荷蘭、西班牙、巴西等國外交事務;海防股,掌管南北洋海防等。可以看出,當時清朝外交的視野還是比較開闊的。

當時清朝海關總稅務司由英國人赫德擔任,同治五年(1866)春天,赫德要請假回國結婚,建議帶幾位同文館學生去西方考察,這促成了派員出國考察的破天荒的事情發生。

官員們對出國考察都不願去、也不敢去,而六十三歲的斌椿報名應徵。斌椿,漢軍正白旗人,曾做過知縣等低級官員,後給赫德做秘書。同治五年正月二十一日(1866 年 3 月 7 日),斌椿率三名同文館學生,從上海乘輪船出洋,在歐洲遊歷一百一十多天,訪問了法國、英國、荷蘭、丹麥、瑞典、芬蘭、俄國、普魯士、比利時等國。斌椿寫出《乘槎筆記》,記錄下親眼所見諸如歐洲博覽會、芭蕾舞、大英博物館、國家議會、近代報社、高等學院,法國凡爾賽宮、凱旋門,以及火車、輪船、電報、電梯、機器印刷、蒸汽機、攝影、鋼琴、起重機、顯微鏡、幻燈機、紡織廠、兵工廠等,同行學生張德彝也著《航海述奇》,將他們所看到的西方近代科技與文明介紹給國人。

學習西方

　　清政府著力培養洋務人才，總理各國事務衙門下屬的京師同文館，實際上就是新式外國語學校。由京師八旗子弟挑選十人入學，聘請英國教士包爾騰教授外語，請徐樹琳教授儒家經典。後奕訢請在同文館開設天文、算學館，引起了京師內外的軒然大波。京師流傳對聯："鬼計本多端，使小朝廷設同文館；軍機無遠略，誘佳弟子拜異類師。"於是傳稱奕訢為"鬼子六"。更嚴重的是大學士、同治帝師傅倭仁上書反對。他認為："立國之道，尚禮義不尚權謀；根本之圖，在人心不在技藝。"由於兩宮皇太后態度明朗，攻擊同文館招生之風才被壓下去。然而同文館的招生受到很大影響，原報名者九十八人，但參加考試者僅有七十二人，其中三十人是為有優厚獎學金而報考。半年後只餘下十名學員尚能跟上學業，遂與原來在館八旗子弟合為一班。同文館後來聘請美國人丁韙良為總教習，開設化學、數學、天文、物理、國際法、外國史地、醫學、生理學、政治經濟學等課程，畢業年限改為八年。同文館初具一所綜合性高等學府的規模。到光緒二十八年（1902）併入京師大學堂。

　　除了開辦學堂，還派出留學生。容閎（1828～1912年），香山（今廣東省中山市）人。道光二十一年（1841），容閎入澳門馬禮遜教會學堂讀書，後跟隨該校美國教員布朗去了美國，成為近代早期留學生。他在美國讀完中學後進入大學，獲得耶魯大學文學學士學位。回國後，給直隸總督曾國藩做幕僚和譯員。同治九年（1870），清政府批准曾國藩等派留學生的奏章，在上海成立留學出洋局。後以陳蘭彬、容閎為正副委員，常駐美國，經管留學生事務。

　　當時招生工作極難進行，幼童父母都不願把孩子送到遙遠的大洋彼岸去。如詹天佑，他的鄰居在香港做事，勸其父送詹天佑報名。這位鄰居再三說明去美國留學比科舉進士有出息，並提出如果詹天佑去美國留學，就把女兒許配給他，他父親才同意了。當時詹天佑才十二歲。後來詹天佑學成回國，修築京張鐵路，建灤河大橋，都是稱著世界的創舉。

　　留學幼童先受預備班半年教育，學習簡單英語，了解美國情況。同治十一年

清穆宗載淳像

（1872）夏，經過考試選拔，第一批幼童三十名，在上海乘輪船出洋。從同治十一年到光緒元年（1875），每年出國一批，每批三十人，共有四批一百二十人赴美國留學。

光緒七年（1881）五月，清政府將出洋學生一律調回。留美學生自同治十一年（1872）首批出洋，至光緒七年（1881）撤回，最長者達九年。出國時的十二歲到十六歲的少年，歸來時已是二十多歲的青年。他們在美國雖未完成計劃的學業，但都受到西方的教育。這些留學歸國的青年，許多人後來成為中國政界、軍界、學界、工商界、科技界等方面的知名人物，為中國近代建設做出貢獻。據不完全統計：從事行政和外交者二十四人，其中成為領事、代辦者十二人，外交次長、公使兩人，成為總長一人、內閣總理一人；加入海軍者二十人，其中成為海軍將領者十四人；從事教育者五人，其中成為大學校長者兩人；從事實業者三十人，其中成為工礦負責人者九人、工程師六人、鐵路局長三人等。

採西學，求洋器，成為一時風氣。曾國藩、李鴻章、左宗棠等走在前列，興辦近代軍工廠，編練新式軍隊，購買英國、德國軍艦。近代軍事工業的出現，引進了比較先進的科學技術和大機器生產，對學習西方先進科學技術和培養科技人才，起到積極作用。

痛　失　機　遇

中國的近鄰日本在 1868 年（同治七年）實行“明治維新”，走上國家富強之路。而清朝維新圖強的新鮮空氣，卻伴隨著軍機大臣奕訢的五任五罷而宣告夭折。清朝再一次堵塞了中西交流的渠道，又一次失去了向西方借鑒、學習和吸納的機會。

在此之前，清朝已經多次放棄發展的歷史機遇。

康熙學習西方科技是真誠的，也是認真的。康熙對歐洲主要國家的地理、人文、科技等都比較了解。但康熙帝僅作為個人興趣、個人求知，而沒有上升到國家政策和政府行為。因而，康熙之後，人亡政息。可以痛惜地說，康熙帝失去了一次發展的歷史機遇。

乾隆帝晚年，英國使臣馬戛爾尼來華，提出"交使通商"的請求，但乾隆帝故步自封，持盈保泰，陶醉於天朝上國的迷夢之中。他看不到世界發展的潮流和工業科技的進步，完全拒絕了英國的要求，堵塞了交流的渠道，又失去了一次發展的歷史機遇。

二十三年之後，英國國王第二次派遣了訪華使團，再次提出英國通商的要求。因為英使拒絕向嘉慶帝行三跪九叩禮，而被驅逐出境。清朝再一次堵塞了中西交流的渠道，並再次失去了向西方借鑒、學習和吸納的機會。

鴉片戰爭，清政府吃了敗仗，簽訂喪權辱國的《南京條約》。然而，道光帝卻拒絕吸取教訓，拒絕進行反思，拒絕改革圖新。

同治新政失敗之後，還發生了光緒朝的戊戌變法，結果又被戊戌政變所葬送。這是歷史給清朝最後一次圖強維新的機會，但被慈禧太后等頑固派所葬送。宣統初，清政府曾想做一點改良，但為時已晚，革命派已經對清朝的改革失去信心，也失去耐心，歷史做出抉擇：給予多次機會而不肯進行改革的清朝，將其淘汰出局。

清朝同中國歷史上其他皇朝不同，其時，英、美、法、德等西方列強，已經完成資本主義工業化、資產階級民主化；日本、俄國也逐漸強大。清朝面臨生死存亡的問題。大清帝國卻依舊故我，或換湯不換藥，"因循廢墮，可謂極矣！"

道光四子

　　道光帝有九個兒子，其皇四子奕詝繼承皇位為咸豐帝，其孫子為同治皇帝；皇五子奕誴出繼，皇六子奕訢被封為親王，先後預政咸豐、同治和光緒兩代三帝；皇七子奕譞，慈禧時封為醇親王，兒子為光緒帝，另一個兒子載灃為攝政王，孫子為宣統帝；還有皇八子奕詥、皇九子奕譓、皇五子奕誴的孫子溥儁被慈禧選為皇儲，預備取代光緒帝，後被廢。道光帝的兒孫們，對晚清歷史影響深遠。

　　咸豐帝奕詝大家比較熟悉。我重點介紹奕訢、奕譞和奕誴這三位道光帝的兒子。

老 六 奕 訢

　　恭親王奕訢（1833～1898年）和皇四兄奕詝是同父異母兄弟。奕訢從小由奕詝母親撫養。奕詝母親死後，就完全由奕訢的母親養育。奕詝與奕訢共同生活了十七年，同在書房，讀經書，習騎射，共製槍法二十八勢、刀法十八勢，道光帝賜槍名"棣華協力"，刀名"寶鍔宣威"，並以白虹刀賜奕訢。同時，他倆僅相差一歲，都曾經是皇位的候選人。最後奕詝以仁孝的表現取得道光帝的青睞。奕訢一生，在咸豐、同治、光緒三朝大起大落，從一位文武雙全的睿智青年，到從容威嚴的外交官，最後成為唯唯諾諾的病人。奕訢的人生經過六次大起大落。

一起一落。咸豐三年（1853）九月，洪秀全兵逼畿南，咸豐帝起用奕訢，形勢好轉。五年（1855）七月，罷其職務，仍在內廷行走，在上書房讀書。

　　二起二落。咸豐十年（1860）八月，英法聯軍逼近京師，咸豐帝逃往熱河，授奕訢欽差大臣，督辦和局；和議告成，回報奕訢：一要議處，二不見面，三排除在顧命大臣之外。

奕訢像

三起三落。咸豐十一年（1861）七月，咸豐帝崩，奕訢與兩宮太后舉行辛酉政變，為議政王、軍機處大臣，王爵世襲，食親王雙俸。同治四年（1865）三月，兩宮太后命奪議政王號及一切差使。王入謝恩，痛哭引咎。

四起四落。同治七年（1868）二月，西捻軍逼近京畿，命奕訢節制各路統兵大臣。十三年（1874）七月，同治帝諭責奕訢，降為郡王，奪世襲罔替，仍在軍機大臣上行走。

五起五落。光緒帝即位後，再次起用。光緒十年三月十三日（1884年4月8日），奕訢等全體軍機大臣突然被一體罷免。慈禧皇太后令奕訢停止雙俸，家居養病。慈禧撤換了以奕訢為首的軍機處，成了不受任何約束的擁有絕對權威的太上女皇。

六起六落。光緒二十年（1894），日本侵朝鮮，復起奕訢管理總理各國事務衙門，並總理海軍，會同辦理軍務，內廷行走；後又命督辦軍務，節制各路統兵大臣。十一月，授軍機大臣。但此時的奕訢已經是六十二歲的老人，疾病纏身，銳氣全消。此前領略了慈禧太后淫威手段的奕訢，現在一味聽命於慈禧，主張求和。二十四年（1898）四月薨，年六十七。奕訢之死，使慈禧與光緒帝之間失去了一個重要的中間調解人。這就使慈禧與光緒之間的矛盾激化，最終導致了戊戌政變。

恭親王奕訢經歷六起六落，每當國家陰雲密佈，就受到信任起用；雨過天晴，就遭到貶斥冷落。恭親王奕訢，用不辭勞，罷不生懟，有純臣之器度。

老五奕誴

奕誴，道光皇帝的第五子。他的母親鈕祜祿氏，被道光封為貴人，進為嬪，又降為貴人。咸豐繼位後尊為皇考祥妃。

道光二十六年（1846）奕誴過繼給皇叔惇恪親王綿愷為後，襲郡王。咸豐即位，命在內廷行走。奕誴屢以失禮獲譴。咸豐五年（1855）三月，降貝勒，罷一切職任，上書房讀書。六年（1856）正月，復封惇郡王。十月，進親王。同治即位，諭免叩拜稱名。同治七年（1868）正月，捻軍逼近畿，奕誴陳防守之策。同治十一年（1872），同治帝大婚，賜紫內大臣班及帶豹尾槍。同治十三年（1874）十二月，賜紫禁城乘四人肩輿。

奕誴有八個兒子，其中有爵位的有五位：載濂、載漪、載瀾、載瀛、載津。其中，載漪值得說一下。光緒十年（1884），奕誴第二子載漪，過繼給瑞懷親王綿忻的兒子奕誌，襲貝勒。光緒十五年（1889），加郡王銜。十九年（1893）九月，授為御前大臣。二十年（1894），進封端郡王。為什麼連連升遷？因為載漪福晉，承恩公桂祥之女，是慈禧的姪女。光緒二十五年十二月二十四日（1899年1月24日），光緒帝承太后命，溥儁入為光緒帝後，號"大阿哥"，命在弘德殿讀書，以承恩公尚書崇綺、大學士徐桐為師傅。明年元旦，大高殿、奉先殿行禮，以溥儁代。京師流言將下詔禪位，大學士榮祿與慶親王奕劻以各國公使有異議，諫止。

光緒二十六年（1900），義和拳亂起，載漪篤信，以為義民，亂勢益張。五月，命充總理各國事務大臣。八月，八國聯軍自天津逼京師，光緒奉太后出逃，載漪及溥儁跟隨。到大同，命載漪為軍機大臣，不久罷免。命奕劻與大學士李鴻章議和，諸國指載漪為首禍。十二月，奪爵，戍新疆。光緒二十七年（1901）十月，光緒和慈禧太后返回途經開封，諭："載漪縱義和拳，獲罪祖宗，其子溥儁不宜膺儲位，廢'大阿哥'名號。"最後落得獲罪，奪爵，歸宗。

老 七 奕 譞

道光帝第七子奕譞，咸豐帝即位後，封醇郡王。咸豐九年（1859）三月，分府，命仍在內大臣。同治帝即位後，授都統、御前大臣、領神機營。同治三年（1864），加親王銜。四年，兩太后命弘德殿行走，稽察課程。同治十一年（1872），進封醇親王。同治十二年（1873），同治帝親政，罷弘德殿行走。

同治帝突然病死後，奕譞之子、四歲的載湉被慈禧太后指定為帝，就是光緒帝。醇親王奕譞奏兩太后，說因同治帝去世，兒子被定為嗣皇帝，五內崩裂，倉猝昏迷，不知所措；舊疾肝病復發，請求辭去一切職務。慈禧太后同意，命王爵世襲。光緒帝在毓慶宮入學，命他照料。後賜親王雙俸。

奕譞像

毓慶宮

逛一逛

毓慶宮

始建於清康熙十八年（1679），位於奉先殿與齋宮之間，為明代奉慈殿舊址。乾隆五十九年（1794）擴建一座大殿，嘉慶六年（1801）繼續擴建，光緒十六年（1890）和二十三年（1897）各加以修繕，原有大量藏書，清末民國時期被移出。

清德宗載湉像

咸豐十一年（1861）九月，設海軍衙門，命醇親王奕譞總理，節制沿海水師，定議操練海軍，自北洋水師開始，並派李鴻章專管此事。翌年三月，賜醇親王與福晉杏黃轎，王疏辭，不許，但不坐。李鴻章經畫海防，於旅順開船塢，築炮台，為海軍基地。北洋有大小戰艦凡五艘，還有蚊船、雷艇等，逐漸組成水師。命奕譞同李鴻章等，出天津大沽口，經威海、煙台，到旅順，巡視北洋水師及水師學堂（《清史稿‧奕譞傳》）。光緒帝親政後，王奏：太平湖賜第為皇帝發祥地。世宗以潛邸升為宮殿，高宗諭子孫有自藩邸紹承大統者，應用其例。慈禧從之。別賜第即醇親王北府（今宋慶齡故居），發帑十萬兩修葺。光緒十五年（1889）正月，大婚禮成，賜金桃皮鞘威服刀，增護治邸第未竟，復發帑六萬。並進封諸子。

　　光緒十六年（1890）正月，以光緒帝二十歲萬壽，增加護衛官兵五十人。十一月，醇親王發病，光緒帝親往探視。不久，醇親王奕譞薨，年五十一。定稱號曰皇帝本生考。配享太廟。光緒帝繼承皇位後，醇親王奕譞謙卑謹慎，翼翼小心，十餘年間，殫竭心力，恪恭盡職。每有憂敘，涕泣懇辭，賜杏黃轎，不敢乘坐。自古攝政，何以過此？

　　奕譞有七個兒子，除了光緒帝外，還有一個兒子也是大名鼎鼎，就是載灃。載灃的兒子，也就是奕譞的孫子、光緒的姪子溥儀，被慈禧太后指定為宣統皇帝。載灃襲醇親王，宣統帝即位後，命為監國攝政王，直到宣統三年（1911），宣統帝遜位，清朝結束。

　　清朝十二位皇帝，共有皇子一百一十三人。道光皇帝有九位皇子，除三人早死外，其中六位影響清朝最後半個世紀的歷史。

　　載灃是清朝、也是中國皇朝史上最後一位攝政王。民諺說：清朝自攝政王多爾袞始，又以攝政王載灃終，是偶然耶，還是必然耶？

國師懿榮

清朝光緒年間，光緒帝的南書房有一位翰林入值，兼任國子監祭酒，他就是王懿榮。王懿榮，為後人永久記憶的，是他的學問和氣節兩件事。

三 任 祭 酒

王懿榮（1845～1900 年），福山縣（今在山東省煙台市）人。他三次擔任國子監祭酒。國子監是明清北京最高學府，祭酒是官名，就是國子監的最高領導者。當時北京國子監是全國唯一的最高學府 —— 大學，王懿榮就是這所大學的校長。王懿榮連著三次任國子監祭酒，為人師表，師生敬佩。

王懿榮的先祖王忠，明初到福山做官。這裏依山傍海，風景優美，物產豐富，民風樸實，王忠最後定居在這裏。王家世代讀書，出了不少文化名人。他的先祖王騭，清順治進士。康熙年間，他在四川做官，"不取民間粒米、束草，日費取給於家"，非常清廉。時重修太和殿，需要大量楠木。王騭上《請停止解運楠木疏》，說：四川在戰亂後，民生凋敝，滿目瘡痍，攀藤側立，運木更難。通省戶口不過一萬八千餘丁，抽撥五千入山採木，耕作全廢，國賦何徵，奏請上裁。康熙帝採納，改用東北松木。王騭官做到江西巡撫、閩浙總督、戶部尚書。他曾書寫對聯："有子能文何必貴，為官致富不如貧。" 刻苦讀書，體恤民生，嚴以律己，為人正直，

王懿榮像

成為王氏的家風。

　　王懿榮出生在世代官宦、詩書溢香的門第，自幼讀書，參加科考。雖讀書用功，卻科場不順。王懿榮參加鄉試，一試不中，二試不中，三試不中，四試還不中。在他科考屢受挫折時，先祖"父子三翰林"的事跡，激勵他屢挫不餒，繼續科考。他的夫人黃氏，每次鄉試發榜時，都期待佳音，卻總是失望。後來在病中竟不能聽外面叫賣刊印科考榜上有名"題名錄"的聲音，便用被子蒙著頭、捂著耳朵。到第七次鄉試中舉，他的夫人卻在一個月前病逝，永遠看不到、聽不到金榜題名的喜訊。來年，王懿榮考中進士，時三十六歲。

　　王懿榮中進士後，一路東風，順順利利。考入庶吉士（讀研），三年後散館（畢業），進入翰林院。這年他三十九歲。任翰林院編修，後入值南書房，兼任國子監祭酒。

　　甲午戰起，日據威海，又陷榮城，登州大震，王懿榮請歸練鄉團。和議成，回北京，又做國子監祭酒。凡三任，共七年。

　　王懿榮著述很多，這裏不一一介紹。他還有一個特殊的重大貢獻，就是發現了甲骨文字。

甲 骨 文 字

　　光緒二十五年（1899），王懿榮在中藥"龍骨"中首先發現甲骨文刻辭，並斷為古代文字，是中國第一位甲骨文字學家。

　　在王懿榮之前，大家都知道最早的漢文字刻在或寫在竹簡或木簡上，叫作簡書。如馬王堆漢墓中出土了大量的簡書。其實，早在春秋時代，孔子就"韋編三絕"。"韋"，就是皮條。一部書那麼多的竹簡或木簡，怎麼讀呢？用皮條穿起來，一簡一簡地閱讀。翻的遍數太多，皮條斷了三次。這說明孔子讀書非常刻苦用功。還有金文，就是把文字鑄在鐘鼎等器物上。春秋戰國，還有書寫在絹帛上，稱作帛書，等等。那麼，更早呢？如商朝，把文字刻在或寫在龜甲或獸骨上，後來稱作甲骨文。

那時人們不知道這是甲骨文，而把地下挖出來的、地上撿拾到的帶文字的龜甲和獸骨，賣給藥舖，當成中藥。那麼，王懿榮是怎樣發現甲骨文的呢？王懿榮泛涉書史，酷嗜金石，"篤好古彝器、碑版、圖畫"，是著名的金石文字學家。

一天，王懿榮得病，派人到北京菜市口達仁堂中藥店抓藥，買回藥來開包一看，發現"龍骨"上的刻痕，既不像大篆字，也不像小篆字。王懿榮對金石文字素有研究，便覺得好奇，仔細觀看，反覆琢磨，認為這不是一般的刻痕，很像古代文字。他派人趕到這家藥店，把藥店刻有符號的龍骨全部買下，後來又廣泛搜購，共收集了一千五百多片。王懿榮經過初步對比和研究，認為是一種新的文字，就叫甲骨文。他斷定是殷墟古文字。

王懿榮的兒子王崇煥有一段記載：河南彰德府安陽縣小商屯地方，發現殷代卜骨龜甲甚多，上有文字。估人攜至京師，公審定為殷商故物，購得數千片。是為吾國研究殷墟甲骨文字開創之始（《王文敏公年譜》）。這一年是光緒二十五年（1899）。學界公譽王懿榮是甲骨文之父。甲骨文發現後，經文字學家、金石學家、考古學家和歷史學家等共同研究，證實殷朝確實存在。後經《老殘遊記》作者劉鶚並羅振玉等收集整理，拓片成書。再經王國維等研究，識別更多的字，並將甲骨文記載與司馬遷《史記·殷本紀》記載，互相對照，於是將殷商王朝世系大致排列出來，確證商朝就有文字記載的歷史是信使。

目前，已出土甲骨文十五萬餘片，其中單字約四千五百個，已識讀兩千餘字。這就將中國有文字記載的歷史提前了將近一千年，從此，商朝結束了神話和傳說的歷史，開始了有文字記載的歷史，為中華文明研究做出了重大貢獻。而這一成就的發端者，就是被譽為甲骨文之父的王懿榮！

可惜，王懿榮發現甲骨文後的第二年，抗擊外敵，以身殉國。

以 身 殉 國

王懿榮所處的時代，正是東西方的列強，瘋狂侵略中國的時期。清朝一仗敗一仗，一辱連一辱，割地、賠款、喪權、辱國……

八國聯軍侵入時，國子監祭酒王懿榮被任命為京師團練大臣。王懿榮面奏："拳民不可恃，當聯商民備守禦。"但是，事態危急，已不可為。

　　光緒二十六年（1900），慈禧太后、光緒帝從皇宮倉皇出逃，離開北京。七月，八國聯軍進攻北京城東直門，王懿榮等率領義團，奮不顧身，進行抵抗。然而，眾寡懸殊，抵抗失利。見勢危急，王懿榮急速回到東城錫拉胡同 11 號住宅。此前，院裏有一口又大又深的井。王懿榮早就命人把井挖深。家人問他為什麼？他笑道家人："此吾之止水也！"意思是這是我終身止水的地方。

　　他跟家人說："吾義不可苟生！"意思是我不能苟且求生！家人圍著他長跪，一邊哭泣，一邊勸說。王懿榮決心已定，喝下毒藥，沒有立即死，遂在牆壁上，寫下絕命詞：

　　　　主憂臣辱，—— 意思是：皇上憂愁，大臣受辱。

　　　　主辱臣死。—— 意思是：皇上受辱，大臣死節。

　　　　於止知其所止，—— 意思是：死，知道為什麼死。

　　　　此為近之。—— 意思是：我要為國而死！

　　王懿榮寫完絕命詞，決然擲筆，赴井而死。王懿榮投井殉國後，他的夫人謝氏、寡媳張氏，共同殉難！

　　事後，國子監太學生打撈遺體，集資掩埋。這年王懿榮四十六歲。後朝廷贈侍郎，謚文敏。

　　王懿榮自殺殉國，捨身成仁，大節凜然，既體現了士人的高風亮節，也體現了國人的愛國精神。

皇帝稱謂

　　明清二十八位皇帝，先後有二十四位皇帝成為北京皇宮的主人，在帝制時代，皇帝才是皇宮的主角。那麼，當時其他人該怎樣稱呼皇帝呢？我以清朝為例，簡單介紹一下。

皇帝名字

　　每一位清朝皇帝（宣統除外）都有五種稱謂，就是皇帝的名字、他的年號、他的廟號、他的諡號、他去世之後入葬之前的稱謂等。這五種稱謂使用的時間、地點、場合，都有嚴格規定，既不能亂用，也不能混用。在清朝如果疏忽錯用，輕者受到申斥、降罰，重者可能被革職，甚至於論斬。但是，影視劇中常遇到皇帝廟號、諡號、年號、名字相混淆的現象。有的觀眾也提出這方面的問題。

　　名字：這個比較簡單，皇帝的名字，都是出生後不久，多由他的父親給起的，伴隨他的終生。清朝皇帝遵循滿洲傳統，只有名，不貫姓。比如：清太祖，名努爾哈赤；清太宗，名皇太極。他們不姓“努”或“皇”，而姓愛新覺羅。入關後，順治帝給皇子取名，雖然還是只有名不貫姓，但是用滿語取名，再音譯成漢字，比如玄燁。康熙二十年（1681）以後，康熙帝一方面堅持滿洲只取名不貫姓的傳統，同時正式採用漢人的取名方法，規定他的皇子皇孫取名，第一個字表示排行，第二

寫有全部諡號的雍正帝神位

個字採用同樣偏旁。如皇子輩，第一個字用“胤”字排行，表示輩分，第二個字用“示”字偏旁。如皇太子，胤礽；皇四子，胤禛。皇孫輩，第一個字用“弘”，第二個字用“日”字偏旁。如弘曆、弘晳。曾孫輩，第一個字用“永”字排行，第二個字，以“王”字為偏旁，如永琰、永琮。

皇 帝 三 號

清朝皇帝都有三“號”——年號、廟號、諡號。

年號：用來紀年。中國古代是用干支紀年，如甲午、己巳、戊戌、辛酉，但干支紀年有一個缺陷，就是每六十年一輪迴，所以六十年一重複；另一種辦法就是用帝王的年號紀年；或者兩者兼用。明清紀年，用皇帝年號，就是每一個皇帝有一個（個別有兩個）年號，用它來紀年。我們常說的永樂、崇禎、康熙、雍正、乾隆，就是年號。現在通行將年號和名字等同，如康熙就是玄燁，雍正就是胤禛，乾隆就是弘曆等。嚴格說來，康熙、雍正、乾隆等都是年號，不是名字。但大家已經習慣，約定俗成。這樣，清朝十二個皇帝共有十三個年號（皇太極有天聰、崇德兩個年號），十三個年號也稱十三朝，所以有的書說《清宮十三朝演義》，就是這個意思。

明萬曆四十八年（1620）七月，萬曆皇帝去世。八月初一日，光宗泰昌帝繼位，九月初一日，泰昌帝在位一個月就死去。九月初六日，天啟帝繼位。在同一年裏，先後有三位皇帝的年號存在，該如何紀年？經過反覆討論，最後決定：萬曆四十八年八月初一日以前，為萬曆四十八年；八月初一以後為泰昌元年，第二年為天啟元年。

廟號：《辭源·廟號》解釋說：“帝王死後，在太廟立室奉祀，並追尊某祖、某宗的名號，稱廟號。始於殷代……其後歷代封建帝王，都有廟號。”廟號是皇帝死了之後，給他追尊的名號，因為要寫在太廟的牌位上，所以稱為廟號。如康熙帝的廟號是聖祖，雍正帝的廟號是世宗，乾隆帝的廟號是高宗。宣統帝死於辛亥之後，所以沒有廟號。廟號是皇帝死了之後才有的，皇帝生前沒有廟號。影視劇中皇帝活著就被大臣稱廟號，這是有悖常理常識的。

謚號：謚號是對死去皇帝具有評價意義的稱號。清代皇帝的謚號，由繼任的皇帝恭上。其謚號字數很多，太祖二十七字，太宗、世祖、聖祖、世宗、高宗、宣宗各二十五字，仁宗、文宗、穆宗、德宗各二十三字。常用簡稱，就是取“皇帝”之前的一個字，如，康熙帝謚號是“仁”，雍正帝謚號是“憲”，乾隆帝謚號是“純”。宣統帝死於辛亥之後，所以沒有謚號。

皇帝的廟號和謚號在正式冊文中寫全稱。比如清太祖努爾哈赤的廟號和謚號，是清朝皇帝中字數最多的，共二十九個字：

太祖 承天廣運 聖德神功 肇紀立極 仁孝睿武 端毅欽安 弘文定業 高皇帝

這二十九個字，關鍵是三個字，即廟號"太祖"和諡號"高"。這三個字是努爾哈赤獨有的。

清帝諡號的前四個字，都有一個"天"字，也都有一個"運"字（皇太極除外）：如康熙為"合天弘運"，雍正為"敬天昌運"，乾隆為"法天隆運"。

明朝皇帝諡號的前四個字，也都有一個"天"字，不同的是沒有"運"字，而是"道"字。如明太祖朱元璋為"開天行道"，明太宗朱棣為"啟天弘道"等。

大行皇帝：皇帝死後入葬之前，稱作大行皇帝。

新皇帝登極，大行皇帝入葬、定了廟號和諡號之後，就稱廟號、諡號，如康熙帝稱"聖祖仁皇帝"，雍正帝稱"世宗憲皇帝"，乾隆帝稱"高宗純皇帝"等。

皇 帝 名 諱

中國皇帝的名諱，歷史悠久。清承明制，實行名諱。清帝的名字，是不可以隨便叫的，也不可以隨便寫的。清帝的名字，從他登上皇位那天開始是要避諱的，別人不能使用皇帝名字的讀音，不能用也不能寫皇帝名字的字。但清帝的名諱，不同時期有不同規定。

天命、天聰、順治時期：清朝太祖、太宗、聖祖三朝，還沒有實行皇帝名諱。如"努爾哈赤"、"皇太極"、"福臨"出現在正式典冊（如"實錄"、"玉牒"）時，在名字上貼上黃籤，以示敬避。他們的名字不可以寫，也不可以讀；但組成這三個皇帝名字的字，分解開來，可以寫，也可以讀。

康熙、雍正時期：康熙朝開始將皇帝的名字作諱筆。如康熙的名字"玄燁"，避諱時諱缺末筆，"玄"字、"燁"字書寫時都諱缺最後一筆。遇到"玄"字，缺末筆，就是"玄"字最後一筆的"、"不寫。我統計過，康熙二十四年（1685）編修的《康熙順天府志》，全書的"玄"字和帶"玄"部首的字，如"鉉"、"炫"、"玹"、"弦"、"絃"、"泫"等字，都諱缺末筆，總計七十處。皇宮後門明朝叫"玄武門"，康熙時避諱"玄"字，改為"神武門"。

雍正時，雍正的名字為"胤禛"，"胤"字、"禛"字寫的時候要諱缺末筆，同時他的兄弟"胤"字都改成"允"字。所以，出現"允礽"、"允祉"、"允禵"、"允裪"、"允祥"等。他的十四弟胤禎則兩個字都改了，第一個字改成"允"，第二個字"禎"因為讀音跟雍正胤禛的"禛"接近，所以改為"禵"。

乾隆、嘉慶、道光時期：恢復康熙的做法，只將皇帝的名字作諱筆。

乾隆時，乾隆帝名弘曆。"弘"字諱缺末筆。

嘉慶朝，嘉慶帝名永琰。因"永"字為常用字，所以將御名上一字"永"改為"顒"字。在寫"顒"字與"琰"字時，也要諱筆。

道光朝，道光帝原名綿寧，為"綿"字輩。將御名上一字"綿"改為"旻"，避諱時"文"字缺一點；將御名下一字"寧"字諱缺末筆，寫作"寍"等。北京廣寧門，改名為廣安門。

咸豐、同治、光緒、宣統時期：皇帝名字兩個字，規定前一個字不避諱，只是後一個字諱筆。

咸豐名奕詝，將御名上一字仍舊書寫，毋庸改避，下一字著缺寫末一筆；同治名載淳，"載"字不諱，"淳"字寫成"湻"字；光緒名載湉，"載"字不諱，"湉"字諱缺末筆；宣統名溥儀（儀），"溥"字不避諱，將"儀"字缺末筆。

以上可見，清帝名諱逐漸簡化。從入關前不太講究名諱，到康、雍、乾嚴格名諱制度，再到嘉、道皇帝名字避諱常用字，復到咸、同、光、宣更加簡化的名諱制度，以方便大眾。

清帝名諱制度是很嚴格的，如犯了皇帝的諱，科舉時輕者名落孫山，重者惹來牢獄之災。

隨著帝制的覆亡，這些有關皇帝的名號稱呼，也都進入故紙堆。但是，作為古代文化的基本知識，也是應當了解的。還可以利用這些知識，鑒定文物真偽、書籍朝代版本。

皇位繼承

在中國帝制時代，皇帝是國家、民族的最高象徵，掌握國家最高的立法、行政、軍事、祭祀和司法大權。皇帝個人的素質、才能、品德、喜好等，對於國家、民族至關重要。因此，皇帝的選擇、皇位的繼承，於皇朝的盛衰，關係至為重要。明朝的皇位繼承制度，繼承了唐宋傳統，實行父死子繼、兄終弟及。而清朝皇帝更有東北漁獵文化的滋養，所以在皇位繼承制度上幾經變革。

演 變 軌 跡

讓我們對清朝皇位繼承演變的軌跡，做個簡單的歷史回顧。

第一，貴族公推制。清朝皇帝的選擇，太祖、太宗時是由貴族會議推選。清朝的奠基者太祖努爾哈赤、太宗皇太極，是當時天下之精英，是各路英雄之俊傑。努爾哈赤十三副遺甲起兵，開始稱雄。但是，各部首領不服。努爾哈赤將建州五部 —— 蘇克素護河部、哲陳部、董鄂部、完顏部、渾河部逐部徵撫，又將長白山三部 —— 鴨綠江部、珠舍里部、納殷部征撫。再將東海女真、黑龍江女真逐個部落征撫。還將海西女真扈倫四部 —— 哈達部、輝發部、烏拉部、葉赫部逐個臣服。同時，要東對朝鮮、西對蒙古、南對明朝。最後，努爾哈赤是歷史的勝利者。所以，努爾哈赤黃衣稱朕，是經過長期激烈較量後勝利的結果。蒙古貴族、滿洲貴族共同

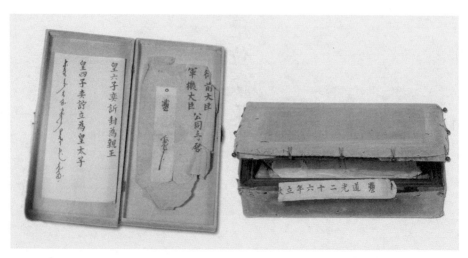

道光帝秘密立儲御旨

推舉努爾哈赤為崑都崙汗，後稱天命汗。

皇太極、順治的登極，都是經過諸王貝勒大臣認真討論、反覆醞釀、彼此協調、政治平衡的結果。雖然順治六歲登極，但真正掌握實權的是攝政睿親王多爾袞。多爾袞在當時清朝統治階層中，是最傑出的人物。

第二，皇帝遺命制。順治皇位繼承後開始改為遺命制。康熙繼位，由順治帝遺命；雍正繼位，由康熙帝遺命（當然其中仍有歷史疑案）；同治繼位，由咸豐帝遺命。考據，在皇帝遺命之前，順治帝臨終前，皇太后同順治帝商量由八歲的玄燁繼承皇位，此事還同耶穌會士湯若望說過。康熙帝立皇太子，還請大學士、尚書等朝臣各陳自己的意見。可見這時的皇位繼承還有一定的透明度，有一點民主味兒。

第三，秘密立儲制。雍正朝實行秘密立儲制，就是皇帝生前確定皇位繼承人，而不宣佈，秘密立儲。這樣做的好處是：一是避免被指定的皇太子放鬆對自己的嚴格要求；二是避免皇太子周圍結黨，威脅皇權；三是避免其他皇子之間爭鬥廝殺，以奪取皇太子的地位；四是激發皇子們都嚴以律己，爭取向上。這項制度實行於乾隆、嘉慶、道光、咸豐四朝，實際上只有乾隆、道光、咸豐三朝實行過，因為嘉慶帝繼位是乾隆帝禪讓。秘密立儲制最大的缺陷是：皇位繼承人的選擇，完全由皇帝一個人暗箱操作，如道光秘密立咸豐為太子，選人不當。

第四，懿旨定儲制。同治帝身後，光緒帝載湉、大阿哥溥儁、宣統帝溥儀，都是由慈禧懿旨決定。皇帝不予參與，朝廷大臣不予議論，而由慈禧皇太后獨斷專行決定。載湉和溥儀兩任皇帝繼承皇位，既不是滿洲貴族會議推舉，也不是用遺詔形式，更不是秘密立儲，而是由皇太后"一言而定"。其選擇標準，一是幼童，便於太后垂簾；二是愛新覺羅氏與葉赫那拉氏兩個家族交叉點，以維持這兩個家族的統治。這在明清是沒有先例的。

清朝皇位繼承制度，貴族參與程度愈來愈少，直至一人獨斷；從皇帝獨斷，又到皇太后獨斷。這同世界發展的民主潮流是完全相悖的。

輔 政 大 臣

再看輔政大臣演變的軌跡。

幼帝繼承皇位，必有大臣輔政。順治六歲繼位，由鄭親王濟爾哈朗、睿親王多爾袞先為輔政王，後為攝政王。他們是當時統治集團中最優秀的人才。

康熙八歲繼位，由索尼、蘇克薩哈、遏必隆和鰲拜四大臣輔政。他們都是身經百戰、閱歷豐富的老臣。

同治六歲繼位，定載垣、端華、肅順、景壽、穆蔭、匡源、杜翰和焦祐瀛八大臣贊襄政務。八大臣只"贊襄政務"，不是"輔政大臣"。後由兩宮太后垂簾聽政，議政王奕訢輔政。

光緒帝四歲繼位，沒有輔政王、攝政王、輔政大臣、贊襄政務大臣以及議政王輔政，而只有皇太后垂簾聽政。慈禧太后逐步將滿洲貴族中異姓貴族、軍功貴族、宗室貴族和帝胤貴族都排斥在外，實行個人獨裁，所謂"一人治天下，天下奉一人"。慈禧太后將皇權緊緊地抓在個人手中，創造了清朝極權體制的極致。這種慈禧太后極權的局面，持續近五十年。在世界政治日趨民主化的大潮中，大清帝國的皇權卻日益高度極權。這是釀成晚清歷史悲劇的一個重要原因。

國 際 競 爭

晚清時的世界，六歲的同治、四歲的光緒、三歲的宣統，面臨的對手都是誰呢？

美國：實行總統制。林肯（1809~1865年），美國第十六任總統（1861~1865年），恰與同治帝同時，以反對蓄奴的政治綱領贏得大選。他主張廢除奴隸制度，發表《解放黑人奴隸宣言》，平定南方叛亂，進一步掃蕩了奴隸制度，捍衛了國家統一。

英國：實行首相制、國會制。維多利亞女王（1819~1901年），其任英國女王時期（1837~1901年），與慈禧太后大體同時。英國的工商業快速發展，號稱"日不落帝國"。英國有女王，也有國會。維多利亞女王在任期間嚴格遵守憲法原則，決不逾越法定權限。

德國：俾斯麥（1815~1898年），擔任普魯士和德意志第二帝國首相（1871~1890年），與同治、光緒同時。他通過三次王朝戰爭，統一德意志；對內推行高壓政策，被稱為"鐵血宰相"。

日本：伊藤博文（1841~1909年），先後幾次擔任日本首相（1885~1888年，1892~1896年，1898年，1900~1901年），大體與光緒同時。曾在英國學習海軍。在任期間，他起草明治憲法，在廢除日本封建制度、建立現代國家中起過重大作用；發動甲午戰爭，並取得勝利，迫使清政府簽訂《馬關條約》。

俄國：亞歷山大二世（1818~1881年），任俄國皇帝（1855~1881年），大體與同治、光緒同時。他於克里米亞戰爭期間即位，之後廢除農奴制度，並進行財政、文化、司法、軍事等方面的一系列改革，其任期被譽為"大改革時代"。俄國與中國簽訂《璦琿條約》、《中俄北京條約》、《中俄勘分西北界約記》，強佔中國約一百五十萬平方公里土地。

慈禧太后及其傀儡皇帝同治、光緒、宣統，恰與美國林肯、英國女王、德國俾斯麥、日本伊藤博文、俄國亞歷山大二世等同時代，這些孤兒寡母，怎麼可能與之相匹敵呢？

努爾哈赤、皇太極、多爾袞都是當時天下最優秀的人才。後來康熙、雍正、乾隆三帝，是憑藉前三帝功業的基礎，利用西方尚未東漸的時勢，並具有個人素質與才能的優勢，而成為中國歷史上傑出的英君、能君、名君。嘉、道以後，清朝不自覺地或被迫地參與了世界範圍近代社會的競爭。然而，皇帝卻一代不如一代——嘉慶帝為庸君，道光帝為愚君，咸豐帝為懦君，同治帝為頑君，光緒帝為哀君，宣統帝則為幼君。特別是慈禧太后，不懂軍事、不懂政治、不懂文化，不懂工農商學兵，不會弓馬騎射，更不會近代科技，憑一點小聰明、小權術，卻成為中華四萬萬民眾的"女皇"，怎能不敗於世界列強！

　　司馬遷有句名言："究天人之際，通古今之變。"天，天時也；人，人意也；古，鑒戒也；今，通變也。其時，西方許多國家已經工業化、民主制，清朝還是家天下、君主制。清末同、光、宣三朝，慈禧太后通過"聽政—訓政—親政"實行專政，長達半個世紀之久，逆天時，佛民意，不鑒古，拒通變。因此，清朝的覆亡，民國的興起，既是歷史的必然邏輯，也是民意的自然選擇。

皇帝之壽

　　皇帝不僅是皇宮的主人，也是當時天下之主。可謂呼風喚雨，改天換地，隨心所欲，這麼自在，這麼得意，這麼任性，他們的壽命一定很長吧？下面我們就來探討一下。

得 壽 不 長

　　明朝十六位皇帝中，在北京皇宮君臨天下的有十四位，壽命最長的是永樂帝朱棣，六十五歲；壽齡最短的是天啟帝朱由校，二十三歲，平均壽齡四十一點二歲。

　　壽齡在六十到六十九歲的，也只有二位，永樂帝六十五歲，嘉靖帝六十歲。

　　壽齡在五十到五十九歲的，只有一位，萬曆帝五十八歲。

　　壽齡在四十到四十九歲的，有兩位，洪熙帝四十八歲和成化帝四十一歲。

　　壽齡在三十到三十九歲的，有八位，宣德帝三十八歲、英宗三十八歲、弘治帝三十六歲、正德帝三十一歲、隆慶帝三十六歲、泰昌帝三十九歲、崇禎帝三十四歲、景泰帝三十歲。

　　壽齡在二十到二十九歲的，有一位，天啟帝二十三歲。

　　十四位皇帝中，壽齡在四十歲以上的五位，其餘九位壽齡都在三十九歲以下。

　　清朝入關後十位皇帝，壽齡最長的是乾隆帝，八十九歲；壽齡最短的是同治帝，十九歲，平均壽齡五十二歲。

壽齡在八十歲以上的，只有一位，乾隆帝八十九歲。

壽齡在六十到六十九歲的，有四位，康熙帝六十九歲、嘉慶帝六十一歲、道光帝六十九歲、宣統帝六十二歲。

壽齡在五十到五十九歲的，有一位，雍正帝，五十八歲。

壽齡在四十到四十九歲的，沒有。

壽齡在三十到三十九歲的，有兩位，咸豐帝三十一歲、光緒帝三十八歲。

壽齡在二十到二十九歲的，有一位，順治帝，二十四歲。

還有一位壽齡不到二十歲的，同治帝，只活了十九歲。

十位皇帝中，壽齡在五十歲以上的六位，其餘四位壽齡在三十九歲以下。

從統計數字可以看出，清代皇帝比明代皇帝，平均壽齡長十一歲，但是以當代的眼光看，顯然明清皇帝的壽齡並不長，至少比一般人想象的要短。正好應了那句老話："人生七十古來稀"。

冬 夏 兩 季

皇帝去世的原因，屬於宮廷機密，後人只能通過一些史料加以分析推斷，多有歷史疑案。但是明清皇帝死去的時間，都是有記載的。學者經過研究，發現一個有趣的現象，就是明清皇帝多數在冬夏兩季去世。

明朝十四位皇帝，崇禎帝不是病死的，景泰帝和泰昌帝是春秋季去世，其餘十三位皇帝都在冬夏兩季去世，其中宣德帝和正統帝都是正月去世，大年還沒過完。

清朝入關後十位皇帝，死於春秋季的只有光緒帝和宣統帝，其中光緒帝很有可能是被毒死的，而溥儀死時已經不是皇帝。其餘十位皇帝，都死於冬、夏兩季。其中，順治、乾隆、道光三位皇帝，都是正月去世。

就皇帝去世的季節而言，明朝和清朝的皇帝竟然驚人地相似。

中國現存最早的醫學典籍《黃帝內經》中說："非其時則微，當其時則甚"；

"非其時則生，當其時則死。"意思是說，病患之體，陰陽失衡，在與季節相克時，其病則重、則死。冬至到立春之時，氣候嚴寒，正值陰極陽生，陰陽交替，此時患病之體，難以順應自然之勢，天人不應，陰陽隔絕，是故死亡率最高。明清皇帝死亡時間的歷史資料表明，在冬三月裏，正月死亡率最高，如明清有五位皇帝死於正月。當然，中國地域遼闊，氣溫差異較大，不同地區，情況不同。明清皇帝主要生活在北京。皇帝也是人，其病死與季節氣候的關係，同平民百姓基本一致。

心 理 因 素

雖然皇帝的死因往往是宮廷疑案，並不是很清晰，但還是有一定的規律性。我重點講一下心理因素對壽命的影響。

第一，強勢皇帝陰影下的繼承人。明朝有兩位皇帝在位時間非常短，一位是仁宗洪熙帝朱高熾，四十七歲繼位，四十八歲去世，在位九個月。他的父親就是永樂帝。他十七歲被爺爺朱元璋封為燕王世子，二十六歲被永樂帝立為皇太子，在此後的二十一年裏，永樂帝對他忽冷忽熱，兩位親王弟弟也覬覦爭鬥，朱高熾終日不安，長期壓抑，拖垮了身體。另一位光宗泰昌帝朱常洛更是熬滔，他的父親萬曆帝遲遲不安排他出閣讀書，讀了書又很快讓他輟讀，直到十九歲才被立為太子。可以說在他繼位前的三十八年中，一直生活在孤獨、恐懼和苦悶之中，結果繼位才一個月就死去了。

清朝的光緒帝，長期生活在慈禧太后的陰影中，特別是大婚之後，他渴望施展才能、實現抱負、婚姻幸福，但都被慈禧太后碾得粉碎。他即使不是被毒死的，也已經病入膏肓。

康熙帝雖然壽命不算短，但如果不是晚年糾結於立廢太子這個難題而患中風，他應該有更長的壽命。

從這幾位皇帝的經歷看出，心理因素對於壽命至關重要。生氣、著急和恐懼，是生命的三大殺手。

第二，肆無忌憚與節制有常。皇帝深居皇宮，權力至高無上，靠什麼來節制和約束自己呢？明武宗正德帝就是一位肆無忌憚的人，他的豹房政治，他的荒淫酒色，都創造了歷史之最，最後在三十一歲就喪了命。明熹宗天啟帝則是缺乏教育的典型。他到十六歲繼位時還是個無知頑童，沒有出閣讀書，當了皇帝以後更不好好讀書。他任性，暴躁，結果二十三歲就死去了。

乾隆帝是這些皇帝中壽命最長的。我曾經介紹過他的膳單，通過他的吃飯，可以感覺到他是一個有節制的人，有理想、有抱負、有愛好、有約束。乾隆把政餘精力，放在讀書、作詩、寫字、繪畫等文化方面，修養心性。僅就吃飯來說，他在位時間那麼長，國家經濟狀況又好，頓頓大吃大喝也是有條件的，但他吃飯無非是有葷有素、有粗有細、有涼有熱、有湯有點心，營養均衡，這對健體延壽，應該是有幫助的。乾隆帝回憶說："予五十五年之間，無一日因微疾而不理事者。求仙素所鄙，即醫理並不識，亦惟慎起居、節飲食，以為養生之常道耳。"

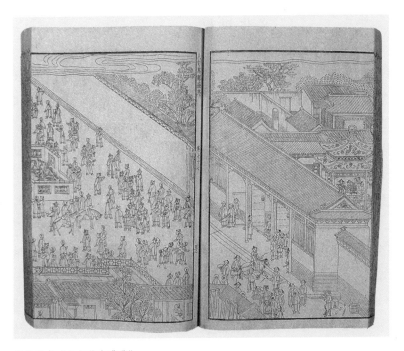

乾隆刻本《八旬萬壽盛典》

海 洋 之 殤

　　海洋，大家可能都很熟悉；海洋文化，大家可能不太熟悉。我這裏和大家討論
海洋文化的三個相關問題。

文 化 短 板

　　我先從海洋文化說起。中國是一個地域遼闊、歷史悠久的大國。中華文明是多
元文化的，主要由五種文化組成：一是中原農耕文化，二是西北草原文化，三是東
北森林文化，四是西部高原文化，五是沿海暨島嶼海洋文化。

　　中原農耕文化，主要是在黃河、淮河、長江、錢塘江、珠江中下游等地區，以
農業所產為衣食之源，這是中華文明的基礎、主體與核心。農耕文化產生的皇帝，
秦始皇以來，長期在中國居於主尊地位。

　　草原文化主要分佈在北部和西北部的草原地區，以遊牧的牛羊為衣食之源。秦
漢匈奴、隋唐突厥、元明蒙古等都屬於草原文化。草原文化產生的成吉思汗建立地
跨亞歐的蒙古帝國，忽必烈建立的元朝，在一段時間內居於中國的主要地位。

　　森林文化主要分佈在東北地區，大興安嶺以東到海，長城以北到外興安嶺、庫
頁島（今薩哈林島）以南等廣闊地域。人們擅長弓馬騎射，以狩獵的飛禽走獸、捕
獲的魚類、採集的果實等為衣食之源。森林文化產生過唐朝渤海政權、與南宋對立

的金朝，特別是清朝。

　　屬於高原文化的南詔、吐蕃等都是區域性的政權，沒有建立全國性的皇朝。而海洋文化呢？

　　中國在明清強盛時，海域從黑龍江入海口的韃靼海峽、日本海、渤海、黃海、東海、南海——東沙群島、中沙群島、西沙群島、南沙群島，直到曾母暗沙，包括今黑龍江、吉林、遼寧、天津、河北、山東、江蘇、上海、浙江、福建、廣東、廣

清康熙朝地球儀

西、海南，以及台灣、香港、澳門等沿海地區，廣大沿海暨海島居民，以捕撈海產品和海上運輸所得為主要衣食之源。但海洋文化沒有產生過皇帝，更沒有建立過全國性政權。

上面說的五種文化分區，只是大概的劃分，事情是複雜的，經濟是交錯的，不能做簡單化、片面化的理解。

中國不像亞洲的日本、菲律賓、印度尼西亞等，歐洲的英國、希臘、羅馬、荷蘭、西班牙、葡萄牙等海洋國家，以海洋的捕撈、運輸、貿易等為主要衣食之源，雖然他們也有或農耕經濟、或放牧的經濟、或森林經濟等，但仍以海洋文化、海洋經濟為主。

在中國，從秦始皇到宣統帝，兩千多年間，歷朝皇帝都沒有海洋文化基因，都不重視海洋文化，所以海洋文化成為中華五種文化中的一塊文化短板。

到了十五世紀，世界開始進入大航海時代。西方海洋國家，西班牙、葡萄牙率先崛起，稱霸海上。繼之，荷蘭等國崛起。早在明代，而後在清初，西班牙、葡萄牙、荷蘭、意大利都到了中國，而後英國崛起，四處擴張，建立所謂的"日不落帝國"。這個時期的清朝執政者，仍沉醉於"天朝上國"、"持盈保泰"的自我感覺之中。中華農耕文化的海洋文化短板，遇上被西方列強海洋文化的堅船利炮，打了敗仗，吃了大虧。中華國門被西方叩開，蒙受了歷史的奇恥大辱。

歷史之辱

中國近代文化之殤，從哪裏開始呢？從海洋文化受辱開始。

第一，鴉片戰爭（1840～1842年）。英國發動鴉片戰爭，其堅船利炮，從海上打來。英軍攻廣州，林則徐等官民抵禦，沒能得逞；轉攻廈門，鄧廷楨等率官民抵禦，也未得逞；北上攻定海，則清軍失敗。道光二十二年（1842），簽訂不平等的中英《南京條約》。條約內容之一是賠款兩千一百萬銀圓。一次戰爭失敗，並不那麼可怕，可怕的是沒能從中吸取歷史教訓。其實，林則徐已有疏陳："自道光元年以來，粵關徵銀三千餘萬兩，收其利必防其害。使以關稅十分之一製炮造船，制夷已可裕如。"（《清史稿》卷三六九）道光皇帝既沒有頒《罪己詔》，反省抵禦英軍失敗的責任，也沒有採納正確的意見，更沒有研究歷史的原因，而是將抵禦外侵、打了勝仗的湖廣總督林則徐、閩浙總督鄧廷楨做替罪羔羊，把他們遣戍到新疆伊犁。

第二，英法聯軍（1856～1860 年）。英法兩萬多人，又從海上打來。咸豐十年（1860），聯軍攻佔天津大沽炮台，簽訂中英、中法、中美、中俄《天津條約》。後進攻北京。咸豐皇帝帶領后妃和八大臣等逃到避暑山莊，照樣歌舞昇平，日夜驕奢淫逸。後聯軍控制北京，簽訂《北京條約》。此期，俄國逼簽中俄《璦琿條約》，之後又逼簽《中俄勘分西北界約記》等。中國領土和主權等蒙受重大損失。如：賠款白銀八百萬兩；俄國先後割佔黑龍江以北、外興安嶺以南，烏蘇里江以東到海以及新疆惠遠（今新疆維吾爾自治區伊犁州霍城縣）以西到巴爾喀什湖，總計約一百五十萬平方公里土地；圓明園遭到焚掠；中國喪失重大主權等。如此中華奇恥大辱，咸豐帝等既沒有頒《罪己詔》，也沒有採納正確意見，更沒有研究歷史教訓。咸豐帝死後，慈禧太后等將八大臣解職，並處死肅順等，將這次戰爭失敗的責任，推到肅順等身上。慈禧太后等並未從英法聯軍攻略北京的失敗中吸取教訓，而是忙著搞垂簾聽政，掌握皇權，鞏固皇權。

第三，甲午海戰（1894～1895 年）。日軍還是從海上打來，攻佔丹東、旅順、大連、威海等，北洋艦隊覆沒，清軍失敗，簽訂《馬關條約》。條約規定：賠款白銀二萬萬兩；割讓台灣島、澎湖列島給日本（第二次世界大戰勝利後中國收回）；等等。慈禧太后只顧著忙自己的六十大壽，也沒有研究海洋文化這塊短板，更沒有傾力加強海洋建設的決心和韜略。

第四，八國聯軍。八國聯軍於 1900 年還是從海上打來，清軍失敗。英、美、法、德、俄、日、意、奧八國組成聯軍，先攻陷天津，繼攻佔北京，並進入紫禁城。慈禧太后帶光緒帝等先期離京，明明是出逃，卻美其名曰"西狩"，前往西安。翌年，簽訂《辛丑條約》，條約十七款，其中一款是：中國賠款銀四億五千萬兩，分期還清，最終賠款加上利息共計九億八千多萬兩！並將北京東交民巷劃為使館區。慈禧太后殺了幾個"主戰派"了事，也沒有下《罪己詔》，更沒有對海洋文化建設做出根本性的改變。

　　以上四例，發生在道光帝、咸豐帝和慈禧太后統治時期，應當說：道光帝旻寧、咸豐帝奕詝、慈禧太后葉赫那拉氏，應負歷史主要責任。

　　第五，清朝結束，民國建立。日本侵華軍，從海上打來。民國政府比清朝重視海洋文化，但仍然不夠。如海軍總噸位六點五萬噸，日本"大和號"戰列艦的噸位卻有六點九萬噸。本來淞滬之戰，國民軍佔有優勢，可日本海軍在杭州灣登陸，海陸夾擊，國民軍失敗。接著，三個月之間：一失上海，二失南京，三失武漢，四失長沙，五失廣州！

　　以上五例，歷史之辱，沉痛說明：海洋文化之短板使中國吃了大虧。

　　這些事例表明，歷來的皇帝、太后、總統都有個人責任，但從文化來看，是中國兩千年來忽視海洋文化，忽視海防建設，忽視建立強大海軍的一個結果。

新 的 良 機

　　《清史稿·兵志·海軍》說："中國初無海軍"。到光緒十一年（1885 年）九月初四日，才成立海軍衙門（《清德宗實錄》卷二一五）。這時，鴉片戰爭爆發已經過去道光、咸豐、同治三朝，達四十五年之久。直到宣統初，清朝軍艦能出海作戰的，只有"海籌"、"海圻"等巡洋艦四艘，"楚泰"、"楚謙"、"江元"、"江亨"等炮艦十餘艘而已（《清史稿》卷一三六）。

　　一部沉痛的中華文明的海洋文化短板史，驚醒中國人。歷史進入二十一世紀。中華已經跨入新時代。中國要走向世界，走向海洋 —— 太平洋、印度洋、地中海、大西洋，中國發展有了新的機遇。其中的一個重要內容，就是要全民重視海洋文化。中華海洋文化，面臨新的機遇和新的目標 —— 重視海洋文化，制定海洋方略，建立強大海軍，發展海洋經濟，研究海洋科技，建設海洋強國。中華海洋文化，面臨新的機遇和新的目標。

耄耋者說六

君享與民享　　辛亥革命，清帝退位。昔日清朝皇宮，變成今日故宮。而後，
開啟故宮博物院的百年歷史。故宮，由君有而為民有，由君享
而為民享。

中華文明五千年的歷史，夏、商、周的王制時期，秦到清的帝制時期，民國以
降的民制時期，國之主、宮之主、故宮之主，發生了巨大變化。

本部分的第 100 講，是《故宮六百年》的最後一講。歷史翻開新的一頁，由
明朝和清朝皇宮，變成為故宮博物院。一百年來，故宮開啟了民有、民用、民享、
民護的新時代。六百年的故宮，既是中國的，也是世界的。故宮 —— 它的建築、珍
翠、人物，文化、歷史、藝術，成為中華傳統文化之瑰麗珍寶，人類歷史文明之璀
璨明珠。

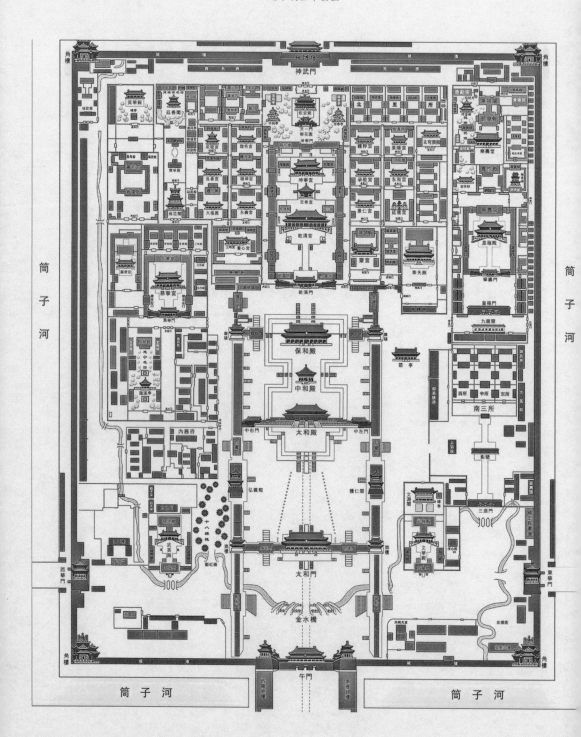

北京故宮平面圖

故宮新生

故宮六百年是輝煌的，也是曲折的。它經過從明皇宮到清皇宮，從故宮到故宮博物院，幾經蟬蛻，幾度新生。

從宮到院

1911 年，辛亥革命，清朝滅亡；1912 年民國建立，歷經艱難。從清朝皇宮演變為故宮博物院，紫禁城所收藏和帝王享用的寶物，成為博物院的藏品，從而成為屬於人民的國寶。從"宮"到"院"，這條道路，走了百年。

辛亥革命以後，故宮一分為二：後宮仍為舊皇家禁地，前廷於 1914 年 2 月 4 日，成立國家古物陳列所，將瀋陽故宮和避暑山莊等處文物，集中轉運過來，暫存於武英殿等處。並將武英殿西配殿開放。

1924 年 11 月 5 日下午 4 時 10 分，溥儀等清皇室成員，搬離故宮。11 月 7 日，臨時執政府發佈命令：清理原宮內公產私產，昭示大眾。善後委員會由政府和清室雙方人士組成。點查清宮物品，以宮殿為單位，逐件編號，依序登錄。各宮殿按"千字文"編號，如乾清宮為"天"字號、坤寧宮為"地"字號等。經五年多時間，清宮物品清點結束，隨後出版《故宮物品點查報告》，共六編二十八冊，載錄每一件文物的編號、品名、件數，以及參點人員、監視人員姓名。清宮遺留物品，

有一百一十七萬件之多，留下完整記錄。這些文物成為 1925 年成立故宮博物院的藏品。（鄭欣淼《天府永藏》）

　　1925 年 10 月 10 日，故宮博物院成立，在乾清宮前舉行隆重典禮。這一天，神武門上鑲嵌李煜瀛手書顏體大字"故宮博物院"青石匾額。當天故宮正式開放。自永樂建宮，五百多年來，人們第一次可以遊覽故宮中路三大殿和後三宮等處，兩天內前來參觀的多達五萬人。

　　故宮博物院成立後，故宮又一分為三，後宮部分為故宮博物院，前朝部分為古物陳列所，午門外兩廡及端門為國立歷史博物館。避暑山莊文物交故宮博物院，瀋陽故宮文物仍移交故宮博物院瀋陽分院（現為瀋陽故宮博物院）。之後，故宮逐漸合而為一，古物陳列所並入故宮博物院，午門外兩廡及端門建築也交故宮博物院。另建歷史博物館和革命博物館，後合併為國家博物館。這項分割與合併，直到 2008 年才結束。

1925 年 10 月 10 日，故宮博物院開院典禮現場

百 川 歸 海

六百年故宮既依靠中華文化養育，又成為中華文化寶庫。

從宋宮到元宮，中國歷朝帝王都重視文物的搜集和珍藏。殷商文物多集中於宮廷和宗廟。周朝文物珍品收藏於“天府”、“玉府”。秦朝阿房宮匯聚戰國七雄的珍寶。漢朝“天祿”、“石渠”，則是漢宮儲藏珍貴文物及圖書之所。到宋徽宗時，收藏尤為豐富。北京故宮的直接收藏，可以上溯到北宋汴梁，曲折歷程，已有千年。宋代宮廷收藏豐富，靖康之亂，典籍寶器，悉歸於金；宋高宗遷都臨安，又廣泛收藏。蒙元興起，先滅金朝，再滅南宋。南宋滅亡，元定鼎大都（今北京），宮廷收藏的這批文物也運到大都。元亡明興，明大將徐達將元朝內府所藏，運到南京；永樂帝遷都北京，寶物回到北京。明亡清興，明朝宮廷藏品，又為清廷所有。所以，清宮承接的文物，是中國歷代宮廷收藏的總匯。清遷鼎北京後，對故明宮殿既沿襲其原狀，又做增減改建。

從文物層面說，故宮藏品所承載的，是中國獨特的文化符號。論時代，上自新石器時代，下至宋元明清；論地域，囊括了古代中國各個地域的文明精華；論人文，包容了漢族和古代各少數民族的藝術精粹；論類別，包含了中國古代藝術品的幾乎所有門類。

從精神層面說，這些文化的精神表現，忽必烈建大都城的恢宏胸懷，永樂帝治理帝國的雄才大略，康熙帝“皇輿全覽”的宏博氣魄，農耕、草原、森林、高原、海洋文化融合，才有了北京城，也才有了紫禁宮殿。

在世界四大文明古國中，以一種語言、一種文字為主體文化，延續五千年，連綿不斷，起伏演進，只有中華民族，也只有中華文明。因此，明清皇宮及其文物，是中華多民族、多元文化融合的集中體現。一脈相承，百川歸海，是北京故宮最突出的文化特色。

走 向 世 界

宮廷文物，歷盡滄桑，幾散幾聚，留傳至今。故宮博物院的成立，象徵著宮廷文物從君有到民有、從君愛到民愛、從君享到民享的劃時代的轉變。

從君有到民有。在古代中國，掌握著至高權力的帝王，必然是全社會中最高端、最精美、最稀缺、最珍貴物品的擁有者、收藏者、享用者。經過歷代傳承和融匯，這些國寶最終為國家所有、民眾共享。

1949 年，改天換地，發展空前。1912 年以來，幾代中國人，對故宮古建和文物的守護、利用與研究，都做出了各自的重大貢獻。不少社會賢達，以愛文物、愛國家之心，從文物市場以重金購買文物，捐獻給國家。僅以張伯駒為例。張伯駒（1898～1982 年），曾以重金購藏被溥儀攜帶出宮的西晉陸機《平復帖》、隋展子虔《遊春圖》、元趙孟頫《千字文卷》收藏。《平復帖》是中國傳世最早的一件名人墨跡，他愛同身家性命，抗日戰爭中曾把此帖縫在隨身穿的棉襖裏避難。隋展子虔《遊春圖》是中國現存卷軸山水畫中最古老的一幅，張伯駒變賣房產並搭上夫人的首飾才將其買來。後張先生將《平復帖》、《遊春圖》和《千字文卷》等書畫巨品，無償地捐獻給國家，使這些珍品成為故宮博物院的藏品。故宮博物院在景仁宮特設景仁榜，將捐獻者姓名鐫刻於牆上，並出版《捐獻銘記》，以做永久紀念。

從君享到民享。昔日民眾不能涉足的皇家紫禁城，已成為今天民眾可以暢遊的故宮博物院，故宮和故宮博物院受到國人和世人的空前關注和熱愛。參觀故宮，共享故宮，這個現象，日趨鮮明。以 2011 年巴黎盧浮宮和北京故宮博物院為例，盧浮宮全年接待遊客總數為八百六十萬人次，故宮博物院全年參觀人數為一千四百一十一萬餘人次，近盧浮宮參觀人數的兩倍。據統計，2016 年北京故宮接待國內外觀眾達一千六百零二萬餘人次。《京華時報》評論說："故宮成為迄今世界上參觀人數最多的博物院。"2018 年，參觀故宮的人數達到了一千八百萬人次。

故宮博物院於 1987 年被列入世界文化遺產。偉大的故宮，不僅是明清時代中華文明無價的歷史見證，而且是綿延五千年、融合多民族多種文化形態的中華文明無價的歷史見證。

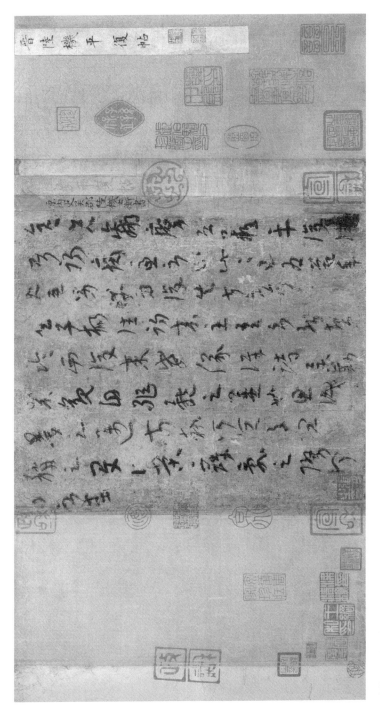

陸機《平復帖》

展子虔《遊春圖》

故宮的建築、人物、器物、服飾、瓷器、書畫、典籍、檔案等，早已不是皇家的財富，而都是士人、匠師、能工、夫役等用鮮血、智慧、汗水和生命凝聚的，是中華民族的珍貴財富。後人對中華文化遺產，既應抱以敬畏之心、讚頌之意、驕傲之情、欣賞之趣，更應行以守護之職、關愛之舉、學習之實、弘揚之責。

　　故宮既是中華的，故宮更是世界的。六百年來，中華民族，中國智慧，對於人類，做出貢獻，其重要例證，就是故宮。北京故宮，不僅是中華文明的驕傲，而且是世界文明的寶珠。故宮六百年的歷史證明：中華民族對人類文明發展做出過輝煌的貢獻！而且正在做著積極的貢獻！

　　中華文明具有原生性、悠久性、連續性、多元性、融合性、日新性和國際性。而這七大特點綜合體現於一個大國，是不多見的。世界四大文明古國中的古埃及、古巴比倫、古印度文明都中斷過，只有中國五千年文明沒有中斷。而中華五千年文明的建築之壯麗、文物之精粹、文化之輝煌，集中在故宮和故宮博物院。隨著國際現代化的發展，也隨著國際文化的交流，中華文明對於世界將產生更加巨大的影響。

　　故宮六百年的歷史表明，故宮已經走向世界，還將繼續走向世界。有六百年歷史的北京故宮，就其歷史與文化而言，既是中國的，更是世界的。

附

錄

明朝皇帝簡表

序號	年號	廟號	姓名	在位時間	元年	即位年齡	生卒年	享年	陵寢
1	洪武	明太祖	朱元璋	31 年	1368	41 歲	1328～1398	71 歲	明孝陵南京
2	建文	明惠帝	朱允炆	4 年	1399	22 歲	1377～？	？	？
3	永樂	明成祖	朱棣	22 年	1403	43 歲	1360～1424	65 歲	明長陵
4	洪熙	明仁宗	朱高熾	1 年	1425	47 歲	1378～1425	48 歲	明獻陵
5	宣德	明宣宗	朱瞻基	10 年	1426	28 歲	1399～1435	38 歲	明景陵
6	正統	明英宗	朱祁鎮	14 年	1436	9 歲	1427～1464	38 歲	明裕陵
	天順			8 年	1457	31 歲			
7	景泰	明代宗	朱祁鈺	7 年	1450	22 歲	1428～1457	30 歲	北京西山
8	成化	明憲宗	朱見深	23 年	1465	18 歲	1447～1487	41 歲	明茂陵
9	弘治	明孝宗	朱祐樘	18 年	1488	18 歲	1470～1505	36 歲	明泰陵
10	正德	明武宗	朱厚照	16 年	1506	15 歲	1491～1521	31 歲	明康陵
11	嘉靖	明世宗	朱厚熜	45 年	1522	15 歲	1507～1566	60 歲	明永陵
12	隆慶	明穆宗	朱載垕	6 年	1567	30 歲	1537～1572	36 歲	明昭陵
13	萬曆	明神宗	朱翊鈞	48 年	1573	10 歲	1563～1620	58 歲	明定陵
14	泰昌	明光宗	朱常洛	1 個月	1620	39 歲	1582～1620	39 歲	明慶陵
15	天啟	明熹宗	朱由校	7 年	1621	16 歲	1605～1627	23 歲	明德陵
16	崇禎	明毅宗	朱由檢	17 年	1628	18 歲	1611～1644	35 歲	明思陵

清朝皇帝簡表

序號	年號	廟號	御名	在位時間	元年	即位年齡	生卒年	享年	陵寢
1	天命	清太祖	努爾哈赤	11 年	1616	58 歲	1559～1626	68 歲	福陵（瀋陽）
2	天聰	清太宗	皇太極	10 年	1627	35 歲	1592～1643	52 歲	昭陵（瀋陽）
	崇德			8 年	1636				
3	順治	清世祖	福臨	18 年	1644	6 歲	1638～1661	24 歲	孝陵（清東陵）
4	康熙	清聖祖	玄燁	61 年	1662	8 歲	1654～1722	69 歲	景陵（清東陵）
5	雍正	清世宗	胤禛	13 年	1723	45 歲	1678～1735	58 歲	泰陵（清西陵）
6	乾隆	清高宗	弘曆	60 年	1736	25 歲	1711～1799	89 歲	裕陵（清東陵）
7	嘉慶	清仁宗	顒琰	25 年	1796	37 歲	1760～1820	61 歲	昌陵（清西陵）
8	道光	清宣宗	旻寧	30 年	1821	39 歲	1782～1850	69 歲	慕陵（清西陵）
9	咸豐	清文宗	奕詝	11 年	1851	20 歲	1831～1861	31 歲	定陵（清東陵）
10	同治	清穆宗	載淳	13 年	1862	6 歲	1856～1874	19 歲	惠陵（清東陵）
11	光緒	清德宗	載湉	34 年	1875	4 歲	1871～1908	38 歲	崇陵（清西陵）
12	宣統	（無）	溥儀	3 年	1909	3 歲	1906～1967	62 歲	華龍皇家陵園（清西陵）

責任編輯　　　李　斌
書籍設計　　　吳冠曼
封面題簽　　　閻崇年

書　　名　　故宮六百年

作　　者　　閻崇年

出　　版　　三聯書店（香港）有限公司
　　　　　　香港北角英皇道 499 號北角工業大廈 20 樓

香港發行　　香港聯合書刊物流有限公司
　　　　　　香港新界荃灣德士古道 220-248 號 16 樓

印　　刷　　寶華數碼印刷有限公司
　　　　　　香港柴灣吉勝街 45 號 4 樓 A 室

版　　次　　2020 年 12 月香港第一版第一次印刷
　　　　　　2024 年 5 月香港第一版第二次印刷

規　　格　　16 開（170 mm × 240 mm）632 面

國際書號　　ISBN 978-962-04-4686-3

本書中文繁體字版由（北京）華文出版社有限公司授權三聯書店（香港）有限公司在
港澳地區獨家出版、發行